통번역학

연구 문제점과 향후 방향

Doubts and Directions in Translation Studies

존 벤자민스 통번역 총서 03
한국통역번역학회

John Benjamins Series – 03

통번역학
연구 문제점과 향후 방향

Doubts and Directions in Translation Studies

Y. 갬비어 · M. 슐레징거 · R. 스톨체 편저 | 김훈밀 옮김

HUiNE

EST Congress (2004: 리스본)

Doubts and Directions in Translation Studies: Selected Contributions from the EST Congress, Lisbon 2004/edited by Yves Gambier, Miriam Shlesinger and Radegundis Stolze
John Benjamins Publishing Company, Amsterdam/Philadelphia (2007)

발간사

1960년대 캣포드(J. C. Catford)와 니다(E. Nida) 이후 통역학을 포괄하는 번역학은 현대적 본격 학문 분야로 부상하기 시작하였다. 캣포드의 '언어학적 접근'과 니다의 성서번역을 위한 '소통효과중심'의 접근에 이어 '문화전환'(cultural turn)과 '맥락전환'(contextual turn)의 패러다임 전환을 거치면서 번역학은 학제적 성격(interdisciplinarity)을 더욱더 공고히 하게 되었다.

번역학이 대표적인 학제적 학문분야인 것은 연구대상인 문제와 현상의 설명을 위해 가져오는 이론 틀(frameworks)과 연구방법론(research methodology)의 다양성 때문이라 할 수 있다. 번역학은 번역과정과 번역결과물을 모두 연구대상으로 삼는다. 번역사의 '블랙박스' 안에서 번역행위를 둘러싸고 연속적으로 이루어지는 무수한 의사결정 과정과 그 과정에 작용하는 다양한 변수들을 설명하는 한편 이들 작용의 가시적 구현체로서의 번역결과물을 모두 다룬다. 이렇다 보니 번역사의 머릿속에서 이루어지는 과정을 들여다보기 위해 사고발화법(Think-Aloud Protocol), fMRI(functional magnetic resonance imaging, 기능적 자기 공명 영상 기법), 통계처리를 포함하는 코퍼스 분석, 담화분석 및 기능문법 등 다양한 인접학문분야의 연구성과와 분석도구를 차용하기도 한다.

그러나 번역학이 언제까지나 학제성에 만족하고 있을 수만은 없다. 번역학의 학제성은 그동안 어쩌면 번역학의 일방적 '짝사랑'이었을 수도 있다는 문제의식이 필요한 시점에 와있다. 프랑스 번역학자 질(D. Gile)의 이야기는 이런 면에서 시사하는 바가 크다.

> [번역학이] 타 학문분야와 맺은 파트너십은 균형을 이루지 못한 경우가 대부분 이어서, [우월한] 지위, 파워, 재정능력 및 실제 리서치 능력은 일반적으로 파트너 관계에 있는 학문분야에 있다. 뿐만 아니라 학제성이 패러다임의 확산을 도와 결과적으로 자율적인 학문분야로서의 통번역 연구의 지위를 약화시키고 있다.
>
> (질 2004: 29)

질의 이야기는 학제성을 장점으로 부각시켜온 번역학의 입장에서 다시 한 번 곱씹어볼 만하다. 핌(A. Pym) 역시 대표적 번역학 학술지의 하나인『Target』의 역할을 돌아보면서, 번역학이 인접 학문분야의 연구성과를 도입해오고 있는 반면, 정작 번역학의 연구성과가 인접 학문분야로 전파되는 경우는 상대적으로 드물다는 점을 지적하고 있다. 그만큼 쌍방향의 균형 잡힌 호혜적 지적(知的) 파트너십은 아니었다는 이야기일 것이다.

이런 시점에서 번역학을 연구하는 우리가 해야 할 일은 번역학 자체의 고유연구영역을 더 분명히 규정하는 한편 학문적 엄격성(academic rigor)을 갖춘 연구방법론을 확립하는 일일 것이다. 이런 맥락에서 그동안 전세계적으로 번역학의 다양한 연구 성과와 새롭게 개척되는 연구방법론을 선도적으로 꾸준히 소개해온 존 벤자민스(John

Benjamins) 출판사의 통번역 총서의 기여를 인정해야 할 것이다. 번역학 연구자라면 누구나 이 총서 가운데 최소한 한두 권 이상은 읽어보았을 정도로 번역학의 학문적 성과를 집대성하여 소개하였기 때문이다. 『존 벤자민스 통번역 총서』 번역작업에 누구보다도 바쁘신 교수연구자들이 다수 자원하신 것은 바로 이 총서에 대한 지적 향수(知的 鄕愁) 같은 것이 작용한 때문은 아닐지.

국내 최초의 전문통번역학 연구단체인 한국통역번역학회(KSCI)가 이번에 『존 벤자민스 통번역 총서』가운데 대표적인 업적들을 선별하여 번역 출간하게 된 것은 특별히 의미가 크다. 1998년 학회 창립 이래 국내 최초의 한국연구재단 등재지『통역과 번역』, 국제전문학술지 『FORUM: International Journal of Interpretation and Translation』을 발행해오면서 국내외 통번역학의 발전과 소통에 이바지해온 본 학회의 통번역총서 번역 발간이 우리말로 쓰인 번역학 자료에 목말라해온 연구자들에게 도움이 될 수 있기를 희망한다.

경기침체로 출판계 전망이 장밋빛이지만은 않은 상황에서 "뜻있는 기획출판일수록 대학 출판부에서 맡아야 한다."며 선뜻 『존 벤자민스 통번역 총서』 출판 추진에 합의해주신 한국외국어대학교, 특히 권원순 출판부장님과 안상덕 팀장님, 신선호 과장님께 고개 숙여 감사를 드린다. 학회를 대표하여 출간을 총괄해주신 김대진 서울과학기술대학교 교수님과 실무조정을 도와준 학회 교수님들께도 감사의 마음을 전한다.

2014년 4월 1일

한국외국어대학교 영어통번역학부 교수

한국통역번역학회 회장

정호정

머리말

2004년 9월 29일과 30일 리스본에는 이백여 명 이상의 참가자가 모여 통번역학의 현 방향에 대해 새롭게 생각해보는 기회를 가졌다. 이때 개최된 제4차 유럽 번역총회(EST)의 주최측은 논문 공모 시 "그동안 의심 없이 받아들였던 가정, 편견, 및 타 학문에서 빌어온 근거, 믿음, 주장 등을 점검하고 확인해볼 시기가 온 것 같다"는 의견을 개진했다. 이를 통해 제4차 총회의 주제가 "연구 문제점과 향후 방향(Doubts and Directions)"으로 정해졌다. 물론 본 학회에서 발표된 연구가(총 6개의 패널에 40건의 포스터와 140건 이상의 논문이 접수되었음) 모두 같은 주제, 동일한 연구 문제, 동일한 개념이나 방법론에 기초한 것은 아니다. 다양성이야말로 이러한 학술총회를 통해 얻을 수 있는 가장 소중한 자산이니까 말이다.

학술총회 때 발표된 연구 중 50여 편이 논문으로 제출되었다. 40여 명의 심사위원의 도움으로 이 중 26편을 최종 선별하게 되었다. 최종 26편을 선정하는데 적용한 기준은 다음과 같다. 연구의 접근 방식, 연구 주제의 독창성, 논제/데이터의 질, 논문의 구성. 이들 기준을 통해 선별한 논문은 면밀한 검토를 통해 본서에 구성된 바와 같이 다섯 부문으로 크게 분류되었다. 그 중 영어 이외의 언어로 작성된 논문을 제외한 20편이 본 한국어 번역본에 포함되었다.

제1부에 소개된 논문은 모두 이론과 관련된 연구이다. 체스터만(Chesterman)은 소위 특수소(unique item)가설이라 불리는 이론에 대한 비판적 분석을 통해 특수소 가설 연구에 활용되는 방법론에 대해 문제점을 몇 가지 제기한다. 스테코니(Stecconi)와 괴페리히(Göpferich)는 번역학이 한편으로는 기호학을 다른 한편으로는 전달학(Transfer Studies)을 수용함으로써 어떻게 발전할 수 있는지를 논의한다. 두 저자는 번역학의 범위 확대에 대한 정당성을 제시하며 현 번역학의 연구 범위에 대한 문제점을 제시하고 "번역이란 무엇을 의미하는가?"라는 본질적 문제를 제기한다. 이들 저자는 논문에서 번역 사건, 등가, 텍스트 변형, 품질 평가 등에 대한 개념을 다룬다. 알베즈(Alves)와 곤칼베스(Gonçalves)가 쓴 네 번째 논문은 관련성 이론과(Relevance Theory) 연결주의(Connectionism)에 근거하여 번역 능력을 규정하고자 한다. 위의 논문들이 다루고 있는 내용은 –특수소, 보편소, 번역학의 범위, 다학제적(multidisciplinarity) 특성, 능력, 인지 모델– 모두 상당 기간 통번역학의 연구 대상으로 연구됐으며 보다 심도있는 개념적 방법론적 분석을 수반한다 할 수 있다.

제2부에는 4편의 연구가 포함되어 있으며 다루는 내용은 모두 다르나 연구 방법론의 개선에 대해 연구하고 있다는 점에서 공통점을 가진다. 세루야(Seruya)가 이끄는 포르투갈 연구팀은 포르투갈의 문학 번역의 역사 정립을 위해 애쓴다. 역사에 있어 대리인(agent)과 건축사(architect)는 누구인가? 이들은 어떠한 재료를 필요로 하는가? 여기서도 역시 학제성(interdisciplinarity)과 번역에 대한 각기 다른 개념으로 인해 복잡성이 더해진다. 그랜트(Grant)와 메제이(Mezei)의 연구는 캐

나다의 문학번역 연구에 대한 정보 보급을 주요 내용으로 한다. 연구자들은 자신이 구축한 웹 기반의 참고문헌 목록에 대한 설명과 함께 주제어 구조, 다국어로 구성된 참고 문헌, 데이터베이스 업데이트 등 직면하고 있는 어려움에 관해 기술함으로써 아이디어와 해결책을 공유하고 이를 통해 다른 이들이 '바퀴를 다시 개발하는' 수고를 덜어주고자 한다. 리스쿠(Risku)는 기술이 우리의 업무 환경에서 가지는 핵심적 역할을 인식한 가운데 현재 가용한 도구를 언제, 어떻게, 얼마만큼, 어떤 결과를 예상하고 사용하는 것이 번역에 가장 유용할지에 대한 답을 찾는다. 효율성, 창의성, 품질이 번역사의 주요 요건으로 자리 잡은지 오래다. 마지막 논문인 힐드(Hild)의 연구는 동시통역을 대상으로 하는 실험적 연구에 엄격성(rigour) 확보하기 위한 4가지 방안으로 다각화(triangulation), 과업(task)의 대표성 측정, 샘플 내부 일관성 확보, 및 데이터 관리를 제시한다. 제2부에 소개된 4편의 연구는 모두 연구 대상을 정밀하고 체계적으로 정의하는 것의 중요성과, 연구 절차의 적합성, 연구 맥락을 고려한 결과 해석과 적절한 의의 부여를 강조한다.

여섯 편의 논문이 포함된 제3부는 실증적 연구를 다룬다. 퀸즐리(Künzli)는 열 명의 전문 번역사가 프랑스어에서 독일어로 번역된 법률 문서를 다시 수정하면서 어떠한 부분을 수정하는지에 대해 기술하며 최종 수정본에 대한 전문가의 평가도 함께 제공한다. 알브스타드(Alvstad)는 교육적 측면에서 번역문과 출발어 텍스트의 정독을 통해 대학생들은 문학 읽기를 동적 과정으로 더욱 잘 인식할 수 있게 됨을 보여준다. 두 편의 연구 모두 번역물 생산 과정에 있어 중요하나 흔히 간과되기 쉬운 단계를 재조명한다. 끼아로(Chiaro)와 안토니니(Antonini)의 다음 두 편의 논문은 이탈리아 관객이 더빙된 영상물을 볼 때 문화적 지시 (cultural reference)와 구술 유머(verbally expressed humour)를 어떻게 인식하는지에 대한 연구이다. 이들 인식 연구에는 t-테스트와 온라인 설문지가 주요 연구 방법으로 사용되었다. 영상 번역의 한 지류인 오페라 자막 번역 분야에 대한 마테오(Mateo)의 연구는 어떠한 번역전략이 사용되었느냐에 따라 같은 언어로 번역된 오페라 자막 간에도 현격히 차이점이 드러남을 보여준다. 담(H. Dam)은 통역사의 순차 통역 노트에서 효율성과 비효율성을 나타내는 특징들을 규명하고자 한다. 연구자는 통역사 다섯 명의 스페인어-덴마크어 통역 텍스트와 노트 내용을 통해 자신의 가설을 검증한다.

제4부에는 언어학적 접근을 취한 네 편의 연구가 포함되었다. 이들 연구를 통해 언어학과 통번역학과의 다양한 접점에서의 연관성이 다각도로 펼쳐진다. 여기에는 영어와 핀란드어 신문에 사용된 평가 수식어가 붙은 명사구의 사용 빈도, 기능 및 효과를 통한 이데올로기 연구(푸르티넨), 스페인어에서 덴마크어로 번역된 도착어 텍스트에 명확히 나타난 의미론적 관계의 유추와 전달 연구(덴버), 영어-스페인어 번역의 '양식(modality)-필요성(necessity)' 필드에 나타난 기술 번역 연구(DTS), 코퍼스 기반 연구와 대조 분석 연구간의 교차점 연구(라바단), 전치사와 위치 부사를 사용하여 덴마크어와 이탈리아어 간의 공간 관계를 해석한 연구(얀센)가 포함된다. 이들 네 편의 논문은 모두 방법론적 문제와 개념적 문제를 다룸으로써 번역사는 조작 전략(manipulative strategy)을 사용하고 복잡한 의사결정을 내리며 항상 자신이 작업하는 언어 쌍에 대한 문제를 인식할 수 있다는 점을 명확히 보여준다.

제5부에는 문학적 접근방식을 택한 연구가 포함되어 있으며 각 연구가 다루는 주제와 연구 방식에선 다양성을 볼 수 있다. 물리간

(Mulligan)의 연구에서는 후기 식민지 시대의 여류 여행작가들이 자신의 텍스트안에서 '타문화'를 어떻게 그려내고 있는지를 보여준다. 이들 작가가 사용하는 텍스트적 기법은 독자에게 수사적(rhetorical)이자 이데올로기적 영향을 미친다. 팔로포스키(Paloposki)의 연구는 번역사의 개인적 주체성과 집단 규범간 균형을 찾아가는 과정에서 19세기의 한 핀란드 번역사가 자신의 번역 조건을 (번역할 책의 선정에서부터 출발어 버전 선정과 번역 전략 및 책의 디자인과 번역료에 이르기까지) 어떻게, 얼마만큼 협상할 수 있었는지를 연구한다.

위의 연구에서 사용된 주제, 접근방식과 연구 방법론은 겉보기에는 잘 정립된 것 같은, 우리가 익숙해져 있는 패러다임과 개념을 새로운 시각을 가지고 바라볼 것을 요구한다. 이는 또한 우리의 연구 대상은 다른 연구분야와 접점을 가지며 이 접점 또한 끊임없이 변화하고 움직이고 있다는 점을 상기시켜 연구가 나아갈 새로운 방향을 열어준다.

이 책이 나올 수 있는 계기가 되어준 학술총회 주관자들께 무한한 감사의 마음을 전하며, 시간과 노력, 전문성을 아낌없이 쏟아 이 책이 나오기까지 적극적으로 협조해준 모든 논문 저자와 심사자께도 감사의 뜻을 전한다. 마지막으로 이 책의 최종 원고를 힘들여 끝까지 검토해준 앤드류 체스터만 교수께 감사드린다.

편집위원 일동

차례

제 1 부 이론

제 2 부 연구 방법론

제 3 부 실증적 연구

John Benjamins Series

03

Doubts and Directions in Translation Studies

제 1 부

이론

특수소(unique item)란 무엇인가?

앤드류 체스터만 Andrew Chesterman
헬싱키대학교University of Helsinki, 핀란드

이른바 특수소 가설에 의하면 번역문은 그와 유사한 비번역문에 비해 '특수소'가 적게 포함되어 있다. 이 가설에서는 번역물의 이와 같은 특징을 잠재적 번역 보편소로 규정할 것을 제안하며, 잠재적 번역 보편소는 아니더라도 적어도 이는 번역물이 가지는 일반적 경향임을 주장한다. 특수소란 도착어에 고유하게 존재하는 언어적 요소로 출발어를 통해서는 쉽게 촉발되지 않는 특성을 가지며 이러한 특성으로 인해 번역문에서는 (비번역문에 비해) 적게 나타난다고 한다. 그러나 특수소가 무엇인가는 명확히 정의되어 있지 않다. 전이(transfer), 대조 및 오류 분석과 관련된 선행 연구를 토대로 이 논문에서는 특수소의 개념에 대한 비판적 분석과 함께 이에 대한 연구 방법론에 대해 몇 가지 문제점을 제기하고자 한다.

KEYWORDS

특수소 가설(unique item hypothesis), 반복 패턴(recurring patterns), 유사 비번역 텍스트 (comparable non-translated texts), 언어적 자원(linguistic resources), 상대적 이질성(relative dissimilarity)

1. 가설 소개

번역 보편소(translation universals)—번역문에서 규칙적으로 나타나거나 반복적으로 나타나는 성향—연구와 관련하여 티르코넨-콘딧(S. Tirkkonen-Condit, 2002)은 번역문에는 유사 비번역문[1]에 비해 특수소가 적게 포함되어 있다는 '특수소 가설'을 제안하였다. 이러한 가설은 직관적으로는 타당해 보이며 초기 연구 결과가 이를 뒷받침하는 것 같으나 (티르코넨-콘딧 2004 참조) 이는 몇 개의 항목에 관해서만 확인된 결과이다.

티르코넨-콘딧은 이 가설을 좀 더 확대된 차원의 두 가지 사안과 연계하여 논의한다. 첫째는 특수소를 번역문의 언어가 비번역문의 언어에 비해 더 규범화(normalized)되어 있는가에 대한 논의와 연결짓는 것으로, 특수소의 사용 빈도가 '일반적'인 경우보다 낮을 경우 이를 번역문이 특수소 관련해서는 규범화되어 있지 않음을 나타내는 것으로 보는 것이다. 이것은 텍스트 언어학과 관련된 사안이다. 둘째는 심리적인 사안으로 텍스트에 대한 독자의 반응과 직관, 특히 특정 텍스트를 번역문으로 인식할 수 있는지를 특수소와 연결짓는 것이다. 그는 실험을 통해 피실험자 집단이 번역문과 원문을 구분하는데 있어 특정 언어 항목이 (일반적 경우보다) 낮은 빈도로 사용된 점에 직관을 기울이는가 하는 점과, 직관을 기울인 경우 그 직관에 따른 판단이 얼마나 정확한가를 조사한다.

문제는 여기서 이야기되는 특수소(특정 언어 항목)이 무엇인지 명확하지 않다는 것이다. 현재 사용되고 있는 특수소의 개념에는 몇 가지 문제점이 있다. 티르코넨-콘딧은 특수소에 대한 개념을 다음과 같이 소개한다(2002: 208-209):

> 30년쯤 전 라이스(K. Reiss)는 번역문은 도착어의 언어적 자원을 충분히 활용하지 못할 수 있다는 점을 얘기했다. 번역문의 품질을 출발어를 참고하지 않고 평가할 수 있는 기법에 대한 논의 중 라이스(1971)는 구팅거(Güttinger)에 이어 다음과 같은 간단한 테스트를 제안한다. 도착어의 최빈출어 중 출발어에는 존재하지 않는 일련의 어휘를 골라 이들 어휘가 번역문에 사용된 빈도를 측정한다. 이러한 '미대응어'의 사용 정도를 통해 번역사가 고품질의 번역을 할 수 있는 정도로 도착어에 능통한지를 파악할 수 있다. 라이스(1971: 19)에 따르면 번역사의 도착어에 대한 능통성 여부를 보여줄 수 있는 것은 '미대응어'에 한정되지 않는다. 그는 "모든 단어와 구문이 다른 언어를 통해 표현될 때는 원 언어에서와는 다른 언어적 방법을 동원한다(alle Begriffe und Wendungen, die in der anderen Sprache mit unterschiedlichen sprachlichen Mitteln zum Ausdruck gebracht warden.)"고 적고 있다. 이는 또 다른 잠재적 번역 보편소[단순화 등으로 알려진 보편소 외에]에 대한 논의를 초래하며, 필자는 이를 '특수소 가설'이라 명명하고자 한다.
>
> 이는 번역텍스트에서는 출발어텍스트에 대응어가 존재하지 않는 언어 요소는 출현빈도가 낮을 것임을 의미한다. 필자는 이를 특수소 또는 특수 요소라 명명하고자 한다. 이들 특수소는 번역이 불가능하지 않으며, 도착어에서는 사용 빈도가 높을 수 있고, 전형적이고 매우 일반적인 언어 현상일 수 있다. 이것이 특수성을 가지는 것은 오직 상대 언어(또는 적어도 번역의 출발어)에서 낮은 출현빈도를 가짐으로써 번역문에서 사용될 가능성이 적다는 점과 관련해서 일 뿐이다. (대괄호는 연구자, 강조는 원저자)

핀란드어 특수소에 대한 예로 티르코넨-콘딧은 jaksaa, ehtiä, viitsiä와 같은 동사를 제시한다. 이들 동사는 영어로는 '충분히 강한 / (무엇을 하기에) 힘이 충분한', '시간이 충분한', '자발성이 충분한 / ~에 충분히 관심이 있는'으로 번역이 가능하다. 이들 충분성 동사는 전통적으로 핀란드어 고유의 동사로 인식되었으며 다른 언어에서는 이에 대응되는 용어는 존재하지 않고 대신 여러 단어를 연결한 구를 통해 이와 같은 의미가 전달되는 것으로 보인다. 특수소 가설이 주장하는 바는 바로 다음과 같다. 위의 동사들은 출발어에는 대응어가 존재하지 않으므로 이들 용어를 번역사의 생각에 촉발하는 촉매가 없어 핀란드어로 번역된 번역문에서는 이들 동사의 사용 빈도가 낮으리라는 것이다. 티르코넨-콘딧은 특수소와 관련하여 그의 후속 연구(티르코넨-콘딧, 2004)를 통해 다음과 같이 밝히고 있다.

> 모든 언어에는 다른 언어에 대응어가 존재하지 않는다는 점에서 특수성을 가지는 언어 요소들이 존재한다. 이들 언어 요소는 어휘일 수도 있고, 구문일 수도 있으며, 문법 체계나 텍스트성일 수도 있다. 이들 특수 언어 요소가 번역이 불가능할 필요는 없다. 단지 다른 언어에서는 드러나는 형태가(예-어휘로써) 다른 것 뿐이다. (2004: 177)

본 연구자는 여기서 '특수소'의 개념에 대해 주목하고자 한다. 특수소 가설은 의미있는 가설로 다양한 여러 조건에서 시험해 볼 가치가 충분한 가설일 수 있다. 다만 그 전에 가설로 정립되는 과정에 있어 명확하게 정리되지 않는 개념상의 문제점들이 있어 이에 대한 정리가 선행되어야 할 것으로 보인다.

2. 어느 언어에 대한 특수성인가?

가장 처음 정리되어야 할 점은 특수성을 정의한 맥락이다. '특수성'이라는 것이 출발어를 기준으로 볼 때 특수한 것인지, 여러 언어를 놓고 볼 때 특수한 것인지, 아니면 모든 언어를 기준으로 볼 때 특수한 것인지가 분명하지 않다. 특수소에 대한 위의 정의는 이 점에서는 명확하지 않다. 2002년 논문에는 특수성의 맥락을 "다른 언어, 또는 최소한 … 번역이 되는 출발어"로 정의하고 있다. 2004년 논문에는 "다른 언어들"로 되어 있다. 티르코넨-콘딧은 이와 관련하여 필자와의 이메일 교신에서 자신의 관심 대상은 특정 번역에서의 출발어라고 밝힌 바 있다. 이는 다시 말하면, 핀라드어의 충분성 동사에 대해 인류의 모든 다른 언어와 비교해서 특수성이 있다는 주장을 제기한 것이 아님을 의미한다. 이러한 주장을 검증하는 것은 가히 어려운 과업일 수 있다. 따라서 '특수성'이란 '도착어에는 존재하나, 주어진 출발어에는 도착어와 유사한 방식으로 존재하지 않는'으로 정의하는 것이 옳다.

이렇게 정의한 특수성은 노드(Nord, 1997: 34)를 비롯한 스코포스 이론가가 정의한 문화소(또는 문화 특수어)의 개념과 같다. 문화소란 X라는 문화에는 존재하나 Y란 문화에는 같은 방식으로 존재하지 않는 문화적 현상을 지칭한다.

따라서 '특수성'은 '보편성'과 매우 제한적인 면에서만 그 역의 관계가 성립한다. 특수한 언어 요소란 적어도 한 언어-출발어-에서는 (유사한 방식으로) 표출되지 않는 요소이다. 출발어를 제외한 다른 여러 언어에서는 표출될 수 있으나 특수성의 논의는 특정 번역 상황에 대한 것이므로 다른 여러 언어에서의 표출여부는 관계가 없고 논의 대상이 되지 않는다.

3. 특수성은 절대적 개념인가?

특수성이란 절대적 특성인가(어떤 언어 요소는 특정하거나 특정하지 않거나 한 것인지) 상대적 특성인가(어떤 언어 요소는 다른 언어 요소에 비하면 더 특수한 것인지)? 라이스의 설명에 내포된 절대성에도 불구하고—이는 뒤에서 다시 논의할 것임—티르코넨-콘딧의 정의에 등장하는 '유사한 방식으로'란 개념은 이 특수성이라는 것이 상대적 개념으로 밖에는 이해할 수 없다는 결론을 내리게 한다. 두 언어에 있어 번역상 등가인 두 요소가 가지는 유사성은 상대적이다. 두 요소 간 유사성이 적을수록, 해당 도착어는 더 특수하다고 할 수 있다. 즉 특수성의 정도는 유사성의 정도와 반비례하는 것이다.

한 예로, 핀란드 전화번호부에 나오는 아래 표제어를 살펴보자(핀란드어와 스웨덴어는 둘 다 핀라드의 공식 언어다):

[1] 핀란드어: Soittaminen hätänumeroon 112
'ringing to.emergency.number 112'
[2] 스웨덴어: Sä.här ringer.du till nödnumret 112
'in.this.way you.ring to emergency.number 112'

표제어는 두 언어가 아래위로 나란히 표기되어 있으며 그 밑에 보다 상세한 사용법이 두 언어로 모두 표기되어 있다. 이런 경우에 유사성 또는 등가성의 정도는 어떻게 될지 생각해 보자. 너무도 명백한 화용적(pragmatic)/기능적(functional) 유사성을 제외하고는 형태적으로는 큰 차이가 존재한다. 핀란드어는 비정형(non-finite)절로 이루어져 있으나 스웨덴어는 정형(finite)절로 이루어져 있다. 스웨덴어는 2인칭으로 청자를 언급하고 부사구로 시작한다. 핀란드어는 추론격(illative case)의 'to'를 사용하나 스웨덴어는 전치사 'to' 를 사용한다. 반면 두 언어 모두 복합명사인 '응급 전화번호(emergency number)'란 표현을 사용하고 'ring-emergency number-112'의 같은 의미역 순서(thematic order)로 이루어져 있다.

이 사용법이 스웨덴어를 출발어로 하여 핀란드어로 번역되는 경우를 가정해보자. 핀라드어 번역사는 스웨덴어의 문장구조를 비슷하게 유지하여 다음과 같은 번역문을 작성했을 수 있다.

[3] Näin soitat hätänumeroon.
'thus you.ring to.emergency.number'

위의 번역은 비교적 수용 가능한 번역이다. 이는 출발어인 스웨덴어로 인해 자연스럽게 촉발되었을 번역이다. 그러나 실제 전화번호부의 핀란드어 표현은 soittaminen 'ringing'이라는 동사형 명사(verbal noun) 구문을 이루고 있으며 이는 출발어인 스웨덴어의 문장 구문과는 상당한 차이가 난다. 표준 스웨덴어에서는 이와 유사한 형태인 동사형 명사(ringande)를 사용하는 것이 가능하지 않다. 대신 원래 사용된 표현보다 조금 덜 자연스럽긴 하나 to 부정사의 명사적 용법인 att ringa 'to ring'의 사용은 가능하다. 그렇다면 이 경우 핀란드어의 동사형 명사 구문이 특수소가 되는가? 또, 핀란드어의 동사형 명사 구문은 핀란드어에서는 사용되지 않는 스웨덴어의 추론격에 비해 더 특수한가? 이에 대한 답은 특수성의 정도를 나타내는데 어떤 기준을 사용하느냐에 따라 달라질 것이다.

위의 예를 통해 보이고자 한 것은 특수성이라는 것이 '상대적 이질성'과 마찬가지로 결국은 상대적인 개념으로밖에 이해할 수 없다는 점이다. 이렇듯 특수성이 상대성의 개념을 내포한다는 사실만으로도 특수성이라는 용어가 가지는 의미론적 개념은 약화된다.

4. 특수성의 판단

라이스(1971)가 주장한, 출발어에는 존재하지 않으면서 도착어에는 존재하는 '어휘'를 찾아보라는 말을 있는 그대로 받아들이기는 어렵다. 이는 모든 도착어에 존재하는 어휘는 출발어에서 빌려온 어휘가 아닌 다음에야 출발어에 '존재하지 않기' 때문이다. 위에 인용된 구문에서 티르코넨-콘딧은 "언어적 대응어가 존재하지 않는 언어 요소", 또는 "직접적인 언어적 대응이 존재하지 않는 경우"라고 적고 있다. 이는 다소 유연하게 해석하면 "유사하게 출현되지 않는 언어 요소" 또는 "어휘화(lexicalized)"되지 않은 이란 의미로 볼 수 있다.

이러한 해석이나 위에 제시된 정의는 '유사하게'의 성격에 대해 명확히 설명하고 있지 않음으로써 그 의미가 지나치게 느슨하다. 만일 특수소를 다른 언어에 직접적인 일대일 대응어가 존재하지 않는 경우로 정의한다면, 이 정의 역시 '대응어'를 무엇으로 정의하는지에 따라 그 의미가 달라진다. 추측건대 여기서 이야기하는 대응어는 일종의 형태적 대응어를 지칭하는 것일 것이나 어느 정도 세분된 기준에서의 형태적 대응어인지는 명확하지 않다.

만약 하나의 동사가(예를 들면 핀란드어의 충분성 동사인 ehtiä) 영어로 번역되면서 구의 형태로('충분한 시간을 가진'과 같이 부사+목적어+동사의 결합) 바뀐다고 할 때, 이때 발생하는 현상은 캣포드(Catford, 1965: 79)가 단위 이동(unit shift)이라 지칭한 현상이다. 이 때 단위(unit)가 될 수 있는 것은 형태소(morpheme), 단어(word), 단어구(phrase), 절(clause), 문장(sentence)이 모두 될 수 있다. (그 뿐만 아니라 문단이나 절, 장, 텍스트 등과 같은 더욱 넓은 범위의 단위도 여기에 포함될 수 있다). 위의 예에서는 단위 이동이 단어에서 구로 이루어진 것일 뿐이다. 보다 정교한 형태의 단위 이동은 출발어 텍스트에서의 동사 유형이 (예를 들어 타동사가) 번역을 통해 도착어 텍스트에서는 다른 유형(자동사)으로 바뀌는 경우나 불가산 명사가 가산 명사로 바뀌는 경우 (캣포드의 분류상 성분 이동(class shift)에 해당), 또는 단수 복수 간 변화가 생기는 경우에(캣포드 분류상 시스템간(intra-system) 이동) 발생한다. 그런데 이러한 유형의 이동은 티르코넨-콘딧이 제시하는 특수소의 개념에는 포함되어 있지 않은 것으로 보이며, 이러한 정교한 수준에서의 이동뿐 아니라 더욱 뚜렷한 텍스트의 구조 변화, 텍스트 일부 누락이나 추가 등의 이동, 더욱 넓은 범위의 문장에서 절, 절에서 구(또는 그 반대 방향으로의 이동)로의 이동도 포함되어 있지 않다.

티르코넨-콘딧의 주 관심 대상은 단어나 형태소 간 이동인 것으로 보인다. 티르코넨-콘딧이 특수소의 또 다른 주요 예시로 제시하는 것은 핀란드어의 특정 소사(小辭, particle)이다. 그 외에도 하나의 절을 이룰 정도의 길이의 숙어도 특수소의 예에 포함되어 있다. 티르코넨-콘딧의 핀란드어 특수소의 예로는 다음이 있다. (2002: 215)

1. 접어 또는 기타 소사 (예: 강조를 나타태는 -pa/pä)
2. 구어체 어휘 및 충분성 동사 (예: viitsiä '자발성이 충분한')
3. 숙어, 고정형 연어(fixed collocation), 관용구 (예: kaikki on katoavaista '모든 것은 수명이 한정되어 있다')
4. 어휘 순서 (소유격 구문에서 be동사 선행 구문: teillä 'at-you-is' 대신 teillä 'is-at-you' (you have) 사용)
5. 비인격 호칭의 사용 (비인격 동사: täytyy muistaa '(one) must remember')

특수성 여부를 어떻게 판단하는가에 대한 본 연구자의 임시 답변은 어떤 언어 요소가 단위 이동 없이는 바로 출발어의 원 형태로 역번역될 수 없는 경우에 특수소의 조건을 갖추었다고 보는 것이다. 물론 여기서 '바로'의 의미가 명확하지 않을 수 있다는 점은 인정한다. 바로 이런 점에서 필자는 특수소라는 개념이 전체적으로 모호함을 주장하고 있는 것이다. 또한 위와 같은 정의를 따를 경우 대부분의 숙어는 번역 과정에서 어느 형태로든 단위 이동이 이루어지므로 특수소 범주에 포함된다. 또한 위의 답변이 가지는 문제점은 표준 유럽어를 벗어난 희소 언어의 경우 기본 단위를 정의하는 것 자체가 명확하지 않을 수 있는 점이다.

필자의 임시 답변은 본 연구와 상당히 유사한 대조 및 오류 분석 분야의 초기 연구에 힘입은 바 크다. 이제는 고전이 된 「과사용(over-indulgence)과 저표상(under-representation)–모국어 간섭에 관한 양상」이란 논문에서 레벤스톤(Levenston, 1971: 115)은 다음과 같이 쓰고 있다.

> 비원어민의 외국어 사용에 있어 특징으로 드러나는 것 중 하나는 모국어(L1)에서의 번역 등가와 상당히 유사한 절(구)의 과도한 사용으로, 이는 L1과 다른 구조의 구문이 외국어 사용에서는 지나치게 덜 표상화되는 현상을 (저표상) 수반한다. 여기서 '상당히 유사한'이란 표현을 보다 구체적으로 정의하면 '절(clause)뿐만 아니라 구(어휘) 차원에서도 대응되는 번역 등가'를 의미하며 '다른 구조'는 절(또는 구)의 차원에서만 대응되는 번역 등가를 의미한다.

레벤스톤의 연구대상은 번역이 아닌 비원어민의 외국어 사용(유대인의 영어 사용)이었다. 그러나 그는 외국어(L2) 사용에서 사용빈도가 낮은 언어 요소를 개념화하는 데 있어 번역 등가의 개념을 사용하였다. 그는 적정한 유사성에 대한 개념을 각기 다른 차원에서 이루어지는 단위 대응이란 설명을 통해 정의하고 있다. 이는 특수소에 대한 대안적 정의를 제공할 수 있는데(cf. 레벤스톤의 저표상 요소), 즉, 번역 등가가 단위 등가를 하위 단위에서가 아닌 상위 단위에서 유지하는 경우라 할 수 있다. 단위 대응이 일어나는 최하위 단위가 높을수록 유사성은 낮아진다. 예를 들어 문장 단위에서만(더 하위 단위에서는 유지되지 않고) 번역 등가가 유지되는 경우가 번역 등가가 구나 어휘 수준에서 유지되는 경우보다 유사성이 낮은 것이다. 속담과 같이 단위 대응이 문장 수준에서만 주로 이루어지는 경우를 예로 생각해볼 수 있다. 단위 대응이 상위 수준에서 이루어지는 번역이 하위 수준에서 이루어지는 번역에 비해 물론 더 자유로운 번역이 된다.

5. 특수성은 언어적 특성에 기인하는가 인식에 기인하는가?

특수성이란 작업 언어에 대해 번역사가 가지는 인식 일부로 일종의 심리적인 차원에서 존재하는 것인가 아니면 해당 언어의 어휘-문법 체계 특성의 하나로 언어적 차원에서 존재하는 것인가? 다시 말하면, 특정 언어 요소가 실제로 특수성을 가지는 것인가(상기 설명한 언어적 측면에서) 아니면 번역사가 단지 그렇게 인식하는 것인가? 이 두 가지 관점을 하나는 언어적 차이(대조 분석을 통해 객관적으로 검증된 것), 다른 하나는 인지적 차이라(객관적으로 검증될 수도 않을 수도 있는 것) 구분하겠다.

레벤스톤은 논문에서 과사용과 저표상 현상의 원인을 모국어로부터의 간섭이란 심리적 개념을 통해 설명하면서 위 두 가지 관점을 결합시키고 있다. 그러나 이 두 관점은 구분하는 것이 맞을 것이다. 특정 언어의 사용자는, 특히 해당 언어의 모국어 사용자가 아닐 경우, 해당 언어가 다른 언어에 대해 가지는 '특수성'이 무엇인지를 정확히 인식하지 못할 수 있다. 레벤스톤의 연구는 외국어 사용에 관한 것이긴 했지만 번역사들도 외국어로(B 언어로) 번역하는 경우 그것은 외국어 사용에 해당한다.

여기서도 초기 대조 분석 연구에서 해답을 찾을 수 있다. 특히 켈러만(E. Kellerman, 1986)과 오드린(T. Odlin, 1991)의 화자의 언어에 대한 인식 조사 연구에서 유사점을 찾을 수 있다. 켈러만의 연구에서는 네덜란드 학생들을 대상으로 네-영 번역 시 네덜란드 숙어를 직역하여 글자 그대로 영어로 번역하는 것이 영어에서 수용 가능한 경우 학생들이 직역 방법을 사용하는지 살펴보았다. 연구 결과 원어민은 자신의 모국어의 특수성을 과대평가하는 것으로 나타났다. 즉, 네덜란드 표현을 직역하여 영어로 번역하여도 무방한 경우에도 학생들은 해당 네덜란드 표현이 네덜란드에만 고유하게 있는 영어 표현으로 번역이 가능하지 않은 것으로 인식하고 직역을 하지 않은 경우가 많았다. 오드린(1991)은 이 연구결과에 대한 켈러만의 해석에 의문을 제기하고 이에 대해 아일랜드 이중언어자의 언어 혼합 사용에 대한 자신의 연구에서 얻은 결과를 증거로 다른 의견을 제시한다. 오드린의 연구에서는 아일랜드 숙어를 직역하여 영어로 번역한 사례가 상당 수 발견되었으며 그는 이에 대한 설명을 해당 사회에 거주하는 이중언어자의 수와 같은 환경적·사회적 요인에서 찾는다.

대조 오류 분석학계의 또 다른 학자들은 회피 전략(avoidance strategy: 파에크와 캐스퍼의 1983년 연구를 참조할 것)을 통해 외국인 언어 사용자들은 어려운 언어요소의 사용을 피하는 성향이 있다고 설명한다. 여기서 어려운 언어요소란 두 언어 간 '다른' 언어요소를 지칭한다. 이는 크게 볼 때 외국어와 모국어간의 차이는 외국어 습득에 있어 어려움으로 작용하고 두 언어가 유사점은 외국어 학습을 촉진한다는 라도(Lado)의 초기 대조 가설(contrastive hypothesis)(1957: 2)과 일맥상통하는 내용이다. 단, 회피전략에서 말하는 언어요소간 차이는 인식의 차이를 의미하는 반면 라도의 가설에선 언어적 차이를 지칭한다.

특수소 가설에서는 '전이(transfer)'은 논의 대상이 아니다. 여기서는 번역사가 출발어와 형태적으로 더욱 유사한 대안을 선택하여 사용함으로써 도착어에서 사용이 덜 되는 언어요소에 주된 관심이 있다. 따라서,

ST 연구 시간이 충분히 없어요.(I do not have enough time for research.)
란 문장은 핀란드어로 번역하면

TT2 En ehdi tehdä tutkimusta.

'I.do.not have.enough.time to.do research' 보다는

TT1 Munulla ei ole tarpeeksi aikaa tutkimukseen.

'at.me is not enough time for.research'

로 번역되는 경향을 보일 것이다.

TT2에는 핀란드어의 '특수' 동사인 ehtiä, '~할 충분한 시간이 있는'가 사용되나 이 동사는 영어에는 그와 같은 동사가 없는 이유로 영어를 통해 즉각적으로 촉발되지 않는다.

또한 특수소 가설 전체가 도착어에서는 출발어의 '특수소'가 인지되지 않음을(또는 최소한 같은 어역(register)에 해당하는 것으로 인지되지 않음) 그 내용으로 하므로 특수성을 인식의 개념을 통해 설명할 수는 없다. 따라서 특수소 가설에서 특수성을 판단하는 기준은 언어적 특성이어야 한다는 것이 본 연구자의 결론이다. 그럼에도 불구하고 이러한 특수성이 인지적 정보처리 과정에서 판단되는 것으로 생각하는 경향이 있는 것 같다. 설문지나 번역 정체성(identity) 등의 과제를 통해 특수성 가설을 연구하는 것은 언어적 특수성이 아닌 인지된 특수성을 조사하는 방법론으로 특수성 가설을 조사하는데 좋은 방법이 아니다. 언어적 특수성은 문법. 사전, 코퍼라(corpora), 대조 분석 등의 방법을 통해 객관적으로 확인할 수 있다.

6. 특수소는 번역현상과 관련하여서만 존재하는가?

번역문과 비번역문이 구분될 수 있다는 사실을 통해–그것이 일반인의 직감에 의한 구분이든 연구진의 객관적 통계기법을 이용한 구분이던–유추할 수 있는 점은 (일부?)번역문은 비번역문과는 구분되는 어떤 특성을 가진다는 것이다. 특수소 가설하에서는 번역문이 특수소 사용이 적다는 것이 이 특성에 해당할 수 있다. 그런데 이러한 번역문이 가지는 차이점이 번역문만의 특수성일까 아니면 번역문이 아니더라도 시간 상 제약을 받는 상태에서 작성된 문서나 숙련도가 낮은 사용 언어로 작성된 문서 등 다른 텍스트에서도 발견되는 특성일까?

이에 대한 논의를 위해 다시 대조 분석 및 언어간(interlanguage)연구 분야에서 이루어진 선행연구 중 회피 가설(avoidance hypothesis)과 언어 학습자의 언어에서 발견되는 단순화(simplification)의 개념을 참조하고자 한다 (파에크와 캐스퍼 1983을 참조할 것). 많은 선행연구 결과가 외국어 학습자는 (L2 화자) 자신의 모국어와 유사한 문장 구조를 선호한다는 점을 시사한다(cf. 레벤스톤 , 상동). 이는 신참 번역사의 경우 자신의 모국어를 도착어로 하는 번역에서도 가능한 곳에서는 항상 직역을 하는 경향이 있다는 티르코넨-콘딧의 가설과 일치한다. 이는 또한 원문과 유사하게 번역하는 전략 또는 직역을 좋은 기본 번역 전략으로 본 점에서 비네이(Vinay)와 다르벨네(Dalbelnet)(1958), 뉴마크(Newmark, 1981: 39) 등의 제안과도 일치한다. 물론 이 전략의 단점은 간섭, 즉 원치 않는 부정적 전이가 증가한다는 것이다. 또 다른 단점으로는 특수소 가설이 예측한 바와 같이 특수소의 사용을 잊어먹을 가능성이 높아진다는 것이다.

위의 내용을 토대로 본 연구자는 특수소 가설이 번역에만 특수하게 존재하는 것이 아닌 외국어로 말을 하거나 글을 써야 하는 상황과 같이 일반 글쓰기보다 어려움이 존재하는 다른 커뮤니케이션 상황에도 적용될 수 있음을 주장한다. 다시 말해, 특수소 가설은 특정 조건 하에서의 언어 사용에 대한 보다 일반적인 인지적 제약을 의미하는 것이다. 이러한 인식은 마음속에 자리 잡은 언어 레퍼토리의 구조에 대한 의문을 제기한다. 즉, 언어 레퍼토리 중 중심부에 있어 주변부에 있는 것들에 비해 더욱 즉각적으로 사용이 가능한 것들은 무엇이며 이들을 구분하는 것은 무엇인가? 이는 또한 번역이론에서 소위 번역 보편소라 불리는 것들의 위상에 대해 의문을 제기한다. 이들 보편소는 번역상황에서만 특수하게 있는 것이 아니라 특별한 제약 상황에서 이루어진 커뮤니케이션 상황에서 일반적으로 발생하는 것일 수도 있다.

7. '특수소'란 어휘의 적합성

위에서 이루어진 논의를 토대로 볼 때 특수소란 어휘가 적합한가에 대한 대답은 '아니다'가 될 것이다. 이 어휘에는 특수성에 대한 개념이 여러 면에서 너무 강하게 내포되어 있다. 앞서 살펴본 바로는 특수성은 절대적이기보다는 상대적인 개념이며, 특수소 가설이 대상으로 삼는 것은 모든 언어가 아닌 특정 출발어와 도착어 쌍이며, 특수성이란 개념은 상대적 형태적 차이와 대치되는 의미로 느슨하게 정의될 수밖에 없고, 또한 특수성으로 논의 되고 있는 현상이 번역의 경우에만 한정된 것이 아닌 외국어 사용과 관련된 일반적인 현상일 수 있다. 따라서 이 가설에 '특수'란 명칭을 붙이는 것은 실제의 현상보다 더 강한 의미를 부여하는 결과를 가져온다.

이를 번역학에서 전통적으로 사용되어 온 '라쿠나(lacuna, 잃어버린 조각: 의미론적 공백이나 어휘의 공백을 지칭)'의 개념과 비교하여 보자. 라쿠나는 출발어의 특정 언어의 등가에 해당하는 어휘나 표현이(이동(shift)을 개입하지 않고) 도착어에 없는 경우를 지칭한다. 지금까지 특수소라 불러왔던 것은 따지고 보면 라쿠나와 반대되는 것—도착어에 해당 어휘/표현이 없는 것이 아니라 출발어에 없고, 공백이 의미상의 공백보다는 형태상의 공백인 경우—를 가리키는 것 같다. 특수소란 결국 형태적 출발어상의 라쿠나에 지나지 않는 것일 수 있다. 티르코넨-콘디도 특수소의 이러한 특성에 대해서는 (필자와의 대화에서) '언어적 비대칭'이란 표현을 사용하였다. 이러한 언어적 비대칭은 정량적일 수도 정성적일 수도 있다. 언어마다 어떤 특정한 의미를 표현하거나 기능을 수행하는 데 있어 선호되는 방식이 있을 수 있다. 이 점에서 본다면 절대적 공백, 절대적 차이를 가리키는 '라쿠나'의 의미와도 상충하는 면이 발견된다.

8. 앞 뒤 순서가 바뀐 것인가?

마지막으로 의문을 제기하고자 하는 부분은 연구 방법론 관련해서이다. 앞서 특수소를 선험적으로(a priori) 정의하는 것이 지니는 문제점에 대해 살펴보았다. 그러나 무엇인가를 찾고 있다면, 그 찾고 있는 대상이 무엇인지를 사전에 알고 있어야 한다.

이 난제를 해결할 수 있는 최선의 방법은, 연구자 의견으로는, 연구 방법론을 조정하는 것이다. 이는 처음 이러한 가설이 생겨나게 했던 직관과 관찰로 돌아가는 것을 의미하며 이전 대조 분석학계 학자들의 통찰로 되돌아가는 것을 의미한다. 다시 말해 연구 과정이 아래와 같아지는 것을 의미한다.

1. 대조 코퍼스 연구를 통해 어떤 언어요소가 번역문(TT)과 비번역문(NT) 간 출현빈도에서 뚜렷한 차이를 보이는지 조사한다.
2. 1에서 찾은, TT와 NT간 출현빈도에서 뚜렷한 차이를 보이는 언어요소를 다시 TT에서 빈도가 높은 것과 NT에서 빈도가 높은 것으로 구분한다. 핀란

드어의 충분성 동사의 경우 번역문 핀란드어 텍스트보다 비번역문 핀란드어 텍스트에서 출현빈도가 더 높은 것으로 조사되었다. 영어 도착어 번역문에서의 that의 '과사용'과 관련해서는 올로한(Olohan)과 베이커(Baker)의 2000년도 연구를 참조하시오.

3. 그다음 언어요소를 출현 빈도에 따라 세분화하여 순위를 부여한다. TT와 NT간 출현빈도의 차가 일정 기준을 넘는, 차가 가장 큰 언어요소들을 선별한다. 선별된 언어요소를 다시 번역문에서 과 사용된 집단과 번역문에서 저표상된 집단으로 구분한다.
4. 위의 결과에 대한 설명을 생각해본다. 핀란드어의 충분성 동사와 같이 번역물에서 저표상된 언어요소의 경우, 형태상의 거리를 이유로 하는 가설이 설명 중 하나가 될 수 있다. 즉, 주어진 출발어에서의 어휘/표현과 도착어에서의 대응어와의 형태적(문법적) 거리가 멀수록 번역사가 그 표현/어휘를 선택할 가능성이 낮아진다는 가설을 수립할 수 있다. (물론 이 가설의 경우 형태적 거리를 측정하는 방법을 제시하여야 한다. 위에서 제안한 바와 같이 캣포드의 이동(shift)에 대한 구분이 그 출발점이 될 수 있다.) 형태적으로 출발어의 등가와 매우 다른 도착어에 저표상된 언어요소들이 지금까지 특수소란 이름으로 불렸던 언어 요소가 될 것이다. 그러나 저표상된 집단에 포함된 언어요소 중에는 이러한 설명으로는 해결되지 않는 항목들도 있을 수 있으며, 그런 의미에서 이들 항목 중에는 특수성을 띄지 않는 것들도 있을 수 있다.

위와 같은 방식의 연구 방법론에선 특수소의 개념을 먼저 정하고 연구를 진행하는 것이 아니다. 이 방법론에서는 언어요소의 특수성은 분석 과정을 거쳐 도출되는 것이며 명백히 상대적인 관점에서 귀납적 방법(a posteriori)을 통해 정의된다. 본 장에서 설명한 특수성은 번역문에 있어 발현 빈도가 낮은 언어요소가 발생하는 현상을 설명하는 여러가지 대안 중 하나로 제시되고 있다.

티르코넨-콘딧은 (필자와의 대화 중) 자신이 이전에 사용한 방법과 유사한 대안 방법론을 제시하였다. 이 방법론의 첫 단계는 주어진 언어 쌍을 대조분석하는 것이다. 의미론 또는 화용론 측면에서 '같은' 의미를 가졌으나 형태적으로 다른 언어요소를 두 언어 간 찾는다 (또는 형태적 등가 중 다른 기능을 가진 언어요소). 그다음 이들 언어요소의 번역문과 비번역문에서의 발현 빈도를 비교하는 것이다. 이 방법론과 관련하여 언급하고 싶은 바는 위에서도 밝혔듯이 이 방법론을 사용하기 위해서는 형태적 등가의 정도에 대한 정교한 사전 정의가 필요할 것으로 보인다는 점이다.

9. 결론은 무엇인가?

잠재적 번역 보편소를 연구하는 이유 중 하나는 번역에 대한 이해, 번역의 본질에 대한 이해를 전반적으로 더 얻고자 하는 것이다. 본 연구는 번역 시 이루어지는 간섭에 대해 다양한 수준에서 용인(tolerance)이 일어날 수 있는 가능성을 보여준다. 언어심리학적 연구가 목표인 학자들에겐 이러한 잠재 보편소에 대한 연구가 번역 시 번역사의 마음속에서 일어나는 현상에 대해 새로운 통찰을 가져올 수 있다.

실질적인 적용 분야를 찾는 학자들이나 번역사를 지도하는 교육자에게 번역 보편소에 대한 연구는 번역 품질을 향상 시킬 수 있는 방법을 제시할 수 있다. 번역문에서 과하게 또는 미진하게 발현되는 언어요소에 학생들이 집중하게 함으로써 앞으로 번역 상황에서 이러한 언어요소의 과하거나 미진한 발현을 정상화할 수 있다. 이러한 노력을 통해 장기적으로는 과발현이나 저발현의 경향 자체에 영향을 미칠 수도 있으며 종국에는 이것이 더는 보편소가 아닐 수도 있을 것이다.

미주

1. 본 논문의 원고 초안에 대해 유익한 의견을 제공해준 트리코넨-콘딧 박사께 감사의 마음을 전한다.

참고문헌

1. Catford, John C. 1975. *A Linguistic Theory of Translation*. London: Oxford University Press.

2. Faerch, Claus and Gabriele Kasper (eds). 1983. *Strategies in Interlanguage Communication*. London: Longman.

3. Güttinger, Fritz. 1963. *Zielsprache: Theorie und Technik des Übersetzens*. Zürich: Manesse Verlag. Kellerman, Eric. 1986. "An Eye for an Eye: Crosslinguistic constraints on the development of the

4. L2 lexicon". In *Crosslinguistic Influence in Second Language Acquisition*, E. Kellerman and M. Sharwood Smith (eds), 35-48. New York: Pergamon Press.

5. Lado, Robert. 1957. *Linguistics across Cultures*. Ann Arbor: University of Michigan Press.

tongue Interference". In *Papers in Contrastive Linguistics*, G. Nickel (ed.), 115-121. Cambridge: Cambridge University Press.

7. Newmark, Peter. 1981. *Approaches to Translation*. Oxford: Pergamon Press.

8. Nord, Christiane. 1997. *Translating as a Purposeful Activity*. Manchester: St. Jerome Publishing.

Odin, Terence. 1991. "Irish English idioms and language transfer". *English World-Wide* 12 (2): 175-193.

10. Olohan, Maeve and Baker, Mona. 2000. "Reporting that in Translated English. Evidence for subconscious processes of explication?" Across

Languages and Cultures 1 (2): 141-158.

11. Reiss, Katharina. 1971. *Möglichkeiten und Genzen der Übersetzungskritik*. München: Max Hueber. Tirkkonen-Condit, Sonja.2002. "Translationese – a Myth or an Empirical Fact?" *Target* 14 (2): 207-220.

12. Tirkkonen-Condit, Sonja. 2004. "Unique Items – Over- o Under-represented in Translated Language?" In T*ranslation Universals. Do they exist?*, A. Mauranen and P. Kujamäki (eds), 177-184. Amsterdam & Philadelphia: John Benjamins.

13. Vinay, Jean-Paul and Darbelnet, Jean. 1958. *Stylistique comparée du français et de l'anglais*. Paris: Didier.

기호학이 번역연구에 유용한 다섯 가지 이유

우발도 스테코니U. Stecconi

유럽연합집행위원회European Commision, 벨기에

본 논문은 C.S. 퍼스(Peirce)의 기호이론에서 그 이론적·방법론적 틀을 빌려와 번역을 특정한 유형의 기호-행위 형태 즉 기호작용으로 보는 데서 출발한다. 이는 간단히 말해 모든 번역 행위는 기호작용이나, 모든 기호작용이 번역인 것은 아님을 의미한다. 지자는 기호학이 번역연구에 유용한 (최소) 다섯 가지 이유를 제시한다.

- 기호학은 구술 언어에 대한 이론이 아닌 기호에 대한 보편적 이론이다.
- 기호학은 번역의 핵심 사건 (core of translation event)에 적용 가능한 모델을 제공한다.
- 기호학은 번역을 전이(transfer)로 생각했던 번역에 대한 전통적 사고를 재정의한다.
- 기호학은 등가(equivalence)와 손실(loss)에 대해 새롭게 조명한다.
- 기호학을 통해 번역의 논리-기호학적 조건에 대한 탐구가 가능하다.

이중 다섯 번째로 제시한 내용은 매우 중요한 의미를 가진다. 번역 기호학의 세 가지 실존적 특성은 다음과 같다. 바로 차이(difference), 유사성(similarity), 그리고 중재(mediation)이다. 이 세 가지 특성이 함께 어우러져 근본적인 질문의 틀을 제공한다. "우리가 번역에 관해 이야기할 때, 우리는 무엇에 대해 이야기하는 것인가?"

KEYWORDS

번역 기호학(Translation semiotics), 찰스 퍼스(Charles S. Peirce), 등가(equivalence), 전이(transfer)

1. 개요

2003년 움베르트 에코(umberto Eco)는 번역에 대한 책 두 권을 출간했다. 그 중 영문으로 쓰인 책의 제목은 『생쥐인가 들쥐인가(Mouse or Rat)』(에코, 2003a)이고, 이탈리아어로 쓰여진 책의 제목은 『거의 같은 것을 말함(Dire quasi la stessa cosa)』(에코, 2003b)이다. 이 중 두 번째 책의 서문에는 다음과 같은 내용이 나온다.

> 번역이란 무엇을 의미하는가? 이 질문에 대한 무난한 답으로 우리는 가장 먼저 '같은 것을 다른 언어로 말하기'을 떠올릴 것이다. 그러나 '같은 것을 말하기'가 의미하는 바가 무엇인지를 규정하기란 매우 어려운 일이다. 이는 번역과정에 다양한 기재(operations)가, 동의어로의 교체를 비롯하여 페러프레이징(paraphrasing), 정의하기, 설명하기, 재표현하기(rephrasing) 등, 개입되기 때문이기도 하고 또한 번역 텍스트에서 번역 대상이 되는 '같은 것'이란 표현에서 '것'이 무엇인지 정의하기가 어렵기 때문이기도 하다. 마지막으로 때로는 '말하기'가 무엇인지 정의하기 어려울 때도 있다 (p. 9)[1].

에코는 그의 책에서 번역을 통해 결코 '같은 것을 말할' 수 없음을 주장한다. 그러나 '거의' 같은 것을 말할 수는 있다고 부연한다. "이 시점에서 우리의 관심을 끄는 문제는 '같은 것'의 개념에 대한 것도 아니고 '것'

이 무엇인가를 정의하는 것도 아니다. 문제가 되는 것은 '거의'가 가지는 의미이다" (id.: 10). 본 논문에서는 에코의 이탈리아어책 제목에 사용된 어휘를 분석함으로써(연구자의 논제에 맞추어 어휘 순서는 조정됨) 지난 몇 년에 걸쳐 연구자가 개발해 온(cf. 프로니와 스테코니, 1999; 스테코니 1994, 2000, 2001, 2004a, 2004b)[2] 번역 기호학(translation semiotics)의 모델이 가지는 장점에 대해 설명하고자 한다. 그러나 본론으로 들어가기에 앞서 번역 기호학에 대해 간략한 소개로 글을 시작하겠다.

2. 번역 기호학이 가지는 특수성

번역에 대한 기호학적 접근 관련해서는 이해되지 않는 부분이 존재한다. 번역학의 수요 논저 중 기호학적 접근의 필요성을 주창한 것이 여럿 있음에도 불구하고 오늘날까지 번역과 해석 기호학 간의 관계에 대해선 밝혀진 바가 많지 않다는 점이다. 번역 기호학의 문을 연 첫 연구는 지금까지의 번역학 연구 중 가장 인용이 많이 되는 야콥슨(R. Jacobson)의 「On Linguistic Aspects of Translation (1959)」(번역의 언어학적 측면에 관하여)였다. 비록 야콥슨은 퍼스의 기호학을 잘못 이해한 면이 있지만 (본판티니, 1987: 113; 골레, 1994: 148 참조. 더욱 관대한 평가는 코스컬루엘라, 2003: 113-5를 참조하시오) 퍼스를 '기호의 본질에 대해 가장 깊게 탐구한 연구자'로 규정했다(야콥슨, 1959: 233). 그다음으로 번역 기호학 연구에 박차를 가한 인물은 반 케스터렌(A. van Kesteren)으로 그는 1976년 4월 27~29일 벨기에 루벤에서 개최된 학술회의에서 발표된 그 유명한 『문학과 번역』이라는 제목의 연구에 참여하였다(케스터렌, 1978). 논문에서 그는 이 연구의 목적에 대해 다음과 같이 쓰고 있다. "이 연구의 목적은 번역 이론에 대한 기호학적 모델을 개발하는 것이다. 보다 구체적으로는 이를 통해 출발어 텍스트와 도착어 텍스트 간에 등가 관계에 대한 분류체계(typology)가 구축될 것이며 […]. 이를 위해 저자는 퍼스가 오래전 개발한 여러 개념을 이용할 것이다 […]" (Id.: 48).

번역 기호학 관련하여 세 번째로 소개할 학자는 투리(G. Toury)이다. 그는 세복(Sebeok)의 기념비적인 저서 기호학 백과사전『Encyclopedic Dictionary of Semiotics』의 '번역' 부문에 글을 실었다(투리, 1986). 이 글에서 투리는 해석 기호학이란 용어를 사용하지는 않았으나(구조 기호학자인 로트만과 유스펜스키에 대한 언급은 있으나 해석 기호학이란 용어를 명시적으로 사용하지는 않음), 그의 결론은 크게 볼 때 해석 기호학의 내용과 일치한다. 번역 기호학의 초석을 쌓은 마지막 두 학자는 여성학자인 델러달-로즈와(J. Deledalle-Rhodes) 고흐레 (D.L. Gorlée)로 이들은 1980년대 말경 번역 기호학에 대한 논문을 발표하기 시작했다 (cf. 델러달-로즈, 1988-1989, 1996, 1997; 고레, 1989, 1994, 2004). 고흐레의 1989년 논문인 「비트겐슈타인, 번역과 기호학」은 학술지『Target』(타깃)의 창간호에 실렸으며 이것이 번역 기호학의 발전에 있어 새로운 전기를 열었던 마지막 연구가 되겠다.

위의 내용을 통해 볼 수 있듯이 퍼스의 기호 이론은 근대 번역학의 태동과 그 시간적 궤를 같이 한다. (아직) 기호학이 번역이론의 주요 파라다임으로 자리 잡지는 못했으나 번역학 내에 기호학 관련 연구는 적지 않게 존재하며 위에서 소개한 다섯 학자 외에도 번역 기호학의 지평을 넓히는 데 기여한 학자로는 토롭(Torop), 페트릴리(Petrilli), 네르가드(Nergaard)와 코스쿠루엘라(Cosculluela)가 있다 (cf. 토롭, 2000; 페트릴리, ed. 2003; 에코, 2001; 네르가드, 2001; 코스쿠루엘라, 2003). 이 그룹에 속한 학자들의 특성을 잘 나타내는 단어를 고르라면 아마도 필자는 '용감하고 낙관적인'을 고를 것이다. 이들을 용감하다 표현하는 이유는 기호학은 기존의 연구 방법을 따르기도 하나 전통적으로 이용하던 분류법을 전반적으로 재정의하는 등 새로운 접근법을 장려하기 때문이며, 낙관적이라 표현한 이유는 이들 중 많은 학자는 번역학의 미래는 기호학에 있다고 예측하기 때문이다. 이에 대한 평가는 오직 시간만이 알려줄 것이다.

3. 말하기

이제 본론으로 들어가 움베르트 에코의 책 제목인 『거의 같은 것을 말함』에 대한 해설을 '말함'이란 표현부터 시작하도록 하겠다. 에코는 "말함이 무엇인지 알 수 있는가?"라고 묻는다. 이 질문에서 '말함'이란 단어는 비유적 의미로 사용되었다. 여기서 '말함'이 가지는 의미는 벽에 걸린 회화를 보면서 "이 그림이 너에게 뭐라고 말하는 것 같니?"라고 물을 때 '말하다'와 같은 의미이다. 이러한 맥락에서 연구자는 보다 단순한 질문을 해보겠다. "우리는 같은 말을 얼마나 다른 방식으로 표현할 수 있는가?" 책과 회화는 서로 다른 매체이므로 당연히 같은 내용을 다르게 표현할 것이다. 필자가 탐구하고자 하는 질문의 의미는 바로 이러한 맥락에서 이해하면 되겠다.

번역은 전통적으로 언어를 통한 작업으로 인식됐으므로 다양한 매체(미디어)에 대한 관심은 번역사들에게는 상당히 새로운 개념으로 다가온다. 그러나 번역이 비록 언어(어휘)를 매체로 하여 주로 이루어졌다 하더라도, 어휘가 번역을 정의하지는 않는다. 너무나도 잘 알려져 있듯 이미 50년 전에 야콥슨은 기호간 번역(intersemiotic translation)의 개념을 도입하였고(야콥슨 1959), 최근 들어서는 과학기술과 인터넷의 발달로 인한 번역 환경에의 변화로 인해 '기호간 번역'이란 표현은 보다 실질적인 의미로 쓰이게 되었다. 이러한 새로운 유형의 번역은(특히 '로컬라이제이션') 번역의 매체로 단어뿐 아니라 컴퓨터 화면에 등장하는 색깔, 동영상과 정지 영상, 음향을 대상으로 한다. 90년대 번역학에서 멀티미디어 번역이라는(에세링크, 2000; 갬비어, 1998; 갬비어와 코트리엡, 2001; 핌,

2004) 분야가 등장하게 된 데는 이러한 로컬라이제이션의 영향도 일부 있다. 이렇듯 다양한 매체 환경을 접하게 되면 번역사는 번역이라는 작업을 수행하고 자신의 번역활동이 가지는 의미를 이해하기 위해 언어를 넘어 그 이상의 것을 번역 대상으로 편입하여야 하는 상황을 정확히 인식하게 된다.

멀티미디어 번역은 구술언어를 바탕으로 하는 이론의 한계를 보여주며 구술 기호와 비구술 기호간의 구분을 극복하고 이를 모두 포괄할 수 있는 보편적 번역 이론의 필요성을 주창한다. 이 점이 기호학이 번역학에 유용한 첫 번째 이유이다. 기호학은 기호에 대한 보편적인 이론으로 기호학에서 자연언어는 그 중요성에도 불구하고 여러 기호 체계 중 하나로 다루어진다. 퍼스의 기호에 대한 개념은 자연 언어의 범위를 훨씬 뛰어넘는다.

> [⋯] 전체 우주 — 실존하는 것들의 우주뿐 아니라 실존하는 것들의 우주를 포함하는 보다 넓은 우주로 그동안 우리가 '진실'이라 불렀던 그 우주 — 이 우주 전체가 오직 기호로만 이루어진 것은 아닐지언정, 전부 기호로 둘러싸여 있다 (CP 5.448 n1, 1905)[3].

퍼스의 주 관심사는 언어의 작용이나 사람들의 언어를 통한 커뮤니케이션에 있었던 것은 아니었다. 기호학과 관련하여 그가 항상 관심을 가졌던 것은 형이상학과 논리의 영역에 속한 기호에 대한 이해와 기호와 행위간의 작용이었다. 이러한 전제하에 보면, 번역학이 미디어 다중성(multimediality)이 가지는 의미와 영향을 진지하게 받아들여 번역이 언어에 의해서만 정의되는 존재가 아님을 인식하는데 기호학이 도움을 줄 수 있음은 자명하다. 번역은 언어만을 가지고 하는 행위가 아니며 언어에 대하여 또한 언어 외의 다른 기호에 대하여 이루어지는 행위이다. 이처럼 구술언어에 대한 절대성이 줄어들면 그 결과 '텍스트'에 대한 개념에 변화가 생기며, 본 논문에서 사용하고 있는 '텍스트'란 용어는 그러한 변화된 개념으로 사용되었다. '텍스트'라 하면 보통 언어만으로 또는 그 대부분이 언어로 이루어진 것을 생각하나, 이 논문에서 텍스트는 기호의 조직적인 조합을 지칭하며 이때 그 기호가 구술 기호이냐 아니냐는 상관이 없다.

4. 것

두 번째로 살펴볼 어휘는 '것'이다. 에코는 이와 관련하여 "원문에 있는 '것'이란 무엇인가?"라고 질문한다. 기호학에서는 이 질문을 흥미로운 다양한 방법으로 재해석할 수 있다. 퍼스의 기호 이론에 의하면 표상(representation)은 사물(thing)을—흔히 대상(object)로 불리는—대신하여 나타내나 대상과 기호와의 관계가 일대일 관계는 아니다. 대상은 기호와 해석경향을 다른 두 꼭짓점으로 하는 세 요소간의 관계가 구축되는 삼각형의 한 축을 형성한다.

> 기호(또는 표상)는 어떤 사람에게 특정 측면에서나 방법으로 어떤 것을 대신하여 나타낸다. 그것은 누군가의 마음속에 그것이 의미하는 것에 대한 등가의 기호 혹은 더 발달한 기호를 새겨 놓는다. 이때 마음에 새겨지는 것을 첫 번째 기호에 대한 해석 경향(interpretant)라 부른다. 기호는 그것이 표상하는 대상을 나타내는데 이때 기호는 대상의 모든 면을 대표하지 않으며 특정 측면에 대해서만, 간혹 필자가 표상의 근거(ground of representamen)라 부르는, 대상을 대표한다 (CP 2.228, c. 1897).

기호학의 기본 요소는 그림 1에서와같이 종종 삼각형을 통해 그려진다. 이러한 그림은 기호의 주요 기능이 대상과 해석경향 간의 중재에 있음을 나타낸다. 여기서 참된 기호작용의 두 가지 특성에 대해 강조할 필요가 있다. 그 첫째는 기호작용에는 항상 추론이 개입된다는 것이며, 둘째는 원칙적으로는 기호에 대한 해석경향은 또 다른 기호에 의해 해석될 수 있다는 것이다.

그림 1.

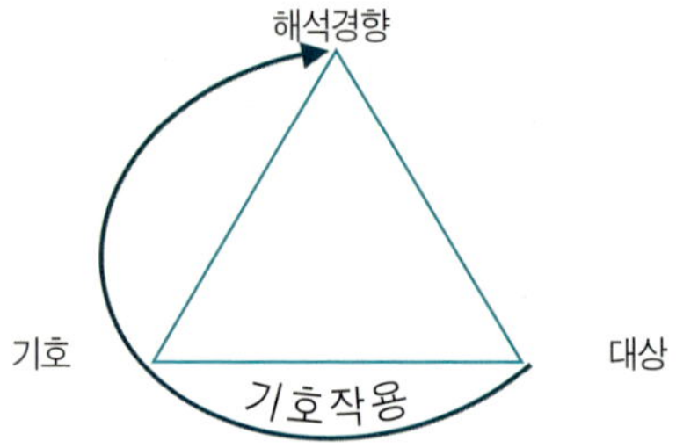

기호와 해석경향에 대해서는 이 정도로 설명을 마치겠다. 다음, 퍼스의 기호학에서 '것'에 해당하는 대상에 대해서는 콘스탄티누스 대제의 기진장(寄進狀) (Donation of Constantine) 이야기를 통해 설명하고자 한다. 알려진 바대로 중세시대 이 문서는 AD 306-337를 통치한 콘스탄티누스 대제의 문서로 알려져 교회의 세속적 물건에 대한 소유권을 합법화하는 데 사용되었다. 그러던 중 1440년 로렌조 발라를 통해 이 문서가 8세기경에 위조된 것이라는 것이 밝혀졌다[4]. 여기서 위조임을 밝힌 발라의 연구를 기호로 생각하고 대제의 문서를 대상으로 생각해보자. 발라의 연구 문서가 대제의 문서에 쓰인 글자를 물리적으로 하나라도 바꾼 것은 아니며 이런 측면에서 문서는 변화되지 않았다. 그러나 발라의 연구문서는 대제의 문서를 새롭게 바라보게 하는 '근거'를 제공하였으며 그로 인해 대제의 문서에 대한 완전히 다른 해석경향을 초래했다(퍼스의 '근거'에 대한 개념 관련 cf. CP 1. 1-10, 1868; CP 2.227-229, 1897). 그렇다면 이 경우 화용적 관점에서 대제의 문서는 완전히 다른 문서가

된 것이다. 이러한 역설을 어떻게 설명할 것인가?

이에 대한 해답은 대상에는 두 가지 측면이 있다는 점에서 찾을 수 있다. "대상이 가지는 두 가지 측면 즉, 기호가 대표하는 즉각적 대상(Immediate Object)과 실제로 효율적이긴 하나 즉각적으로 존재하지는 않는 역동적 대상(Dynamical Object)을 구분하는 것이 필요하다"(CP 8.343, 1908). 즉각적 대상은 그것이 가지는 근거를 통해 기호에 의해 여과(filter)되며 이미 기호작용의 부분을 형성한다. 반면 역동적 대상은 자연적 또는 문화적 개체로 그것이 가지는 총체적 성격을 모두 알 수는 없으며 기호에 대한 효율적 원인이 된다. 다시 발라에게로 돌아가 보자. 1440년 대제의 문서의 역동적 대상은 발라의 발견으로부터 영향받지 않고 그대로 유지되었지만, 발라의 발견으로 인해 발라가 자신의 연구문서에 기재한 새로운 근거에 대응하는 새로운 즉각적 대상이 생성된 것이다. 다시 말해 '대제의 기부 문서'가 '대제의 기부 주장 문서'가 된 것이다. 그림 2에는 기호의 기본 요소를 나타낸 그림에 두 가지의 종류의 대상이 추가로 표시되어 있다.

그림 2.

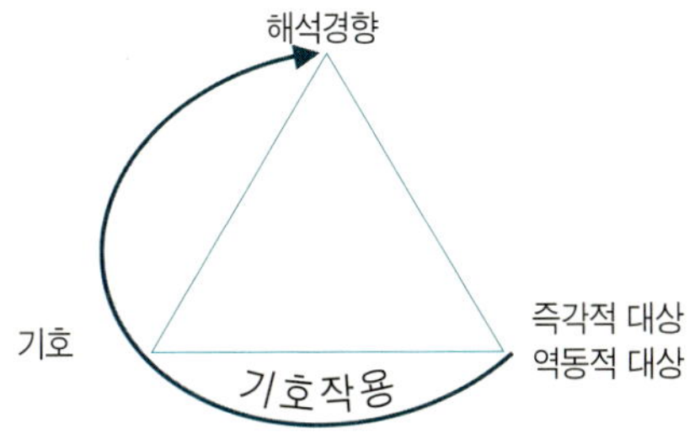

대상에 대한 이론은 위에서 논의했던 '것'에 대해 조금은 구체적인 설명을 제공한다. 이제 이로써 대상, 기호, 해석경향, 세 요소를 포함한 전체 그림에 대한 설명이 끝났다. 여기서 기억할 점은 이 세가지 요소가 삼각형 일부를 이룬다는 사실이다. 쇼트 (T.L. Short)는 이를 다음과 같이 재미있게 표현한다.

> 기호는 대상, 기호, 해석경향으로 이루어진 나눌 수 없는 삼각형의 한 요소이다. 나타낼 수 없는 것은 대상이 될 수 없고, 어떠한 대상을 나타내는 것으로 해석될 수 없는 것은 기호가 될 수 없으며, 대상을 나타내는 것으로 해석되지 않는 것은 해석경향이 될 수 없다. 대상은 나타내어질 필요는 없고 기호는 해석될 필요는 없다. 그것은 기호를 통해 나타내어지고 해석경향을 통해 해석될 잠재성으로 인해 각각 대상과 기호로써 존재한다. 이 때 잠재성이란 단순히 가능성을 가지는 것 이상을 의미한다. 어떤 것이 기호인 것은 근거-또는 기호와 대상과의 관계-가 있어 그 관계에 대한 특정 해석을 정당화 할 수 있음으로써 기호로써 존재가 가능한 것이다(쇼트, 1986: 105).

기호학이 번역학에 유용한 두 번째 이유는 그림 2의 도식이 번역 사건(translation event)에 적용 가능한 모델이기 때문이다. 출발어 텍스트는 기호학의 대상이 되며, 도착어 텍스트는 기호가, 번역된 텍스트를 읽는 사람들에게 그 번역된 텍스트가 나타내는 것은 해석경향이 된다. 이 모델을 번역학에 적용함으로써 많은 이점이 있는데 그 중 하나가 이 모델이 가지는 비결정성(non-deterministic)에 있다. 에코가 그의 두 권의 책을 통해 이야기하고자 했던 핵심은 번역에는 협상(negotiation)이 차지하는 역할이 매우 크다는 점이다. 연구자도 이에 대해서는 에코와 같은 입장이며 이러한 주장을 한 단계 더 발전시켜 보고자 한다. 협상은 번역 기호작용에 있어 그 중심에 놓일 수 있다. 협상은 한편으로는 출발어와 도착어 텍스트 간 표상의 근거(ground)를 놓고 이루어지며, 다른 한편으로는 독자와 번역텍스트 간에 의미 해석을 놓고 이루어진다. 물론 여기에서 협상은 에코가 의미한 협상과는 다른 형이상학적 협상이며 연구자는 번역 이론은 개인적으로 번역이 지니는 형이상학성에 맞는 형이상학적 내용을 반영해야 한다고 생각한다. 그림 3은 이를 도식화하여 표현한 것이다.

그림 3.

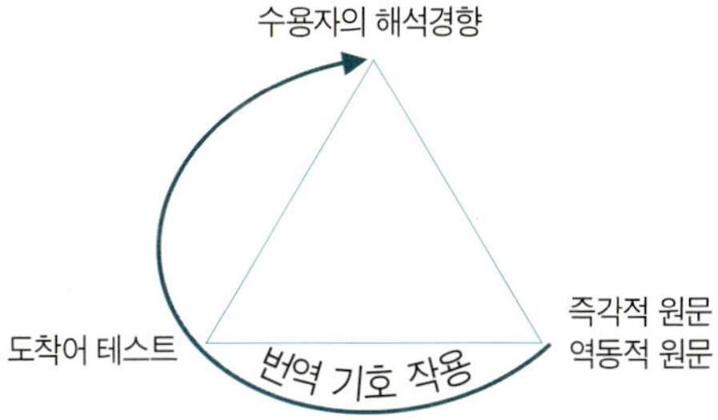

위의 그림을 보면 번역 기호작용에 관여하는 '것'은 두 단계로 이루어진 대상으로 그 자체가 삼각형 일부를 이룬다. 쇼트의 말을 빌려 표현하자면, 번역될 수 없는 것은 원문이 아니며, 특정 원문을 번역한 것으로 해석될 수 없는 것은 도착어 텍스트가 아니며, 어떠한 텍스트를 원문을 번역한 것으로 해석하지 않는 것은 독자의 해석경향이 아니다. 이 논문에 삽입된 그림에 들어있는 화살표는 기호작용은 기호를 생산하는 과정이지, 이미 생산된 기호가 개입하는 과정이 아님을 상기시킨다. 기호작용이 기호와 행위 간의 관계라는 점은 번역 기호작용에도 동일하게 적용된다. 이는 번역 기호작용에서 경험적 관점에서만 '것'이 사건(event)의 후속으로 이루어지는 것이 아니라 논리적 관점에서도 이 점이 적용됨을 의미한다.

이 점은 번역학에서는 중요한 의미를 가진다. 지난 수 백 년 간 번역은 그 말의 어원(transferre, '이전하다')이 가지는 의미에 갇혀있었다 (cf. 어휘의 역사에 대한 폴레나의 1991년 연구). 이러한 비유는 오해를 가져올 수 있다. 한 예로 부엌에서 거실로 물잔을 가져간다고 할 때, 부엌에는 더 이상 같은 물잔이 존재하지 않는다. 그러나 이탈리아어로 쓰인 소설을 영어로 번역하면, 이탈리아인들은 여전히 이탈리아어로 된 소설을 읽을 것이다. 이것만 보더라도 '이전'이란 표현이 번역에 대한 좋은 비유는 아닌 점이 명확히 드러난다. 모든 비유가 그렇듯이 이 '이전'이라는 비유도 번역의 개념을 형상화하여 이해를 쉽게 해준다는 점은 인정하나 그 결과 형성되는 번역에 대한 인식은 도움이 되지 않는다는 입장엔 변함이 없다. 기호학이 번역학에 유용한 세 번째 이유가 바로 이와 관련된 것으로 기호학은 이러한 비유가 가져오는 사고의 틀과 제약으로부터 우리를 해방한다는 점이다. 번역은 단어나 의미를 우편함에 들어 있는 우편물 옮기듯 옮기는 것을 의미하지 않는다. 번역할 때 이전되는 것, 움직이는 것은 없다. 모든 기호와 마찬가지로 번역은 발생한다.

5. 같은

다음으로 분석하고자 하는 어휘는 '같은'으로 번역학에서는 주로 '등가'라 불리는 개념이다. 연구자는 절대 등가의 개념이 서구 번역 이론이 가지는 원죄라 생각한다. 흔히 서구 번역이론의 선구자적 작품으로 키케로(Cicero)의 BC 44년 작 『De optimo genere oratorum』(최고의 웅변가들)을 꼽는다(cf. 이에 대한 논의는 코프랜드 1991: 9-36를 참조하시오). 그 작품에서 키케로는 번역사로서 책을 썼으면 그 당시 관행을 따라 했을 자구(字句)적 번역을 하지 않고, 자신은 연설가로서 책을 썼음을 밝히고 있다. "독자들에겐 내가 글자(단어) 수를 세는 것은 불필요하다 생각했고, 그보다는 글이 가지는 무게를 생각하는 것이 필요하다 생각하였으며, 실제로도 그랬다. (Non enim ea me adnumerare lectori putavi oportere, sed tamquam appendere)" (V. 14, 저자 번역).[5] 키케로가 그에 대한 대안을 제시하긴 하였으나 위의 사례를 통해 그 당시 그리스어-라틴어 간 번역에서 자구적 번역은 채택 가능한 번역 전략이었음을 추측할 수 있다.

실제로 연구자는 등가에 대한 엄격한 개념은 번역의 능력에 대해 기호학적으로 성립하기 어려운 믿음을 근거로 하므로 자만심 또는 허영심의 산물이라 생각한다. 번역을 포함한 모든 기호-행위 관계는 그 요소들 간의 관계를 등가로 보는 입장과는 양립할 수 없다. 최대한 양보해도 각 요소들 간의 관계를 유사한 정도로 밖에 볼 수 없다. 한 요소 —예를 들어 기호—가 대상과 등가를 이룬다고 할 경우, 기호-행위 관계는 멈출 수밖에 없다. 앞서 설명한 바와 같이 기호는 그것이 표시하는 대상을 특정 근거에 바탕을 두고 표시한다. 번역 기호학에서 이는 실제 존재하는 역동적 실체(dynamic original) 즉각적 실체(immediate original) 간에 차이가 존재할 수밖에 없음을 의미한다. 이는 번역-기호는 결코 실체-대상을 온전히 대표할 수 없으며 항상 다음 기호가 사용할 표현되지 않은 잔여 실체가 남게 됨을 의미한다. 따라서 출발어와 등가를 이루는 도착어 기호를 찾는 것을 번역의 이상적인 목표로 삼을 수조차 없는 것이다. 번역사가 해야 할 일은 각각의 번역 상황에서 출발어 기호를 연구·해석 한후 어떠한 관점(근거)에서 이를 표현하는 도착어 기호를 찾을지 결정하는 것이다(cf. 이와 유사한 입장은 에코 2003b: 16-17를 참조하시오). 하나의 관점(근거)을 선택함과 동시에 선택 대상에 올랐던 다른 관점들은 모두 선택에서 배제되나 이들 '선택하지 않은 길'을 '잃음(loss)'로 보는 것은 잘못된 시각이다. '전이(transfer)'에서의 경우와 마찬가지로 손실의 비유는 번역의 기호학적 본질과 맞지 않으며 우리의 인지적 시각을 왜곡한다. 번역이 실체에 대해 나타내지 못하는 측면은 번역을 통해 '잃는' 것이 아니라 처음부터 결코 얻을 수 없는 부분인 것이다. 그러나 특정 번역에서 나타내지 못한 실체의 부분은 그 '다음' 번역을 통해 드러날 수 있다. 여기서 가장 중요한 점은 실체가 가지는 저항(resistance)이 바로 번역을 가능하게 하는 것이라는 점이다. 흔히 번역을 통해 '잃는 부분'은 번역 기호학의 조건 중 하나—즉 차이(다음 절 참조)

—로 인해 발생한다. 여기서 우리는 기호학이 번역학에 유용한 네 번째 이유를 찾을 수 있다. 바로 모든 기호학에서와 마찬가지로 번역은 특정 근거를 '선택함에도 불구하고' 일어나는 것이 아니라 바로 특정 근거를 '선택함으로써' 일어나게 되는 것이다.

6. 거의

마지막으로 '거의'란 어휘에 대해 논의하고자 한다. 에코는 이 어휘를 '같은 것을 말하다'는 문구에 덧붙임으로써 그 문구가 가지는 단정적 의미를 다소 양적으로 완화했다. 에코는 "여기서 '거의'는 어느 선까지를 허용하여야 하는가?"라고 묻고 있다. 이에 대해 연구자는 '거의'에 대한 논의를 양적인 것이 아닌 질적인 것으로 접근하고자 한다. 앞 절에서는 '같은'과 관련하여 등가와 잃음에 대해 논의하였다. 본 절에서 '같은 것을 말하다'와 '거의 같은 것을 말하다'의 관계는 앞 절에서 등가(equivalence)와 유사(similarity)와의 관계와 같다 볼 수 있다. 유사(similarity)는 차이(difference)와 중재(mediation)과 더불어 번역 기호작용의 3대 특징 중 하나이다 (cf. 스테코니 2004a). 지금까지는 번역이 다른 형태의 기호 작용과 가지는 공통점에 대해 살펴보았는데, 번역은 다른 기호 작용과 구분되는 차이점도 있다. 이러한 차이점이 없다면 이 논문의 탐구 대상인 '우리가 번역에 관해 이야기 할 때 우리는 무엇을 이야기 하고 있는 것인가?'라는 질문을 할 필요도 없을 것이다(아로요 2002: 138).

본론으로 들어가기에 앞서 경계해야 할 두 가지 점에 관해 이야기 해둘 필요가 있을 것 같다. 첫 번째는 번역과 다른 형태의 기호 작용간의 비유 효과가 너무 강한 나머지 두 용어가 거의 같은 의미로 사용되기도 한다는 것이다. 체스터만(1997)은 이와 관련하여 번역에서 가장 많이 반복되어 등장하는 생각은 (그가 '수퍼밈(supermemes)'이라 칭하는) '모든 글쓰기는 번역이다.'라는 생각이라고 한다. 이는 매우 흥미로운 생각이나 번역이 무엇인지를 명료화하는 데는 크게 도움이 되지 않는다. 또한, 기호작용은 번역 기호작용보다 광의의 개념이므로 번역을 규명하기 위한 전략으로도 적합하지 않다. 즉, 번역의 특징을 기호작용을 빌어 설명하여야지 기호작용의 특징을 설명하는데 번역을 빌어 설명하는 것은 맞지 않는다.

두 번째는 번역이 시간과 공간 안에서 상대적인 개념을 가진다는 점이다. 이러한 이유에서 번역학이 그 탐구 대상으로 삼는 것을 정의하고자 하는 것은 모험이 될 수 있다. 그러나 이와 관련하여 토롭(P. Torop)은 다음과 같이 쓰고 있다. "문화가 대상으로 하는 연구 대상에 대해서는 너무 많은 정의가 가능하므로 [문화에 대한 보편적 이론]이라는 것이 불가능하다. 번역학의 경우 그 연구 대상의 정의는 (문화와 비교하면) 훨씬 그 범위가 좁아진다"(토롭, 2002: 594). 이 논문에서는 토롭의 권위를 빌어 번역은 기호 작용의 한 특별한 형태로 정의가 가능하다는 연구자의 가정을 개진해 보고자 한다.

가장 일반적인 관점에서 번역은 퍼스의 실존 범주 중 두 번째인 사건(event), 첫 번째인 논리-기호학적 조건 (logico-semiotic conditions), 세 번째인 규범(norms), 이 세 가지 개체로 구분될 수 있다(범주 구분과 관련하여 cf. CP 1.300-353, 연도 다수, CP 5.41-92, 1903). 번역 사건과 규범이 가지는 다변성에도 불구하고, 연구자가 번역의 근간(Foundation of translation)이라 부르는 일반적 가능성 또는 첫 번째성(Firstness)은 규명이 가능하다. 이러할 가능성을 구체적으로 보여주는 것이 번역의 논리-기호학적 조건인 차이, 유사성, 중재이다. 이들 세 가지 조건은 번역을 본질적이거나 보편적인 관점에서 정의할 수 있게 하는 긍정적' 특성이 아니다. 긍정적 특성은 오직 번역의 조건, 사건 그리고 규범 간의 상호작용을 통해서만 발생할 수 있다. 위의 세 가지 조건은, 소위 말하는,

부정적 어휘이다. 이들 언어를 통해서는 번역의 특성을 규정하기보다는 번역의 특성이 아닌 것을 규정할 수 있다. 차이(두 번째), 유사성(첫 번째), 와 중재(세 번째)는 다시 퍼스의 새로운 삼각형을 구성한다. 이들 번역의 근간을 구성하는 세 가지 요소에 대한 간략한 설명으로 이 논문을 끝맺고자 한다.

번역은 기호체계 간 중대한 차이가 있음을 기본 가정으로 한다. 이는 두 번째 성(Secondness) 범주에 드는 모든 것이 그렇듯, 실제와 실제 사건에 근간을 두고 있어 번역의 특성 중 가장 실체가 있고 직관적이다. 번역에 있어 가장 명백한 차이의 유형은 언어 간의 차이이다. 그러나 번역의 근간 기호작용에서 나타나는 차이란 (언어 간) 장벽의 존재 가능성만을 의미한다. 이와 비슷한 맥락에서 헤르만스(Hermans)는 "번역의 정의: 이해장벽을 넘어 텍스트를 구두로 나타낸 것"이라 쓴 바 있다(샤프너 ed. 1999: 79). 이러한 생각에 연구자도 동의하나 장벽은 이 외에도 여러 종류가 있다. 앞서 멀티미디어 번역에서 보았듯이, 번역이란 도착 환경에서의 텍스트의 모든 표현방식—언어적표현과 비언어적표현 모두—을 통제하는 것을 의미한다.

이제 유사성에 관해 논의하고자 한다. 중대한 기호학적 차이가 관찰되었다 하더라도 유사성에 대한 부분을 가정하지 않고는 논리적으로 번역에 대해 이야기할 수 없다. 실질적 측면에서 이가 의미하는 바는 번역사는 출발어 기호, 부수적 기호와 더불어 일종의 유사성의 개념을 활용하여 도착어 기호를 유추한다는 것이다. 일반적으로 이는 번역 기호작용은 출발어 텍스트에 들어있는 다른 기호와 유사한 기호를 생산하는 것을 목표로 함을 의미한다. 연구자가 주장하는 근간(Foundation)에서는 유사성은 실증적(empirical)이지도 보편적(general)이지도 않다. 오히려 이는 개인과 공동체가 결정하고 시간이 지남으로써 번역의 '등가'와 규범으로 자리 잡는 일종의 가능성(potentiality)인 것이다.

중재는 번역 근간의 세 번째 꼭짓점이다. 도착 텍스트가 출발 텍스트를 대신하여 의미를 표현하지 않는다면 번역이란 것도 존재하지 않을 것이다. 번역은 원작을 '대변하는 힘'을 가진다. 번역은 원작을 대리인으로써 대표한다. 번역이 지니는 이러한 특징에 대해 언급한 작가는 여럿이 있다. 코미사로프(V. Kommissarov)는 투리의 '가정된 번역(assumed translation)'의 개념에 대한 논쟁을 재계하며 다음과 같이 쓰고 있다. "출발어 텍스트의 전권대사역할을 하기 위해 작성된 도착어 언어 텍스트 […]" (코미사로프, 1996: 370). 모솝(Mossop)은 번역을 보고문(reported speech)이라 정의하고 번역행위를 "A가 말/글/수화로 B에게 전달한 것을 X가 C에게 전달하는 것"(모솝 1998: 239)이라 하였으며, 페트릴리(Petrilli)는 번역을 "직접화법을 가장한 간접화법"(페트릴리, 1999, 2000:12, 저자 번역)이라 칭함으로써 이와 유사한 견해를 밝혔다. "번역에 대한 이러한 통찰은 연구자가 사용한 '중재'라는 표현이 모두 포괄하고 있는 개념이다. 이에 대한 예로 리에종 통역(liaison interpreting)을 들 수 있는데, 이 경우 통역사는 두 명 또는 그 이상의 사람이 서로 대화하는 내용을 번갈아 가며 통역한다. 이때 이러한 형태의 대화법에 익숙지 않은 사람은 통역사를 직접 대화 상대로 하여 대화하는 경우가 있다. 이 경우 통역사는 더는 다른 사람을 '대신하여' 이야기할 수 없게 되면서 대화가 더는 진행될 수 없게 된다. 여기에서 우리는 기호학이 번역학에 유용한 다섯 번째 이유를 찾게된다. 기호학은 차이, 유사성, 중재 이 세 요소를 한 자리에 모아 번역의 근간으로 묶어준다. 이를 통해 우리는 찾고 있던 백만 불 짜리 질문에 마침내 답할 수 있게 된다. "번역에 대하여 이야기할 때 우리는 무엇을 이야기하는가?"

미주

1. 에코 2003b의 발췌문에 대한 번역은 모두 저자의 것이다. 강조는 원저자인 에코.

2. 이 논문에서 '기호학'이라 함은 다양한 학문분야에서 활동한 미국 출신의 학자 C.S. 퍼스(Peirce, 1839-1914)에 의해 시작되고 후에 모리스(Morris), 세보크(Sebeok), 에코(Eco)등에 의해 발전된 기호이론을 지칭한다. 이 논문에서는 소쉬르 (Saussure, 1857-1913)에 의해 태동하고 후에 로트만(Lotman), 바르트(Barthes), 그레마스(Greimas)등의 학자에 의해 발전된 기호학 (Sémiologie)을 의미하지 않는다. 이 두 가지 기호학의 차이가 명확하지는 않으나 간단히 각각의 특성을 표현하면 다음과 같다. 퍼스는 기호의 해석과 문화가 어떻게 기호에 통화를 생성하고 부여하는지를 중점적으로 연구했지만, 소쉬르는 기호 체계의 구조적 측면과 의미에 대해 주로 연구하였다.

3. 퍼스의 연구모음집 (퍼스 1931-1958)은 주로 두 개의 번호체계로 표시된다. 본문에 인용된 부분은 책 5권의 문단번호 448을 가리킨다.

4. 두 텍스트 모두 http://history.hanover.edu/texts/vallatc.html 에 있음(2006년 8월 25일 기준).

5. 이 문구 관련, 현대 영어권 국가에서 통용되는 버전은 다음의 로에브 (Loeb) 출판본 (키케로, 1949)이다. "그것을 동전을 세듯 독자들에게 세어 줄 필요는 없다고 생각했고, 대신 무게를 달아 줘야 한다고 생각했고, 실제로 그랬다 (For I did not think I ought to count them out to the reader like coins, but to pay them by weight, as it were)". 동전과 지급의 개념을 이용하기보다 키케로의 원 문장에 더 중점을 둔 해석도 전통적으로 존재해왔다. 이에 대한 극단적인 예는 로빈슨 (Robinson, 1997)을 참조하시오.

참고문헌

1. Arrojo, Rosemarie. 2002. "Lessons Learned from Babel". *Target* 14 (1): 137-148.

2. Bonfantini, Massimo A. 1987. *La semiosi e l'abduzione*. Milan: Bompiani.

3. Chesterman, Andrew. 1997. Memes of Translation: *The Spread of Ideas in Translation Theory*. Amsterdam & Philadelphia: John Benjamins.

4. Cicero, Marcus T. 1949. *De invention; De optimo genere oratorum; Topica*. Translated by H. M. Hubbell, The Loeb classical library; 386. Cambridge, Mass.: Harvard University Press.

5. Copeland, Rita. 1991. *Rhetoric, Hermeneutics, and Translation in the Middle Ages: Academic Traditions and Vernacular Texts, Cambridge studies in medieval literature*; 11. Cambridge: Cambridge University Press.

6. Cosculluela, Cécile. 2003. "Semiotics and Translation Studies: An Emerging Interdisciplinarity". *Semiotica* 145 (1-4): 105-137.

7. Deledalle-Rhodes, Janice. 1988-1989. "La traduction dans les systems sémiotiques". *Etudes Littéraires 21* (3): 211-221

8. Deledalle-Rhodes, Janice. 1997. "Peirce: Culture and Continuity". S-*European Journal for Semiotic Studies*.

9. ECO, Umberto. 2001. *Experiences in Translation*. Toronto, Buffalo, London: University of Toronto Press.

10. Eco, Umberto. 2003a. *Mouse or Rat?: Translation as Negotiation*. London: Widenfeld & Nicolson.

11. Eco, Umberto. 2003a. *Dire quasi la stessa cosa. Esperienze di traduzione*. Milan: Bompiani.

12. Esselink, Bert. 2000. A Practical Guide to Localization. Rev. ed,

Language international world directory; 4. Amsterdam & Philadelphia: John Benjamins.

13. Folena, Gianfranco. 1991. *Volgarizzare e tradurre*. Turin: Einaudi.

14. Gambier, Yves. 1998. *Translating for the Media*. Turku: University of Turku.

15. Gambier, Yves and Gottlieb, Henrik. 2001. *(Multi)media Translation: Concepts, Practices, and Research*. Amsterdam & Philadelphia: John Benjamins.

16. Gorlée, Dinda L. 1989. "Wittgenstein, Translation and Semiotics". *Target* 1(1): 69-94.

17. Gorlée, Dinda L. 1994. *Semiotics and the Problem of Translation: With Special Reference to the Semiotics of Charles S. Peirce*. Amsterdam & Atlanta: Rodopi.

18. Gorlée, Dinda L. 1994. *On Translating Signs: Exploring Text and Semio-Translation*. Amsterdam & New York: Rodopi.

19. Jakobson, Roman. 1959. "On Linguistic Aspects of Translation". In *On Translation*, R. Brower (ed.), 232-239. Cambridge, Mass.: Harvard University Press.

20. Kommissarov, Vilen. 1996. "Assumed Translation: Continuing the Discussion". *Target* 8 (2): 365-374.

21. Mossop, Brian. 1998. "What Is a Translating Translator Doing?". *Target* 10 (2): 231-266.

22. Nergaard, Siri. 2001. "Semiotica interpretativa e traduzione". *Athanor – Lo stesso altro* XII, n.s. (4): 57-77.

23. Peirce, Charles Sanders. 1931-1958. *The Collected Papers of Charles*

Sanders Peirce. Edited by Charles Hartshorne, Paul Weiss & Arthur W. Burks. VIII vols. Cambridge (Mass.): Harvard University Press.

24. Petrilli, Susan. 1999/2000. "Traduzione e semiosi: considerazioni introduttive". *Athanor* 10 (2): 9-21.

25. Petrilli, Susan (ed.). 2003. *Translation Translation*. Amsterdam & New York: Rodopi.

26. Proni, Giampaolo and Stecconi, Ubaldo. 1999. "Semiotics Meets Translation: A Dialogue". *Versus* (82): 139-152.

27. Pym, Anthony. 2004. *The Moving Text: Localization, Translation, and Distribution*. Amsterdam & Philadelphia: John Benjamins.

28. Robinson, Douglas. 1997. "Translation and the Repayment of Debt". *Delos* 7(1-2): 10-22.

29. Schäffner, Christina (ed.). 1999. *Translations and Norms*. Clevedon: Multilingual Matters.

30. Short, T. L. 1986. "Life Among the Legisigns". In *Frontiers in Semiotics*, J. Deely, B. Williams & F. E. Kruse (eds), 105-119. Bloomington: Indiana University Press. Original edition: *Transactions of the Charles S. Peirce Society* 18 (4). 1982: 285-310.

31. Stecconi, Ubaldo. 1994. "Peirce's Semiotics for Translation". *Koinè* 4: 161-180.

32. Stecconi, Ubaldo. 2000. "Peirce's Semiotic Analysis of the Translation-Original Relationship". In *Translationswissenschaft. Festschrift für Mary Snell-Hornby*, K. Kaindl, M. Kadric and F. Pöchhacher (eds), 93-101. Tübingen: Stauffenburg.

33. Stecconi, Ubaldo. 2001. "Un mapa de la semiótica y sus aplicaciones a

los studios de traducción". *Tonos Digital: revista electrónica de studios filológicos* (2). Available on-line at http://www.um.es/tonosdigital/znum2/estudios/indicestudios.htm (retrieved August 25,2006).

34. Stecconi, Ubaldo. 2004a. "Interpretive Semiotics and Translation Theory: The Semiotic Conditions to Translation". *Semiotica* 150 (1/4): 471-489.

35. Stecconi, Ubaldo. 2004b. "A Map of Semiotics for Translation Studies". In *Similarity and Difference in Translation*, S. Arduini and R. Hodgson (eds), 153-168. Modena: Guaraldi.

36. Torop, Peeter. 2000. *La traduzione totale*. Translated by Bruno Osimo. Modena: Guaraldi-Logos. Original edition, *Total'nyj perevod*. Tartu: Izdatel'stvo Tartuskogo universiteta. 1995.

37. Torop, Peeter. 2002. "Translation as translating as culture". *Sign Systems Studies* 30 (2): 593-605.

38. Toury, Gideon. 1986. "Translation. A Cultural-Semiotic Perspective". In *Encyclopedic Dictionary of Semiotics*, T. A. Sebeok (ed.), 1111-1124. Berlin & New York: Mouton de Gruyter.

39. van Kesteren, Aloysius. 1978. "Equivalence Relationships between Source Text and Target Text: Towards a Typology on the Basis of Semiotics". In *Literature and Translation: New Perspectives in Literary Studies*, J. S. Holmes, J. Lambert, R. van den Broeck, M. Janssens and A. Lefevere (eds), 48-68. Leuven: Acco.

번역학 및 전달학

번역학 범위 확장에 대한 근거

수잔 괴페리히 Susanne Göpferich
그라츠 칼 프란젠스 대학교Karl-Franzens-Universitat Graz, 오스트리아

본 논문은 번역학의 범위를 특정 기능의 수행 및 특정 독자의 니즈 충족을 위한 정보 제공의 중재 및 변형을 포함하도록 확장할 것을 촉구한다. 이 같은 확장을 통해 번역학은 새롭게 수립된 관련 분야인 전달학(Transferwissenschaften)에 더욱 근접할 수 있게 된다.

KEYWORDS

번역 이론(translation theory), 번역개념 확장(expanding the translation concept), 전달학(Transfer Studies), 텍스트 변형(text transformations), 품질 평가(quality assessment)

1. 논문의 목적

약 10년 전 안토스(G. Antos)와 위처(S. Wicher)는 새로운 연구 분야를 수립한 후, 이를 전달학(Transfer Studies, Transferwissenschaften)이라 칭하였다. 그의 논문에서 안토스(2001: 5)는 이 초학제적(transdiscipline) 학문을 지식을 가용화하는 모든 측면을 포괄하는 연구 분야로 정의하였다. 여기에는 지식에 대한 명명(Etikettieren), 평가 및 기능적/특정 청중에 맞춘 변형이 포함된다. 이 같은 새로운 연구 분야에 대한 필요성은 정보 지식 사회에서 우리가 처한 문제들, 즉, 정보의 홍수에서 살아남아야 하며 새롭고 더욱 구체적인 지식을 더욱 빠르게 지속해서 습득해야 하는 필요성으로부터 유래한 것이다.

본 논문에서 연구자는 새롭게 수립된 이 연구 분야와 번역학을 비교한 후 번역학의 범위 확장 필요성을 주장하고, 전달학이 번역학의 이론, 방법론, 교육학적 접근법으로부터 어떠한 이점을 얻을 수 있는 지를 보여주고자 한다. 지금껏 이 같은 측면들이 전달학에서 고려되지 않았기 때문에, 번역학의 일부 분야에서는 이미 이루어진 것을 다시 하는 과오를 범할 우려가 있다. 연구자는 또한 번역학의 학문의 관심 범위를 이해성 연구, 텍스트 최적화 및 대중화와 같은 전달학이 다루어왔던 범위로 확대함으로써 많은 것을 얻을 수 있다는 점도 보이고자 한다. 관심의 확장이 필요한 세 가지 이유는 다음과 같다. 첫 번째로는 이

것이 과거 50년 동안 번역학이 거쳐 온 논리적 발전의 결과이기 때문이고 두 번째로는 언어 내(intralingual)대중화 및 텍스트 최적화와 관련된 변화가 기능주의 패러다임 내에서 언어 간(interlingual)번역의 핵심 요소를 이룰 수 있기 때문이며, 세 번째로는 회니히(Honig, 1998:49)가 지적한 바와 같이 기능주의의 패러다임 내에서 번역품질에 대한 평가는 가독성 및 이해성에 관한 연구방법론에 대한 논의 없이는 불가능하기 때문이다.

2. 전달학

번역학(TS)의 범위는 과거 50년 간 지속적으로 확장되어왔고, 전달학의 방향으로 발달하였다. 초학제적(transdiscipline)특성을 지니는 전달학은 10여년 전 본 주제관련 연례회의가 구성되고 전달학(Transferwissenschaften)이라 명명된 시리즈가 시작되면서 학문의 한 영역으로 수립되었다. 그러나 단시간 내에, TS가 이루었던 것과 같은 다양한 분야로의 발달은 이루어지지 않고 있다. 전달학과 TS를 비교할 때, TS와 달리, 전달학은 특정 전문분야와 관련되지 않고 다양한 분야의 전문가들이 활용할 수 있는 지식의 원천으로 간주할 수 있다.

안토스(2001: 5)는 전달학이 가장 광범위한 의미의 지식에 대한 접근을 조사하는 연구 분야라고 정의한다. 이것은 "정보의 홍수와 지식의 폭발에 뒤이어 선택적이고 지속 가능한 방식으로 지식에 접근 가능하도록 만드는 원칙, 방법, 전략들을 조사하는 것이 목적인..., 초학제적 과학이다" (번역은 저자). 다시 말해, "전달학은 지식에 대한 메타 지식을 창출하는 데에 따른 문제와 기회 뿐 아니라 조건, 원칙, 형태, 전략 등을 조사함으로써 관심을 가진 모든 이들에게 제한 없이(전문화된) 지식이 가용할 수 있도록 한다" (안토스 2001:5, cf.16; 번역은 저자).

간단히 말해 전달학의 목적은 무엇이 지식에 접근을 불가능하게 하는가를 조사하고 그 원인을 제거하는 데에 있다. 그 원인은 특정 지식의 존재 여부에 대한 무지, 지식 검색의 어려움, 이해 불가능한 표현 등 다양하다. 이 같은 원인은 또한 근본적인 원인에서 비롯되는데 근본적인 원인으로는 권력 공유를 막는 장벽 또는 단순히 지식 소유와 관련된 사회, 경제적 (장)단점 등이 있다. 전달학은 "지식 전달의 조직적, 분배적, 언어적 최적화 (ibid.: 17) "를 목표로 한다. 그것은 지식에 대한 명명 (Etikettieren), 평가 (Evaluation), 청중, 목적에 따른 변형 (Transformation)—즉, 특정 지식에 대한 메타 지식 창출(ibid.: 22)—을 다룬다. 안토스는 전달학이 자체적으로 통일된 이론을 가진 새로운 학제적 연구가 될 것이라고는 기대하지 않으며 이를 '타 학문(언어학, 매체/커뮤니케이션학, 교수법학, 사회학, 경제학뿐 아니라 철학/문화학)에 대한 초대'로서, 새로운 또한 전통적인 지식에 대한 접근 가능성과 이를 방해하는 장애물들을 조사하는 것으로 간주한다(안토스 2001:7, 번역은 저자).

3. 과거 50년 발전에 따른 TS 범위 확장

지난 50여년 간 TS가 이룬 놀라운 발전으로 인해 TS와 전달학의 비교 결과는 TS의 이론적 토대와 패러다임을 무엇으로 보느냐에 따라 달라질 것이다. 이 논문에서는 등가 지향 패러다임(equivalence-oriented paradigm), 기능주의 패러다임(functionalist paradigm), 기술 패러다임 (descriptive paradigm)을 언급하고, 이들을 전달학과 대조할 것이다. TS가 등가 패러다임에서 기능주의를 거쳐 DTS 패러다임으로 발달함에 따라 보여왔던 지속적인 확장으로부터 TS의 대상이라고 간주하는 것을 도출할 것이다.

그렇다면 TS의 대상은 무엇인가? 이것은 번역학자마다 다르게 답변할 것으로 예상되는 질문이다 (cf. 프랑크, 2004). 학자들이 이견을 보이는 결정적인 부분은 텍스트가 도착어로 번역되기 위해 그 출발 텍스트(들)와 반드시 갖게 되는 관계에 대한 것이다.

3.1. 등가 지향적 접근에서 기능주의 접근으로

등가 지향적 접근법을 주장하는 번역학자들은 이상적인 번역은 표현되는 형태만 원문과 다르지 그 내용, 스타일 그리고 일부 경우(예. 니다, 1964)에는 그 효과마저 원문과 동일함을 지향한다. 그러나 번역은 언어적 전달에만 국한되지 않고 문화적 전달까지도 포함하기 때문에 위에서 정의하는 이상적인 번역은 좀처럼 실현되기 어렵다. 문화적 각색의 필요성은 차치하더라도, 등가가 모든 수준에서 동시에 같은 정도로 달성될 수 없다는 문제가 남는다.

이 때문에 콜러 (Koller, 1992:216) 등 일부 번역학자들은 등가를 다양하게 구분한다. 이 같은 등가가 동시에 달성될 수 없을 때마다 번역사는 계층(hierarchy)을 구축해야 한다[1]. (cf. 슈라이버, 1993: 66ff). 그러나 이 같은 계층 구축의 기준을 출발 텍스트 자체에서 발견할 수 없다. 이는 번역문의 스코포스(Skopos)를 통해서만 도출될 수 있고 (cf. 버미르, 1978; 라이슈/버미르, 1984; 홀츠-맨태리, 1984; 회니히/쿠마울, 1984; 노르드, 1993; 회니히, 1995; 슈미트, 1999), 이는 출발 텍스트의 스코포스와는 완전히 다를 수 있기 때문에 모든 수준에서 출발 텍스트로부터 벗어나 무등가(zero-equivalence)를 모색하는 것이 필요할 수 있다 (그러나 이 경우 등가 지향 접근법 옹호자들은 더 이상 번역에 대해 언급하지 않을 것이다). 도착 텍스트의 기능이 출발 텍스트의 기능과 동일할 수 있다 (이는 등가 지향 접근법 옹호론자들이 필요하다고 생각하는 것임). 그러나 이 경우에도 일부 측면에서는 출발 텍스트에서 벗어나는 것이 필요할 수 있기 때문에, 어느 수준에서 출발 텍스트를 벗어나는 것이 허용되거나 필요한가를 결정할 기준이 필요하다. 등가 지향 접근법이 가지는 이러한 제약을 인식하여 번역에 대한 등가 요건은 기각되었고 이는 특정 청중과 특정 목표에 대한 적합성 즉, 스코포스에 대한 요건으로 대체되었다(라이스/베르미르 1984: 133).

지금까지 또 다른 결정적 요인 이 간과되어 왔는데 이는 출발 텍스트의 번역 품질을 측정하기 위해서는 출발 텍스트가 측정이 가능한 형태로 존재하여야 한다는 점이다. 그러나 구성주의 이해론(constructivist comprehension theory)에 따르면 이는 사실이 아니다. 즉, 텍스트는 그 자체로 텍스트가 아니라 각 수용자의 개별 이해 프로세스를 통해 텍스트가 될 뿐이다 (cf. 라이스/베르미르, 1984: 58, 62, 90; 베르미르, 1986: 42). 그 결과 각 출발 텍스트는 수용자마다 달리 이해되기 때문에 수용자 수만큼 많은 출발 텍스트가 존재하고, 이는 출발 텍스트 버전과의 등가성을 불가능하게 만든다. 이 역시 기능주의 접근법에 유리한 논점이다. 번역 품질 평가 기준을 탐색하면서 출발 텍스트를 더이상 고려하지 않고 번역문 텍스트의 스코포스만을 내다보기 때문이다.

이 같은 기능주의의 관점에서 볼 때 TS 범위는 확장되어왔다. 이렇듯 TS 범위의 확장은 번역학에는 흥미로운 결과를 초래한다. 기능주의의 변형된 이론하에서는 텍스트 각색, 텍스트 최적화, 텍스트 대중화도 '언어내 번역' 번역에 해당하기 때문이다. 다양하게 변형된 파생 텍스트 간의 완전한 등가는 동일 언어에서도 달성될 수 없을 뿐 아니라, 이는 텍스트 최적화의 목표가 될 수도 없다. 달성될 수 있는 부분은 구체적인 목적에 대한 최적화이며 이때 구체적인 목적은 최적화 전에 미리 정의되어야한다. 이러한 점이 랑거(Langer)/슐츠 본 툰 (Schulz von Thun)/타우치(Tausch, 1993)의 함부르크 모형 또는 그뢰벤(Groeben, 1982)의 모형 등 많은 이해성 관련 개념에서 충분히 고려되지 않고 있으며 이것이 본 연구자가 칼스루에(Karlsruhe) 이해성 개념(괴페리히, 2002: 154 ff.)을 개발하도록 동기를 부여했던 요건이다. 함부르크 모형은 이해성 모형을 ("차원"이라 불리는) 네 개 요소로 세분화하는데 이는 그뢰벤의 모형에 등장하는 언어적 단순성, 간결성, 구조/배치, 동기부여요소이며 이들 각각에 대해 함부르크 모형은 텍스트의 목적과는 독립된 이상적인 값(-2에서 2까지)을 부여한다. 본 연구자의 칼스루에 개념에서는 함부르크 모형의 여러 차원들이 두 개의 추가적인 차원인 인식 가능성과 정확성에 의해 재정의되고, 확장된다. 이들 6개 차원에서 '이상적인' 텍스트의 특징은 그 기능, 청중, 작성자뿐 아니라 책임 규정, 편집 규정 및 텍스트가 실리는 매체에 따라 달라진다.

개념적 난해성은 차치하더라도 등가 지향 접근법으로 인해 발생하는 또 다른 문제는 이 접근법이–적어도 이론상으로는–등가성을 지향하지 않으며 결과적으로 번역이라고 지칭되지 않고 각색 또는 각색과 유사한 이름으로 지칭되는 전달 형식들을 간과한다는 것이다. 그러나 실제로는 등가 지향 번역 이론을 옹호하는 이들도 각색 등의 전달 형식들을 피해갈 수 없다는 것이다. 투리(Toury)는 이 같은 딜레마를 다음과 같이 설명한다 (cf. 에벤-조하(Even-Zohar) 1990:75):

> ST 지향적 이론을 실천하는 이들이 실제 번역 또는 '다른 형태의 번역'에 직면할 때 이들은 연역적 정의에 따라 설정된 한계를 준수하지 못한다. 반면, 이들은 그 한계를 포기할 마음도 없다. 이에 대해 그들이 택한 '솔루션'은 '번역'이라는 용어를 둘러싼 '의미론적 게임' (예. '직역,' '행간 번역')을 통해 모순되는 두 가지를 동시에 충족시키려 하는 것이다. 이는 '다른 형태의 번역'이 번역의 영역에 적절히 위치하고 있지 않으나, 어느 정도 또는 방식으로 번역에 포함되어 있다는 것을 시사한다. (투리 1980: 40, FN 2)

이 같은 제한적 시각은 미텔스트라스(Mittelstras, 1998)가 초학제성을 요구 했을때 비난했던 바로 그 것이다. 그는 현실적인 문제를 출발점으로 삼으며 이러한 문제에 대한 솔루션 모색에 이바지 할 수 있는 학문 분야는 모두 해당 솔루션 모색에 이바지 하도록 권장한다. 초학제간 연구는 "개별 학문분야들의 경계를 넘나들어 각 학문의 경계에 의해 제한되지 않는 방식으로 문제를 정의하고 해결하는" 연구이다 (ibid 44: 번역은 필자). 이 같은 시각을 가진 이에게 등가 지향 접근법은 지나치게 이상적이고 실제 세계의 문제들로부터 지나치게 동떨어져 있으므로 이해 불가능하다(cf. 프룬크, 2004: 276). 흥미롭게도, 안토스는 비록 그 표현을 사용하지 않았지만 등가 개념을 언급한다.

> 지식 폭발에 직면하여 지식 전달의 복잡성을 구조적으로 해결하지 않은 채 지식 전달을 기존의 지식이 어떻게 '최적으로 각색될 수 있는가'라는 문제로 전락시키는 것은 원칙적으로 그릇된 방법이다. 이 경우, 지식 증식을 통제할 수 없는 결과가 초래되어 전문화의 논리와 상충할 것이다. (안토스, 2001: 22; 번역은 연구자)

여기서 그가 반대하는 것은 외연적 등가 요건이다. 외연적 등가는, 예를 들어, 전문 텍스트에서 대중화된 텍스트로의 전달 등 지식을 다른 청중들에게 전달하는 데에 있어 추구할 목표가 될 수 없기 때문에 그는 대안적 요건들을 제시하는데 그중에는 청중을 위한 적합성 원칙(principle of suitability fot the audience, 안토스, 2001,26) 과 선택의 원칙이 있다.

> P 6: '지식은 특정 관점에 한해 표현되고 전달될 수 있다!'
> p 7: '지식의 선택과 그 복잡성 감소 저변에 깔린 원칙들은 적절한 방식으로 투명하게/명시적으로 되어야 한다!' (안토스, 2001: 25; 강조는 원저자, 번역은 필자)

이 원칙들은 스코포스 규칙의 형태로서 기능주의 접근법에서 등가성 요건들을 대신하여 사용하였던 원칙들이다. 특히 P7 원칙의 경우 안토스는 노르드(Nord)가 도입한 기능주의 접근법에서 역할을 담당했던 윤리적 고려사항을 도입한다. 노르드에 관해서는 아래에서 다시 다루도록 하겠다.

3.2 기능주의 접근법

기능주의 접근법은 몇 가지 파생 이론들로 구성되어 있는데 이 파생 이론들간의 차이가 TS와의 비교와 관련되어 있다. 이 논문에서 가장 중요한 파생 이론들과 이 이론들이 전달학에 미치는 영향에 대해 살펴보도록 하겠다.

3.2.1 베르미어의 스코포스 이론

스코포스 이론에서 베르미어는 출발 텍스트가 단순한 '정보 제공(offer of information)'이고, 이에 대해 번역문 텍스트가 '정보를 제공'한다(makes an 'offer of information')고 하여 출발 텍스트의 위상을 깎아내린다. (라이스/베르미어 1984: 67, 76; 번역은 저자): '번역이란 출발어 언어로된 출발어 문화의 정보 제공을 도착어 문화에 도착어로 제공하는 것이다(traslation an offer of information in a target culture and its language about an offer of information from a source culture in its language)(ibid: 105; 번역은 저자).' 출발 텍스트를 단순한 정보의 제공으로 간주하는 것은 구성주의 이해이론의 논리적인 결과이다.

여기서 강조되어야 할 부분은 라이스 및 페르미어 (1984, 19, 24, 80, 89)의 경우, 번역 개념의 적용 가능성은 여전히 출발 텍스트의 존재, 문화 장벽을 넘나드는 전달 및 '모방,' '시뮬레이션,' 또는 '대표성'이라고 표현되는 변형에 의존한다는 점이다.

3.2.2 노르드의 기능주의 접근법

노르드(C. Nord, 1993)는 원칙적으로 베르미어의 스코포스 이론에 동의하지만, 여기에 윤리적 고려사항을 도입한다. 스코포스 적합성 외에도 노르드는 출발 텍스트의 저자, 번역 의뢰인, 청중에 대한 충실성을 요구한다. 이는 (연구 보고서의 대중화 등 동일 언어 내 번역뿐 아니라 언어 간) 번역에서 충족되어야 하는 필수 추가 요건으로 생각된다. 이 요건을 충족시키지 못하는 메타정보는 청중을 기만하고, (윤리적 고려사항에 대한) 일차적 정보의 저자들을 비방할 수 있다. (cf. Pym 1992: 151 ff.).

3.2.3 홀츠-맨태리의 번역 행위 이론

자신의 번역 행위 이론(theory of translation action)에서 홀츠-맨태리(J. Holz-Manttari, 1984)는 베르미어보다 더욱 급진적 방식으로 출발 텍스트를 강등시킨다. 홀츠-맨태리에게 번역 행위는 원문 없이도 가능하다. 번역이란 용어가 번역대상물이 반드시 존재해야 한다는 것을 암시하기 때문에 그는 이 용어를 사용하지 않고자 한다. 그러나 현실적으로 번역사들은 종종 수주받은(홀츠-맨태리 1986:355) (복잡한) 기호(Botschaftstrager)를 생성하기 위해 다수의 출발어 문서에 의존해야 한다. 홀츠-맨태리에게 번역 행위는 다양하게 매개된 문화 간 커뮤니케이션을 일반화한 용어로서 어떠한 고정된 출발 텍스트 없이도 발생할 수 있다. 이는 그가 번역이 '모방하는' 특징을 가져야만 한다는 베르미어의 조건을 포기했다는 것을 의미한다. (cf. 노르드 1998: 142)

따라서, 문화 간 (그리고 대부분의 경우이지만 반드시 그런 것은 아니나, 이종 언어 간) 전달로서의 번역과 기술 문서, 텍스트 최적화 및 대중화에서와 같이 동일 언어 내에서 각색된 정보와의 구분은 더욱 모호해진다. 이는 후자의 경우에도 물리적인 출발 텍스트가 불필요하기 때문이다. 그 결과 번역 또는 번역 행위와 동일 언어 내 텍스트 전달 간의 차이가 전자의 경우에만 문화장벽의 극복이 필요하다는 점에 한정되는 듯이 보인다. 그러나 이 같은 차이는 문화의 개념이 아래에서와같이 확장될 때 사라진다.

3.2.4 이종 언어 간 번역에서 동일 언어 내 번역으로

번역의 개념이 다른 문화가 제공하는 정보에 대한 모든 스코포스를 충족하는 정보의 제공을 포괄한다면, 이론적, 교육학적, 실무-중심적 관점 등 어느 관점에서 보더라도 문화의 장벽 극복을 요하지 않는 정보 제공에 대한 정보 제공을 제외시키는 것은 비합리적이다. 문화 장벽을 극복할 필요가 없으므로 후자 유형의 정보를 준비하는 것이 덜 복잡해지고 그 결과 라이스 및 베르미어 또는 노르드가 의미한 번역에 필요한 몇 가지 능력과 홀츠-맨태리가 의미한 번역 행위에 필요한 몇 가지 능력만이 요구된다. 그렇다면 문화내 전달에 필요한 이론과 능력 및 이를 지도하기 위한 교육방법론은 문화 간 전달에 필요한 이론, 능력 및 교육 방법론에 포함된다. 이것이 언어 내 텍스트 변형이 TS에 포함되어야 하는 이유이다.

이 의견에 에벤-조하(1990)와 핌(1992: 175)은 동의한다. 에벤 조하(1990:2003)의 전달 개념은 야콥슨 (Jakobson, 1966)이 차별화했던 세 가지 번역 유형들, 적합한 번역, 다른 기호 간의 번역, 동일 언어 내 번역을 통합한다. 그러나 전달에 관한 에반-조하의 개념은 그가 이야기한 "수입된 물품이 국내 물품 목록에 통합되는 과정과 그러한 통합으로 인한 결과."(에벤-조하 2003:428)를 통해서도 알 수 있듯, 이 논문에서 다루는 '전달'의 개념보다 훨씬 광범위하다. 반면 핌의 전달 개념은 연구자의 개념보다 구성 요소가 적다. 그것은 (동일 언어내 번역을 포함한) 번역을 필요하게 만드는 텍스트의 '물질적 이동' (1992: 32, 129), '물질적 변위'로 국한된다(ibid,:131). 그러나 연구자가 내세우는 전달의 개념(및 전달학에서의 전달의 개념)의 가장 결정적 특징은 전달된 대상을 도착 문화에서 인식적으로 접근할 수 있도록 만드는 것이다. (번역 및 전달 관련하여 cf. 바이스브로드, 2004).

문화의 개념을(괴링, 2002 [1978], 108)의 문화 정의를 채택한 베르미어와 같이) 민족지학적(ethnography)의미로 정의하지 않고, 기업문화, 가족문화 또는 과학계 문화 등 미시적 문화를 포함하는 방식으로 정의한다면, 언어 내 텍스트 변형이 라이스와 베르미어가 주장하는 번역의 개념에 포함되게 된다. 이것은 슈미트(Schmitt, 1999:157)가 택하는 방식이다. 그는 문화를 한 인간이 특정 환경에서 자라난 이 답게 해당 환경에서 성공적으로 행동하기 위해 알고 느낄 수 있으며 행할 수 있는 모든 것이라고 정의한다(ibid.:157). 이 같은 문화의 정의를 따를 때 전문가와 일반인은 각각 미시적 문화 (cf. 핌[1992:26] 슈미트와 유사한 문화개념)를 대변하므로 전문가가 일반인의 니즈에 맞추어 정보를 각색하는 것은 문화간 전달로 간주할 수 있음을 시사한다.

그러나 보다 스코프스에 적합한 텍스트를 만드는 것이 목표인 (형편없는) 텍스트의 교정 및 재구성, 즉, 텍스트 최적화는 어떠한가? 정의상 텍스트 최적화는 텍스트를 원 텍스트와 다른 기능 또는 청중에 맞도록 각색할 필요는 없다. 텍스트 최적화의 목표는 특정 청중 및 특정 목적을 위한 텍스트가 이상적인 방식으로 이 기능을 충족하지 못할 때 이를 이루도록 하는 것이다. 그러나 이 같은 텍스트 최적화와 관련된 측정 잣대는 우리가 이미 본 바와 같이 슈미트가 문화간 전달 그리고 번역이라고 간주한 대중화의 측정 잣대와 다르지 않을 것이다. 따라서 텍스트 최적화 (및 그 결과인 번역 최적화)는 번역 개념에서도 배제되어서는 안 된다. 이상에서 살펴본 바에 따라 연구자는 TS를 특정 기능 및 특정 청중의 니즈를 충족시키기 위한 정보 제공을, 매개를 통해 변형하는 것을 목표로 하는 연구분야로 정의한다. 물론 이것은 번역 프로세스와 관련된 사회적, 정치적, 윤리적 조건, 규범, 문제 및 가능성이 고려되어야 한다는 점을 시사하는데, 이는 이러한 것들이 전달의 맥락을 구성하기 때문이다. 매개라는 용어는 여기서 중요한 구실을 하는데 그 이유는 매개 없이는 심지어 출발 텍스트조차 연구자가 제안하는 번역 개념에 포함되며, 이는 연구자의 시각으로 볼 때 비합리적이기 때문이다 (cf. 프룬크 2004:269). 그러나 다른 언어로의 전달 여부 또는 동일

문화 내에서 타 청중을 위한 같은 언어로의 각색 여부와 관계없이, 저자가 자신의 작품을 번역하는 것은 연구자의 번역 개념에 포함된다. 또한, 이 같은 각색은 야콥슨이 의미한 기호학적 변형을 포함한다.

3.3 기술 번역학 (DTS)

TS가 비문학 텍스트에 초점을 두는 반면 기술 번역학(DTS) 접근법은 문학 번역에 초점을 두지만, TS의 입장에서도 DTS를 살펴보는 것은 흥미로운 일이다. 투리(Toury, 1995)는 한 문화내에서 텍스트라 규정지어진 모든 것은 번역으로 간주한다. 그의 흥미를 끈 것은 출발 텍스트와 그 번역 간의 구체적으로 미리 정의된 이상적인 등가성 관계가 아닌, 출발텍스트와 번역 간에 어떠한 유형의 관계가 수립되었는가, 이를 번역하는 도중 어떠한 변화가 발생하였는가, 어떠한 번역 규범이 번역사에게 영향을 주었는가 등과 같은 내용이다. 경험적이고, 비규범적이며 도착 텍스트 지향적인 접근법이라고 할 수 있는 이 접근법의 기저에 깔린 번역에 대한 개념은 이 논문에 제시된 개념과 유사하다. 한 가지 다른 점이 있다면 번역 교육방법론에 관심이 없는 DTS 접근법에서는 산출물은 사후적으로만 분석되는 반면, 기능주의 접근법에서는 사전적 및 사후적 분석이 가능하다.

사실 DTS와 유사한 접근법은 LSP 연구의 언어 내 수준에서만 찾아볼 수 있다. 예를 들어, 니더하우저(Niederhauser, 1999)는 초전도성에 관한 과학 텍스트의 대중화 과정에서 발생하는 변화에 대해 분석하였다. 여기서 가장 중요한 점은 정보의 양, 밀도, 표현이 다른 문맥에서는 감소했다는 것이다. 이 같은 동일 언어 내 변화에 대한 분석은 언어 간 번역에도 중요할 수 있다. 가령 크링스(Krings, 1986)는 언어 내 번역이(그는 이를 재구두화(reverbalisation)라고 부름) 언어 간 번역 프로세스의 중요한 부분을 구성한다는 것을 발견하였다. 언어 내 번역에 힘입어, 도착 텍스트와의 등가 표현을 즉시 연상할 수 없는 경우에도, 번역사는 도착 언어 내에서 출발 텍스트 언어에 해당하는 등가물을 찾을 수 있다는 것이다.

이 같은 언어 내 번역 또는 재구두화에 대한 분석이 번역 프로세스에 대한 이해를 높이는 데에 도움이 된다면 이들을 TS에서 배제하는 것은 합당하지 않다. 번역은 극도로 복잡한 프로세스이다. 이 프로세스를 조사하기 위해 해당 프로세스를 구성하는 요소들을 분석적으로 분리하고, 해당 프로세스에 대한 통찰력을 얻기 위해 그 결과를 종합하기 전에 이들을 구분하여 분석하는 것이 필요할 수 있다[2]. 그러나 전달학은 언어 내 변형에 대한 분석을 통해 얻을 수 있는 것이 있을 뿐 아니라 LSP 연구는 TS의 방법론으로부터 혜택을 볼 수 있다. 예를 들어 대중화 과정 중 발생하는 전이(shift)파악을 위해 니더하우저(1999)는 산출물 지향적인 접근법만을 사용하였다. 구술사고법(TAP), 로그 파일과 함께 TS에서 사용된 프로세스 지향적인 접근법은 흥미로운 사실을 드러낼 수 있다 (Section 4 참고).

4. 융합과 품질

4.1 TS와 전달학 비교

이제 이 논문에서 정의된 TS를 전달학과 대조해 보자. 이 논문에 언급된 번역 개념과 연구자가 정의한 TS의 대상을 수용할 수 있다면 메타지식(안토스 2001:22 f.) 생산을 위한 전달학의 세 가지 주요 과제 중 두 가지, 즉, 지식 평가 (번역과 관련하여, 이것은 스코포스와의 관련성과 관계가 있음)와 기능과 청중에 맞춘 지식의 변형 또한 TS의 진정한 작업으로 간주할수 있다. 번역학과 전달학 이 두 학문의 핵심 분야에서 두 학문이 합치된다.

세 번째 전달학 과제인 지식에 대한 명명은 협력적 프로세스인 번역 관리(용어 관리 포함)에서 점차 중요성을 더해간다. (cf. 리스쿠, 2004). 리스쿠가 자신의 연구 분야에서 보여준 바와 같이, 매개된 이종 문화간 전문적 커뮤니케이션과 관련한 사람들의 전문성이 더욱더 다양해지고 있으며, 이들의 업무영역이 더이상 협의의 도착 텍스트 산출로 한정되지 않는다. 이들 업무 범위는 출발어 자료 준비, 도착어 텍스트 생산에 필요한 용어, 도착어 텍스트에 관여하는 다양한 전문성의 인력들의 조율 등을 포함한다. 이러한 업무는 지식의 '명명'과 관련된다. 소프트웨어 업체들은 본 분야에서 전자적 지원에 대한 수요를 포착하였고, 번역 관리툴을 개발하였다. 이 같은 현황들이 또한 TS를 전달학과 더욱 유사하도록 만들었는데, 전달학은 2장에서 언급된 바와 같이 구체적인 전문성과 관련되어 있기보다는 다양한 분야의 전문가들이 필요로 하는 지식의 원천으로 간주할 수 있다. 그 결과 번역 및 통역 교육 프로그램들이 수정되고 그 수정된 교육 프로그램에서는 학생들이 매개된 이종 문화간 커뮤니케이션에 부문에서 필요로 하는 다양한 직군을 위한 최소한의 자격요건을 얻고 그 이상의 전문성도 필요에 따라 특화할 수 있는 것을 목표로 한다.

4.2 기능주의 패러다임 내 번역 품질 평가

3장에서 전달학 확장이 필요한 두 가지 이유로 TS 발전에 따른 논리적 결과와 동종 언어 내 대중화 또는 텍스트 최적화와 관련된 인지 프로세스가 기능주의 패러다임에서 언어 간 번역의 중심 요소일 수 있다는 사실을 들었다. 여기 세 번째 이유가 있다. 1998년 회니히(Honig)는 기능주의 패러다임이 그 패러다임 내에서 번역 품질 평가 방법을 제공하지 않았다고 비판하였고, 또한 번역품질평가와 관련하여, "비평가들이 해당 평가가 전형적인 독자 반응이라고 주장한 가운데, 대조적 기반에서의 언어 평가는 뒷문을 통해 재통합되었다" (회니히 1998:15). 라고 하며 다음과 같이 쓰고있다.

> 나는 가독성 연구와 텍스트 최적화 분야가 이룬 최근의 발전에 기대를 건다 [...]. 한 개 텍스트가 다른 텍스트보다 더 가독성이 높은가를 평가하는 것은 쉽지 않다. 아마 최신 학문은 결국 이 논문에서 지금 찾고 있는 것, 다시 말해, 일부 텍스트가 다른 텍스트들보다 더 잘 기능하는가를 경험적으로 어떻게 판단할 수 있는 가하는 문제와 관련하여 경험적 토대를 제공할 수 있다." (회니히, 1998: 49)

텍스트가 동종 또는 이종 언어 간 번역인지 또는 원문인지 아닌지와 관계없이 연구자가 텍스트 이해성에 대한 통찰력을 갖도록 만드는 방법으로는 지시적 텍스트에 대한 사용 가능성 테스트(usability testing)(루빈, 1994), 비지시적 텍스트에 대한 사고구술법 로그 파일을 사용한 재구술화 최적화 (cf. 굅페리히, 2006)가 있다. 재구술화 최적화(optimizing reverbalization)란 평가 대상인 텍스트의 도착어 사용자가 텍스트를 변역로그 내에 재구술 하는 것이다. 실험 중 대상들은 자기 생각을 크게 말해야 한다. 이 같은 사고 구술법 프로토콜, 로그파일, 사후적 인터뷰에 대한 녹취본을 분석함으로써 텍스트의 어느 부분이 이해가능한가 뿐 아니라, 어느 부분이 오해가 발생하고 이해하기 어려운가 즉, 어느 부분이 스코포스에 적합하지 않은가를 알 수 있다.

학문은 해당 학문 대상의 구성요소들을 평가하는 데 필요한 모든 것으로 구성되어야 한다는 가정에서 출발한다면, 언어 내 번역으로 간주될 수 있는 이해성 연구 방법론들이 절대 TS에서 배제되어서는 안 된다.

미주

1. 그러나 슈라이버 (1993)는 이 논문에 제시된 번역 개념 확장에 반대할 것이다. 그는 번역과 각색을 구분한다. (슈라이버 1993:125).

2. 모나 베이커 ((Mona Baker) 2001:xvii)는 동종 언어 내 번역을 TS의 대상이라고 간주하고, 그것이 "기존의 번역 관련 자료에서 암시되는 바와 달리 사소한 문제가 아니다,"라고 말한다. 그리스 전통에서, 언어 내 번역은 언어 간 번역보다 훨씬 많이 이루어진다. 그리스의 경우, 주요 관심사는 고대 그리스어 텍스트를 현대 관용어로 번역하는 데에 있었다. 한 역사 시대의 원문을 다른 시대의 텍스트로 동일 언어 내 번역하는 것과 관련하여서는 베이커의 말이 옳을 것이다. 그러나 과학 텍스트를 대중화 버전으로 변형하는 것을 언어 내 번역이라고 간주한다면, 많은 간행물이 본 주제와 관련될 수 있을 것이다 (예. 니더하우저 1999; 괴페리히 1998, 2002; 리버르트, 2002; 드루어, 2003)

참고문헌

1. Antos, Gerd. 2001. "Transferwissenschaft. Chancen and Barrieren des Zugangs zu Wissen in Zeiten der Informationsflut und der Wissensexplosion". In *Wissenstransfer zwischen Experten und Laien. Umriss einer Transferwissenschaft*, [Transferwissenschaften 1], S. Wichter and G. Antos (eds), 3-33. Frankfurt am Main: Peter Lang.

2. Baker, Mona (ed.). 2001. "Introduction". *Encyclopedia of Translation Studies*. London & New York: Routledge.

3. Drawer, Petra. 2003. *Die cognitive Metapher als Werkzeug des Denkens: Zu Rolle der Analogie bei der Gewinnung und Vermittlung wissenschaftlicher Erkenntnisse*. Tübingen: Narr.

4. Even-Zohar, Itamar. 1990. "Translation and Transfer". *Polysystem Studies*, Poetics Today 11.1: 73-78.

5. Even-Zohar, Itamar. 2003. "Culture Repertoire and Transfer". In *Translation Translation* (= Approaches to Translation Studies 21), S.

Petrilli (ed.), 425-431. New York: Rodopi.

6. Göhring, Heinz. 1978/2002. "Interkulturelle Kommunikation: Die Überwindung der Trennung von Fremdsprachen- und Landeskundeunterricht durch einen intergrierten Fremdverhaltensunterricht". In *Interkulturelle Kommunikation: Anregungen für Sprach- und Kulturmittler* [Studien zur Translation 13], A. Kelletat and H. Siever (eds), 107-111. Tübingen: Stauffenburg. – First published 1978 in Kongreβberichte der 8. Jahrestagung der Gesellschaft für Angewandte Linguistik GAL e. V., Mainz 1977. W. Kühlwein and A. Raasch (eds), 9-14. Stuttgart: Hochschulverlag.

7. Göpferich, Susanne. 1998. *Interkulturelles Technical Writing: Fachliches adressatengerecht vermitteln. Ein Lehr- und Arbeitsbuch*. Tübingen: Narr.

8. Göpferich, Susanne. 2002. *Textproduktion im Zietalter der Globalisierung: Entwicklung einer Didaktik des Wissenstransfers*. Tübingen: Stauffenburg.

9. Göpferich, Susanne. (2006). "How Comprehensible Are Popular Science Texts? – The Use of Thinking-aloud Protocols and Log Files of Reverbalization Processes in Comprehensibility Research". In *New Trends in Specialized Discourse analysis*. [Linguistic Insights: Studies in Language and Communication], M. Gotti and D.S. Giannoni (eds), 221-246. Frankfurt am Main: Peter Lang.

10. Groeben, Norbert. 1982. *Leserpsychologie: Textverständnis – Textverständlichkeit*. Münster: Aschendorff.

11. Hönig, Hans G. 1995. *Konstruktives Übersetzen*. Tübingen: Stauffenburg.

12. Hönig, Hans G. 1998. "Positions, Power and Practice: Functionalist Approaches and Translation Quality Assessment". In *Translation and Quality*, C. Schäffner (ed.), 6-34. Clevedon (UK): Multilingual Matters.

13. Hönig, Hans G. and Kuβmaul, Paul. 1984. *Strategie der Übersetzung.*

Ein Lehr-und Arbeitsbuch. Tübingen: Narr.

14. Holz-Mänttäri, Justa. 1984. *Translatorisches Handeln – Theorie und Mothode*. Helsinki: Suamalainen Tiedeakatemia.

15. Holz-Mänttäri, Justa. 1986. "Translatorisches Handeln – theoretisch fundierte Berufsprofile". In *Übersetzungswissenschaft – eine Neuorientierung*, M. Snell-Hornby (ed.), 348-374. Tübingen: Francke.

16. Jakobsen, Arnt L. and Schou, Lasse. 1999. "Translog documentation". In *Probing the Process in Translation: Methods and Results*, G. Hansen (ed.), 151-186. Copenhagen: Samfundslitteratur.

17. Jakobson, Roman. 1966. "On Linguistic Aspects of Translation". In *On Translation*, R. Brower (ed.), 232-238. New York: Oxford University Press.

18. Koller, Werner. 1992. *Einführung in die Übersetzungswissenschaft*. Heidelberg, Wiesbaden: Quelle & Meyer.

19. Krings, Hans P. 1986. *Was in den Köpfen von Übersetzern vorgeht: Eine empirische Untersuchung zur Struktur des Übersetzungsprozesses an fortgeschrittenen Französishlernern*. Tübingen: Narr.

20. Langer, Inghard, Schulz von Thun, Friedmann and Tausch, Reinhard. 1993. *Sich verständlich ausdrücken*. München & Basel: Ernst Reinhardt.

21. Liebert, Wolf-Andreas. 2002. *Wissentransformationen: Handlungssemantische Analysen von Wissenschafts- und Vermittlungstexten*. Berlin, New York: Walter de Gruyter.

22. Mittelstrβ, Jürgen. 1998. *Die Häuser des Wissens. Wissenschaftstheortische Studien*. Frankfurt/ M.: Suhrkamp.

23. Nida, Eugene. 1964. *Toward a Science of Translating: With Special Reference to Principles and Procedures involved in Bible Translating*.

Leiden: E. J. Brill.

24. Niederhauser, Jürg. 1999. *Wissenschaftssprache und populärwissenschaftliche Vermittlung*. Tübingen: Narr.

25. Nord, Christiane. 1993. *Einführung in das funktionale Übersetzen – am Beispiel von Titeln und Überschriften*. Tübingen, Basel: Francke.

26. Nord, Christiane. 1998. "Das Verhältnis des Zieltexts zum Ausgangstext ". In *Handbuch Translation*, M Snell-Hornby, H. G. Hönig, P. Kussmaul and P.A. Schmitt (eds), 141-144. Tübingen: Stauffenburg.

27. Prunč, Erich. 2004. "Zum Objektbereich der Translationswissenschaft." In *Und sie bewegt sich doch ... Translationswissenschaft in Ost und West. Festschrift für Heidemarie Salevsky zum 60*. Geburtstag, I. Müller (ed.), 263-285. Frankfurt am Main: Peter Lang,

28. Pym, Anthony. 1992. *Translation and Text Transfer*. Frankfurt am Main: Peter Lang.

29. Reiβ, Katharina and Vermeer, Hans J. 1984. *Grundlegung einer allgemeinen Translationstheorie*. Tübingen: Niemeyer.

30. Risku, Hanna. 2004. *Translationsmanagement: Interkulturelle Fachkommunikation im Informationszeitalter*. Tübingen: Narr.

31. Rubin, Jeffrey. 1994. *Handbook of Usability Testing: How to Plan, Design, and Conduct Effective Tests*. New York, Chichester, Brisbane, Toronto, Singapore: John Wiley & Sons.

32. Schmitt, Peter A. 1999. *Translation und Technik*. Tübingen: Stauffenburg.

33. Schreiber, Michael. 1993. *Übersetzung und Bearbeitung: Zur Differenzierung und Abgrenzung des Übersetzungsbegriffs*. Tübingen: Narr.

34. Toury, Gideon. 1980. In *Search of a Theory of Translation*. Tel Aviv: Porter Institute.

35. Toury, Gideon. 1995. *Descriptive Translation Studies and Beyond*. Amsterdam & Philadelphia: John Benjamins.

36. Vermeer, Hans J. 1978: "Ein Rahmen für eine allgemeine Translationstheorie". *Lebende Sprachen 3:99-102*.

37. Vermeer, Hans J. 1986. *"Übersetzen als kultureller Transfer." In Übersetzungswissenschaft – eine Neuorientierung*, M. Snell-Hornby (ed), 30-53. Tübingen: Francke.

38. Weissbrod, Rachel. 2004. "From Translation to Transfer". A*cross Languages and Cultures 5.1.: 23-41*.

번역사 능력 모형

관련성 및 전문성 점검

파비오 알베즈 Fabio Alves
미나스 제라이스 주립 대학교Federal University of Minas Gerais, 브라질

본 논문은 관련성 이론(스퍼버와 윌슨, 1986/1995)과 연결주의 원리(엘만 외7인, 1996)에 근거하여, 곤칼베스(Gonçalves, 2003)가 제안한 번역사 능력에 대한 역동적 인식 모형에 대한 근거를 제시하고 그 가능성을 평가한다. 본 모델은 번역사 능력을 특정 능력과 일반 능력으로 구분하고, 절차적 지식과 선언적 지식을 통합하여 번역 능력을 구성하는 요소로 보며, 이러한 번역사 능력의 개발을 위해서는 인식 증대 및 메타 인식 과정의 확대가 필요함을 주장한다. 번역사 능력은 번역사가 인식 체계의 주변층과 중심층간의 균형을 유지하고, 상황성을 고려하여 원문 텍스트와 도착 텍스트 간에 추론에 기반을 둔 해석의 유사성을 얻도록 하는 특정 인지 구조인 것으로 파악된다.

KEYWORDS

번역사 능력(translator's competence), 관련성 이론(Relevance Theory), 해석 유사성(interpretive resemblance), 인지 모형구축(cognitive modeling), 연결주의(connectionism)

1. 서론

번역 능력을 정의하는 것은 번역학 분야에서 오랫동안 추구해온 목표였다. 번역 프로세스 연구의 세부 연구 분야에서 크링스(Krings, 1986), 제로프(Gerloff, 1987, 1988), 세구이노(Séguinot, 1989), 티르코넨-콘딧(Tirkkonen-Condit, 1990, 1992), 자스켈라이넨(Jääskeläinen, 1990, 1996), 알베즈(Alves, 1995), 단크스(Danks, 1997), 샤프너와 아다브(Shaffner & Adab, 2000)등의 학자가 번역 능력에 대해 연구하였으나 학자들간 번역 능력의 범위 및 조사 방법에 대한 합의점은 찾지 못하였다. 이 논문에서 연구자는 번역사 능력에 대한 이론적 모형을 제안하고, 이를 뒷받침하기 위해 기존에 수행된 4편의 실험적 연구(알베즈와 곤칼베스 2003, 알베즈와 메갈하에스, 2004, 알베즈 2005a, 2005b)로부터 그 증거를 도출하고자 한다. 이 논문에서 제안하는 번역사 능력은 팍테(PACTE)의 번역 능력 모형(팍테, 2003)에 기반을 두고 있으나 팍테와는 다소 다른 관점을 탐구하며 연구진은 이를 '번역사 능력'이라 지칭한다(로테-네베스, 2002; 곤칼베스, 2003). 팍테 그룹의 연구와는 달리 본 연구는 번역사의 인지적 행동에 대한 추론적(inferential) 측면을 도식화하고, 번역 능력을 얻기까지 그 중간 과정의 여러 단계를 기술하는 것을 주요 연구 대상으로 삼는다.

절차적 지식과 선언적 지식을 구분한 앤더슨(Anderson, 1983)에 기초하여 팍테(2003)와 알비르(H. Albir, 2005)는 번역능력을 선언적 지식(procedural knowledge)(즉, '무엇'을 아는 것)이 아닌 절차적 지식(declarative knowledge)('어떻게'를 아는 것) 의 한 유형으로 정의한다. 반면, 알베즈 외(2000) 및 샤프너와 아다브(2000) 등의 연구자들은 번역을 수행하는데 선언적 지식이 관여함을 인식함으로써 번역사들의 성과를 향상하는데 도움을 줄 수 있다고 주장한다. 다시 말해, 이들은 '무엇'을 아는 것(또는 그것을 아는 것)은 번역사 능력의 주요 구성요소이며, 이러한 선언적 지식이 번역사의 지식 프로세스에 대한 의식적인 모니터링을 증가시키고 결국 번역문에까지 영향을 줄 것으로 생각되기 때문에 번역사의 선언적 지식을 개발하는 데 유용한 역할을 할 수 있다고 본다.

본 연구자는 상기 입장들이 상충적이기보다는 상호 보완적이라고 생각한다. 연구자는 본 논문에서 관련성 이론(relevance theory)(스퍼버 및 윌슨 1986/1995)과 연결주의 원리(connectionist principles)(엘만 등 1996)의 이론적 가정에 기반을 둔 번역사 능력 모형의 근거를 제시하고자 한다. 또한 번역과정 중 일어나는 문제 해결과 의사 결정 작용의 기저에 역동적 추론 과정을 포함시키는 번역사 능력 모형을 검토하고 평가할 것이다(cf. 알베즈 및 곤칼베스, 2003; 곤칼베스, 2003). **마지막으로 인지적 상황성 관점에서, 초보 및 전문 번역사의 번역활동 중 추론적 처리가 어떻게 구체적인 역동성의 관점으로 묘사될 수 있는가를 보여주고자 한다.**

2. 모형을 찾아서

번역의 복잡성을 고려할 때, 번역 작업을 수행할 때에는 다양한 유형과 강도의 인지 처리 과정이 발생한다고 가정할 수 있다. 이때 다양한 인지 처리 과정 중 일부는 절차적 지식을 이용하여 이루어지고, 일부는 선언적 지식을 이용하며 또 일부는 정도의 차이는 있으나 의식과 인지를 담당하는 하부 체계와 관련하여 이루어진다 할 수 있다. 이 같은 다양한 인지처리 유형을 통합하여 곤칼베스(2003)는 관련성 이론(스퍼버 및 윌슨 1986/1995)의 원칙과 인지에 대한 연결주의적(엘만 등 1996) 접근법에 기반을 두어 번역사 능력 모형을 제안했다. 관련성 이론과 연결주의의 기본 틀(framework)은 인지를 바라보는 다양한 시작–모듈 처리 방식 대 병렬 처리 방식 등–과는 동떨어진 것이지만, 이 두 틀은 서로 보완적으로 작용하여 언어, 번역 및 사회적 상호작용에 적용될 수 있는 인지 및 생물 발달에 대한 역동적 개념을 제시한다.

위의 두 틀에 근거하여, 곤칼베스(2003)는 탐구적 연구를 수행하였고 이를 통해 번역사 능력에는 다음의 이론적 원리를 통해 표현되는 두 가지 영역이 있음을 발견하였다.

- 번역사 능력은 복잡한 슈퍼 능력으로, 다양한 인지 영역에 대한 조율을 필요로 한다.
- 관련성 원리 (스퍼버 및 윌슨, 1986/1995)를 따르는 번역사의 핵심적–특정 능력 영역이 존재하여, 다른 하위 능력과 더불어 의식적 또는 메타 인지적 프로세스를 통해 작동한다.

첫 번째 원리를 입증하기 위해 곤칼베스는 번역의 보편적 슈퍼 능력을 알베즈 외(2000)의 연구를 토대로 정의한다. 이것은 번역이 가지는 복잡성을 부각하게 시키며 보편적 번역사 능력 즉, "성공적인 번역사가 가지고 있는 모든 지식, 능력 및 전략으로 이를 통해 적절한 번역 성과를 가져오는 것"이라 불린다(알베즈 외 2000: 13).

두 번째 원리, 즉, 번역사 특정 능력이라 불리는 번역사 능력의 핵심 영역을 명확히 보여주기 위해 곤칼베스는(2003) 구트(Gutt, 2001), 알베즈(1995, 1996) 등이 개발한 관련성 이론 개념을 빌려왔다. 이 번역사 특정 능력(STC)은 상응하는 두 개의 번역 단위 (출발 언어와 도착 언어)로 부터 생성되는 문맥 효과의 강도(크기)와 정비례하고, 두 효과가 중첩되는 부분, 즉, 두 번역 단위의 해석 유사성이 가장 큰 부분과도 정비례한다.

3. 이론적 토대

곤칼베스의 STC 개념을 명료화하기 위해, 관련성 이론 개념을 검토하는 것이 필요하다. 스퍼버와 윌슨의 발표로는 인간의 인지는 개인의 인지적 환경에 정신적 표상을 추가 및 수정하면서 점진적으로 진보적으로 발전한다. 이 같은 견해를 토대로 볼 때, 인지 및 기억은 개인이 의미 생성(meaning construction) 과정 중 사용하는 정신적 표상을 생성하는 고도로 역동적인 현상이라 생각된다. 관련성 이론은 이러한 정신적 표상에 대해 두 가지의 사용 방법이-기술적(descriptive) 사용과 해석적(interpretive) 사용-있다고 본다. 각각의 사용은 그에 상응하는 유사성 유형을 지칭한다. 즉, 기술적 유사성은 하나의 객체 또는 세상의 특정 사건과 그에 대한 정신적 표상간의 상관관계를 맺어주지만 해석적 유사성은 두 개의 정신적 표상간 상관관계를 맺는다. 관련성 이론에 따르면, 번역은 출발어와 도착어 언어에 각각 위치한 두 개의 상응하는 번역 단위(TU) 간 해석적 유사성이 존재하는 경우에 해당한다. 번역사의 추론적 문맥에서, 각 TU는 관련성 원리의 영향하에 수많은 '문맥 효과'를 생성하는 것으로 가정된다. 문맥 효과(contextual effect)는 한 개인이 자신의 인지적 환경을 개선하기 위해 새로운 정보 및 주어진 정보를 함께 혼합하는 커뮤니케이션 상호작용 또는 정보 프로세싱을 통해 구현하는 추론적 프로세싱의 결과이다. 이에, 관련성 원리는 가능한 최고의 인지적 효과를 추구하는 행위를 최소의 인지적 노력으로 규제하는 것을 담당한다. 이 원리는 우리의 정신적 응집 네트워크 즉, 우리의 지식 또는 백과사전식 기억을 지속해서 개선할 수 있게 해준다. 아래 그림 1은 STC의 이와 같은 면을 요약하여 보여준다.

그림 1. 관련성 이론에 근거한 특정 번역 능력

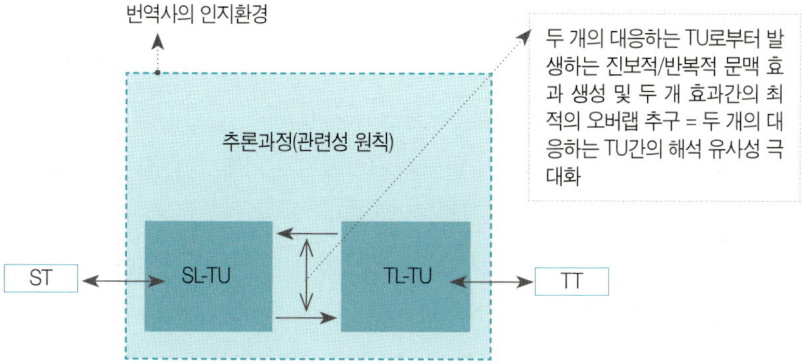

ST= 출발 텍스트: SL = 출발어: TL = 도착어: TT = 도착 텍스트

관련성 이론의 틀 안에서, 번역은 두 개의 대응하는 TU간의 해석 유사성을 진보적이고 반복적으로 찾는 노력이다. 더욱 자세히 말하면, 인지적 관점에서 번역은 두 개의 대응하는 TU간 진보적이고 반복적으로 생성되는 문맥효과(contextual effect)와 이 두 효과간 최적으로 중첩되는 부분을 찾는 것을 의미한다.

연결주의 관점에서는, 최적의 해석 유사성을 찾는 것의 역동성, 즉, 인지 효과와 문맥 효과 간의 최적화된 관계는 다음 전제의 범위에 포함된다(엘만 외, 1996):

- 연결주의의 기본 전제는 인지를 유전 프로그램으로 개발된 내부 메카니즘일 뿐 아니라 개인이 경험한 사회적 상호작용을 포함하는 외부 자극의 결과로서 간주한다는 것이다.
- 병렬 처리(parallel processing)는 인지 체계의 중요한 특징이다- 일정 수준의 모듈화(연속 처리)는 인지 발달에서 장기적 반복 프로세스를 안정화함에

따른 결과이지, 그 원인이 아니다.

- 연결주의 체계는 최소주의 구조를 제시한다 – 이들은 기본적으로 인간의 신경계(신경과 시냅시스로 구성됨)와 비교적 유사한 체계인 프로세싱 단위와 연결로 구성되어있다.
- 연결주의 네트워크는 일정한 학습 능력 또는 원시적 유형의 지적 행위를 가능케하는 것으로 생각된다- 수용된 자극에 따라, 신경 네트워크는 일정한 외부 패턴에 대한 자신의 반응과 유사해지기 위해, 자신의 연결 가중치(connection weight)를 재조정할 수 있다.
- 기억은 유연성이 있는 역동적 장치로 간주한다 – 실제로 기억은 외부의 현상 또는 대상을 안정적이고 정적으로 나타내는 표상이기보다는 네트워크 기능의 결과로 생겨나는 지속하는 프로세스로서의 성격이 훨씬 강하다.

위의 전제를 따르면, 보편적 번역사 능력(GTC)은 상황성 관점에서 볼 때, 인지 발달을 담당하는 생성 인자를 포괄하는 것으로 간주한다. 완전히 반복적인 연결주의 네트워크와 유사한 GTC는 기존의 인지 체계에서 생성되는 이해 가능한 인풋(input)이 점진적으로 증가함에 따라 능력 수준이 향상됨으로써 나타나는 결과이다. 이 같은 점증적 변화를 고려하면, 해당 정보의 화용적(pragmatic) 문제를 번역의 목적에 맞춰 해결하는 신경 네트워크를 생각해 볼 수 있다. GTC의 상황성을 표현하기 위해, 아래 그림 2는 인지발달이 이루어지는 과정을 순서대로 모형을 제시한다.

그림 2는 엘만 외(1996)에 기초한, 인지 이전의 단계(2A)에서 초기 배아를 지나 복잡한 다목적의 고도로 상호 연결된 체계 (2G)인 성숙한 성인인지까지 인지발달 단계를 연속적으로 표현한 그림이다. 기본적으로 이를 통해 보여주고자 하는 것은 점진적, 체계적, 반복 프로세스를 통해 개인의 인지 환경에 존재하는 다양한 단위 간에 네트워크 연결이 점점 확장된다는 점이다. 곤칼베스(2003)가 발견한 증거에 기초하여 본

그림 2. 연결주의 원칙에 근거한 인지 발달 과정

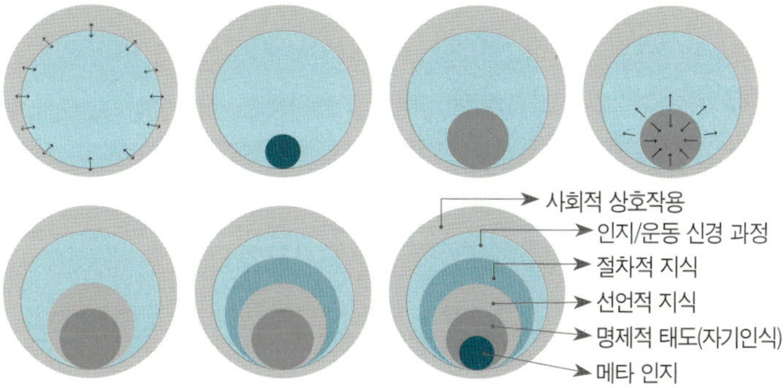

연구자는 각 개인의 프로필에 따라 각자의 인지가 인지 체계의 주변부에 위치할지 또는 보다 중심부 쪽에 위치할지를 결정한다고 가정한다. 전문성과 경험의 차이 때문에 일부 번역사들의 인지 프로세스는 인지 체계의 주변부을 향하며, 이에 따라 자동 인지처리(automatic process)의 영향하에 있지만, 또 다른 번역사들은 자신의 인지 기능에 대한 상황성을 파악하기 위해 인지 체계의 주변부와 중심부를 통합하는 능력을 갖추고 있을 수 있다.

팍테(2003)가 고안한 하위능력, 즉, 이중언어 구사력, 언어 외적 능력, 도구적 능력, 번역에 대한 지식, 및 정신적-생리적 구성요소들과 결합된 전략적 하위능력들을 통합함으로써, 우리는 관련성 이론에 기반을 둔 그림 1과 연결주의 원리에 기반을 둔 그림2를 합칠 수 있으며, 연구자는 STC와 팍테가 제시한 하위 능력 중 일부를 통합함으로써 아래 번역사 능력 모형을 제안하고자 한다.

그림 3. 번역 능력에 대한 인지적 모델

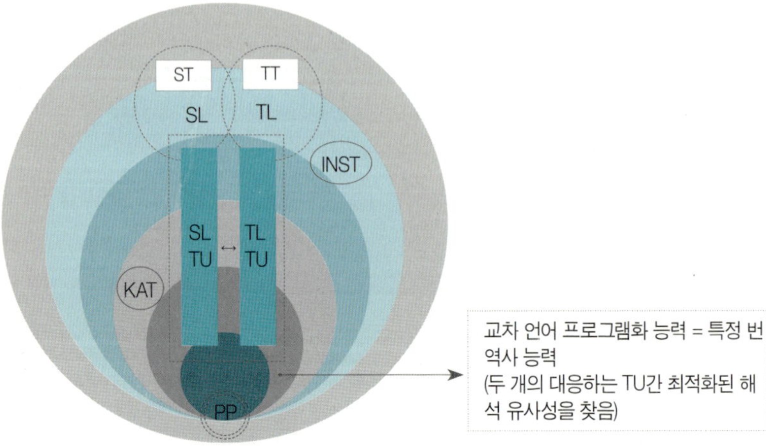

ST = 원천텍스트; SL = 출발어; STTU = 출발어 번역 유닛; TLTU = 도착어 번역 유닛
TL = 도착어; TT = 목표 텍스트; KAT = 번역지식; PP = 심리 생리학적 요인
INST = 도구적 하위 능력

곤칼베스(2003)가 제안한 두 개의 이론적 원리와 연결되어 STC는 다른 하위능력들을 조율하고, 주로 의식적 또는 메타 인지적 프로세스를 통해 작동할 것으로 기대되는 슈퍼 능력의 핵심을 이룬다. 따라서 STC는 인지 체계의 보다 의식 층에 위치하며 고도의 절차 지식에서 부터 메타 인지 수준에까지 걸쳐져 있다. 그러나 번역사는 출발 텍스트에서 도착 텍스트로의 복잡한 변형을 가능하게 할 수 있도록 다른 인지체계에 의존해야 한다. 두 개의 작업 언어에 대한 유창성은 전제 조건이다. 언어 능력은 인지 외부에 어둡게 표현된 외부 층을 포함한 그림의 가장 외부 층들로 표현되는데, 여기에 사회 상호작용 환경이 위치한다. 언어에 대한 유창성이 이 부위에 나타나는 것은 언어가 주로 자동화되어 있고, '절차화'되어 있기 때문일뿐 아니라, 언어가 인지 현상만이 아닌 사회 상호 현상이기 때문이다.

본 연구자는 STC와 출발어 및 도착어와 결합하여 나타나는 부분이 번역사 능력의 주요 인지 부문이라고 보는데 이는 이 부위가 번역활동이 이루어지는 동안에는 더욱 활발히 기능할 것으로 예상하기 때문이다. 이 주요 인지 부문 외에, 우리는 STC 향상에 이바지하는 부수적 하위 능력들이 있다고 가정한다. 이 부수적 하위 능력은 팍테(2003) 모형에서 빌려 수정한 세 개의 하위 체계로 구성되어 있다. 이 곳이 번역 과제를 수행하면서 동시에 참고문헌 툴을 사용하고 여러 개의 상이한 외부 요구를 해결하는 도구적 하위 능력(INST)이 포함된 곳이다. 주로 절차적이기 때문에, 이 능력은 알베즈(1995)가 제안한 외부 지지(external support)의 개념과 관련되어 있고, 절차적 및/또는 선언적으로 획득될 수 있다. 이 부분은 번역사의 참고자료 검색을 돕고 STC를 제약함으로써 통역사의 추론을 통한 문맥파악을 돕는다. 팍테로 부터 차용된 또 다른 부수적 하위 능력은 번역에 관한 지식이다(KAT). 이것은 주로 선언적 지식으로서 주로 명시적 및/또는 이론적으로 학습된다. 이것은 번역사가 해당 과제 수행을 위해 가장 적합한 방향이라고 믿는 것을 향해 STC의 방향을 조절할 수 있도록 도와준다. 팍테로 부터 차용된 마지막 부수적 하위 능력은 심리-생리적 구성요소로 구축된다(PP). 여기에는 번역과 관련된 주관적/감정적 및 생리적/운동 측면이 포함되고, 이는 번역을 하는 데에 있어, 타이핑 기술, 자세/신체공학적 행위, 생리적 스트레스 하의 감정균형 및 통제, 내부 동기부여 등과 관련될 수 있는 신체 조절 및 주관적 의식간의 중요한 접점을 구성한다. 주변적이고 덜 중요하지만 이 부분의 관리는 인지 자원을 최대화 또는 최소화할 수 있으며 이 인지 자원은 원칙적으로 특정 능력 체계에서 발생하는 프로세스에 집중되어야 한다. 따라서 PP는 번역사의 번역능력 연구에서도 고려되어야 한다.

팍테의 전략적 하위 능력은 이 논문에서 제시된 모형에 포함되지 않는다. 그 이유는 그 역할이 STC의 역할 내에 포함되어 있으나, 그것과 완전히 중첩되지 않는다고 가정되기 때문이다. 양자 모두 다른 하위 능력들을 통합하는 역할을 하지만, 팍테의 전략적 하위 능력과 달리 STC는 문제 해결 및 의사결정 프로세스가 발생하도록 추론을 가능케 한다. 마지막으로, 팍테의 언어 외적 하위 능력은 선언적 또는 절차적 지식 여부와 관계없이, 해당 언어에 대한 지식 외의 다른 지식 유형도 포함할 수 있는 것으로 이해된다. 따라서 이 능력은 이 논문에서 제시된 모형을 벗어나 특정 하위 체계에서 그것을 표상하는데, 그것은 이 능력이 모든 절차적 또는 선언적 지식 유형과 관련된 정보를 포함할 수 있기 때문이다.

알비르(H. Albir, 2005)는 팍테 모형의 관점에서 본 번역 능력 획득은 이중언어 능력을 포함한 번역 이전 능력의 초보적 지식을 재구성하고 발달시켜 점진적으로 초보, 중급, 고급, 유창함, 전문 단계를 지나 (cf. 드레이푸스 및 드레이푸스, 1986와 체스터만, 1997) 전문화된 지식 형태가 되는 프로세스로 간주하여야 한다고 지적한다. 이 같은 재구성 및 발달 단계들은 지식 획득으로 학습이 성숙됨에 따라 점진적으로 더욱 복잡한 프로세스를 생성하는 인지 발달에 대한 연결주의적 관점과 일맥상통한다.

앞서 설명된 바와 같이, 곤칼베스(2003)가 제안한 역동적 번역사 능력 모형은 개별 번역사의 전문성 및 경험 수준에 따라 인지/운영 측면에서 다양한 다른 GTC 및 STC 측면들을 포함한다. 따라서 능력은 번역사의 마음에 존재하는 구성요소가 아니라, 번역사가 경험하는 내/외부적 역동성을 기초로 서서히 발달하는 특정 인지 행태로 간주된다.

본 연구자는 STC가 전문 수준에서 더욱 많이 실현되며, 전문 번역사들은 메타 인지적 처리에 더욱더 의존하고, 그 결과 보다 더 인식에 기반하여 결정하며, 번역 과정에서 가용한 인지 자원에 대한 관리를 질적으로 증가시킨다고 가정한다. 반면, 낮은 수준의 STC 단계에서 번역사는 초보 수준에 위치한다. (자스켈라이넨, 1989; 티르코넨-콘딧, 1990; 알베즈, 1995; 로렌조, 1999 등) 문헌에서 입증된 바와 같이, 초보 수준의 번역사는 자동화 과정에 더욱 의존하고, 그 결과 의식적 결정을 덜 내리게 되며, 번역 과정에서 가용한 인지 자원에 대한 관리를 질적으로 감소시킨다. 따라서 메타 인지적 프로세스의 질적 증대는 번역사 능력에서 유의미한 차별화 요소이다.

현재 논의가 번역 프로세스에만 초점을 두고 있다는 점을 강조할 필요가 있다. 해석 프로세스와의 접점에 관해 질(Gile, 1995)은 중력모형(Gravitational Model)을 상정하였는데, 본 모형은 곤칼베스(2003)가 제안한 모형과 일부 특징들을 공유하는 것으로 보인다. 두 개 모형의 중심에서 모이거나 갈라지는 원심력/구심력의 역할은 연결주의 네트워크의 기능과 유사한 것으로 볼 수 있다. 번역사와 통역사에게 요구되는 능력들 간의 접점을 고려할 때, 질과 곤칼베스의 모형을 함께 결합할 때 번역과 통역 처리방법간의 유사점과 차이점에 관한 논의가 더욱 활성화될 것으로 보인다.

4. 모형 평가

본 장에서는 그림3에 제시된 모형을 평가하기 위한 네 개의 탐구적 연구가 논의된다. 네 연구 모두 트랜스로그(야콥슨 및 쇼우, 1999)와 사후적(retrospective) 프로토콜(에릭슨과 사이먼, 1984/1993)을 통해 얻은 번역 프로세스 데이터를 분석하는 데 있어 다각적 검증법(triangulation)을 따랐다. 출발 텍스트, 출발 언어와 도착 언어, 전문성 수준이 이 네 연구에서 각각 다르지만 네 연구 모두 번역의 언어/문맥적 측면에 대한 인지적 처리간의 상호관계를 조사하는 것을 목표로 했다.

알베즈 및 곤칼베스(2003) 모형에서 본 연구자는 관련성 이론에 근거한 프로세스 지향적 번역 접근법을 결합하여, 영어-브라질계 포르투갈어 번역 작업을 하는 네 명의 초보 번역사들의 번역을 분석하였다. 이를 통해 절차적 및 개념적 암호화간의 차이에 대처하는 번역사들의 능력을 조사하였다. 본 연구자는 관련성 이론의 가정을 토대로 테스트하고자 하는 두 개의 가설을 세웠다. 주어진 TU의 명료성 때문에, 출발텍스트에서 절차적으로 암호화된 정보를 인식하는 것이 수월할 것이며, 번역사들이 유사한 추론 처리를 보여줄 것이라고 가정하였다. 동일한 이론적 토대에 따라, 주어진 TU의 함축성 때문에, 개념적으로 암호화된 정보가 개별적으로 가용한 문맥적 추정에 기초하여 처리될 것이라고 상정하였다. 따라서 번역사의 인지 환경에서 도출된 문맥 가정으로 해결법을 추론할 수 있을 것이며, 번역사들간에 해결법이 다양하게 나타날 것이다. 즉, 번역결정은 보다 문맥 지향적이 될 것이다. 번역 완료 직후, 다각적 검증법을 적용한 트랜스로그 표상 파일 및 트랜스로그 재생 기능을 통해 기록된 사후 프로토콜을 사용하여 프로세스 데이터가 수집, 분석되었다. 알베즈 및 곤칼베스(2003)의 출발 텍스트는 오사마 빈 라덴(Osama bin Laden) 삶의 세 가지 단계, 즉, 사우디 아라비아에 거주하는 젊은 억만장자, 수단에 거주하는 테러리스트 및 아프가니스탄 동굴에 피신한 피신자의 단계를 묘사하였다. 이 텍스트는 2001년 911 테러 사건 이후 빈라덴 체포 작전을 다루었으며, 다른 이데올로기 관점에서 다르게 읽힐 수 있었다. 분석 결과, 번역사의 인지 프로세스는 개념적으로 암호화된 정보를 일관되게 다룰 수 있는 능력의 부족뿐 아니라 절차적으로 암호화된 정보가 전달하는 문맥 단서들을 찾아내는 능력의 한계에 의해 제약되었음을 알 수 있었다. 또한 본 분석을 통해, 해당 사건의 정서적 영향으로 인해, 번역사가 문맥 단서에 덜 의존하고 비문맥 단서에 더욱 의존하여 자신의 번역 텍스트를 구성하는 표현들을 설명하고 있음을 알 수 있었다.

그림3에 나타난 모형과 관련하여, 데이터 분석을 통해 네 명의 초보 번역사들의 번역이 인지 체계의 주변부로 더욱 편향되는 경향이 있으며, 그 결과, 자동화 작업에 대한 의존, 문맥적으로 내재한 정보 처리의

어려움, 문맥 효과를 생성하기 위한 메타 인지의 부족이 초래되었다는 것을 알 수 있다.

같은 출발 텍스트 및 유사한 방법론을 사용하여, 알베즈 및 마갈하에스(Magalhaes, 2004)는 17명의 초보 번역사로 구성된 또 다른 그룹과 탐구적 연구를 진행하였다. 이들은 인지 리듬이라는 개념(쉴페로드, 1996), 즉, 정지와 텍스트 작성이 교대로 반복됨에 따라 나타나는 리듬 패턴에 초점을 두었다. 이들은 또한 인지 리듬과 번역의 내구성(durability) 정도(알베즈, 2005a)간 상관관계를 분석하였다. 여기서 내구성이란 특정 번역의 결과로서, 텍스트 작성을 처리하고 모니터링하는 패턴이 있으며, 이 패턴이 효율적인 인지 관리 및 메타 인지 관점에서 자기 성찰(reflection)과 상관관계를 가지는 것으로 가정된다는 것을 시사한다. (내구성이란 전문 번역사의 번역 프로세스에서 관찰될 수 있는 인지적 패턴이다. 이것은 해당 과제에 소요된 시간, 메타 인지적 모니터링 정도, 특히, 작성 단계에서의 신뢰할만한 과제 아웃풋 (output) 등 전문 번역의 특징들과 매핑되고 평가될 수 있다.) 따라서 본 개념을 확장해 볼 때, 도착 텍스트는 다소 내구적이라고 말할 수 있다. 프로세스 및 산출물 중심의 데이터의 다각적 검증법을 통해, 알베즈와 마갈하에스(2004)는 초보 번역사의 인지 리듬이 불규칙적이고, 해당 샘플 내에서 어떠한 일관된 패턴을 보이지 않으며, 핵심 언어 인식 수준이 낮은 것을 발견하였다. 그 결과 내구성이 낮은 도착 텍스트가 산출되었다. 또한 알베즈와 마갈하에스(2004)는 대상 번역사의 인지 리듬과 이들이 산출하는 도착 텍스트 유형간에는 어떠한 상관관계도 없다는 점을 발견하였다. 초보 번역사들 간에 구별되는 인지 리듬은 그 자체로서 번역물의 품질을 구별할 수 있는 증거는 아닌 것이다. 지나치게 선형적(linear)인 번역 프로세스와 충분한 인지 관리 및 핵심 언어 인지의 부족으로 인해 초보 번역사들은 자신의 도착 텍스트를 효과적으로 개선하지 못하고, 그 결과 보다 안정적이고 내구력있는 도착 텍스트를 산출하지 못하는 것으로 보인다. 이 같은 부적절한 처리는 초보 번역사들이 자신의 인지 관리 수준을 자신의 프로세스에 대한 메타 인지적 모니터링을 기반으로 개선할 수 있도록 지도받을 필요가 있다는 점을 시사한다. (자스켈라이넨, 1989; 티르코넨-콘디트, 1990; 알베즈, 1995; 로렌조, 1999 등) 문헌에서 입증된 바와 같이, 초보 번역사들은 단순한 암호화 및 해독 프로세스를 기초로 작업할 뿐, 자신의 작업과 자신이 번역하는 문맥과의 상관성을 수립하는 데에 어려움을 겪는다. 다시 말해, 알베즈와 곤칼베스(2003) 연구에 참여한 번역사들에게서 발견된 경우와 마찬가지로, 알베즈와 마갈하에스 (2004) 연구에 참여한 초보 번역사들은 아래 그림 4에 표현된 표상과 유사한 표상을 보여주었다.

그림4. 협대역 번역사

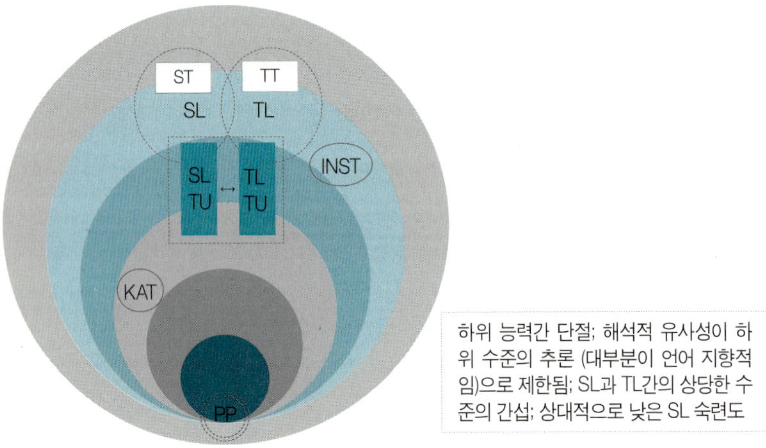

야콥슨(2002) 연구에 기초하여, 알베즈(2005a)는 내구성 문제를 논하고, 인지 리듬, 메타 인지 및 경험과의 상관관계를 번역 전문성의 매개변수로서 검토하고자 한 명의 초보 번역사와 두 명의 전문 번역사들을 대상으로 또 다른 연구를 진행하였다. 그 결과는 알베즈와 곤칼베스

(2003), 알베즈와 마갈하에스(2004)의 연구 결과들을 확인해 주었고, 낮은 수준의 메타 인지와 경험 부족이 초보 번역사들의 불규칙적 인지 리듬과 종국적으로는 내구성이 적은 번역 텍스트의 원인이 된다는 것을 보여주었다.

마지막으로 인지 노력과 문맥 효과 간의 관계를 평가하는 연구에서, 알베즈(2005b)는 같은 영어 출발 텍스트를 브라질계 포르투갈어와 유럽식 스페인어로 번역하는 두 명의 초보 번역사와 두 명의 전문 번역사들의 번역을 비교하였다. 여기서도, 초보 번역사들의 번역은 이전 연구의 결과를 확인해 주었고, 하나의 인지 프로필을 보여주었는데, 본 연구자는 이를 협대역 번역사(narrowband translator)라고 부르기로 하였다. 이 협대역 번역사는 주로 불충분한 문맥 단서를 기초로 작업하고 (예. 문맥적 의미보다는 사전적 의미에 근거함), 절차적, 개념적 및 문맥적으로 암호화된 정보 간의 틈을 좁히지 못한다. 초보 협대역 번역사의 원형은 아래 그림4와 같다.

그림 4는 모형의 구성요소들이 확장되어 초보 번역사들의 각 계층 사이에 존재하는 가능한 접점들을 보여준다. 두 개의 TU가 매우 강력히 중첩되는데, 출발 언어와 도착 언어가 상호 영향을 주고, 가장 중요하게는, STC가 메타 인지로부터 제거되어 단지 언어와 텍스트 산출의 구조적 특징에만 연결되는 것처럼 보인다. 이 같은 방식으로 번역하면서, 초보 번역사들은 맥락 효과와 해석 유사성을 극대화하기 위해 어느 수준에서 TU를 처리해야 하는가를 결정하는 데에 어려움을 보이는 경향이 있다.

초보 번역사들의 번역과 전문 번역사들의 번역에서 관측된 결과들을 대조해 볼 때, 다소 다른 그림이 등장한다. 알베즈(2005a 및 2005b)는 메타 인지 수준이 높을수록, 번역에 대한 인지 노력과 문맥 효과간의 균형이 증대된다는 점을 발견하였다. 양 연구에서 전문 번역사들은 번역 작업의 다양한 요구사항들을 조율하는 능력을 보여주었다. 양 연구의 데이터 분석은 전문 번역사들이 자신의 인지 체계의 주변부를 중심부와 통합함으로써 자신의 인지 기능에 대한 상황적 관점을 생성하는 듯 보였다. 사후 프로토콜은 문맥적으로 내재화된 정보와 메타 인지는 이들의 문제 해결 및 의사결정 프로세스의 동력이 되는 것으로 보였다. 전문 번역사들의 사후적 구술화(verbalization)에서 관측되는 뚜렷한 특징은 이들이 자신의 의사 결정 프로세스를 판단할 때 자기 자신에 의존한다는 점이다. 초보 번역사들이 의사결정 시 다소 불안해하는 것과 대조적으로, 전문 번역사들은 더욱 대담하게 도착 텍스트를 변화시키고 이에 대해 책임질 준비가 되어 있다.

이 같은 행위는 우리가 광대역 번역사 (broadband translator)라고 부르는 인지 프로필에서 잘 나타난다. 이들 광대역 번역사들은 커뮤니케이션 단서를 기초로 작업하는데, 이 단서는 대부분 출발 텍스트가 제공하고 자신의 인지 환경으로부터 도출되는 문맥 가정을 통해 더욱 공고해진다. 이 같은 행위는 광대역 번역사들로 하여금 절차적, 개념적, 문맥적으로 암호화된 정보를 응집력 있는 전체로 통합할 수 있도록 해준다. 전문가 원형을 대표하는 광대역 번역사는 아래 그림 5와 같이 묘사된다.

그림5. 광대역 번역사

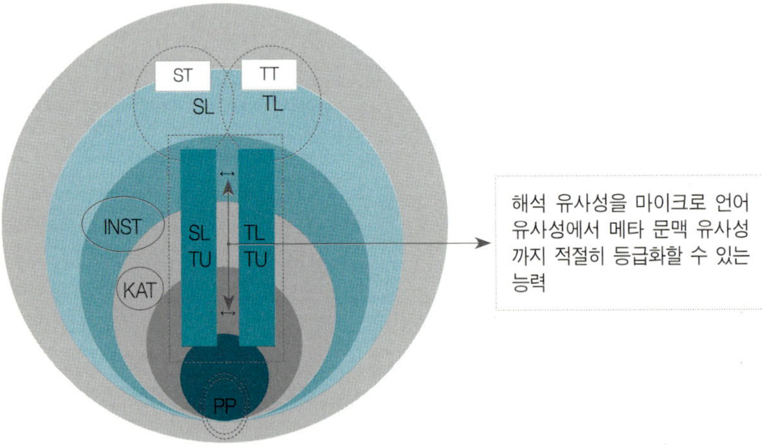

그림 5에서는 모형의 구성요소들이 확장되어 시스템 내 여러 계층(layer)간에 존재할 수 있는 접점들과 번역사의 능력을 메타 인지적 관점에서 보여준다. 두 개 작업 언어 간에는 거의 간섭이 없고, 가장 중요하게는 STC가 확장되어 보다 높은 수준의 메타 인지를 포괄하고, 모든 다른 관련 인지 체계로 연결된다. 특히 해석적 유사성을 미시언어적 유사성에서 메타 문맥적 유사성까지 적절히 등급화할 수 있는 능력이 이 같은 핵심적 능력 발달과 관련되어 있다. 이와 관련하여 전문 번역사는 체계의 주변부와 중심부 사이를 앞뒤로 이동하면서, 어떤 문맥적 효과 수준에서 주어진 TU가 처리되는가를 결정할 수 있다.

그러나 특정 지식 영역에서의 경험 차이에 따라, 번역사 능력이 다소 높은 수준으로 나타날 수 있다는 점을 염두에 두어야 한다. 번역과제의 요구 및 특수성에 따른 인지 변화가 전문 번역사의 번역에 영향을 주고, 그 결과 특정 과제가 더욱 어렵고 노력을 많이 필요로 하게 될 수 있다. 이를 통해 특정 환경에서 번역 시 뛰어난 인지 행위를 보여준 전문 번역사가 자신이 익숙지 않은 여러 제약에 직면할 때 왜 급격히 다른 행위 유형을 보이는지 그 이유를 알 수 있다.

그림 3, 4, 5를 통해, 인지적 상황성을 고려할 때 초보나 전문 번역사들의 번역 성과는 그들의 특징적인 역동성을 포착한 모형 내에서 설명될 수 있다. 이와 마찬가지로, 개별 번역사의 번역 성과 또한 자신이 작업한 번역의 인지 특징에 따라 모형 내에서 달리 표현될 수 있다.

5. 맺음말

연결 주의 및 관련성 이론 관점에서, 초보나 전문 번역사들의 번역을 관측함으로써 드러나는 그림은 다각적 측면을 가진다. 번역사 능력은 언어적으로 암호화된 항목들을 단순히 전달하는 것에서부터 번역사가 보다 복잡한 하위 능력들을 통합하여 자신의 의사결정에 대해 의식적으로 책임을 지려는 단계에 이르기까지 다양하게 분류되는 인지행위들로 구성되어 있다. 이와 관련하여 협대역번역사와 광대역번역사는 잠재적인 인지 특징들을 공유한다고 할 수 있다. 그러나 번역사 능력이 발달 및 성숙하고 번역에 관한 절차적 및 선언적 지식이 전문 지식의 형태를 띠게 됨에 따라 번역사 능력 수준과 유형에 변화가 생긴다. 그림 3, 4, 5를 통해, 번역사 능력이란 번역사들이 인지 체계의 주변부 및 중심부 사이에 균형을 이루고, 상황성을 고려하여 출발 텍스트와 도착 텍스트 사이에 추론을 바탕으로 해석 유사성을 이루도록 하는 특정 인지 구조로 간주되어야 함을 볼 수 있다.

참고문헌

1. Alves, Fabio. 1995. *Zwischen Schweigen und Sprechen: Wie bildet sich eine transkulturelle Brücke?: eine psycholinguistisch orientierte Untersuchung von Übersetzungsvorgängen zwischen portugiesischen und brasilianschen Übersetzern*. Hamburg: Dr. Kovac.

2. Alves, Fabio. 1996. "Lançando anzóis: uma análise cognitive de processos mentais em tradução". *Revista de Estudos da Linguagem* 2 (4): 77-90.

3. Alves, Fabio. 2005a. "Ritmo cognitive, meta-reflexão e experiência: parâmetros de análise processual no desempnho de tradutores novatos e experientes". In *Competência em tradução: Cognição e discurso*, A. Pagano, C. Magalhães and F. Alves (eds), 90-122. Belo Horizonte: Editoa UFMG.

4. Alves, Fabio. 2005b. "Esforço cognitive e efeito contextual em tradução: relevância no desempenho de traductores novatos e expertos". *Linguagem em (Dis)curso* 5:11-31.

5. Alves, Fabio and Gonçalves, José L. 2003. "A relevance theory approach to the investigation of inferential processes in translation". In *Triangulating translation: perspectives in process oriented research* [Benjamins Translation Library 45], F. Alves (ed.), 11-34. Amsterdam & Philadelphia: John Benjamins.

6. Alves, Fabio and Magalhães, Célia. 2004. "Using small corpora to tap and map the process-product interface in translation". *TradTerm* 10: 179-211.

7. Alves, Fabio and Magalhães, Célia and Pagano, Adriana. 2000. *Traduzir com autonomia: estratégias para o tradutor em formação*. São Paulo: Contexto.

8. Anderson, John R. 1983. *The architecture of cognition*, Cambridge: Harvard University Press.

9. Chesterman, Andrew. 1997. *Memes of translation*. Amsterdam & Philadelphia: John Benjamins.

10. Danks, Joseph H., Shreve, Gregory M., Fountain, Stephen B. and McBeath, Michael K. (eds). 1997. *Cognitive processes in translation and interpreting*. California: Sage Publications.

11. Dreyfus, Hubert L. and Dreyfus, Stuart E. 1986. *Mind over machine. The power of human intuition and expertise in the era of the computer.* Oxford: Blackwell.

12. Elman, Jeffrey L., Bates, Elizabeth A., Johnson, Mark H., Karmiloff-Smith, Annette, Parisi, Domenico and Plunkett, Kim. 1996. *Rethinking innateness: a connectionist perspective on development*. Cambridge: MIT Press.

13. Ericsson, K. Anders and Simon, Herbert A. 1984, 2nd edition 1993. *Protocol analysis: verbal reports as data*. Cambridge: MIT Press.

14. Gerloff, Pamela. 1987. "Identifying the unit of analysis in translation: some uses of think aloud protocol data". In *Instrospection in second language research*, C. Faerch and G. Kasper (eds), 135-158. Philadelphia: Multilingual Matters.

15. Gerloff, Pamela. 1988. *From French to English: a look at the translation process in students, bilinguals, and professional translators*. Cambridge: Harvard University (unpublished PhD thesis).

16. Gile, Daniel. 1995. *Basic concepts and models for interpreter and translator training*. Amsterdam & Philadelphia: John Benjamins.

17. Gonçalves, José L. 2003. *O desenvolvimento da competência do tradutor: investigando o processo através de um estudo exploratório-experimental. [The development of translator's competence: investigating the process through an exploratory-experimental study]*.

Belo Horizonte: FALE/ UFMG (unpublished PhD thesis).

18. Gutt, Ernst-August. 2000. T*ranslation and relevance: cognition and context.* Manchester: St. Jerome.

19. Hurtado Albir, Amparo. 2005. "A aquisição da competência tradutória. Aspectos teóricos e metodológicos". In *Competêcia em tradução. Cognição e discurso*, A. Pagano, C. Magalhães and F. Alves (eds), 10-42. Belo Horizonte: Editora UFMG.

20. Jääskeläinen, Riitta. 1989. "Translation assignment in professional vs. non-professional translation: a think-aloud protocol study". In *The translation process*, C. Séguinot (ed.), 87-98. Toronto: H.G. Publications. York University.

21. Jääskeläinen, Riitta. 1990. *Features of successful translation processes: A Think-Aloud Protocool Study.* University of Joensuu (unpublished PhD thesis).

22. Jääskeläinen, Riitta. 1996. "Hard work will bear beautiful fruit. A Comparison of Two Think-Aloud Protocols". *Meta*, 46 (1): 60-74.

23. Jakobsen, Arnt L. 2002. "Orientation, segmentation, and revision in translation". In *Empirical Translation Studies: process and product*, G. Hansen (ed.), 191-204. Copenhagen: Samfundslitteratur.

24. Jakobsen, Arnt L. and Schou, Lasse. 1999. "Translog documentation". In *Probing the Process of Translation. Methods and Results*, G. Hansen (ed.), 1-36. Copenhagen: Samfundslitteratur.

25. Krings, Hans P. 1986. *Was in den Köpfen von Übersetzern vorgeht. Eine empirische Untersuchung zur Struktur des Übersetzungsprozesses an fortgeschrittenen Französischelernern.* Tübingen: Narr.

26. Lorenzo, Maria P. 1999. "La seguridad del traductor professional

en la traducción a una lengua extranjera". In *Probing the process of translation. methods and results*, G. Hansen (ed.), 121-134. Copenhagen: Samfundslitteratur.

27. 팍테. 2003. "Building a Translation Competence Model". In *Triangulating Translation: perspectives in process oriented research*, F. Alves (ed.), 43-66. Amsterdam & Philadelphia: John Benjamins.

28. Rothe-Neves, Rui. 2002. *Características cognitivas e desempenho em tradução: investigação em tempo real*. Belo Horizonte: Federal University of Minas Gerais (unpublished PhD thesis).

29. Schäffner, Christina and Adab, Beverly (eds). 2000. *Developing translation competence*. Amsterdam & Philadelphia: John Benjamins.

30. Schilperoord, Joost. 1996. *It's about time. Temporal aspects of cognitive processes in text production*. Amsterdam: Rodopi.

31. Séguinot, Candace. 1989. *The translation process*. Toronto: HG Publications.

32. Sperber, Dan and Wilson, Deirdre. 1986, 2nd edition 1995. *Relevance: communication and cognition*. Oxford: Blackwell.

33. Tirkkonen-Condit, Sonja. 1990. "Professional vs. non-professional translation: a think-aloud protocol study". In *Learning, Keeping and using language*, M. A. K. Halliday, J. Gibbons and H. Nicholas (eds), 381-394. Amsterdam & Philadelphia: John Benjamins.

34. Tirkkonen-Condit, Sonja. 1992. "The interaction of world knowledge and linguistic knowledge in the process of translation: a think-aloud protocol study". In *Translation and meaning*, Part 2, B. Lewandowska-Tomaszczyk and M. Thelen (eds), 433-440. Maastricht: Euroterm.

John Benjamins Series

03 Doubts and Directions in Translation Studies

John Benjamins Series

03

Doubts and Directions in Translation Studies

제 2 부

연구 방법론

포르투갈의 문학 번역 역사 지도

테레사 세루야 Teresa Seruya[1], **마르타 T. 아나클레토**Marta T. Anacleto[2], **마리아 도스 안호스 구인초**Maria dos Anjos Guincho[3], **디오니시오 M. 솔레르**Dionísio M. Soler[4], **마리아 린 모니즈**Maria Lin Moniz[5], **알렉산드라 로페즈**Alexandra Lopez[6]

1 리즈본 대학교, 포르투갈, 포르투갈과 브라질 문학 및 문화 센터CLCPB,
2 코임브라 대학교, CLCPB,
3 포르투갈 카톨릭 대학교, CLCPB,
4 비고 공인 언어 학교, 스페인, CLCPB,
5 팔멜라 중고등학교, CLCPB,
6 포르투갈 카톨릭 대학교, CLCPB

본 논문은 '문학 역사 및 번역: 포르투갈 문화에 표현된 타문화'란 제목의 연구 프로젝트에 대한 임시 해설서의 요약본이자 포르투갈 문학번역연구의 과거와 미래에 대한 짧은 보고서이다. 이는 수백 년간 포르투갈 번역사가 이룩한 문학 번역 작품을 찾아내고 연구하는 데 있어 지금까지 기울여진 노력을 조명하고 이와 관련된 앞으로 과제를 제시하는 데 그 목적이 있다.

번역사는 특정 지역 언어와 문화의 건축가로서 그 문화에 대한 기반을 마련함과 동시에 자신이 기초를 닦은 이 문화와 비주류 문화 대리인으로서의 자신의 능력을 창의적 방법으로 허물고 도전한다. (마이클 크로닌, 번역과 세계화(Translation and Globalization, 2003)

KEYWORDS

대리인(agents), 문화 연구(cultural studies), 문학번역(literary translation), 수용연구(reception studies), 번역학(Translation Studies)

1. 들어가는 말

최근 들어 번역학은 고등교육기관의 인기 있는 과목으로 부상하고 있으나, 하나의 독립된 학문으로 온전히 자리매김하긴 보다는 독립된 학문으로 나아가기 위한 계획 수립 단계에 있다는 점에서 아직 청사진적 성격을 띠고 있다고 볼 수 있다. 또한, 번역학 관련 연구가 대부분 개인적 차원에서 이루어지고 있어(따라서 잘 드러나지 않는 가능성이 있고), 문화 및 문학, 비교 문학, 언어학 등 기존에 정립된 학문의 테두리 안에서 이루어지고 있다는 점에서 번역학은 비주류 대리인이 지니는 성격을 가지고 있다.

과거를 되돌아보고 지금까지 이루어진 일에 대한 평가를 하기란 쉬운 일이 아니다. 이러한 일은 대체로 전문 학술지에 실리는 논문이나 여러 전공분야에서 출간하는 평론 또는 미출간 석사 박사 논문의 형태로 이루어진다.

이 논문의 목적은 문학번역사와 관련하여 일부 분야에서 이루어진 연구를 복원(또는 정리)하기 위한 것이다. 본 연구는 포르투갈의 문학번역 관련된 모든 연구에 대한 기술을 목표로 하지 않으며, 그것이 흥미롭고 필요한 작업일 수는 있으나, (이 논문을 통해서는) 가능하지도 않을 것이다.

2. 순수의 시대: 그 시작과 동기 및 수정

1998년「번역학은 어디까지 왔는가? (Where are we in Translation Studies?)」라는 제목의 논문이 번역에 관한 소고집에 실렸다(르페브르와 바스넷, 1998: 1-11). 이 논문에서 르페브르와 바스넷은 처음 서구에서 잉태된 시점부터 현재에 이르기까지 백여 년의 기간에 걸쳐 여러 변곡점을 지나며 이론적 변화를 겪은 번역학의 역사를 되짚어보았다. 두 저자는 번역학의 역사를 세 모델로(제롬, 호러스, 슐라이허마허 모델) 나눈 후, 과거에 대한 평가를 "다음 차례는 무엇인가?"라는 질문으로 마무리하며 아직도 번역학 내 미개척분야가 많다고 결론지었다. 앞으로 연구 조사가 필요한 분야로 거론한 부문 중 '번역의 역사'와 '문화 동화(acculturation) 과정'과 '문화자본을 구성하는 텍스트'는 특히 중요한 분야로 강조되었다.

같은 해 포르투갈에서는 세루야(T. Seruya)의 총감독 하에 "문학 역사와 번역: 포르투갈 문화에 표현된 타 문화"라는 제목의 프로젝트가 구성되고 있었다. 지금은 거의 완성단계에 와있는 이 프로젝트는 각기 전문분야와 소속 기관이 다른 일곱 명의 인문학자가 참여한 프로젝트이다. 폭넓은 프로그램으로 구성된 본 프로젝트는 다음의 세 가지 목표를 가진다.

ⓐ 문학 번역이 포르투갈의 아이디어, 장르, 문화 역사의 발전에 미친 영향 연구,

ⓑ 특정 문화 지형에서(널리 알려졌던, 익명으로 활동했던 간에) 문화의(비주류) 대리인으로서의 번역사가 수행했던 역할 논의 및 부각,

ⓒ 다양한 시대, 다양한 타문화와 이루어진 다양한 성격의 대화(도전적 또는 순응적 등) 발굴 및 그것이 추후 문학사, 문학 전집, 비평집 등을 통해 어떻게 대표되고 제도화되었는지에 대해 연구.

이러한 목표 아래 연구팀은 1998년부터 2005년에 걸쳐 포르투갈 번역사(史)를 재구성하고자 하는 노력을 기울였다. 핌(A. Pym)의 말을 빌면, 포르투갈의 번역사는 '번역 고고학기', '역사 비평기', '번역 현상 설명기'의 세 가지 평탄치 않았던 시기로 구분된다(핌 1998: 5-6). 연구팀은 문학사학에서 문학 번역에 대한 논의는 거의 부재하다는 결론에 도달하여 '설명기'에 대한 부분은 타 연구기관 [리스본 대학교의 영어 연구소와 노바 대학교의 앵글로-포르투갈 연구소]과의 협업이 최고의 방법이라 판단하였다. 이들 기관과의 협업의 목표는 문학사에 부재한 문학 번역사와 관련하여 역사적 인물과 전문직으로서의 번역사의 페르소나(personae)를 구축하는 것이었다.

3. 건축가와 비주류 대리인에 대하여: 오늘날 번역 연구는 어디까지 왔는가?

프로젝트의 목표 달성이 상당히 어려운 과제임을 인식하여 본 연구진은 번역학 연구자들과 정기적으로 회의와 콜로키움 등을 통해 만남을 가지고 번역학 관련 사례연구, 이론, 및 연구 방법론에 대해 논의하였다. 이를 통해 오늘날 번역학의 현 위치를 개괄적으로 파악할 수 있었고 포르투갈의 번역학 역사와 관련하여 다음 두 가지 야심 찬 질문에 대한 답을 얻을 수 있었다. 질문 ① 포르투갈의 문학 번역과 관련하여 지금까지 연구되고 출판된 것은 무엇이며, 이 연구는 누구에 의해, 누구를 위해, 무슨 목적에서, 어떤 기관의 인식 틀을 적용하여 이루어졌는가? 질문 ② 앞으로 연구되어야 할 가장 중요한 연구과제는 무엇이며, 가장 시급히 다루어야 할 사안은 무엇인가, 이를 위해 어떠한 도구가 필요한가? 비록 완벽하지는 않더라도 위의 질문에 대한 답을 찾아가는 과정을 준 문화적 배경 안에서 해당 분야에 대한 지도를 작성하는 첫 발걸음이 될 것이며, 이는 추후 후속 연구 공동체가 이 분야에서의 지금까지의 업적과 사건을 총체적·포괄적으로 설명 및 평가하고, 앞으로의 과제에 대한 청사진을 작성하여 더욱 완성된 지도를 작성할 수 있게 하는 발판을 마련하게 될 것이다.

본 논문에서는 문학 번역에 대한 연구 역사를 임시로 다섯 가지 발굴 현장[2]으로 나누어 설명하고자 한다. 번역학 학자는 흩어진 과거 자료(번역물, 번역사, 및 번역물과 번역사에 대한 고찰)를 발굴하여 연구하는 고고학자인 동시에 앞으로 남아있는 과제를 수행할 건축가로서의 임무를 동시에 수행하여야 할 것이다.

3.1 발굴 현장 1: 중세시기의 번역

불안정한 개념에 대한 세 가지 사례

본 장은 중세시기의 지식에 현대 번역학 이론과 포르투갈의 중세시대 번역이 기여한 점을 살펴보는 데 그 목적이 있다. 이를 위해 다양한 근대 번역학자의 연구와 그 시대를 대표하는 소규모의 코퍼라(copora)를 살펴보도록 하겠다. 이를 위한 분석작업은 아래 세 가지로 구성된다.

1. 가르시아 헤센드(Garcia de Resende, 1516)이 편찬한 종합 가요집 『칸시우네이루 제랄』(Cancioneiro Geral)에 수록된 고전작품 오이비디우스(Ovid)의 Heroides 의 포르투갈 번역본에 대한 각기 다른 기관 소속 두 연구자의 분석.

출발어 원전에 대한 비교와 철학적 해설을 통해 타리오(A. Tarrio, 1998)는 그의 연구에서 타문화로부터의 가치 이전과 다양한 사회문화적 환경에서 발생하는 변화가 번역에 어떻게 반영되며 번역을 어떻게 변화시키는지를 보여준다. 같은 맥락에서 타리오(2001)는 원문 텍스트와 번역문에 사용된 언어 선택을 비교함으로써 라틴어에 대한 번역사의 자율권과 현지어를 문화와 국가 정체성을 표현하는 언어로 존중하고자 했던 번역사의 의도를 보여준다. 그러나 『디도 아네아(Dido Aenae)』 (세루야 2001: 37-58)에 대한 분석에서 연구진은 이와는 조금 다른 접근법을 취하는데 바로 번역에 사용된 번역 과정(process)이 어떻게 다른지를 비교하는 것이다.

파라텍스트(paratext)적 요소를 분석함으로써 번역의 내재적 역사, 번역사가 취한 입장, 번역이란 개념의 진화과정 및 특정 독자층의 수용과 관련된 기능상의 목적과 우려 사항에 대해 고찰해 볼 수 있었다.

2. 빌론(Villon, 1998)과 페트라르카(Petrarch, 2003)의 번역에 대해 바스코 가르사 모우라(Vasco Garça Moura)가 쓴 머리글. 이는 번역에 대한 저자의 관점을 보여준다.

여기서는 가르사 모우라가 위 머리글과 번역에 대해 쓴 다른 서문을 이론적으로 살펴봄으로써 형식과 의미에 대한 모우라의 변하지 않는 입장을 확인할 수 있다. 이는 그가 “거의 같은 것(quasi la stessa cosa)”이라 부르는 번역 전략 및 규범과 관련된 것으로, 그의 번역 전략과 규범은 자신의 목소리를 잃지 않으면서도 자신이 칭송하는 시인의 입장을 적절성과 충실성을 가지고 전달함을 그 내용으로 한다.

3. 리스본에 소재한 포르투갈 카톨릭 대학교의 포르투갈과 브라질 문학 및 문화 센터 (CLCBP)의 인식틀(framework)을 적용하여 중세시대에 대한 논문을 정기적으로 발표하는 학자들의 연구.

올리베이라(M. Oliveira)는 1941년부터 1996년 사이 발행된 10권의 포르투갈 문학 역사서에서 번역이 차지하는 위치에 대해 논의한다 (세루야와 모니츠, 2001, 83-94). 2001년 올리베이라는 디니스 왕의 집권기 때 번역이 어떻게 인식되었는지를 조사하기 위해 7권의 포르투갈 문학사에 대한 코퍼스를 조사한다. 일반적으로 문학사학에 나타나는 번역에 대한 개념은 정적인 편이다. 따라서 문학 번역의 초기 규범 및 운용 규범을 따라 수행하는 비평적 검토가 필요한 것으로 보인다. 이를 통해서만 번역의 역사적 현실을 수용하고 포르투갈의 중세 문학의 역사가 다양한 갈래로 이루어진 문학 체계에서 나온 목소리를 다시 전하고 넓히는 역할을 했다고 할 수 있다. 올리베이라(세루야, 2001, 25-36)는 번역이 가지는 텍스트 및 컨텍스트적 시사점을 『Confessio Amantis』의 서문에 나오는 근본 지침(fundamental guideline)과 연관 지어 고대 텍스트의 변역(transformation)과 같은 맥락에서 조사한다. 디오니시오 (J. Dionisio, ibid.: 59-69)는 『Leal Conselheiro』 서문에서 두아르테 왕이 사용한 일부 곤충학 관련 표현을 설명할 수 있는 원 텍스트에 관해 이야기한다. 리베이로 (C. Ribeiro)는 (올리베이라와 로페즈, 2002, 23-40) 포르투갈어로 쓰여진 단테의 번역본들-이 중 하나는 세 명의 번역사에 의해 번역되었음-의 수용에 대해, 또 도착어 언어가 구성되는 데 있어 원전 텍스트와의 관계에서 이루어지는 다양한 정도의 복잡성에 대해 논의한다. 마지막으로 올리베이라와 구인초(Guincho)는 2003년(세루야, 2003, 87-106) 보카치오의 데카메론 번역에 대해 논의한다. 이들 연구가 모여 다양한 갈래로 구성된 연구 자원이 되고 이는 번역학 연구에 대한 정치적 사회적 관점을 형성한다.

위에 제시된 짧은 개요를 통해 현재 번역 관련 연구는 두 가지 갈래로 발달하여 온 연구 전통을 따르고 있음을 볼 수 있다. 그 하나는 번역의 실제와 번역 맥락에 대한 고찰이고 다른 하나는 번역 그 자체에 대한 연구이다. 중세 시대 번역이라는 개념이 아직 확고히 정립되지 않았던 점을 놓고 볼 때 번역 연구는(가치) 판단이나 단순히 언어적 기준에 의해 이루어졌다기보다 분석적, 기술적, 또는 통합적 기준에 따라 이루어졌다. 동시에 번역 현상은 문화간/언어 간 중재를 가능케 하는 도구로 인식되었으며 심지어는 문학 생산의 연장성에 있는 것으로 인식되었다.

3.2 발굴 현장 2: 고전과 문화를 초월한 미적 경험

프랑스 고전 드라마의 포르투갈어로의 번역

18, 19세기 포르투갈 문학에서의 프랑스 고전 드라마에 대한 수용 연구는 대부분 번역된 텍스트를 문맥화된(contextualized), 미학적, 역사적 틀 안에 넣고 본다. 최근 이 분야에서 이루어진 연구를 통해 드러난 것은 그 당시 고전 프랑스 드라마의 건축가-번역사는 '비주류 대리인(underground agent)'이자 동시에 '주류 대리인'이었다는 점이다. 이는 그 시대의 문학사와 드라마 역사 두 가지 면에서 다각적 측면에서의 의미 정립과 명확한 재정립이 모두 필요함을 역설한다. 이 분야에 있어 가장 오래된 연구는 1940년대로 거슬러 올라간다. 비록 해당 연구가 미지의 18, 19세기 포르투갈 드라마의 역사와 문학에 대해 알려주는 바는 없으나 연구 제목은 랑송(Lanson)학파 식의 「Racine, Molière, and/in Portugal」(라신, 몰리에르, 그리고/포르투갈에서)이다(리마, 1940). 이와 같은 '영향력 있는 연구'들은 번역 연구의 주변 어디인가를 무의식적으로 맴돌았고 이는 평단이 몰리에르와 라신과 같은 외국작가의 작품을 다시 쓰인(rewritten) 것이 아닌 번역된 것으로 본 것을 통해서도 드러난다. 1950년대와 60년대에는 원천작품(source)에 대한 고고학적 조사의 목적으로 프로젝트가 이루어졌다(파리아, 1950; 핌파오 1962). 몰리에르와 라신, 코르네유(Corneille)와 같은 작가들의 작품 번역은 18세기 문학 교육기관을 중심에 두고 벌어진 '르 시드 논쟁(Querelle du Cid)'의 포르투갈 판에 당위성을 안겨주었다. 그럼에도 불구하고 번역은 핑계(pretext)일 뿐이었고 아직 텍스트로서의 확고한지위를 갖지 못했다(pre-text).

이론적 방법론적 연구의 세 번째 단계는 1980년 시작된 수용 연구 중심의 연구이다(바라타, 1998; 브리토, 1989; 페레이라, 1982; 로벨로, 1984).

이들 연구는 프랑스 고전드라마 번역물과 포르투갈 국립 드라마 간의 관계를 변증법적 관계로 정립하는데 이는 문학 역사의 방대한 방법론 중 핵심을 이루며 다시 쓰기(rewriting) 과정에 대한 이론 수립을 자극하게 된다. 따라서 1950년대 수행된 연구나 오늘날의 사례연구(case study)에서 볼 수 있는 번역에 대한 이중적 인식은(문학적, 문화적, 사회적) 차이(difference)에 대한 뚜렷한 인식을 가져다주었다. 지나친 인식론 논쟁에 휘말리지 않으면서도 다음과 같은 다양한 역사적, 메타 역사적 문제점들이 전면에 등장하기 시작하였다. ⓐ 정체감 전략/성경 권위화에 대한 과정, ⓑ 번역에서의 드라마/'다시 쓰기'에 대한 이데올로기(번역은 문학의 관점과 대치되는 사회-문화적 입장을 띄게 되고 동시에 미학적 자기정의의 대상이자, 거절할 수 없는 '생산'의 중심에 서게 됨), ⓒ 번역의 힘/권력관계(아카데미(교육기관)의 미학적 권위의 영향, 왕립 검열소를 통한 정치적 권력의 영향). 현재까지 이루어진 사례연구를 보면 번역사와 번역물이 역사에 걸쳐 끊임없이 그 존재를 드러내고 있었음이 나타나며 이는 앞으로 이와 관련된 연구가 여러 가지 다양한 경로를 통해 이루어질 수 있음을 의미한다(아나클레토, 2002; 마린호, 1998). 여러 가지 경로에는 이론적 접근에서부터(미학적 의미작용의 체계 및 원리를 다루는 것으로 여기에는 이론과 번역의 실천에 근거하여 그 시대의 포르투갈 드라마의 역사를 다시 쓸 가능성이 포함됨), 역사학적 접근 (문학사(史)에서 번역사-작가-이론가의 지위를 구분), 지리학적 접근 (번역 관련물들의 시기 찾기, 번역사의 개인적 프로필, 번역물, 해외에서 들어온 다양한 모형(model) 등이 포함됨)이 포함된다. 따라서 프랑스 고전 드라마의 포르투갈어 번역에 대한 연구는 문학의 중심으로 이어지고 문학의 중심을 넘어가는 새로운 길을 놓는 것과 같다.

3.3 발굴 현장 3: 용감한 구(舊)세계

19세기 번역에 대한 이해와 오해

19세기 번역에 대한 최근 십여 년 간의 연구를 간략히 훑어만 봐도 다음 세 가지 내용을 금방 알 수 있다. ⓐ 생각보다 훨씬 많은 연구가 이루어지고 있으며 연구 참여자도 많음, ⓑ 대부분의 연구는 논문이나 석사학위 논문의 형태로 이루어지고 있으며 석사학위 논문의 경우 안타깝게도 도서관 깊숙이 보관되어 있어 많이 읽히고 있지 않음. 박사학위 논문이나 대규모의 연구는 아직 많지 않음, ⓒ 대부분의 연구는 소위 말하는 '문학적 편향'을 보임. 이 분야 관련하여 현재 진행 중인 대부분의 연구는 언뜻 보기에는 크게 기술 번역 연구(DTS) 범주에 드는 것 같고 대체로 결과물(product) 중심의 연구이다. 다시 말해 검토된 대부분의 박사 논문, 석사 논문, 학술지 논문이 사례연구 중심이다. 이런 점에서 볼 때, 이들 개별 연구가 흥미롭고 새로운 사실을 밝혀내고는 있으나 19세기 포르투갈의 지형을 보다 광범위하게 재구성하고자 하는 노력은 아직 없었다. 지금까지 이루어진 결과물 중심의 기술번역 연구는 아직 번역 역사의 큰 줄기를 재구성해 내지도 못하고 있다. 다소 냉정한 말일 수 있으나 19세기에 대한 선행연구는 이미 상당히 인상적인 수준으로 이루어져 있고, 그 시대에 대한 연구는 쉬운 일이 아니므로 본 연구진은 번역의 역사를 찾아 정립하고자 하는 학자들 앞에 다음 세 가지의 난제가 있음을 주장한다. ⓐ 대부분 학자는 개인의 업적 증진과 관련된 프로젝트에 개별적으로 참여하고 있다, ⓑ 번역학 연구는 번역사가 걸어온 길을 아무것도 없는 상태에서 새로이 재구성해야 하므로 시간이 많이 소요되고, 데이터를 찾는 것이 어려울 수 있다. 이는 마감일이 있고, 성과가 누적되는 교육적 업무와는 상반되는 성격을 가진다, ⓒ 현재 번역학을 연구하는 학자는 대부분 문학과 같은 인접 학문에서 왔다. 이러한 특성이 학술지에 게재되는 논문이 앞 서 얘기한 '문학적 편향'을 많이 가지는 이유에 대한 설명이 될 수 있다. 이에 대한 명확한 예는 작가(성)를 중심으로 연구를 분류하는 관행을 들 수 있다.

이 분야에 대한 연구 논문은 잠정적으로 4개의 그룹으로 분류할 수 있다.

1. 수용 연구: 대부분 초창기에 이루어진 연구가 이 범주에 속한다. 번역은 흔히 특정 작가/ 작품/ 또는 시학(시론)의 수용 역사에 있어 한 장을 차지한다 (e.g. 데리이유, 1984a, 1984b)
2. 도서목록 관련 연구: 1990년대 이래 기념비적인 두 권의 번역서 도서목록이 출간되었다. 로드리구스 (G. Rodrigues)의 「Tradução em Portugal」(포르투갈어 번역서)' (1992, 1993, 1994)와 루사다(I. Lousada)의 「Para o Estabelecimento de uma Bibliografia Britânica em Portugeês」(포르투갈어로된 영국 도서목록)(1554-1900)(1998)
3. 문학 및 문화 연구: 포르투갈어 연구 중 번역사학과 관련있는 연구는 극히 적은 수고, 띄엄띄엄 있으나 그 대부분은 이 범주에 포함된다. 대체로 한 작가와 그 작가가 문학 (19세기이다 보니 문학뿐 아니라 정치와 사회까지)에 미친 영향과 해당 시기의 문화에 대한 연구가 주를 이룬다. 대부분의 19세기 작가가 인생의 한 시기에는 번역사로 활동했으므로 문학사학자나 비평가들은 작가의 이러한 2차 활동(번역사로서)에 대해 다룰 수밖에 없었다
4. 번역 연구: 번역 역사에 대해 연구하는 사람들은 크게 둘로 나뉜다. 한 부류는 학위 논문을 작성하는 석사 또는 박사과정의 학생들이고, 다른 한 부류는 그보다 윗세대의 문학 및 문화 전공자들로 1980년대 들어 번역사학에 대해 공부하기 시작한 사람들이다. 80년대 이후 20여 년간 많은 발전이 이루어진 것은 사실이다. 그러나 가치 있는 개인적 사례연구에서 통합된 지식을 구축하기 위한 집단의 연구로의 도약이 이루어지지 않고 있다. 따라서 권위와 독창성이란 과거의 이념을 뒤로하고 작가와 번역사(rewriters) 간의 끝없는 네트워크를 특징으로 하는 오늘날의 문화, 용감한 신세계를 끌어 안는 것이 논리적 귀결이 될 것이다.

3.4 발굴 현장 4: The Estado Novo(새로운 상태)와 번역의 생산/유통/수용

포르투갈의 문학 번역 역사에 대한 고고학적 접근에 있어 에스타도 노보(1933-1974)시대에 관해서는 이 시기의 독재에 대한 짧은 얘기로 부터 설명을 시작하고자 한다. 에스타도 노보 시대의 국수주의적 이데올로기는 문화정책으로 '지역주의'를 선언했다(라모스 도 오, 1999; 로자스, 1992). 이 정책을 추진하는 데는 정치 경찰과 검열이 중요한 역할을 했다. 아직도 이 당시 검열의 진짜 기능에 대해서는 정보가 부족하나(체계적 문서 정리의 부재 또는 자료 분실로 인해) 책과 출판물 특히 해외 문학은 대체로 이 검열에서 벗어났다는 증거가 있다.

본 연구의 샘플 코퍼스로 구축된 해외문학 또는 세계문학 전집의 규모는 1940년에서 1974년간 15개 출판사에서 출간한 31개의 전집을 포함하는데, 이는 포르투갈 문화 측면에서 보면 공식 정책인 국수주의와 지역주의에 반하는 것으로 보일 수 있다. 뿐만 아니라 어떻게 보면 이는 에스타도 노보에 대항하는 민주적 저항 문화의 일부로 보일 수 있다. 어찌 되었건 이 문학 전집은 대규모로 이루어진 문학 번역을 대표한다. 투리(G. Toury)의 '문화 기획'이란 개념은 이들 번역문학이 포르투갈의 문학 인생의(세루야, 2001a: 17-32; 세루야, 2005: 31-52) 여러 측면에 있어 초래한 변화를 이해하는데 유용한 도구가 된다: 투리(2003:399-412). 예를 들면 번역을 통해 미래의 유명 작가가 등장하거나, (특히 1940년대) 빈약한 포르투갈 문학 생산에 균형을 잡아주는 역할을 한 점 등을 들 수 있으며 후자는 출판업자의 불만을 낳는 이유가 되기도 했다.

본 연구진은 현재 31개국 650 작가의 1,800개의 작품에 대해 작품을 수집하고, 작품 제작, 출판, 및 파급에 대한 정보를 처리하고 있다. 이를 통해 연구진은 다음 질문들에 대한 답을 찾고자 한다. 외국어를 하지 못하는 일반 대중에게 있어 가용했던 것은 무엇인가? 이들 해외 작품들은 어느 나라의 작품들인가? 이들이 온 나라, 작가, 제목을 볼 때 지배 문화의 정체성은 어떠했나? 예상했던 대로 프랑스가 이 시기의 가장 우세한 문화였다. 그러나 전체 번역서의 수를 보면 이 결과가 뒤집힌다. 번역 인덱스에 따르면 감상주의 소설과 그와 유사한 작품이 인기를 끌면서 1952년과 1961년 사이에 가장 많이 번역된 작품은 스페인 작가들의 작품이었다.

3.5 발굴 현장 5: 번역학 연구와 20세기의 호황기

포르투갈의 번역학계는 지난 몇십 년 간 상당한 발전을 이룩하였다. 그러나 이러한 발전에도 불구하고 포르투갈 번역학계를 벗어나서는, 20세기 문학 역사가 논의되는 방법과 내용에 있어 중대한 변화를 가져오지 못했다. 즉, 아직도 포르투갈 문학에 있어 고전 작품을 양성하고 문학 운동을 일으킨 데 있어, 또 독자의 읽기 습관 형성(로자, 2002)이나, 서적 시장에서의 역할과 관련하여 문학번역이 가지는 중요성은 논의되고 있지 않다. 다만 사회학 연구를 통해 1990년대 포르투갈에서 외국어로 책을 읽을 수 있는 사람은 소수에 불과했다는 점이 밝혀지긴 했다(프레이타스, 1997). 문학번역에 대한 연구는 비교문학이나 외국문학 연구의 목적으로만 이루어졌으며 포르투갈 문학에 대한 연구는 아직도 번역서가 아닌 원문(original)만을 그 대상으로 하는 닫힌 체계로 받아들여지고 있다.

포르투갈의 20세기 문학역사에서 문학번역이 가진 역할에 대한 분석이 처음으로 성공을 거둔 것은 1940년대와 1950년대 출판된 독일시의 번역이 국내 작가에 미친 영향을 연구하면서부터이다. 그럼에도 불구하고 이러한 국내 작가에 미친 영향을 연구한 논문은 1980년대가 되어서야 처음 출간되었다(사라이바, 1984). 1985년 개최된 국제 비교 문학 협회의 학술회의와, 1993년 학술회의 프로시딩의 출간은 포르투갈의 번역학 연구의 발전에 있어 획기적인 사건이다.

20세기 문학번역을 도착 문화에 대한 사실로 연구하거나 기록한 도서목록은 문학적 대상에 대한 수입을 특정 언어 또는 문화 영역에서 분석하거나 시스템 내 번역에 대한 지배적인 아이디어를 분석하기도 하며(핀호, 1998), 사례연구의 형태로 특정 작가나 텍스트에 대한 번역을 분석한다. 그러나 유명한 포르투갈 작가들의 번역활동에 대한 연구는 미지의 영역으로 남아 있다. 또한, 번역 문학을 문학사 및 포르투갈 문학 체계 안에 포함해야 한다는 주장이 있음에도 그동안 출간된 많은 사례연구는 그러한 총괄적 시각을 제공하지 못한다(프로어, 1996).

연극에서의 번역의 역할에 대한 연구나 청소년 문학(블라킬 2001)에서 일부 융합이 시도되기 하였으나(주르박, 2002) 20세기 포르투갈 문학계의 흐름과 다양한 문학 대상의 수입에 대해서는 아직도 연구되어야 할 부분이 많다. 포르투갈의 국수주의 정체성의 문화적 구현과 관련하여서는 '타문화'와의 대립 측면이 일부 드러났다. 그러나 번역을 포루투갈의 번역과 관련되지 않는 다른 문화적 사실들 가운데 문학과 문화의 사실로 명확히 분석하는 연구는 소수에 불과하다. 연구 대상의 코퍼스를 정의하는 출발점도 여전히 출발어 문화 또는 언어적 문맥이나, 작가이거나 도착어 텍스트에 도달하기 위한 출발어인 경우가 많다.

20세기 후반 번역학의 급격한 발전은 이론 및 방법론적 기반을 마련했을 뿐 아니라 문학 체계 전체를 대상으로 하는 사례연구를 여럿 생산해 냈다. 따라서 번역은 이제 포르투갈 문학 역사의 주변에서 벗어나 핵심 요소로 거듭날 수 있다(또한, 있어야 한다).

4. 번역학의 청사진: 이제 어디로 가야 하는가?

지금까지 간략히 문학 번역 연구의 현황에 대한 개요를 기술하였다. 이제 본 연구진은 르페브르와 바스넷이 했던 질문인 "이제는 어디로?"

란 질문 [1998: 10-11]으로 이 논문을 끝맺고자 한다. 두 학자의 "~가 필요하다"는 답변에 대해 대체로 동의하나 포르투갈의 연구자들에 보다 구체적으로 관련된 몇 가지 제언을 하고자 한다.

첫째, 현재 두드러지게 많이 이루어지고 있는, 특정 시대에 유명 작가로 활동했던 번역사에 대한 연구에서 이제는 탈피해야 한다. 이 연구 접근법을 고집할 경우 다른 문화 현상과—번역이나 다시 쓰기 등—작가를 구분하는 패러다임을 강화하는 결과를 낳게 된다. 또한, 많은 번역사가 전통적 개념에서의 작가는 아니었으므로 우리의 관점을 작가에서 번역사로 옮기는 것이 필요하다. 앞으로도 권위(authority)의 신화를 유지해 나간다면 이는 번역사를 둘러싼 침묵을 영속해나가는 것이 되며 지금까지 특정 시대에 대해 알려진 것을 넘어서는 어떠한 기여도 하지 못하게 될 것이다. 이러한 맥락에서 일반 문학 번역사의 업무 조건은 오늘날에도 번역을 부업으로 했던 작가들이 누렸던 것과는 비교할 수 없이 달랐다는 점은 새삼 지적할 필요도 없이 널리 알려진 사실이다. 이에 앞으로의 번역학은 익명의 번역사에 대한 정체성을 연구하여야 한다. 그들의 번역료는 얼마였으며, 그들은 번역을 하지 않을 때는 무엇을 했으며, 어떠한 배경을 가진 사람들이었는지 등을 연구해야 할 것이다.

둘째, 더욱 대규모의 연구가 필요하다. 번역사를 위한 사전, 번역에 대한 일반 역사 및 사회학 등 보다 야심 찬 프로젝트의 실행이 필요하다. 각기 다른 시대에 문학번역이 수행했던 역할과 기능에 대해서도 연구가 필요하다.

셋째, 포르투갈문학/어 학자들과의 협업이 더욱 요구된다. 이는 그동안 문학사 연구의 중심으로 자리 잡았던 낭만주의에서 벗어나 현재 우리가 알고 있는 '문학', '문학 언어', '창의성' 등의 개념을 구축할 수 있게 해준 모형(model), 텍스트, 에이전트를 통합적으로 접근하는데 필요한 정보를 번역학이 제공할 수 있기 때문이다.

마지막으로 번역학에 대한 보다 포괄적인 지식을 얻기 위해서는 국경을 넘어 해외 학자들과의 협력을 강화하여야 한다.

연구자 집단으로써 본 연구진은 타 연구자들과의 협력을 넓혀 오랫동안 꿈꾸어 오던 연구 산물인 포르투갈어 번역 사전 편찬을 위한 청사진 준비에 착수했다. 이러한 규모의 작업에 대한 건축은 고고학에 그 기반을 두어야 한다. 번역 역사가로서 우리는 그들이 익명의 건축가이던 보이지 않는 비주류 대리인이던, 번역사의 과거 삶을 연구하는 고고학자이다.

참고 문헌

1. Almeida, Justino Mendes (2003), "A *Arte Poética de Horácio na Versão de Marquesa de Alorna*". In *Alicipe e a sua Época,* M. L. Machado de Sousa et. Al. (eds), 73-88. Lisbon: Edições Colibri/Fundação das Casas de Fronteira e Alorna.

2. Anacleto, Marta T. 2002. "(Re)formulações do trágico raciniano na literature portuguesa de Setecnetos: a reescrita dos Árcades-I". *Deste lado do espelho. Estudos de tradução em Portugal. Novos contributos para a História da Literatura Portuguesa.* Lisbon: Universidade Católica Editora.

3. Barata, José O. 1998. *História do Teatro em Portugal (séc. XVIII). António José da Silva (o Judeu) no Palco Joanino.* Lisbon: Difel.

4. Barrento, João (ed.). 1978. *Deutschsprachige Literatur in portugiesischer Übersetzung. Eine Bibliographie (1945-1978) / Obras Alemãs em Tradução Portuguesa. Uma Bibliografia (1945-1978).* Bonn/Bad Godesberg: Inter Nationes.

5. Bassnett, Susan. 1993-94. "Taking the Cultural Turn in Translation Studies". *Dedalus: Revista Portuguesa de Literatura Comparada* 3-4: 171-179.

6. Bassnett, Susan e Lefevere, André. 1995. *Translation, History and Culture.* Londong: Printer.

7. Blockeel, Francesca. 2001. *Literatura Juvenil Portuguesa Contemporânea: Identidade e Alteridade.* Lisbon: Caminho.

8. Bourdieu, Pierre. 1992. *Les Règles de l'Art. Genèse et structure du champ littéraire.* Paris: Seuil.

9. Brito, Ferreira de. 1989. *Nas origens do teatro francês em Portugal.* Oporto: Núcleo de Estudos Franceses da Universidade do Porto.

10. Carreira, Gabriela. 1944. *A Literatura Alemã em Traduções Portuguesas: Ensaio Bibliográfico.* Lisbon: Instituto de Cultura Alemã.

11. Ceia, Carlos et al. (ed.). 2003. *Estudos Anglo-Portugueses-Livro de Homenagem a Maria Leonor Machado de Sousa, Lisbon:* Edições Colibri.

12. Cortez, Maria T. 1996. "Die Emanzipation der Frau und Grimms Märchen. Portugiesische Fassungen des 19. Jahrhunderts". *Runa, 1. Internationaler Kongreβ des Portugiesischen Germanistenverbandes* (APEG) 26 (2): 603-613.

13. Cronin, Michael. 2003. *Translation and Globalization.* London & New York. Routledge.

14. Delille, Maria M. 1984a. "A Recepção *do Fausto* de Goethe na Literatura Portuguesa". *Runa. Revista Portuguesa de Estudos Germinísticos* 1:89-146.

15. Delille, Maria M. 1984b. "*a Recepção Literárias dos séculos (de 1844 a 1871).* Lisbon: Imprensa Nacional-Casa da Moneda.

16. Faria, Jorge de. 1950. "Um século de teatro francês em Portugal (1737-1837)". *Bulletin d'histoire du theater portugais,* I (1):62-92.

17. Ferreira, João. P. 1982. *Academias Liteárias dos séculos XVII e XVIII.* Lisbon: Biblioteca Nacional.

18. Flor, João A. 1985. "Shakespeare, Rosas e Brazão". *Miscelânea de Estudos Dedicados a Fernando Mello Moser:* 233-246.

19. Flor João A. 1996. "Tradução literária". *Vértice* 2 (73): 21-24.

20. Freitas, Eduardo de, Casanova, José L. e Alves, Nuno de A. 1997. *Hábitos de Leitura: um Inquérito à População Portuguesa.* Lisbon:

Publicações D. Quixote.

21. Guerreiro, Fernando (ed.). 1983. *Problemas da tradução: escrever, traduzindo: II Jornadas de estudos sobre a tradução.* Lisbon: Grupo Universitário de Estudos de Literatura Francesa.

22. Guerreiro, Fernando. 2004. "Ler, Escrever, Reescrever: O Lugar das Traduções na Historiografia Literária". In *Actas do Congresso Internacional de Literatura Comparada, Estudos Literários/Estudos Culturais.* Évora: Universidade de Évora – Associação Portuguesa de Literatura Comparada, CD – ROM/DVD.

23. Hermans, Theo. 1999. *Translation in systems.* Manchester: St Jerome Publishing.

24. Homem, Rui C. 1997. "Aos Pés da Donzela: Tradução, Cultura e *Decorum num Hamlet* (em) Português". *III Jornadas de Tradução: Tradução, Cultura, Sociedade:* 42-48.

25. Homen, Rui C. 2001. "On Negros, Jews and Kings: On a Nineteenth-Century Royal Translator". *The Translator, Studies in Intercultural Communication* 7 (1): 19-42.

26. Huylebrouck, Roza. 1991. "Traduções portuguesas de obras literárias neerlandesas". *Revista da Faculdade de Letras – Línguas e Literaturas (Oporto),* 2nd series, 9:337-347.

27. Keating, Maria E. 2001. "Traduction et trompe-l'ceil: les versions ibériques de *La vie mode d'emploi de Georges Perec". Meta* 46 (3): 478-496.

28. Lambert, José and Lefevere, André (eds). 1993. *La traduction dans le development des littéeratures: actes de XI Congrès de l'Association Internationale de Littérature Comparée (Paris, 20-24 août 1985)/*

Translation in the Development of Literatures: proceedings of the XI Congress of International Comparative Literature Association. Bern & Berlin: Peter Lang/Leuven University Press.

29. Lefevere, André and Bassnett, Susan. 1998. *Constructing Cultures. Essays on Literary Translation.* clevedon, Philadelphia: Multilingual Matters.

30. Lima, Henrique de C. F. 1940. *Racine et le Portugal.* Lisbon: Institut Français au Portugal.

31. Lopes, Alexandra. 2004. "The Goddesses of Small Translations. Endgendering Translational Practices as Decanonization". In *Landscapes of Memory/Paisagens da Memória,* I. Gil, R. Trewinard and L. Pires (eds), 317-327. Lisbon: Universidade Catóica Editora.

32. Lousada, Isabel. 1998. *Para o Estabelecimento de uma Bibliografia Britânica em Português (1554-1900).* Lisbon: Universidade Nova de Lisboa (PhD thesis).

33. Magalhães, Isabel A. de et. Al. 2000. *Literature e Pluralidade Cultural. Actas do III Congresso da Associação Portuguesa de Literatura Comparada, 1998.* Lisbon: Edições Colibri.

34. Marinho, Cristina. 1998. *Teatro Francês em Portugal: entre a alienação e a consolidação de um teatro nacional (1737-1820).* Oporto: Faculdade de Letras do Porto.

35. Mingocho, Maria T. 1996. "Eine portugiesische Übersetzung der Schillerschen *Maria Stuart:* Mendes Leals *Maria Stuard". Runa I. Internationaler Kongreβ des Portugiesischen Germanistenverbandes (APEG)* vol. II (26): 587-601.

36. Moser, Fernando de M. 1982. "O lugar de José António de Freitas na

Moderna Crítica Shakespearinana". In *Memórias da Academia das Ciências de Lisboa* vol. II: 299-309. Lisbon: Academia das Ciências.

37. Moura, Vasco G. 1987. "Traduzir Shakespeare. Várias Versões do *Hamlet* em português e mais que adiante se verá". In *Váias Vozes:* 210-228. Lisbon: Editorial Presença.

38. Moura, Vasco G. 1997. *Os Testamentos de François Villon e Algumas Baladas Mais.* Opoto: Campo das Letras.

39. Moura, Vasco G. 2003. *As Rimas de Petrarca.* Lisbon: Bertrand Editora.

40. Oliveira, Maria do C. and Lopes, Alexandra (eds). 2002. *Deste lado do espelho. Estudos de tradução em Portugal. Novos contributos para a História da Literatura Portuguesa.* Lisbon: Universidade Católica Editora.

41. Pimpão, Álvaro J. da C. 1962. "La querelle du théâtre espagnol et du theater français au Portugal, dans la première moitié du XVIIIe siècle". *Revista de História Literáaria de Portugal: 259-273.*

42. Pinho, Jorge M. C. A. 1998. O *escritor invisível: a tradução tal como é vista pelos tradutores portugueses.* Oporto: Faculdade de Letras da Universidade do Porto (MA thesis).

43. Pym, Anthony. 1998. *Method in Translation History.* Manchester: St. Jerome Publishing.

44. Ramos do Ó, Jorge. 1996. "Secretariado de Propaganda Nacional (SPN) / Secretariado Nacional da Informação, Cultura Popular e Turismo (SNI) / Secretaria de Estado da Informação e Turismo /SEIT)". In: *Dicionário de História do Estado Novo, Vol. II,* F. Rosas and J. M. Brandão de Brito (eds), 893-896. Lisbon: Círculo de Leitores.

45. Ramos do Ó, Jorge. 1999. *Os Anos de Ferro. O Dispositivo Cultural*

durante a 'Políca do Espírito' 1933-1949. Lisbon: Estampa.

46. Rebello, Luís F. 1984. *Présence du theater français au Portugal (1700-1980).* Paris: Fondation Calouste Gulbenkian.

47. Rodrigues, A. A. Gonçalves. 1992. *A Tradução em Portugal: Tentativa de Resenha Cronológica das Traduções Impressas em Língua Portuguesa Excluinado o Brasil de 1495 a 1950: vol. 1 1495-1834.* Lisbon: Imprensa Nacional-Casa da Moeda.

48. Rodrigues, A. A. Gonçalves. 1992. *A Tradução em Portugal: vol. 2 1835-1850.* Lisbon: Instituto de Cultura e Língua Portuguesa.

49. Rodrigues, A. A. Gonçalves. 1992. *A Tradução em Portugal: vol. 3 1851-1870.* Lisbon: ISLA.

50. Rodrigues, A. A. Gonçalves. 1992. *A Tradução em Portugal: vol. 4 1871-1900.* Lisbon: ISLA.

51. Rodrigues, A. A. Gonçalves. 1992. *A Tradução em Portugal: vol. 5 1901-1930.* Lisbon: ISLA.

52. Rosa, Alexandra A. 2002. "What about a Section on Translation in that Literary History Volume? On Literary Competence and Translation, Literary History and Descriptive Translation Studies". *Current Writing: Text and Reception in Southern Africa* 14 (2): 175-191.

53. Saraiva, Arnaldao. 1984. *Para a História da Leitura de Rilke em Portugal e no Brasil.* Oporto: Edições Árvoe.

54. Saraiva, Arnaldo. 1996. *Fernando Pessoa Poeta – Tradutor de Poetas.* Oporto: Lello Editores.

55. Seruya, Teresa (ed.). 2001. *Estudos de Tradução em Portugal: Novos Contributos para a Históia da Literatura Portuguesa.* Lisbon:

Universidade Católica Editora.

56. Seruya, Teresa (ed.). 2004. 3. °*Colóquio de Estudos de Tradução.* Lisbon: Universidade Católica Editora.

57. Seruya, Teresa (ed.). 2005. *Estudos de Tradução em Portugal. Colecção Livros RTP – Biblioteca Básica Verbo – I.* Lisbon: Universidade Católica Portuguesa.

58. Seruya, Teresa and Moniz, Maria L. (eds). 2001. *Histórias Literárias Comparadas.* Lisbon: Edições Colibi.

59. Soler, Dionisio M. 2000. "A Tradução da literature espanhola em Portugal (1940-1980)". In ACT2: *Entre Artes e Culturas,* H. Carvalhão Buescu e J. Ferreira Duarte, 71-135. Lisbon: Colibri.

60. Tárrio, A. M. 1998. "Algunas Lecturas del *Cancioneiro Geral* de Garcia de Estudos Clássicos, Fac. De Letras de Lisboa.

61. Tárrio, A. M. 2001. "Tradução e nobilitação literária: uma estratégia não-re-latinizadora no português quinhentista". *Euphrosyne* XXIX: 157-170. Lisbon: Centro de Estudos Clássicos, Fac. De Letras de Lisboa.

62. Teixeira, Maria A. G. 1996. "Zur *Werther*-Rezeption in Portugal". *Runa I. Internationaler Kongreβ des Portugiesischen Germanistenverbandes (APEG)* vol. II (26): 579-585.

63. Toury, Gideon. 2003. "Culture Planning and Translation". In *Translation Translation,* S. Petrilli (ed.), 399-412. Amsterdam & New York: Rodopi.

64. Zurbach, Christine. 2002. *Tradução e Práca do Teatro em Portugal entre 1975 e 1988.* Lisbon: Colibri.

캐나다 문학 번역학을 위한 온라인 참고문헌 데이터베이스 구축

파멜라 그랜트 Pamela Grant
셔브룩 대학교Université de Sherbrooke), 캐나다
캐시 메제이 Kathy Mezei
사이몬 프레이저 대학교Simon Fraser University, 캐나다

최근 캐나다는 입상 작가들(마가렛 앳우드, 마이클 온다체, 얀 마텔, 캐롤 쉴즈)로 인해서뿐 아니라 번역학에서의 혁신과 리더십으로 인해 국제적 인지도를 얻었다. 캐나다에서 번역학은 상대적으로 새롭지만, 그 역동성을 더해가고 있는 연구 및 출판 분야로 부상했다. 캐나다 문학 번역학에 대한 정보의 전파와 교환을 원활히 하고 더욱 협업적, 국제적인 연구 과정을 조성하기 위해서, 퀘벡주 셔브룩 소재 셔브룩 대학교와 브리티시 컬럼비아주 벤쿠버에 있는 사이몬 프레이저 대학교, 그리고 퀘벡주 몬트리올 소재 콘코디아 대학교(Concordia University)의 연구원들이 캐나다 문학, 퀘벡 문학, 외국 문학의 비교 연구를 위한 참고문헌목록(Bibliography of Comparative Studies in Canadian, Quebec and Foreign Literatures/Bibliographie d'études comparées des littératures canadienne, québécoise et étrangéres)의 일부로서 캐나다 문학번역 관련 이론 및 비평 서적의 온라인 참고문헌 데이터베이스를 구축했다. 본 논문은 이 웹기반 프로젝트의 배경과 사용된 절차, 그리고 다른 번역 참고문헌목록에서도 공통으로 발생할 수 있는 불가피한 도전과제를 설명한 것이다.

KEYWORDS

번역 참고문헌목록(translation bibliography), 온라인 참고문헌 데이터베이스(online bibliographic database), 문학번역(literary translation), 캐나다 문학(canadian literature), 번역학(translation studies)

1. 서론

이중언어, 이중문화의 캐나다에서는 번역이 오랫동안 중요한 역할을 해 왔다. 1970년대부터 문학번역의 급격한 증가가 있었는데, 특히 두 공용어인 영어와 프랑스어 간의 문학번역이 많이 증가했다. 하지만 그 후로는 다른 언어와 캐나다의 두 공용어 간의 번역도 많이 증가했다. 이에 따라, 번역학은 캐나다에서 상대적으로 새롭지만, 그 역동성을 더해가고 있는 연구 및 출판 분야로 부상했다. 캐나다, 퀘벡, 외국 문학의 비교 연구에 관한 우리의 데이터베이스와 그의 주요 구성요소인 번역학은 캐나다 문학, 그리고 비교/다국적 맥락에서의 캐나다 문학 번역에 관한 주목할 만한 학계의 관심 증가를 반영한다.

『캐나다 문학, 퀘벡 문학, 외국 문학 비교 연구의 참고문헌목록』(Bibliography of Comparative Studies in Canadian, Quebec and Foreign Literatures/Bibliographie d'études comparées des littératures canadienne, québécoise et étrangéres)은 셔브룩 대학교, 사이몬 프레이저 대학교, 그리고 콘코디아 대학교에 있는 캐나다 연구원들로 구성된 팀이 주도하였다. 이 팀은 캐나다 문학 비교연구와 캐나다 문학번역 비교연구 분야에 대한 정보의 전파와 교환을 원활히 하기 위해서 이 분야의 출간물에 관한 참고문헌 자료를 수집했다. 이 쌍방향 데이터베이스는 이중언어(프랑스어와 영어)로 되어 있으며 캐나다 문학, 퀘벡 문학, 기타 문학,

캐나다 비교문학, 캐나다의 문학번역에 관한 이론적, 비평적 문헌의 정보를 구하고자 하는 전 세계 모든 사용자에게 무료 접근을 제공한다.

2. 캐나다 문학 번역학

두 문학에 관한 저서는 17세기 식민지 초기로 거슬러 올라가지만, 프랑스계 캐나다 문학과 영국계 캐나다 문학, 즉 소설가 휴 맥레넌(Hugh MacLennan)이 말한 '두 개의 고독(two solitudes)'[1]에 관한 비교연구는 좀 더 최근에서야 시작되었다.[2] 『Historical Introduction: Comparative Canadian Literature(역사적 소개: 캐나다 비교문학)』에서 데이비드 헤인(David Hayne)은 영국계/프랑스계 캐나다 문학에 관한 최초의 비교 탐구가 1867년에 시작되었다고 한다(1989; 9)[3]. 하지만, "두 주요 캐나다 문학을 연결하려는 진지한 … 노력은 1920년대에 와서야 시작되었다"고 그는 말한다(1989; 10). 비교문학 분석은 20세기 후반부에 그 원동력을 얻었는데, 이의 기폭제가 된 주요 연구는 서더랜드(R. Sutherland), 모이산(C. Moisan), 스트래트포드(P. Stratford), 블로젯(E.D. Blodgett)에 의해 이루어졌다.

이와 마찬가지로, 캐나다 문학번역 및 번역학은 상대적으로 새로운 현상이다. 1987년 델리즐(J. Delisle)은 『La Traduction au Canada/Translation in Canada: 1534-1984』(캐나다에서의 번역 1534-1984)에서 "캐나다에서 문학번역이 전통인 적은 없었지만, 실용적 텍스트의 번역은 우리 사회 기본 구조의 일부이며 주류와 비주류의 구분을 떠나 모든 문화적, 언어적 집단의 일상생활에 스며들어 있다"(1987, 34)고 말했다. 캐나다에서 번역과 통역의 기록된 역사는 폭력적, 강압적 활동으로부터 시작되었다. 1534년, 자크 카르티에(Jacques Cartier)는 이로쿼이족(Iroquois) 두 명을 붙잡아 프랑스로 보낸 후, 이들을 신프랑스로의 다음 항해에 통역사로 이용했다. 따라서 번역은 초기부터 문화적 이용과 식민지 약탈이라는 오명을 가지게 되었다. 캐나다자치령(Dominion of Canada)를 생성한 1867년 영국령 북아메리카 조례(British North America Act of 1867)의 언어조항에 의해, 프랑스어와 영어는 캐나다에서 최초로 공식 지위를 부여받았고, 1세기가 지난 후 1969년 연방 공용어법(Official Languages Act of 1969)에 의해 두 번째로 공식지위를 부여받았다. 공용어법의 비호하에 전국적 이중언어주의를 추진하는 연방정책이 생겨났고 문학번역에 대한 연방지원이 제공되었다. 이처럼 캐나다의 번역은 항상 정치적 필요성에 그 근간을 두어왔다. 모든 연방 문서와 서비스는 전국에서 두 개의 공용어로 제공되어야 했으며 많은 번역 활동이 연방번역국(Federal Translation Bureau)의 감독을 받았다.

20세기 후반, 영국계 캐나다 사회와 퀘벡 사회가 국가적 정체성을 주장하며 영국, 미국, 프랑스의 지배력에 저항을 시도하면서 두 문학이 꽃을 피웠다. 1960년대와 1970년대에 퀘벡의 깊은 불만, 퀘벡의 문화적, 언어적 생존에 대한 두려움, 그리고 (영국계) 캐나다로부터 독립하려는 때로는 폭력적인 시도에 직면하여, 문학번역, 특히 프랑스어에서 영어로의 번역이 번성하기 시작했다. 이 정치적 긴장의 시기 동안, 문학번역은 퀘벡의 주권을 향한 열망을 둘러싼 정치적 문제를 완화하고 공식적 이중언어, 이중문화를 발전시키기 위해 연방정부에 의해 육성되었다. 그 후 번역은 캐나다 문화생활에서 줄어들긴 했으나 지속적인 역할을 수행하게 되었다. 좀 더 최근에 와서야 영어에서 프랑스어로의 번역이 증가하여 프랑스어 ⇒ 영어 번역의 양을 추월하기 시작했다.[4]

정부의 이중언어 추진전략의 목적으로 1971년에 캐나다 정부 번역 지원금 프로그램(Canada Council Translation Grant Program)이 창설되어 캐나다 출판사들이 두 개의 공용어 간 번역의 자금지원을 돕도록 하였다. 그 후 1975년에, 문학번역을 지원하고, 문학번역사의 인정/지원/공정한 번역료 지급을 위한 로비활동을 하기 위해 현직 번역사들에 의해 캐나다 문학번역사 협회(Literary Translators' Association of Canada)가 설립되었다. 1987년에 이르러, 저명한 연례 총독 문학상에 문학번역이 포함되었다. 캐나다에서 문학번역의 정통성을 얻기 위한 점진적 단계 중 중요한 것으로는 『ellipse』 (1969년), 『Meta』 (1955년), 『TTR』 (1987년) 등의 저널 창간, 1977년 필립 스트래트포드(Philip Stratford)의 『캐나다 번역서적 참고문헌: 불⇒영, 영⇒불』 (Bibliography of Canadian Books in Translation: French to English and English to French/Bibliographie de livres canadiens traduit de l'anglais au français et du français à l'anglais)발행, 그리고 1977년부터 『University of Toronto Quarterly』 (토론토 대학교 계간지)의 『Letters in Canada』 (연간 캐나다 통신)에 '번역'란 이 포함된 것 등이 있다. 이 기간에 많은 주요 문학번역이 다양한 소규모 출판사(예: Exile, Harvest House, Pierre Tisseyre의 "Collection des deux solitudes", Oberon, Anansi, Véhicule, Guernica, Coach House Press, Talonbooks, XYZ, Boréal, Leméac, Cormorant)에 의해 출판되었고, 여러 대학(예: Concordia, Glendon College, Laval, Université de Montréal, Université de Sherbrooke)에서 번역 프로그램이 도입되었다.

지난 10~15년 간 캐나다 문학번역은 그 이론과 실제의 범위를 넓혀 왔다. 캐나다에서 번역은 전통적으로 캐나다/퀘벡 작가에 의한 영어/프랑스어 저술에 집중해 온 반면 캐나다 번역 현업과 연구는 최근 그 범위를 넓혀 원주민어와 원주민 문화, 그리고 스페인, 이탈리아, 중국, 아랍 등 기타 소수민족/이민자 문학을 포함하여 우리 사회의 다양성을 좀 더 균등하게 반영하게 되었다. 또한 캐나다 여성운동 작가와 번역사들은, 부분적으로는 프랑스, 영국의 실험적 여성작가들과의 협업과 상호작용을 통해, 성이론 모형수립과 국제 번역학에 영향을 미친 번역에서 선도적 역할을 했다. 이들이 퀘벡 여성운동가, 이론가와 협업한 결과, 바바라 고다드(Barbara Godard)와 수잔 드 로트비니에-하우드(Susanne de Lotbiniére-Harwood)는 '여성의 번역'(la traduction au féminine)을 출범시켰다(Tessera 6, 1989).

다른 곳과 마찬가지로 캐나다에서도, 번역학은 초국가주의, 세계화, 영어의 지나친 범람의 영향을 받아 왔다. 캐나다, 퀘벡, 그리고 이 곳의 문학이 다름(alterity)과 더 지배적인 문화와의 세력관계 때문에 식민화의 차원에서 인식될 수 있음을 인식하면서, 사이몬과 세인트 피에르(S. Simon & P. St. Pierre, 2000)는 그들의 캐나다 문학번역 연구에 후기 식민주의 접근법을 통합했다. 캐나다와 인도에서의 소수 문학의 번역 지위를 비교함으로써 이들은 캐나다 번역 용어를 크게 확장시키기도 했다.

캐나다 밖에서는 국제 번역사와 학자가 캐나다의 고유한 이중언어 상황이 어떻게 그 나라의 번역 역사, 관행, 이론을 형성했으며 번역학 분야에 영향을 미쳤는지 인식하게 되었다. 예를 들어, 겐츨러(E. Gentzler)는 『Contemporary Translation Theories』(현대 번역 이론, 1993: 184)에서 "캐나다 정체성의 복잡성-식민주의 문제, 이중언어주의, 민족주의, 문화유산, 취약한 문학체계, 성 문제가 관련됨-은 현재의 번역이론에 관한 질문을 제기하기 시작하는 유용한 토대를 제공하는 것으로 보인다"고 했다. 또한, 바스넷(S. Bassnett, 1995: 157)은 번역을 개념화한 캐나다 학파를 정치활동으로 지칭했다. 브라질과 캐나다의 번역이론가를 비교하면서, 바스넷은 두 집단 모두 유럽문화가 전파되는 순간부터 유럽문화의 지배성에서 벗어나는 부분을 전달할 번역관행과 용어를 찾으려 한다"는 것을 발견했다.

3. 참고문헌목록(bibliography) 프로젝트의 진화

캐나다 문학, 퀘벡 문학, 외국 문학 비교 연구의 참고문헌목록은 셔브룩 대학교의 캐나다 비교 문학 대학원 프로그램에 근간을 두고 있다. 시작부터, 문학번역이 중요한 역할을 했으며 주석이 달린(annotated) 문학번역은 대학원생 논문의 인기 주제였다. 토론토 대학교의 시로이즈(A. Sirois)와 그의 동료 헤인(D. Hayne)은 이 분야 출간 물의 참고문헌 정보를 수집하기 시작했으며, 1976년부터 1986년까지 『Canadian Review of Comparative Literature/Revue canadienne de littérature comparée』(캐나다 비교 문학 리뷰)에 이를 부록으로 출판하여, 이 새로운 분야의 중요성을 입증하였다. 참고문헌목록의 최초 단행본인 『캐나다 비교문학 연구 참고문헌목록』(Bibliography of Studies in Comparative Canadian Literature/Bibliographie d'études de littérature canadienne comparée, 1930-1987)이 1989년에 출간되었으며, 반 선더트(M. van Sundert)와 비그놀트(J. Vigneault)가 이에 참여하였다.

1995년에 시머링(S. Siemerling)과 라이드(G. Reid)가 셔브룩의 참고문헌 팀에 합류했을 때, 이 프로젝트가 서적 형태뿐만 아니라 온라인 연구 툴로도 생성되어야 한다는 결론에 도달했다. 팀은 연구 도구 개발을 위해 처음으로 사회과학 및 인문학 연구위원회(Social Science and Humanities Research Council)의 연구비를 받았으며, 하드카피 형태와 검색가능한 전자 데이터베이스 형태로 업데이트된 참고문헌 목록을 준비하기 시작했다. 그 후, 결과물인 데이터베이스가 프린트 형태 및 온라인 형태로 이용 가능하게 되었다. 2001년에 연구팀은 『캐나다 문학, 퀘벡 문학, 외국 문학 비교 연구의 참고문헌목록』(Bibliography of Comparative Studies in Canadian, Quebec and Foreign Literatures/Bibliographie d'études comparées des littératures canadienne, québécoise et étrangéres 1930-1995, 셔브룩: GGC edition)을 출간했는데, 이는 1,600여 건의 문헌을 포함하고 13개 제목으로 분류되었으며, 분류별 검색과 학자/연구대상 저자/지역별 색인 검색이 가능하다. 이 데이터를 온라인상에서 이용할 수 있게 하려는 노력이 더욱 강화되어 2001년에는 웹사이트 www.compcanlit.ca에서 이 데이터베이스를 이용할 수 있게 되었다.

초창기 캐나다 비교문학 분야는 이분법(binary)으로 개념화되었다. 시로이스와 헤인의 초기 참고문헌목록은 주로 프랑스식/영국식 캐나다 비교에 집중되었다. 목록의 범위가 확장됨에 따라, 뒤따르는 목록 작업은 학생과 학자를 위한 자원 도구 생성뿐만 아니라 이 분야의 한계를 재정의하고 이 연구분야의 진화를 반영하기도 했다. 지난 10년간, 비교 목록의 초점은 영국식 캐나다 문학과 프랑스식 캐나다 문학이라는 '이분법의 굴레(bind of binarism, 블로젯 1982, 25)'에서 벗어나 이 두 문학의 하나 또는 둘 모두를 외국 문학이나 기타 국내 문학(소수, 이민자, 지역, 원주민 등 신흥문학 포함)과 비교하는 방향으로 이동했다. 또한, 목록에는 번역학, 포스트모더니즘, 포스트식민주의, 민족성, 교차분야 학의 관련 작업을 포함한다. 데이터베이스 포함 기준은 캐나다/퀘벡 문학의 생산, 번역, 수용, 연구, 역사, 효과, 영향을 포함하여 이 두 문학의 상호 간, 또는 세계 다른 문학과의 주요 비교/토론을 제공하는 작업이라고 명시되었다.

이 프로젝트에서 번역학은 금세 중요한 역할을 차지했다. 목록 내에 번역학 분야를 개발하기로 함에 따라 본 연구진이 프로젝트 팀에 합류하게 되었다(그랜트 1998년, 메제이 2001년). 메제이는 1988년에 이미 『Bibliography of Criticism of English and French Literary Translations in Canada: 1950-1986/Bibliographie de la critique des traductions littéraires anglaises et françaises au Canada: de 1950 à 1986』(캐나다 영불 문학번역 비평 목록: 1950-1986)이라는 주석을 단 참고문헌목록을 오타와 대학교 출판사의 Cahiers de traductologie 시리즈에 출간했으며, 출판사로부터 메제이 목록의 내용을 프로젝트의 온라인 데이터베이스로 옮기는 것에 대한 허가를 받았다. 비교문학연구에 대한 시로이스의 접근법이 원래의 프랑스-영국 초점을 뛰어넘어 발전한 것과 같이, 캐나다 문학번역학에 대한 접근도 같은 발전을 이루었다.

메제이의 목록에 포함된 내용들이 1950년~1986년 사이에 영어 ⇒ 프랑스어, 프랑스어 ⇒ 영어로 번역된 캐나다 문학작품에 대한 비판에 초점을 맞춘 것에 반에, 이제 번역학팀은 캐나다 문학의 프랑스어, 영어, 기타 언어로의 번역, 캐나다 토착어를 출발어/도착어로 하는 문학 번역, 그리고 캐나다 상황이나 문화가 중요한 역할을 하는 캐나다 번역사에 의한 문학 번역(예: 가르노(Garneau)가 맥베드(Macbeth)를 주알어(joual)로 번역한 것)에 관한 저술을 1950년 이전 것부터 현재 것까지 포함한다. 또한, 이 데이터베이스는 상당한 번역 코퍼스(corpus)를 가지는 캐나다의 소수문학 및 소수언어(특히 스페인어)를 출발어로 하는 번역에 관한 연구도 제공한다. 또, 캐나다 문학 번역을 논한 이론적 저술과 캐나다 문학 번역을 언급하거나 이와 관련된 주요 캐나다 문학 번역 이론가의 저술도 포함되는데, 이 부분은 메제이의 목록 이후로 그 양이 크게 증가했다. 번역 자체는 목록화되지 않았지만, 번역에 대한 중요한 서문, 서론, 머리말은 목록화되었다. 번역학 분야가 지속해서 확장됨에 따라, 프랑스어/영어(셔브룩 대학교의 고드부트(P. Godbout))와 영어/프랑스어/스페인어(콘코디아 대학교의 헤즐턴(H. Hazelton)) 번역의 전문지식을 가진 두 명의 학자가 팀에 합류했다.

이렇게 캐나다에서 비교연구와 번역학의 범주가 넓어지는 것은 문학 연구에서의 세계적 변화를 반영하는 것이다. 점점 더 캐나다 비교문학과 번역학은 국가적 차원의 한계를 벗어나 세계적, 초국가적 차원으로 확장되고 있다. 게다가 바스넷(1995: 11)이 지적한 바와 같이, “번역학이 문화간 연구에 기반을 둔 학문으로서 스스로를 확립하고 이론적, 기술적 작업 모두에서 엄격한 방법론을 제시함에 따라......비교문학은 전통적으로 번역학을 소범주로 간주해왔으나 이제는 이 가정에 대한 의문이 제기되고 있다…….”

4. 종이에서 온라인 데이터베이스로

현재 데이터베이스는 거의 4천 건의 문헌을 보유하고 있으며, 번역학과 관련된 약 1천 건의 문헌이 준비 중이다. 이에는 문헌목록, 단행본,

논문, 회의록, 정기간행물, 서적의 장(chapter), 논평, 머리말, 서론, 면담, 영화, 녹음, 전자간행물, 연결된 인터넷 사이트 등이 포함된다. 각 문헌은 참고문헌 세부내용 전체, 키워드 목록, 지역, 연구 중인 작업의 제목, 저자, 번역사 등을 포함한다. 우리는 사용자가 저자, 연구대상 저자, 연구대상 번역사, 지역에 따라 알파벳 순서로 검색할 수 있도록 웹사이트를 구성했다. 또한, 데이터베이스는 지속해서 업데이트되어 가장 최근 간행물을 하드카피 본이 나올 때까지 기다리지 않고 포함할 수 있다. 우리의 목표는 데이터베이스가 사용자-친화적이고 접근가능하도록 하는 것이다.

2001년 시로이스 목록과 1988년 메제이 목록 모두 인쇄 간행물이지만, 프로젝트의 현재 데이터베이스는 온라인 발행이 이루어지고 있다. 팀은 앞으로 또 다른 인쇄 목록을 출간할 계획이므로 이 프로젝트는 계속해서 인쇄 및 온라인 보급을 위한 데이터 수집을 할 것이다. 이를 위해서는 데이터를 온라인 데이터베이스용과 향후의 하드카피용으로 병행해서 준비해야 함을 뜻하며, 이는 프로젝트의 기술적 복잡성을 증가시켰다. 학생 연구원이 조작할 수 있을 만큼 손쉬우면서도 온라인 목록을 생성할 수 있고 미래의 하드카피본을 생성할 수도 있게 해주는 소프트웨어와 인터페이스(이것도 일종의 번역임)를 찾는 것이 근본적 어려움이었다.

5. 작업 절차

데이터 수집은 대학원생 연구 조교가 교수의 지도로 작업하면서 시작된다. 먼저, 선별된 자료를 살펴보아 분석해야 할 기사와 기타 작업물을 파악한다. 모든 자료는 셔브룩 소재 프로젝트 센터 아카이브(archive)에 보관되어 인하우스(in-house) 연구원과 방문자가 살펴볼 수 있다. 데이터 입력은 현재 웹 기반이다. 프로젝트의 내부 웹사이트는 가상의 공유 작업공간을 제공하는데, 여기에서 연구원들은 서로의 입력내용을 확인하고 제목 목록과 입력물 예시와 같은 자원을 살펴볼 수 있다. 각 연구원은 프로젝트 작업사이트에 고유의 MySQL 계정을 가지고 있어서 전용 소프트웨어의 필요없이 어느 컴퓨터에서나 어느 플랫폼을 이용하여서도 데이터를 입력할 수 있다. 내부 프로젝트 웹사이트는 프로젝트 중추로서 연구원들이 과거 회의의 회의록과 지침을 검토하고 다양한 절차에 대한 온라인 도움말을 참고하고 프로젝트에 채택된 규칙, 절차, 프로토콜을 찾아볼 수 있다. 또한, 캐나다 전역에 퍼져 있는 팀이 서로 간의 접촉과 데이터베이스와의 접촉을 손쉽게 유지할 수 있게 해 준다.

각 연구원의 데이터베이스는 데이터가 입력되는 여러 필드(field)로 구성된 템플릿(template)의 형태이다. 한 세트의 필드는 목록 정보(책 제목, 기사 제목, 저널 제목, 저자명, 공여자, 출판 정보 등)로 구성되고, 또 다른 세트는 내용에 관한 정보(키워드, 연구대상 저자, 연구대상 번역사, 지역, 주석 등)를 함유한다. 이러한 새로운 절차는 연구조교에게 자율성, 책임감, 각자의 입력내용에 대한 통제성을 부여하며, 이들이 도서관, 사무실, 자택 등 온라인 접근만 가능하다면 어디서든 작업할 수 있게 해준다.

이 연구분야에 대한 정보교환과 참여를 독려하기 위해, "기여(contribute)" 페이지가 웹사이트에 추가되었다. 이 페이지는 사용자가 자신의 출간물이나 다른 사람의 출간물에 대한 정보를 제공하도록 하는 것이고, 이렇게 제공된 정보는 검증과 편집을 거쳐 목록에 통합될 수 있다. 목록에 데이터를 제공하고자 하는 외부 연구원들을 위한 온라인 호스트의 역할을 통해, 프로젝트는 더 많은 협업과 국제적 연구 과정을 조성한다.

6. 도전과제

지난 10년간의 개선과 보완에도 불구하고, 여전히 수많은 도전과제가 남아 있다. 우선, 키워드의 포괄적 유의어사전(thesaurus) 구축이 아직 완성되지 못했다. 2004년 리스본에서 열린 EST 회의에서 번역 데이터베이스 관련 발표자들이 공감한 부분도 키워드와 유의어사전의 구축 및 조직화가 모든 참고문헌목록 프로젝트의 공통되고 지속적인 도전과제라는 것이었다. 아일랜드의 번역 데이터베이스 트라스나(Trasna; Centre for Translation and Textual Studies. "Trasna Online biography of Irish literature in translation." 2006년 8월 <http://www.dcu.ie/~ctts/>)와 번역학 참고문헌목록(Translation Studies Bibliography; TSB. John Benjamins. "Translation Studies Bibliography." 2006년 8월 http://www.benjamins.com/online/tsb/)이 이 회의에서 발표되었다. 특히, 반 도어슬러(Luc Van Doorslaer; TSB)는 다수성(plurality)과 일관성(consistency) 간의 균형을 찾을 필요가 있으며 개념적 지도(conceptual map)에 따라 키워드를 조직화해야 한다고 말했다. 우리 캐나다 목록의 프로젝트 연구원들은 주요 연구 문제를 나타내는 데 사용되는 대부분의 보편적 키워드를 표준화했지만, 이 목록은 계속 확장되며 오픈엔드(open-ended)로 남아있다. 데이터베이스에 포함된 분야가 다양하므로 키워드의 확정 목록을 구축할 가능성은 요원해 보인다. 키워드 목록은 불가피하게 계속 유동적일 것이기 때문에 연구원들이 입력물을 수정하고 업데이트하는 시간소모적 작업을 해야 할 수밖에 없다.

두 번째 도전과제는 목록에 수집된 자료의 다중언어적 특성에 기인한 것이다. 인쇄된 목록, 웹사이트, 입력내용은 전통적으로 영어와 프랑스어의 이중언어로 되어 있다. 따라서 이 두 언어의 표준을 모두 따르는 양식을 사용해야 했다. 이제 우리의 범주를 확장하여 다른 언어로 된 작업물을 포함하게 되니 목록 양식과 키워드 언어의 문제가 더욱 복잡해진다. 물론, 타언어 자료를 우리가 포함할 수 있는 정도는 어쩔수없이 개별 연구원 언어능력의 제약을 받기는 하지만, 다행히도 우리 연구원 중 몇몇은 다중언어자이다. 팀에는 독일어, 이탈리아어, 스페인어, 포루투갈어, 스웨덴어, 덴마크어, 아이슬랜드어에 능통한 연구원들이 있다.

데이터베이스를 되돌아보고 업데이트해야 하는 것도 어려움 중 하나이다. 연구대상 분야의 여러 간행물이 지속해서 증가하기 때문에, 목록이 캐나다 번역학자와 비교학자의 방대한 저술을 따라잡도록 하기 위해 해야 하는 일도 지속해서 증가한다. 소스 검색과 데이터 입력의 중복을 피하기 위한 연구원 간의 의사소통과 조율도 지속적인 어려움으로 작용한다. 최근에 팀은 데이터 입력을 감독하고 올바른 형식과 프로토콜로 데이터가 입력되었는지 검사하는 연구 보조 코디네이터를 임명했다. 전체 팀의 연례 회의는 가상 커뮤니케이션뿐만 아니라 직접적 접촉도 필수적임을 보여주었다.

마지막 도전과제는 도달(outreach)의 문제이다. 프로젝트는 국제 학계와 접촉하고 정보교환을 해야 한다. 따라서 프로젝트팀은 다른 학자들에게 팀의 작업을 알리고, 웹사이트에 공개하고, 협업을 조성하고, 연구센터, 기관, 대행사, 기타 온라인 툴과의 연결을 구축하기 위해 노력하고 있다.

미주

1. "두 개의 고독(Two solitudes)"은 휴 맥레넌의 1945년 소설에서 유래한 것으로서, 우리의 이중문화, 이중언어 상태에 대한 보편적이고 자주 쓰이는 비유가 되었다. All the Polarities에서 필립 스트래트포드는 이중나선구조를 채택하여 두 문학을 설명했다. 두 사람이 서로 만나지 않고 오를 수 있는 Chateau de Chambord의 이중 나선형 계단이 퀘벡의 초대 총리 피에르-조지프-올리비에 쇼보(Pierre-Joseph-Olivier Chauveau)가 두 문화에 대해 설정한 이미지였다(스트래트포드 1986: 3). Ellipse는 두 개의 중심을 가진 기하학적 구를 말하는데, 번역 저널 ellipse의 로고이다.

2. 캐나다 비교문학 연구의 개요는 두 개의 주요 문건에서 발견되는데, 하나는 데이비드 M. 헤인(David M. Hayne)의 "Historical Introduction: Comparative Canadian Literature"이고 다른 하나는 안토인 시로이스(Antoine Sirois)의 "Bilan de la recherche, 1930-1987"이다. 시로이스와 헤인이 본 논문에서 설명한 참고문헌목록 작업의 창시자였음은 우연한 일치가 아니다. 이 두 문헌은 프로젝트 웹사이드에서 진자 형식으로 이용가능하다.

3. 헨리 제임스 모간(Henry James Morgan)의 Bibliotheca canadensis 또는 Manual of Canadian Literature (오타와: G.E. Desbarats, 1867. xiv, 411 p.) Gale Research Co.의 팩시밀리 재인쇄본, 디트로이트, 1968.

4. 2004년 11월 19일 Salon du livre de Montréal에서 열린 패널 토론 "Literature Beyond Linguistic Borders"에서 퀘벡 문학 저널 Lettres québécoises의 편집자 앙드레 바나스(André Vanasse)가 제시한 통계.

5. 캐나다 비교문학에 관한 석사 프로그램은 1963년에, 박사 프로그램은 1979년에 셔브룩 대학교에 설립되었다.

6. 이 프로젝트는 10여 년간 캐나다 사회과학 및 인문학 연구 위원회의 지원을 받았다. 지원에 감사하는 바이다.

7. 2001년, 팀은 MySQL이라는 인터페이스 기반 오픈소스 소프트웨어 패키지를 접하게 되었고, 이를 통해 연구원들은 웹 기반 데이터베이스에 직접 데이터를 입력할 수 있다. 그 전에는 Nota Bene라는 워드프로세싱 프로그램에 데이터를 입력했는데, 이 프로그램은 목록 데이터를 저장 및 생성하는 Ibid라는 툴을 포함하고

있다. 캐나다 비교문학 참고문헌목록 사이트의 프로그래밍에 관한 설명은 테일러-존스톤(Taylor-Johnston), John. 2004. "Une bibliographie en ligne des Lettres: un modéle à code source libre. Le cas de www.CompCanLit.ca". Documentation et bibliothéques 50.2: 177-188)를 참고하라.

8. St. Jerome Publishing의 번역 데이터베이스 Bibliography of Translation Studies: http://www.stjerome.co.uk/tsaonline/index.php (2006년 8월) 참조. (리스본 회의에서는 발표되지 않음.)

참고문헌

1. Bassnett, Susan. 1995. *Comparative Literature: A Critical Introduction.* Cambridge: Blackwell.

2. Bassnett, Susan and Lefevere, André (eds). 1990. *Translation, History and Culture.* London: Pinter. "Bibliography of Comparative Studies in Canadian, Québec and Foregn Literatures/Bibliogaphie d'études compares des literatures canadienne, québécoise et étrangères." Available on-line at http://www.compcanlit.ca (retrieved August 2006).

3. Blodgett, Edward D. 1991. "Towards a Model of Literary Translation in Canada". *TTR* 4 (2): 189-206.

4. Brisset, Annie. 1990. *Sociocritique de la traduction: theater et altérité au Québec (1968-88).* Longueuil, Québec: La Préambule.

5. Delisle, Jean. 1987. *La Traduction au Canada/Translation in Canada 1534-1984.* Iottawa: University of Ottawa Press.

6. Even-Zohar, Itamar. 2000. "The Position of Translated Literature within the Literary Polysystem". In *The Translation Studies Reader,* L. Venuti (ed.), 192-197. London and New York: Routledge.

7. Garneau, Michel. 1978. *Macbeth de William Shakespeare.* Trad. En québécois. Montréal-Nord: VLB.

8. Gentzler, Edwin. 1993. *Contemporary Translation Theories.* London: Routledge.

8. Hayne, David M. 1989. "Historical Introduction: Comparative Canadian Literature". In *Bibliography of Studies in Comparative Canadian Literature / Bibliographie d'études de literature canadienne compare, 1930-1987.* A. Sirois, J. Vigneault, M. van Sundert and D. M. Hayne (eds), 9-17. Sherbrooke: U. Sherbrooke. Available on-line at http://www. compcanlit. usherbrooke.ca/hayne.html (retrieved August 2006).

9. Hayne, David M. and Sirois, Antoine (eds). 1976. "Preliminary Bibliography of Comparative Canadian Literature (English-Canadian and French-Canadian)". *Canadian Review of Comparative Literature/Revue canadienne de literature comparée 3* (2): 124-136.

10. Hayne, David M. and Sirois, Antoine (eds). 1978. "Preliminary Bibliography of Comparative Canadian Literature (English-Canadian and French-Canadian): second supplement, 1976-77". *Canadian Review of Comparative Literature/Revue canadienne de literature comparée* 5 (1): 114-119.

11. Hayne, David M. and Sirois, Antoine (eds). 1980. "Preliminary Bibliography of Comparative Canadian Literature (English-Canadian and French-Canadian): fourth supplement, 1978-79". *Canadian Review of Comparative Literature/Revue canadienne de literature comparée* 7 (1): 93-98.

12. Hayne, David M. and Sirois, Antoine (eds). 1982. "Preliminary Bibliography of Comparative Canadian Literature (English-Canadian and French-Canadian): sixth supplement, 1980-81". *Canadian Review of Comparative Literature/Revue canadienne de literature comparée* 9 (2): 235-240.

13. Hayne, David M. and Sirois, Antoine (eds). 1985. "Preliminary

Bibliography of Comparative Canadian Literature (English-Canadian and French-Canadian): ninth supplement, 1983-1984". *Canadian Review of Comparative Literature/Revue canadienne de literature comparée* 12 (3): 462-468.

14. MacLennan, Hugh. 1945. *Two Solitudes.* Toronto: Collins.

15. Mezei, Kathy. 1988. *Bibliography of Criticsm of English and French Literary Translations in Canada/Bibliographie de la critique des traductions littéraires anglaises et françaises au Canada* [Cashiers de traductologie #7]. Ottawa: University of Ottawa Press.

16. Moisan, Clément. 1983. *A Poetry of Frontiers: Comparative Studies in Quebec/Canadian Literature.* Victoia, B.C.: Press Porcépic.

17. Moisan, Cléent. 1986. *Comparaison et raison: essays sur l'histoire et l'institution des literatures canadienne et québecoise.* La Salle, Québec: Hurtubise, HMH.

18. Reid, Gregory J. 2002. "Parameters and Procedures for the *Bibliography of Comparative Studies in Canadian, Québec and Foreign Literatures".* Unpublished paper presented at the International Conference on "Canada in the European Mind", University of Debrecen, Debrecen, Hungary, October 24-27, 2002.

19. St. Jerome Publishing. "*Translation Studies Abstracts and bibliography of Translation Studies."* Available on-line at www.stjerome.co.uk/tsaonline/index.php (retrieved August 2006).

20. Simon, Sherry and St. Pierre, Paul. 2000. *Changing the Terms: Translating in the Postcolonial Era.* Ottawa: University of Ottawa Press.

21. Sirois, Antoine. 1989. "Bilan de la recherché, 1930-1987". In *Bibliography of Studies in Comparative Canadian Literature/Bibliographie d'études*

de literature canadienne camparée, 1930-1987, A. Sirois, J. Vigneault, M. van Sundert and D. M. Hayne (eds), 83-100. Sherbrooke: U Sherbrooke, Départment des letters et communications. Available on-line at http://www.compcanlit.usherbrooke.ca/sirois.html (retrieved August 2006).

22. Sirois, Antoine and Hayne, David M. (eds). 1977. "Preliminary Bibliography of Comparative Canadian Literature (English-Canadian and French-Canadian): first supplement, 1975-1976". *Canadian Review of Comparative Literature/Revue canadienne de literature comparée* 4 (2): 205-209.

23. Sirois, Antoine and Hayne, David M. (eds). 1979. "Preliminary Bibliography of Comparative Canadian Literature (English-Canadian and French-Canadian): third supplement, 1977-1978". *Canadian Review of Comparative Literature/Revue canadienne de literature comparée* 6 (1): 75-81.

24. Sirois, Antoine and Hayne, David M. (eds). 1981. "Preliminary Bibliography of Comparative Canadian Literature (English-Canadian and French-Canadian): fifth supplement, 1979-1980". *Canadian Review of Comparative Literature/Revue canadienne de literature comparée* 4 (2): 93-98.

25. Sirois, Antoine and Hayne, David M. (eds). 1983. "Preliminary Bibliography of Comparative Canadian Literature (English-Canadian and French-Canadian): seventh supplement, 1981-1982". *Canadian Review of Comparative Literature/Revue canadienne de literature comparée* 10 (1): 80-85.

26. Sirois, Antoine, Vigneault, Jean, van Sundert, Maria and Hayne, David M. (eds). 1989. *Bibliography of Studies in Comparative Canadian Literature /Bibliographie d'études de literature canadienne comparée,* 1930-1987. Sherbrooke: U. Sherbrooke, DLC.

27. Sirois, Antoine, Grant, Pamela, Hayne, David M., Reid, Gregoy J., Siemerling, Winfried and van Sundert, Maria (eds). 2001. *Bibliography of Comparative Studies in Canadian, Quéec and Foreign Literatures/ Bibliographie d'éudes comparées des littérature canadienne, québécoise et étrangèes 1930-1995.* Sherbrooke: GGC editions.

28. Stratford, Philip. 1986. *All the Polarities: Comparative Studies in Contemporary Novels in French and English.* Toronto: ECW Press.

29. Sutherland, Ronald. 1971. *Second Image: Comparative Stueies in Québec-Canadian Literature.* Toronto: New Press.

30. Sutherland, Ronald. 1977. *The New Hero: Essays in Comparative Québec/Canadian literature.* Toronto: Macmillan.

31. Taylor-Johnston, John 2004. "Une bibliographie en ligne des Lettres: un modèle à code source libre. Le cas de www.CompCanLit.ca". *Documentation et bibliothèques* 50 (2): 177-188.

번역 관리에서 과학기술의 역할

한나 리스쿠 Hanna Risku
다뉴브대학교 크렘스 캠퍼스Danube University Krems, 오스트리아

성장세에 있는 문화간 기술 커뮤니케이션 시장에서 번역사는 핵심 역할을 담당하며, 번역 관련 과학기술은 번역 작업의 몇몇 분야에서 도움이 될 수 있다. 하지만 실제 번역 작업 환경에서 이러한 기술 사용에 관한 연구는 아직 거의 이루어지지 않았다. 본 연구는 이러한 상황에 관한 것으로서 이용 가능한 툴(Tool)을 언제, 어느 정도까지, 그리고 어떤 결과 아래서 가장 잘 사용할 수 있는지 알아보고자 한다. 어떻게 하면 번역사와 기술 커뮤니케이터(Technical Communicator)가 창의성을 훼손하거나 요구되는 결과물 품질을 저해하지 않으면서 과학기술을 활용하여 작업방식을 개선하고 효율성을 높일 수 있을까?

KEYWORDS

컴퓨터 보조 번역(Computer-Aided Translation), 번역 관리(translation management), 협력적 텍스트 설계(cooperative text design), 사용성(usability), 컴퓨터 지원 협업(computer-supported cooperative work)

1. 서론

본 논문은 해외 독자를 위한 전문 텍스트 생성에서 과학기술이 수행하는 역할을 살펴본 것이다. 본 논문은 번역 관련 과학기술의 직접 사용자와 간접 사용자, 번역 관련 과학기술이 제시할 기회, 번역 관련 과학기술의 한계, 그리고 잘못 사용하여 발생할 수 있는 위험성을 살펴보았다. 또한, 본 논문은 번역 관련 과학기술의 과학적 배경의 개요를 제공하고 이용 가능한 툴과 기술의 설명, 번역 관리의 현 요구사항을 살펴보았다. 마지막으로, 번역학 교육과 연구의 미래에 대한 개념을 제안하였다.

2. 접근 방법

번역 관리를 위한 과학기술 사용에 대한 과학적 분석을 할 때에는 사용성 연구(usability research)라는 황금률을 존중해야 한다. 즉, 특정 기술의 의미와 목적에 대한 유의미한 평가는 연구자가 해당 기술이 사용되거나 사용될 환경을 인식하고 이해해야만 가능한 것이다.

"무언가를 설계할 때에는 항상 그것보다 한 단계 더 큰 맥락에서 고려한다. 방안의 의자, 집안의 방, 환경 속의 집, 도시계획 내의 환경과 같이." (핀란드 건축가 엘리엘 사리넨(Eliel Saarinen)

이는 대상 사용자와 그들의 일, 그리고 그들의 작업공간에 대한 세부 분석을 통해서 기술 기반 툴이 실질적 문제 해결에 어떻게 도움이 될 수 있는지, 툴의 사용이 비생산적이거나 새로운 문제를 일으키지는 않을지 파악해야 함을 의미한다. 따라서 번역 관련 과학기술 사용의 모든 연구에는 다음 질문에 대한 대답이 선행되어야 한다.

- 누가, 그리고 왜, 번역 관련 과학기술을 사용하는가?
- 어떤 상황에서 해당 기술이 사용되는가?

기본적으로, 번역 관련 과학기술은 번역사의 작업을 지원해주기 위해 설계, 개발된 정보기술 툴이다. 하지만 최근까지 이러한 기술의 실질적 사용에 대한 체계적 연구가 거의 없었다. 두 가지 주목할 만한 예외로서, 아우스터뮐(Austermuhl, 2001)이 평가한 질의서와 프라이강과 라인케(Freigang & Reinke, 2002)가 수행한 설문조사가 있는 정도이다. 결과적으로, 번역 관련 과학기술의 실질적 효과에 관한 본 연구에는 현대 용어와 번역관리 관행, 그리고 이런 맥락에서 기술이 수행하는 역할에 대한 많은 정성적 연구가 포함되었다. 여기에는 문화간 기술 커뮤니케이터 인터뷰 연구와 비엔나 소재 번역회사의 평소 작업환경 현장 관찰 등의 장기 현장 조사 연구가 포함되었다. 후자의 현장 관찰에서, 연구팀(본인 포함)의 팀원들은 새로운 역할을 담당했다. 즉, 우리는 번역 세계의 척박한 현실에서 일하는 번역사 대신 번역회사 활동의 관찰자가 되었다. 그 결과물인 사례연구는 용어 및 번역관리에서 기술이 수행하는 역할의 몇몇 핵심적 측면을 실질적으로 묘사하였다.

다음에서 비엔나 현장조사의 배경을 간략히 설명할 것이다. 하지만 기술의 전반적 역할에 대한 토론과 인터뷰 및 현장조사 결과의 요약을 위한 충분한 공간을 확보하기 위해서 관찰 프로토콜(Protocol)의 인용이나 특정 사례의 구체적 묘사는 하지 않을 것이다. 인용문과 현장관찰에 관한 내용은 리스쿠(Risku, 2004)를 참조하시오.

본 연구 당시 번역 회사에는 관리부장(경영학 학위 소지자)과 4명의 프로젝트매니저(모두 번역/통역학위 소지자), 총 5명의 직원이 있었다(모두 여성). 그들은 전 세계의 1,000명 이상의 통번역사, 그리고 다른 여러 번역 회사와 일하고 있었다. 번역 관련 과학기술의 선두에 있기 위해 회사는 언어기술 툴의 주요 공급업체와 협력계약도 맺고 있었다.

회사의 주요 고객은 여러 도착어로의 번역이 정기적으로 필요한 대기업들이었다. 고객사의 다양한 부서로부터 수주를 받았는데, 이들 부서가 번역 관련 질문을 받는 역할도 하는 것이 일반적이었다. 출발 텍스트의 기술저자(Technical Writer)가 번역 질문을 받는 역할도 하는 경우는 드물었다. 번역된 텍스트는 다른 번역사나 고객의 도착어 국가 사무소 직원이 검토하였다. 프로젝트 진행할 때 한 회사의 여러 부서(예: 주문처리 부서와 마케팅 부서), 심지어는 내부업무 부서 및 외부 광고회사

그림 1. 번역관리: 사례연구 협업사

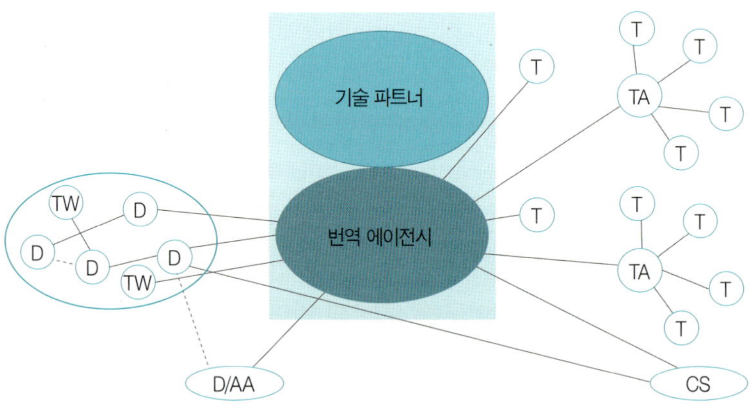

D = 부서, TW = 기술작가, AA = 광고대행사, CS = 고객사, T = 번역사, TA = 번역 에이전시

와도 협업이 이루어졌다.

그림 1은 번역회사, 고객사, 번역사 간의 관계를 묘사한 것이다.

3. 번역 관련 과학기술의 잠재적 사용자

현장조사 결과 번역 관련 과학기술의 전형적인 직/간접적 사용자가 다음과 같이 파악되었다.

- 번역 회사의 관리자와 프로젝트매니저
- 프리랜서 또는 사내(in-house) 번역사
- 번역 프로젝트를 담당하는 텍스트 코디네이터 또는 프로젝트 매니저
- 해외 독자를 위한 자료를 생성하는 기술에디터 및 정보 디자이너

이들은 모두 문화간 커뮤니케이션(Intercultural Communication) 분야의 전문가들이다. 하지만 상기 관찰연구와 정성적 인터뷰 결과를 보면, 이 외의 많은 다른 업무분야 또한 번역 관련 과학기술 사용으로 혜택을 볼 수 있음이 드러났다. 이에 포함되는 분야는 다음과 같다.

- 협력과 팀작업(예: 일관성 확보를 위한 경우)
- 출처 및 참고자료 생성(품질, 맥락, 일관성, 텍스트간 상호의존성 및 역학, 파일양식)

이렇게 추가적인 잠재적 사용자를 인식하는 것은 번역 관련 과학기술의 범위와 가능성을 크게 확장해 주기 때문에 중요하다. 번역 관련 과학기술은 번역사를 지원해줄 뿐 아니라, 문화간 기술 커뮤니케이션 네트워크 전체에 영향을 미친다. 따라서 번역 과정의 맨 처음, 즉 출발

자료 생성 때부터 번역 및 용어 관리에 사용될 기술의 고려를 시작하는 것이 타당해 보인다.

4. 번역관리과정

번역 관련 과학기술이 실제로 문화간 기술 커뮤니케이션 과정 및 네트워크 전체에 영향을 미친다면, 번역의 품질과 효율성을 높이기 위한 한 가지 흥미로운 선택은 새로운 형태의 콘텐츠 관리를 통해 출발 및 도착 텍스트 생성 과정을 통합하는 것일 것이다. 이에 있어서, '번역과정'을 넓은 관점에서 고려하는 것이 적합하다.

만약,

- 명확히 정의된, 최종 완성본의 출발 텍스트에서 시작하고,
- 다양한 분석 및 합성 단계가 있고,
- 결과물인 도착 텍스트가 출발 텍스트와 같은 최종 완성본이 되기를 기대한다면,

다음 부분들에서 누락 요소가 발생하게 된다.

- 이론적 설명
- 번역 관련 과학기술의 평가 및 개발의 기반
- 번역사 훈련

여기에서 빠지는 것은 번역관리과정 전체를 고려했을 때이다. 이 과정은 모든 번역 프로젝트에서 핵심 임무를 수행하며 기술 지원 없이는 적절히 완수될 수 없다. 이 과정을 구성하는 개별적 기술과 과업에는

다음이 포함된다.

- 고객 협상과 컨설팅 서비스
- 출처 및 참고 파일 준비
- 사전 연구
- 프로젝트 관리
- 팀, 파트너의 조율
- 문서 관리 및 배포(즉, 정보, 버전, 문서관리)
- 번역 이력과 용어 데이터베이스 유지보수

문화간 커뮤니케이션 네트워크상의 파트너십은 다양하고 복잡하며, 공급업체, 고객, 컨설턴트, 지원자, 장기 협력사 등을 포함한다. 이들은 각자의 전문 역할의 대변인으로서뿐만 아니라 한 개인으로서도 서로 커뮤니케이션을 하게 된다. 결과적으로, 번역 및 통역 프로젝트의 관리에는 텍스트와 납기일 조율보다 훨씬 더 많은 것이 관련된다. 이는 또한 사람을 관리하는 일이기도 하다.

현장 관찰의 결과 떠오르는 번역작업의 이미지는 인식과 연결로 이루어진 강력한 인간관계의 이미지이다. 이러한 관계는 최초 접촉에서 시작하며 서로에 대한 상호 존중과 충실, 그리고 문화간 기술 커뮤니케이션을 가능케 한다는 공동 과업을 기반으로 하고 있었다. 번역 관리자들은 복잡한 프로젝트를 성공적으로 완료하고 예기치 못한 문제를 해결하려면 파트너에게 의지할 수 있어야 한다는 공통된 의견을 보여주었다. 실제로, 파트너 간 개인적 관계를 강화하기 위한 많은 단계들이 있는 것으로 보였다. 수주 후 뒤따르는 활동들은 해당 프로젝트의 완료를 위한 것뿐만 아니라 미래의 협력을 위한 것들이기도 했다. 다른 번역환경도 이러하다면, 이것이 번역 관련 과학기술에 시사하는 바는 매우 크다. 즉, 번역 관련 과학기술은 이러한 협력을 지원하도록 설계되어야 한다는 것이다.

단순한 작업흐름도에서 보일 수 있는 것보다 훨씬 많은 인적 협력이 존재한다. 정신없이 바쁜 프로젝트에서 구두/서면 계약이 좋은 지침이긴 하지만, 이러한 계약은 프로젝트 작업의 현실을 이루는 조건의 변화에 따라 달라질 수밖에 없다. 프로젝트 관리는 위기관리에 비유될 수 있다. 즉, 계획되지 않은 변경과 지연이 예상되는 것이다. 커뮤니케이션은 충돌 관리이기도 하다. 상호이해란 언제든 반박될 수 있는 가설에 지나지 않기 때문이다.

문화간 기술 커뮤니케이션은 지식 및 정보 적용 관리, 사용성, 콘텐츠 관리와 유사한 점이 많다. 따라서 유사한 이슈, 사고방식, 목표를 공유하지만 각자 고유의 기술과 전문성을 지니는 연관 분야라고 볼 수 있다.

제품주기 단축, 세계화, 특화 증가의 결과, 최신 지식에 대한 신속한 접근이 필요하게 되었다. 정보는 가공 전 원료로서 모든 다른 자원과 같이 다루어질 수 있다. 즉, 그 사용이 계획, 계산, 개발될 수 있다. 텍스트 설계는 원료인 정보와 지식을 가공하는 활동의 완벽한 예이다. 텍스트 설계 과정에는 연구, 기록보관, 전달, 업데이트, 다양한 양식과 매체(예: 일반 텍스트, 양방향 웹페이지, 브로슈어, CD, 비디오)를 통한 정보 공유 등의 여러 과업이 포함된다. 따라서 번역사는 정보 중추로서 정보 수집 및 여과, 대상의 요구에 따른 수정, 배포 등의 일을 하기도 한다. 이에 따라 재사용성(reusability)의 중요성이 커지고 결과적으로 번역 이력, 콘텐츠 관리, 발행 단일화가 필요해지고 있다. 기술 번역은 엄격한 경제 기준을 충족시켜야 하는 경우가 많으므로, 종종 비용이 결정요인이 된다. 생산성, 효율성, 이윤성은 필요 요건으로서 학계 논의에서 무시될 수 없으며, 작업 관행을 논할 때는 더욱 그러하다.

5. 번역 관련 과학기술의 과학적 배경

문화간 기술 커뮤니케이션은 문화적 영향이 홍수를 이루는 오늘날의 특징 가운데 이루어진다. 인간의 손에 의해 형성되거나 조작되지 않은 경로, 장소, 사물은 찾아보기 힘들다. 우리는 인공물에 둘러싸여 있다. 실제로, 때로는 인공물이 너무나 일반적이어서 제2의 자연으로 간주하기도 하며 거의 우리의 일부처럼 '느껴진다'.

사람들은 인지적 처리량(Cognitive Processing Load)을 줄일 수 있도록 환경을 만들고자 한다. 일기, PDA, 공책, 심지어 손수건의 매듭까지 이에 도움이 될 수 있다. 이는 우리 기억의 부담을 줄여주며 조율을 원활히 해 준다. 비계가 대형 건물 건설을 돕기 위해 사용되는 것과 마찬가지로, 사람들은 도구를 사용하여 그들의 행동과 이해를 돕는다. 이는 상황 속 인지(Situated, Embedded Cognition, 클라크, 1997 참조)에서 사용된 인공물의 광의적 정의에 해당한다. 이에는 언어와 경험법칙과 같은 심리적 도구에서부터 문화적으로 개발된 도구와 활동의 공간적 위치 설정에 이르기까지 인간의 모든 창의적 성과물이 포함된다.

과학기술은(사람들이 복잡한 작업을 할 때)반복적 작업을 수행하고 개요를 제공할 수 있다. 과학기술은 좀 더 효과적으로 가교의 역할을 하여 지속적 상호작용과 정보 배포를 가능케 함으로써 납기일과 용어에 대해 모든 참여자가 같은 지식을 갖도록 해 줄 수 있다.

하지만 전통적 행태에 통합될 수 있을 때에만 과학기술이 수용될 것이다. 따라서 번역 활동 고려시 광범위한 환경 문제 간의 상호작용도 포함하게 된다. 우리는 과학기술이 어떻게 작동하는지 뿐만 아니라 언제 사용되는지, 무엇보다도 언제 사용되지 않는지에 관심이 있다. 관행적으로 적절한 전문 시스템이 있음에도 불구하고 사람들은 여전히 옆방에 있는 동료에게 직접 물어보는 것을 선호하는 경우가 많다. 이는 컴퓨터 지원 협업 분야의 연구 결과를 뒷받침한다. 보우커 외(Bowker et al., 1997; xviii)가 말한 바와 같이, "사람과 사물은 함께 섞이며 서로의 능력을 확장한다". 다시 말해, 항상 핵심은 사회학과 기술의 조합이지 하나를 다른 하나로 대체하는 것이 아니다.

베스터(Vester, 1980: 108)에 따르면, 디지털화, 또는 컴퓨터 사용의 최대 위험은 "컴퓨터에 의해 변형된, IT 호환 가능 언어와 사고방식"에 있다. 이는 인간의 뇌에서 컴퓨터보다 우수한 부분들, 즉 비유 능력, 예를 통한 설명(유형별, 특징별 단순 분류가 아닌), 그리고 창의성을 제한한다.

사회적, 인지적 개발물로서, 기술 도구들은 실질적 맥락과 배경의 면면들을 구현한다. 루에거(Lueger, 2000, 162)는 이를 도구 안에 숨겨져 있는 "의미의 비가시적 세상"이라고 지칭했다. 따라서 번역 관련 과학기술은 문화간 기술 커뮤니케이션 역사의 잔재를 포함하고 있으며, 이는 다시 번역 관련 과학기술의 개발에 기여한다.

툴은 사람들이 무언가를 기억하거나 복잡한 과업을 관리하는 데에 도움을 줄 뿐만 아니라 협력 파트너의 이해와 행동을 형성하기도 한다. 사용된 과학기술에 의해 제시되는 작업 이미지는 결정적이며 프룬크(Prunč)가 말한 '번역 문화(프룬크, 2001)'에 영향을 미친다. '커뮤니케이터'의 역할 중 하나는 고객의 핵심 사업이 아닌 업무를 처리하는 것이다. 이는 문화간 기술 커뮤니케이션에 관련된 기술과 책임을 제공할 수 있는 능력과 이해의 중요성을 강조한다.

작업 환경과 툴은 전체 과정에 영향을 미치며 궁극적으로는 결과물의 품질에 영향을 미친다. 번역 관련 과학기술은 다음에 따라 선정될 수 있다.

- 생성될 작업량
- 생산 주기 순서
- 문화간 기술 커뮤니케이션 환경(네트워크 전반에 흩어져 있는지 특정 위치를 중심으로 하고 있는지)

- 문화 및 매체 변이의 복잡성

정보기술의 성장은 번역 과정의 자동화 정도와 관련 정보 이용가능성에 변화를 주었을 뿐만 아니라 번역 과정 전체에 영향을 주었다. 이는 프로젝트팀, 협력, 원거리 작업이 번역 사업의 일상적 활동 중 일부가 되었음을 보여준 프라이강과 라인케(2002)의 연구를 통해 확인되었다. 소속감과 안정적인 직업 정체성은 더이상 정적인 환경, 사람들이 정기적으로 모이는 현실 공간에서 작업함으로써 얻어지는 것이 아니다. 대신, 사람들은 네트워크를 통해 원격통신을 하거나 관련 커뮤니티에 가입하여 공통관심사를 논의하고, 이해도를 높이며, 더 효과적으로 일을 한다.

사람들이 커피머신이나 정수기 앞에서의 비공식적 모임 없이 지내야 함에 따라, 기술기반 커뮤니케이션 솔루션이 점점 더 중요해지고 있다. 대화의 내용이 다양한 매체를 통해 다음 접촉에서 종종 재사용 및 배포된다. 이는 특히 빠르게 움직이는 프로젝트에서 시간과 공간의 연속성을 제공한다. 또한, 각 커뮤니케이션 파트너와의 지속적 이력 공유와 정보의 연속적 흐름을 통한 관계 유지를 통해, 위치 변경이나 장기 휴식 이후에 프로젝트 현황을 파악할 수 있게 해준다.

6. 번역 과정 지원에 이용 가능한 과학기술

번역에서의 협력을 역동적인 네트워크로 연결된 과정으로 볼 수 있다면, 이 과정에서 다양한 인공물(번역 관련 과학기술 포함)은 어떤 역할을 할까? 특정 툴의 이용능력은 이러한 네트워크의 일원이 되도록 하는 결정적 요소이거나 심지어는 필수요건이 될 수도 있다. 예를 들어, 상기 번역 회사에서 일하고자 하는 모든 번역사는 회사의 번역 관리 시스템을 이용할 수 있는 능력이 요구되었다.

직업적 환경에서, 전문가가 일하는 방식은 협의의 번역 관련 과학기술과 같이 해당 직업을 위해서 설계된 IT 솔루션뿐만 아니라 좀 더 포괄적인 사무 애플리케이션에 의해서도 영향을 받는다. 번역 과정을 좀 더 폭넓게 본다면(번역 프로젝트 관리 관련 업무를 고려하는 관점), 이러한 일반적 애플리케이션도 고려되어야 한다. 이렇게 함으로써, 우리는 번역에 대한 관점을 넓히고, 그 결과 언어적 자료의 처리를 넘어 이 직업의 관행과 맥락의 역학까지 볼 수 있게 된다. 이러한 이유로 우리는 아래 논의에서 작업 흐름 관리 기술과 직접적인 번역 도구들을 모두 포함하였다.

번역 과정을 지원해 주는 많은 과학기술이 있는데, 이에는 용어 관리 시스템, 번역 이력 시스템, 현지화 소프트웨어, 기계 번역 툴, 특화된 프로젝트 관리 툴, 인터넷 플랫폼, 가상 커뮤니티가 포함된다.

용어 관리 시스템(Terminology Management System)은 번역 전반에 걸쳐서, 또는 프로젝트 팀에 의해서 일관된 용어가 사용되도록 해주는 것으로서 일관성 확보를 통해 번역의 질에 큰 기여를 할 수 있다. 용어 관리 시스템을 인터넷 기술과 조합하면, 번역 회사나 고객사에 중앙 저장된 데이터에 온라인 접근이 가능하게 하는 등 새로운 작업 방식을 창출할 수 있다.

번역 이력 시스템(Translation Memory System)은 대규모 번역량을 다룰 때, 특히 프로젝트가 중앙에서 조율되어 일관성이 중요한 역할을 할 때에 유용하다. 하지만 다른 맥락에서 고안된 솔루션이 현재의 텍스트를 지배하게 되는 것이 번역 이력 입력의 위험성이다. 이러한 위험성은 부족한 출처 및 참고 자료, 출발 파일 변환을 요구하는 파일 양식의 문제에 의해 종종 가중되기도 한다. 결과적으로, 번역회사 직원이 번역 이력 시스템을 도움이 된다기보다는 장애물로 간주하는 경우도 있다.

번역 이력은 많은 기준과 요건(예: 특정 텍스트 형식 가용성, 잘 고려된 프로그램 파라미터, 고품질 참고자료, 유지보수가 잘되는 용어 관리 시스템과의 연결)이 충족되는 경우에만 번역 품질에 기여하고 비용 효과성을 높일 수 있다.

문제는 번역 이력 시스템이 사용되어야 하는지가 아니라, 실제 협업에 가장 적합한 시스템이 어느 것이고 그 시스템의 경제적 효과가 어떤지이다. 실제 팀의 팀원들이 각기 다른 시스템을 사용한다면, 분명히 이 시스템들은 상호호환성이 있어야 한다.

품질 측면에서, 번역 관련 과학기술은 장단점을 가지고 있다. 고객의 번역 이력 사용은 번역사가 기존 문맥과 '역사'에 접근할 수 있게 하여 생산성을 높인다. 하지만 번역 이력 시스템은 개별 요소의 비교에 기반한 것이기 때문에, 서로 다른 언어의 단순치환과 같은 초보적 번역 전략을 따른다. 게다가, 이들 시스템은 'garbage in, garbage out(콩 심은데 콩 나는)'의 원칙에 따라 작동한다. 전문번역사는 번역 이력 시스템이 제안한 번역을 제대로 (제안으로서) 인식할 수 있지만, 협력 파트너는 이를 오해하여 이 제안이 현 문맥에서의 확인이나 검증이 필요하지 않은 타당한 번역으로 가정할 수 있다.

통합 번역 관리 시스템은 단어 수 계산, 번역료 청구, 기록보관, 연구 등 여러 특정기술 기반 과업에도 사용될 수 있다. 또한, 표준화된 예상 비용 계산 및 생성에도 사용될 수 있다. 하지만 이 시스템이 인간 번역사가 의미를 해석하는 방식을 대체할 수는 없다. 예를 들어, 시스템은 상황 기반 커뮤니케이션 전략을 개발하거나, 연구 기준을 결정하거나, 두 가지 가능한 대안 중 하나를 선택하지는 못한다.

결과적으로, 창의성과 통제 간의 기본적 충돌은 남아 있으며, 시스템은 번역사가 그들의 작업을 특정 방식으로 조직화하도록 만든다. 바그너(Wagner, 1997, 429)에 따르면, 기술 유도 작업 방식은 종종 "무시하기 어려운 강력한 표준 이미지"의 역할을 한다. 이는 컴퓨터 지원 협업에서 중심 쟁점이 되는데, 컴퓨터 지원 협업에서는 기술이 유연성과 창의성을 독려하고 축적지식(Legacy) 기반 작업방법을 지원하고 비전형적인, 즉 '빠르고 약삭빠른(quick and dirty)' 방법을 허용하도록 도와주는 방법의 모색에 논의가 집중되고 있다.

현지화 소프트웨어(Localisation Software)는 번역 기량을 지원하여 번역사들이 순수히 언어적이지 않은 자료를 가지고 작업할 수 있도록 하는 데에 과학기술이 할 수 있는 역할을 잘 보여주는 예이다. 현지화 툴이 제공하는 기능들은 협력적 번역을 지원하고 번역의 질을 개선할 수 있다. 이러한 툴은 번역사가 번역 과정 중 실제 사용자 인터페이스를 볼 수 있도록 하여 문맥을 고려하도록 해 준다. 번역사는 스스로 몇몇 항목을 변경하거나(예: 버튼 크기), 좀 더 포괄적인 프로그램 변경을 소프트웨어 개발자에게 위임할 수 있다(예: 대화상자나 경로의 신택스(Syntax) 변경). 이런 경우, 소프트웨어 제품 전체가 번역의 대상이 된다.

현지화 툴은 번역사가 언어적, 형식적, 문화적 요건 간의 연결에 대한 그들의 지식을 제품에 부여할 수 있게 한다(cf. 프라이강, 1996). 현지화 툴이 없으면, 번역사는 소프트웨어 프로그램을 번역할 때 문맥이 제거된 단어, 구, 문장을 해독해야 하게 되며, 그러고 나서 그 언어 요소가 해당 제품의 도착어 버전에 차용될 때까지 기다려야만 그들의 노력의 효과를 검증할 수 있다. 이는 힘든 작업이며, 그 결과는 (컴퓨터 기술 초창기를 보면) 너무 잘 알려져 있다.

기계 번역 시스템은 단지 누락되는 분야가 없도록 언급하는 것일 뿐이다. 수십 년간의 개발과 많은 연구개발 예산에도 불구하고, 기계 번역 시스템은 아직도 완전 자동화된 고품질 번역을 제공하지 못하고 있다. 번역사들의 밤잠을 설치게 하였던 지난날의 악몽은 이제 더이상 위협적이지 않으며 기계 번역 시스템은 예비 번역 생성이나 문서를 '훑어보는' 등의 제한된 목적으로만 사용되고 있다. 오늘날의 언어 기술 산업은 번역사를 대체하는 것이 아니라 번역사를 지원하는 툴의 개발에 초점을 맞추고 있다.

번역 프로젝트를 위해 특화된 프로젝트 관리 시스템은 프로젝트 현황, 관련 문서, 잔여 단계, 발생 비용의 최신 개요를 제공한다. 이들 시스템은 출발 및 도착 텍스트의 버전을 저장하고 통번역사 정보를 포함하는 고객/공급업체 데이터베이스를 포함한다. 다양한 파일, 목록, 전자 주소록, 표, 데이터베이스의 통합은 관련 작업의 양을 줄일 뿐 아니라, 자동화된 보고서 생성도 가능하게 한다(eg. 개별 프로젝트 또는 고객의 수익성 보고서).

프로젝트 관리 소프트웨어는 개별 번역사에게 현재 할당된 프로젝트의 수와 현황을 보여줄 수 있고, 이를 통해 이미 다른 프로젝트에 배정된 번역사에게 작업을 보내는 것을 피할 수 있다. 또한, 파트너간 협력을 개선할 수 있는데, 공유 프로젝트의 데이터에 외부 사용자가 접근할 수 있을 때에 더욱 그렇다.

하지만 연구자가 조사한 번역회사의 직원들은 이러한 프로젝트 관리 시스템으로 인해 개인적 접촉을 잃게 되지 않을까 우려하고 있었다. 예를 들어, 번역료 회의 후에 프로젝트 관리 시스템상에서 요율을 표준화하는 것은 이론적으로 가능할지 모르나 실제로 이러한 표준화는 (좀 더 특화된) 다른 기능을 갖춘 좀 더 비싼 프로그램을 사용해야만 구현할 수 있다. 또한, 손으로 시스템에 데이터를 입력해야 하는 것에 대한 불만이 있었는데, 이렇게 되면 현재의 작업방식보다 나은 것이 없다는 것이었다.

이러한 우려에도 불구하고, 프로젝트 관리 시스템 사용으로 시간이 절약되는 것이 주요 이점이라는 데에는 모두 같은 의견이었다(특히 주문서 작성이나 청구서 발행과 같은 반복적 단순 작업에서).

특화된 인터넷 플랫폼은 관련인 개개인을 위한 각 단계의 최신 시각화, 프로젝트 작업 흐름 관리, 보고를 위한 모든 활동 기록, 번역 이력 시스템 등의 표준 툴 통합을 포함하는 다양한 번역 프로젝트 관리 기능을 제공한다.

여기에서 중요한 질문이 제기된다. 만일 번역사, 기술 커뮤니케이터, 고객이 인터넷 기반 협력 포털을 사용하여 번역 프로젝트의 모든 측면을 관리할 수 있다면, 번역회사는 불필요해지는 것이 아닐까? 이는 상당히 불가능해 보인다. 왜냐하면, 많은 고객은 번역사 개개인의 질문을 처리하는데 필요한 전문기술이나 관심, 시간도 없기 때문이다. 이는 상대적으로 짧은 시간에 많은 양의 다중 언어 콘텐츠를 생성해야 하는 글로벌 기업에게나 예상되는 상황이다. 번역 관리 시스템이 번역사를 대체하기보다는 그들을 지원하는 것과 마찬가지로, 인터넷 번역 포털은 번역회사를 불필요하게 하기보다는 번역회사가 대규모 번역 프로젝트를 조율하는 데에 도움을 줄 것이다.

가상 번역 커뮤니티(Virtual Translation Community)는 (프리랜서) 번역사의 작업에서 빠르게 중요한 역할을 차지하고 있으며, 번역사들이 인터넷을 통해 서로 소통하고 배우며 동시에 그들의 기술을 향상할 기회를 주고 있다. 가상 번역 커뮤니티에 관한 디킨슨(Dickinson, 2002)의 연구는 번역사를 위한 온라인 대화방, 이메일 목록, 기타 토론 포럼에 참여하는 것이 고무적인 동기 부여 경험이 될 수 있음을 확인했다. 가상 번역 커뮤니티는 전 세계 번역 지식 커뮤니티에 속해 있는 느낌을 강화해 준다.

7. 번역 연구 및 번역 교육에 미치는 영향

분명히 문화간 기술 커뮤니케이션은 성장 시장이다. 번역 지도에서 중심 이슈는 어떻게 하면 번역사와 기술 커뮤니케이터가 과학기술을 가장 잘 활용하여 창의성을 훼손하거나 산출물의 품질을 저해하지 않으면서 그들의 작업 방식을 개선하고 효율성을 높일 것인가이다.

번역 관련 과학기술은 문화간 커뮤니케이션 전문가들에게 상당량의 노력을 절감해 주어 '진짜 일'에 집중할 시간이 더 많아지게 할 수 있는데, 이는 매우 생산적인 현상이다. 또한, 전자 양식으로 연락처, 문맥 정보, 참고 파일, 용어를 이용하면 많은 도움이 된다.

다른 창의적 직업(예: 건축가)과 비교할 때, 정보기술의 사용이나 이전 번역의 재사용이 때때로 준자동(quasi-automatic) 번역인 것처럼 오해 받는 것은 터무니없어 보인다. CAD 툴의 사용에서부터 이전 프로젝트 결과의 재사용에 이르기까지 건축가의 작업에서 컴퓨터는 핵심 역할을 하지만, 우리는 그렇다고 해서 저가의 대량 생산된 설계를 기대하거나 건축이란 직업이 사라질지 모른다는 걱정을 하지는 않는다. 건축분야와 마찬가지로, 상당량의 참고자료, 기존 솔루션, 유용 지식을 이용할 수 있는 비용 효과적 서비스를 정기 고객에게 제공하는 능력은 문화간 기술 커뮤니케이션 분야에서도 자연스러운 고객유지 조치이며, 숙련된 창의적 작업의 부분 자동화라기보다는 번역회사의 지식과 정보관리 전문능력의 질을 보여주는 지표로 간주할 수 있다.

또한, 창의성과 통제의 충돌은 번역 관련 과학기술이 당면한 기본 질문, 즉 언제, 어느 정도까지, 누구에 의해, 그리고 어느 정도의 신뢰성을 가지고 그 기술이 이용될 수 있느냐는 질문을 제기하는 듯하다. 실증적 현장 연구는 번역 관리자가 이들 질문에 어떻게 답하는지 사례별로 알아내는 데에 도움이 될 것이며, 이는 현대 작업장을 위한, 과학적으로 지원되는 효율적인 MO(modi operandi), 즉 최선 관행을 개발하는 데에 기여할 것이다.

용어 및 번역 관리를 위한 과학기술 사용을 고려할 때에는 실용적, 기능적 관점이 확실히 유용할 것이다. 연구 및 교육 관련해서는, 비언어적, 사회적, 소통적 요인을 분석의 중심에 두어 전체 상황의 일부로서, 즉 맥락 속에서 과학기술을 고려해야 한다. 마찬가지로, 현재 및 미래의 번역 툴을 개발할 때에는 번역 시 협력이라는 중심 이슈를 고려해야 한다.

번역사, 그리고 번역학자는 그들의 작업이나 연구의 경제적, 산업적 맥락(예: 텔레콤 시장, 소프트웨어 개발과정)을 잘 이해해야 한다. 이러한 지식과 이해를 달성하는 방법은 여러 가지가 있다. 예를 들어, 정성적 현장 연구, '작업 지시', 번역 교육 때 실제의/실제에 따르는 주문, 팀 과제, 역할 수행 등을 사용하는 방법이 있다. 이러한 교수법은 특정 지식과 전문성을 전달하는 것뿐만 아니라, 학생들이 전문가 중의 전문가로서 적절하고 생산적인 경력을 갖도록 준비시키는 목적도 있어야 한다.

괴페리히(Gőpferich, 1998)는 기술 번역과 기술 저술에 관련된 활동분야들이 점점 더 융합되고 있다고 한다. 미래의 번역학 졸업생들은 복합적이고 매우 역동적인 환경에서 일하고 있는 자신을 발견하게 될 것이다. 번역 교육과정이 학생들을 문화간 커뮤니케이션 네트워크 속의 미래 커리어에 적절히 준비시키고자 한다면, 학제적(interdisciplinary) 관점 채택과 기술 커뮤니케이션, 현지화, 국제적 사용성 분야의 배경지식을 학생들에게 제공하는 것의 이점을 고려해 보아야 한다.

모든 개별 분야(관리, 지원, 컨설팅, 구현에서 단순직종에 이르기까지)는 여러 과업으로 구성된다. 대학은 학생들에게 과학적으로 올바르고, 실행지향적인 교육을 제공하여 학생들이 번역 산업이든 번역학 연구든 모든 차원의 커리어에 준비되도록 함으로써 차세대 학자를 양성할 수 있다.

오늘날의 언어 과학기술 산업은 번역사의 대체가 아니라 번역사 지원을 위한 툴의 개발에 초점을 맞추고 있다. 번역학의 핵심 과업 중 하나는 기술 개발에 적극적으로 참여하여 기술 개발이 번역 및 기술 커뮤니케이션 업계의 니즈에 집중하도록 하는 것이다. 이때 컴퓨터 언어학에서 인공 지능, 번역학에 이르기까지 다분야 간 협력 증가의 잠재력이 크다.

번역과 과학기술은 극히 역동적인 분야로서, 번역을 위한 대학원 과정의 인기가 증가하고 있다. 사회가 이들 분야에 제시하는 새로운 요건들은 기존 과정의 확대 기회를 제공할 뿐만 아니라, 새로운 첨단 과정을 도입하여 더 많은 수의 번역학 졸업생과 기타 협력 파트너를 현대 번역학의 최고기관으로 다시 끌어들이는 좋은 기회가 되고 있다. 이러한 교육과정들이 최신 툴과 기술에 집중하는 동시에, 실용적/과학적 연구와 과학 기반 관행 사이의 지속적이고 상호 유익한 대화를 확립하도록 한다면 이상적일 것이다.

참고문헌

1. Austermühl, Frank. 2001. *Übersetzen im Informationszeitalter – Überlegungen zur Zukunftfachkommunikativen und interkulturellen Handelns im Global Village.* Triers: WVT Wissenschaftlicher Verlag Trier.

2. Bowker, Geoffrey C., Star, Susan L., Turner, William and Gasser, Les (eds). 1997. *Social Science, Technical Systems, and Cooperative work. Beyond the Great Divide.* Mahwah, New Jersey: Lawrene Erlbaum Associates.

3. Clark, Andy. 1997. *Being There. Putting Bain, Body, and World Together Again.* Cambridge. Mass.: MIT Press.

4. Dickinson, Angela M. 2002. *Translating in Cyberspace. Virtual knowledge Communities fo Freelance Translators.* Master Thesis, Donau-Universität Krems.

5. Freigang, Karl-Heinz. 1996. "Software-Lokalisierung. Ein Gegenstand übersetzungswissenschaftlicher Reflexion?". In *Übersetzungswissenschaft im Umbruch. Festschrift für Wolfram Wilss zum 70. Geburtstag,* A. Lauer, H. Gerzymisch-Arbogast, J. Haller and E. Steiner (eds), 135-146. Tübingen: Narr.

6. Freigang, Karl-Heinz and Reinke, Uwe. 2002. "Wirtschaftliche und qualitätsbezogene Aspekteder Nutzung von Translation-Memory-Systemen". *Mitteilungsblatt für Dolmetscher und Übersetzer,* 4-5/2002: 39-44.

7. Göpferich, Susanne. 1998. *Interkulturelles Technical Writing: Fachliches adressatengerecht vermitteln. Ein lehr-und Arbeitsbuch* (=Forum für Fachsprachen-Forschung 40). Tübingen: Narr.

8. Lueger, Manfred. 2000. *Grundlagen qualitative Feldforschung: Methodologie – Organisierung – Materialanalyse.* Wien: WUV.

9. Prunč, Erich. 2001. *Translation in die Nicht-Muttersprache und Translationskultur.* TEXTconTEXT 15=NF 5,2 (2001): 283-299.

10. Risku, Hanna. 2004. *Translatorische Kompetenz. Kognitive Grundlagen des Übersetzens als Expertentätigkeit.* Tübingen: Stauffenburg.

11. Risku, Hanna. 2004. *Translationsmangement. Interkulturelle Fachkommunikation im Informationszeitalter.* Tübingen: Nar.

12. Vester, Frederic. 1980. *Neuland des Denkens. Vom Technokratischen zum kybernetischen Zeitalter.* Dtv Sachbuch 10220.

13. Wagner, Ina. 1997. "On Multidisciplinary Grounds: Interpretation Versus Design Work". In *Social Science, Technical Systems, and Cooperative Work. Beyond the Great Divide,* G. C. Bowker, S. L. Star, W. Turner and L. Gasser (eds), 415-432. Mahwah, New Jersey: Lawrene Erlbaum Associates.

동시통역 전문성 조사에서 연구 품질 확보하기

아델리나 힐드 Adelina Hild
뉴욕 주립 대학교 SUNY , 미국

본 연구는 동시통역(SI)시 발생하는 전문 담화 처리(expert discourse processing) 과정에 대한 실험적 조사를 소개하며, 연구 과정 중 여러 단계에 걸쳐 어떠한 방법을 통해－샘플 추출, SI 과업 표준화, 데이터 관리－연구 품질을 확보하였는지를 비판적 시각에서 검토한다. 연구에 완결성을 확보하는 한 방안으로 '방법간 다각적 검증법(between-method triangulation)'을 도입하여 SI 전문성이 가지는 복잡성에 더 근접하여 다가가는 방법을 제시한다.

KEYWORDS

동시통역 전문성(SI expertise), 방법론적 엄격함(methodological rigour), 다각적 검증법(triangulation), 담화 처리(discourse processing)

1. 서문

본 논문은 최근 통역 연구(IR) 관련하여 벌어지고 있는 정량적 연구 방법과 정성적 연구 방법의 평가에 대한 논쟁 및 통역 과정 연구에 이 들 방법론을 얼마나 활용할 수 있는가에 대한 논의를 배경으로 동시통역 전문성(SI expertise) 연구를 점검한다. 구체적으로는 다중 방법론을 사용하는 SI 담화 처리 연구에서 사용하는 데이터 수집과 분석 과정에 내포된 가정을 규정하고 연구 방법론상의 엄격성을 확보하는 것의 어려움과 이를 위해 사용되는 전략을 비판적 시각에서 검토한다.

연구에 있어 엄격성(rigour)이란 정직함과 능력을 보여주는 수단이며(아로니 외, 1999) 특정연구 및 연구를 통해 얻은 결과를 검증하고 정당화 하기 위한 시도이다. 정량적 연구와 정성적 연구 패러다임에서는 각 방법론이 가지는 존재론적, 인식론적 차이에 따라 각 방법론에 적용되는 일련의 품질 보증 기준을 마련하였다. 타당성, 신뢰성 및 일반화가 가지는 법칙성(nomological) 개념은 정성적 메타 담화에서는 심각하게 그 효용성이 도전 받아왔고(덴진과 링컨, 2000), 이에 자연주의적 연구에 적용할 수 있는(이전 기준에 따르는) 새로운 검증 기준에 대해 잠재적 합의가 나오고 있는 상황이다(cf. 링번과 구바, 1985).

동시통역 전문성이라는 개념을 다루기 위해 정량적 기법(qualitative method)과 정성적 기법(quantitative method)을 함께 사용한 본 연구에서는 연구 과정을 정당화하기 위한 검증 방법으로 다원주의 접근법을 택하였다. 이에 앞서 제시된 실증적 기준(positivistic criteria)과 더불어 다각적 검증법(triangulation)을 도입하였으며 보다 보편적인 요건인 '좋은 연구'의 요건을 충족시키고자 노력하였다. 다각적 검증법과 '좋은 연구'는 둘 다 정성적 패러다임에서는 빌어온 방법이다. 아르미니오(Arminio)와 헐트그렌(Hultgren)(2002)은 엄격성을 적용하는 것과 같은 말인 '좋은 연구'란 연구 과정을 구성하는 필수 요소로 인식되어야 하며 연구의 배경/근거를 설명할 때, 데이터 처리 시, 연구 결과를 해석하고 이를 통해 얻은 통찰을 논할 때 이에 대한 증거를 제시할 것을 제안한다.

본 연구에서 엄격성이 어떻게 확보되었는지를 실질적으로 보이기 위해 본 논문의 구성은 연구 프로젝트에 대한 개요에서 시작하여 본 연구 관련하여 엄격성 확보가 필요한 네 가지 측면, 다각화 검증, 샘플 추출, 과업 평가 및 데이터 관리에 대해 각각 논의하겠다.

2. 동시통역 전문성 연구 개요

2.1 이론적 근거

본 연구 프로젝트가 채택한 연구 패러다임은 체이스와 사이먼(1973)의 기념비적 연구 이후 지난 30년에 걸쳐 계속 발전되어 온 전문가 처리 이론(theory of expert processing)이다. 본 이론에서 파생되어 흔히 '의식적 연습 접근법(deliberate practice approach)'이라 불리는 이론에서 에릭슨(Ericsson)과 동료 학자들은(에릭슨과 킨치, 1995; 에릭슨과 디레이니, 1999) 전문가 수준의 성과(performance)를 확보하는 데 필요한 유일한 요소로 연습을 꼽는다. 연습을 통해 장기 작업 기억(long-term working memory: LT-WM)이라 불리는 과업-특정적 인지 구조와 메커니즘을 확보하게 된다는 것이다. 이들 학자에 따르면 전문가는 특수한 기억 기술을 습득하게 됨으로써 장기기억(LTM)에 있는 온라인 구조에 신속하고 안정적인 방법으로 접근하여 저장할 수 있는 방법을 배우며 이는 다시 이들 전문가의 작업 기억 용량을 높이는 결과를 가져온다고 한다.

에릭슨과 킨치(1995)에 따르면, 전문가의 이런 특수 기억 기술 습득 과정을 이루는 필수 부분으로 전문가는 과거 경험을 통해 자신이 수행할 과업이 가지는 제약을 인지하고, 이를 근거로 과업에 적합한 정보를 선택할 수 있는 능력을 습득하며, 앞으로 해당 정보의 인출 필요성을 예상하여 그에 맞는 방식으로 정보를 저장한다고 한다. 이들의 관점에 따르면 LT-WM의 원리는 다양한 분야에서 이루어진 단서 재생(cued-recall) 전문가 처리 연구를 통해 그 존재가 입증된 과업 관련 정보 처리를 위한 우연 기억(incidental memory)에 대한 설명을 제공한다.

본 연구에서는 전문가 성과의 세 가지 특성인 우수한 퍼포먼스(performance), 선별성(selectivity)과 우연 기억에 대하여 조사하였다.

2.2 동시통역 전문성에 대한 발견

본 연구는 전문가-초보자 비교(expert-novice comparison) 연구로 설계되었으며 참가자는 평균 9년 이상의 업무 경력을 가진 8명의 전문가와 회의 통역 기술 석사 과정을 시작한 지 3개월째에 접어든 동 수의 통역 훈련생들로 구성되었다. 연구 목적은 앞서 기술한 전문가 특성과 관련하여 아래와 같이 정의되었다.

1. 정확성을 측정하여 초보집단과 뚜렷이 구분되는 전문가의 우수한 퍼포먼스를 안정적으로 기록
2. 동시통역 시, 주의(attention)를 어떻게 분산했는지에 대한 지표가 되는 일련

의 구술 단서(14개의 문법적, 의미적, 담화적 단서) 관련하여 정확성에서 두 집단이 어떠한 차이를 보이는지 점그래프로 표시하여 선별성(selectivity) 조사

3. 동시통역에 있어서 과업의 내용과 성과에 모두 작용하는 것으로 알려진 우연기억의 특성을 조사

퍼포먼스와 재생(recall)의 정량적 분석 결과 도출된 결과는 아래 표 1에 제시되었다. 분석 결과 전문가의 우수성이 뚜렷이 나타났다. 주의 분산과 구술 정보 관련해서도 같게 전문가-초보간 격차가 뚜렷이 기록되었고 이는 동일 분야의 선행연구 결과와 일치한다(상세 설명은 이바노바 1999 참조). 한 예로, 초보 집단의 경우 의미 단서보다 문법 단서가 이들의 퍼포먼스 정확성을 더 잘 예측해, 초보 집단의 표층적 정보 구조에 대한 의존도를 시사했다.

표1. SI 퍼포먼스 분석 정량적 데이터, 자유 회상(free recall)과 단서 재생(cued recall)

데이터 유형	전문가(S=8)	초보(S=8)	유의도
퍼포먼스 정확성	0.81	0.57	Z=41.1, p 〈 .001
자유 회상	0.117(*SD=0.046*)	0.046(*SD=0.025*)	t=3.83, p 〈 .001
단서 재생	0.518(*SD=0.115*)	0.213(*SD=0.062*)	t=10.84, p 〈 .001

또한 기억에 있어서도 전문가 집단의 우수성을 나타내는 보완된 증거가 발견되었다. 이는 전문가 집단의 우수한 회상 정확도와 동시통역 후 이루어진 유발된(elicited) 회상의 프로토콜 분석 결과 (본 연구에 사용된 방법론은 표 2를 참고하시오)를 종합하여 얻은 결과이다.

본 연구 결과 발견된 전문가 동시통역 퍼포먼스의 특징은 다른 다양한 영역의 전문가 처리 연구에서 나타난 결과와 유사하며 SI 전문성을 연구한 다른 몇몇 연구의 결과와 일치한다(특히 Liu, 2001의 연구). 이러한 선행 연구와의 일치성은 본 연구의 엄격성을 드러내는 증거로서 이

후 본 연구의 절차 분석 과정에서 그 의미가 강조된다.

3. 방법론 측면에서의 다각적 검증

다각적 검증법/삼각측량(triangulation)이 가지는 비유의 힘은 학제 간 경계를 넘어 교육학, 인류학, 사회학, 조직학 연구를 포함하여 최근 들어서는 번역학(알베즈, 2003; 팍테 2003)에 이르기까지 폭넓은 분야에서 활용되며 창의성, 정직성, 결과에 대한 보다 높은 확신을 목표로 하는 다양한 연구 설계를 총칭하는 의미로 사용되고 있다(다양한 다각적 검증법에 대해서는 마일즈와 후베르만, 1994을 참조하시오). 다각적 검증법은 정량적/정성적 방법론 간 차이를 해결하고 검증 과정을 강화하는 방편으로 종종 권상된다. 직(Jick, 1979, 609)은 다각적 검증법에서 정량적 데이터의 사용을 옹호하는데 이는 정량적 데이터가 "다중기법을 활용한 연구 결과를 해석하는 데 있어 접착제의 역할을 하기 때문"이라 밝히고 있다.

그러나 정량적 패러다임과 정성적 패러다임을 합치는 것은 많은 문제점을 잠재적으로 수반한다. 메시(Massey, 1999)는 오로지 확증(confirmability)만을 목표로 다각적 검증법을 사용하는데 따르는 여섯 가지 논리적 오류에 대해 논의하며 이는 종종 암묵적으로 여러 방법론 간 우선순위를 보여주는 결과를 초래한다고 한다. 다각적 검증법을 완결성(completeness)을 제공하는 방법으로 바라보는 시각도 방법론 분야에서 널리 활용되고 있다(브렛마이어 외, 1993). 완결성은 다양한 종류의 연구 방법론을 적용하여 얻은 다양한 결과를 종합함으로써 연구 대상이 지니는 복잡성을 포착하고자 할 때 얻을 수 있으며, 이는 조각난 정보를 모아 퍼즐을 맞추는 과정과 같은 것으로 비유된다.

다각적 검증법이 완결성 또는 확증성을 통해 연구의 견고함을 확보하기 위한 것이라면, 연구 과정에서 다양한 시각이 어떻게 확보되었고 이러한 과정에서 어떻게 연구 대상에 대한 더욱 깊이 있는 이해를 얻게 되었는지를 명확히 보이는 것이 연구자가 직면한 주요 과제가 된다 (브렛마이어 외, 1993). 이에 실패하는 연구자는 자신의 연구 과정에 대해 불분명하고 인상에 근거한(impressionistic) 설명만을 제시하여 연구 전체의 타당성을 해칠 위험에 놓이게 된다.

3.1 동시통역 전문성 연구에 다각적 검증법 적용

본 연구 관련하여 다각적 검증법은 본질적으로 다른 두 가지의 문제를 다루기 위해 사용되었다. 이 전략의 사용으로 인해 생성된 방법론과 미가공 데이터는 아래 표 2에 요약되어 있다.

첫 번째 문제는 기억 손실을 최소화하기 위해 다양한 유형의 미가공 데이터(사고구술 내용-think aloud 프로토콜, 도착어 통역, 연구자의 관찰 기록)를 사용한 후향적(retrospective) 연구에서 다양한 미가공 데이터 사용이 지연된 회고(delayed retrospection)에서 타당성을 위협하는 것(이에 대한 자세한 내용은 이바노바 2000 참조)에 대비해 연구의 견고함을 확보하는 것이었다.

두 번째 문제는 완결성 확보를 위해 연구 방법론에 다각적 검증법을 적용하는 것이었다. 이는 정량적 분석으로 얻어진 결과에 정성적 데이터를 활용하여 얻어진 결과에 대해 더 명확한 이해를 얻어 전문가의 우연기억과 전략적 처리에 대한 새로운 발견을 얻기 위해 시행되었다. 이는 다양한 시각이 연구에 반영되도록 해주며, 연구 참가자들—특히 전문가 집단—의 자기성찰적 경험이 연구에 기여할 수 있는 고유한 이점을 깨닫게 하고, SI 전문성에 대한 보다 포괄적인 이해를 얻을 수 있게 한다. 이에 대한 예로는 LT-WM에 저장된 정보에 접근하는데 후향적기법과 회고 기법을 함께 사용한 점과 과업 내용(ST 재생)과 과업 퍼포먼스 (모니터링, 문제, 전략적 처리)관련하여 분석한 것을 들 수 있다.

표 2. 연구에 사용된 다중 기법 요약

유발성(elicitation) 방법론	데이터	분석적 기법	논문에서의 최종 표현
퍼포먼스 분석 준실험적	TT 트랜스크립트	명제적 분석	대상은 선별적으로 참여
ST 자연 회상 준실험적	회상에 대한 트랜스크립트	명제적 분석	LTM에의 ST 회고
ST 단서 회상 준실험적	설문지 (서술식 및 단답식)	담화 및 명제적 분석	LTM에의 ST 회고
회고 정성적	트랜스크립트	명제적 분석 및 담화 분석	문제-해결 쌍, 전략
인터뷰: 대답하기 정성적	트랜스크립트	담화 분석	거시 전략, 개념 및 어휘

선별성 관련하여 TL 산출물에 대한 정량적 분석은 퍼포먼스의 정확성이 특정 텍스트 및 언어 단서에 의해 영향을 받는지에 대한 풍성한 데이터를 제공했다. 그러나 퍼포먼스가 왜 본 연구에서 발견된 바와 같은 특정한 방식으로 영향을 받았는지에 대한 설명을 제공하는 데이터는 생성되지 않았다. 반면 회고와 인터뷰는 의사결정 과정에 대해 참가자의 시각을 뚜렷이 보여주며 참가자 개개인의 목소리를 반영했다. 동시통역 과정 중 이해, 통역, 및 재생 단계 시 접했던 문제점에 대한 회고는 각각에 대한 해결책을 찾아 점 분포도로 표시함으로써 규범, 과업 제약, 언어 지식 및 일반적 지침(heuristic) 등 정확성에 차이를 가져오는 요인을 조사했다.

이와 유사한 방법으로 전문가 집단은 SI 중 의미 단서에 주의를 기울였다는 점과 화용적으로 중요성을 가지는 정보를 회고 시 통제집단의 청취자들과 같은 수준의 정확성을 가지고 재생할 수 있었던 점 (단서 재생 방법을 통해)이 회고로 얻은 정보를 통해 보완되었다. 회고로 얻은 정보를 통해 전문가 집단은 ST를 처리할 때 적극적으로 ST의 개별 사건을 '최소한의 시나리오', 즉 '누가-무엇을-했나' 구조로 구성한다는 사실이 드러났다.

방법 간 조사(between-methods)를 사용하는 연구 설계를 시행하는 데 있어 가장 어려웠던 부분은 진정한 다양한 관점을 확보하고 연구의 결론을 구성하는 단계까지 다양한 유형의 증거와 데이터 간 균형을 유지하는 것이었다. SI 전문성의 각기 다른 측면을 연구하기 위해 이 복합적 방법론을 사용한 것과 관련해서는, 내적 일관성을 유지하면서 엄격성에 대한 우려를 인식론과 특정 패러다임의 언어 안에서 해결하는 것이 문제는 아니었다. 그러나 전체 연구를 놓고 볼 때 정량적 분석 결과가 더 큰 비중으로 다루어졌으며 정성적 데이터는 준실험적 질문에 답하는 과정에 조심스럽게 보완적으로 사용되었을 뿐으로 이는 본 연구가 행해진 전공분야가 가지고 있는 연구 접근법에 대한 철학과 연구자 자신의 실증적 관점이 암묵적으로 반영되었음을 볼 수 있다. 이 점이 본 연구가 방법론에 있어 다각적 검증법을 통해 확보하고자 했던 완결성을 훼손하지는 않으나, 완결성과 엄격함을 얻기 위해 다각화된 방법론을 사용할 때 직면하게 되는 진정한 어려움이 무엇인지는 잘 보여준다.

4. 과업의 표준화: 과업 환경 및 자극 선정

모든 전문성 관련 연구 프로젝트의 초기 단계에서 연구자는 연구 대상분야의 전문 퍼포먼스의 정수를 가장 잘 포착할 수 있는 과업이 무엇인지를 정하고 이를 표준화된 실험실 조건으로 옮겨놓는 매우 중대한 결정을 내리게 된다(에릭슨과 스미스, 1991). 이와 관련 에릭슨은 (2000/1) IR관련 "대표성 있는 과업 조건을 위한 정교하게 정의된 기준"에 대해 의견 일치가 가지는 중요성과 필요성을 강조한다(ibid.: 207). 이를 본 연구에 적용하면, 이는 전문 통역 환경의 실제 조건을 잡아내는 것뿐 아니라, 전문 통역사가 자신의 우수한 퍼포먼스를 명확히(clearly), 견고하게(robustly), 타당성을 확보하면서(reliably) 보여줄 수 있는 과업을 설계하는 것을 의미한다. 표준화가 확보 되었는가에 대한 검증은 궁극적으로는 탁월한 퍼포먼스를 끌어낼 수 있는가에 달렸으며, 전문가-초보자 대조 실험의 경우 전문가의 우수성을 명확히 보여줄 수 있는 크기의 퍼포먼스 차이를 두 집단 간 확보하는 것에 달려있다.

4.1 실험적 자극의 대표성

이 단계에서 결정적인 요소는 자극(stimulus)의 선정으로, 자극이란 전문가-초보간 일정 크기 이상의 차이를 이끌어내기 위해 잠재적으로 조작할 수 있는 여러 종류의 매개변수(파라미터)를 의미한다. 단순화하거나 변형된 인풋은 우수한 퍼포먼스를 이끌어 내는 데 실패할 수 있음을 시사하는 실험적 연구 결과(기홀리 외, 1988)에 따라 대규모 아카이브 검색 끝에 두 편의 회의 실황 녹음본을 선정하여 길이 조정 외에는 어떠한 변형도 가하지 않고 참가자들에게 제시하였다.

ST 선정 기준과 그에 근거가 된 실증적 연구가 표 3에 제시되어 있다.

표 3. 자극 선정 기준 및 특성

기준	자극	근거
주제	일반 정치	전문 지식에 대한 통제
연설 속도	136 wps	거버(Gerver, 1969)
구술성 (orality)	사전 작성, 즉흥적, 문서화되지 않은 텍스트	슐레징거 (Shlesinger, 1989) 엔크비스트 (Enkvist, 1982)
백색소음	청각적으로 깨끗한 녹음	거버(Gerver, 1974)
텍스트 유형	텍스트 간 상호연관성 없는 보고서	알렉시에바 (Alexieva, 1994)

연구 결과를 고려할 때 파라미터 선정과 관련하여 두 가지 결론이

도출되었다. 첫째, 일반 정치를 주제로 하는 텍스트를 선정함으로써 배경지식의 영향을 통제한 후에도 전문가-초보자간 타당성이 확보된 유의미한 수준의 차이가 기록되었다. 둘째, ST길이(ca. 600 단어)는 초보자의 퍼포먼스에 영향을 미치는 요인으로 인식되어야 한다. 파일럿 테스트를 통해 ST의 길이가 긴 경우(ca. 1000) 초보자 그룹의 퍼포먼스가 심각하게 저하되었음이 밝혀졌다.

4.2 SI 과업 환경 표준화

표준 SI 관행과 유사한 환경을 조성하기 위해 참가자들에게 회의의 주제와 장소에 대한 정보가 포함된 과업 상세서(브리프)를 실험 전 제공하였다. 또한, 회의 개회사가 연습용 텍스트로 사용되었다. 참가자들과의 인터뷰에서 실험 상황이 얼마나 실제 회의 조건과 유사했는지를 묻는 질문에 일부 전문가 집단은 "전체적인 '분위기'가 다르다", "통역사들간 상호작용이 없었다" 등의 의견을 제시하며 이러한 환경이 자신의 스트레스 수준과 동기에 영향을 미쳤음을 밝혔다. 과업이 가지는 이러한 비가시적 특징을 실험실 상황에서 재현해 내기는 어렵다. 이러한 환경상의 차이가 일상적인 인간 활동의 성과에 잠재적으로는 중대한 영향을 미치는 요인이 될 수 있으나(피츠와 포스너, 1967), 그것이 전문가에 미치는 영향과 본 연구에서 차지하는 영향은 미미한 것으로 보이며, 이는 또한 다양한 환경에서 자신의 동기 수준을 조절할 수 있는 전문가의 능력에 의해 상쇄된 것으로 보아도 무방하겠다(에릭슨 1996).

5. 샘플선정

전통적인 실증연구에서는 샘플 선정은 실험 전 무작위 추출을 통해 동일한 그룹을 선별함으로써 해당 연구가 과학적 절차에 의해 이루어졌음을 검증하는데 핵심 역할을 한다. 반면, 전문가-초보자 대조 실험에서는 연구 절차에 대한 연구자의 통제권이 연구 초기부터 제한되어야 한다. 이러한 준 실험적 연구 설계에서는 최적의 통제상황은 일어나지 않지만(켐벨과 스텐리, 1963), 샘플 선정 관련하여 발생하는 가장 주요한 문제는 최대의 대조 효과를 위해 각각 선별될 두 집단의 내적 일관도 (internal consistency)를 확보하는 것이다.

본 연구에 참여한 초보자 집단은 높은 외국어 실력과 통역사로 활동하고자 하는 동기를 통해 석사과정에 선발되어 석사 프로그램 초기에는 상당히 동질적인 집단을 형성하였다. 반면, 전문가 집단의 경우 여러 인식론적, 실용적 문제를 겪었는데, 그중 참가자 간 언어 지배력과 전문분야에 대한 일관성을 확보하는 것이 가장 덜 어렵고 해결이 간단했던 문제였다.

핌(Pym, 1998)은 번역(통역)학은 전문가에 대한 객관적이고 입증 가능한 기준이 부족하다는 입장을 개진하며 전문가 지위를 나타내는 특성과 관련하여 문제의 핵심을 언급했다. "이들은 어떻게 전문가가 되었는가? … 모든 번역사(통역사)는 번역사(통역사)가 됨으로써 모두 전문가가 되는 것인가?" 이에 대해 슈레브(Shreve, 2000)는 능력(competence)과 전문성(expertise)을 구분하여 이를 각각 전문직과 전문가의 퍼포먼스 기저에 있는 인식 구조이자 원리(메커니즘)라 하였다. IR 분야의 모저-머서 (Moser-Mercer, 2000: 340)는 전문성을 여행에 비유한 전문가 조합의 표현을 빌려 스킬 개발이 단계별로 차근차근 이루어지는 특성이 있음을 주장했다. "그들 [통역 훈련생]의 목표는 숙련공으로서의 훈련과정을 빨리 마치고 국제회의의 세계로 모험을 떠나 진정한 전문가가 되는 것이다". 숙련공에서 전문가로의 탈바꿈에 얼마의 시간이 걸리는지에 대해서는 위 저서에 제시되어 있지 않으나 다른 저서를 (호프만, 1997) 통해, 모저-머서는 여행의 최종 목적지—통역사 거장—에 도달하기까지

10년의 세월이 필요할 것으로 유추한다.

번역학에서 스킬 개발의 여러 단계를 구분하는 연구가 이루어지고 있는지는 확실하지 않다. IR 분야의 경우, 원 실험 보고서나 이를 인용한 이차 문서에서 훈련 기간을 명시하지 않는 것이나(e.g. 수나리, 1995; 칼리나, 1994), 다양한 업무 경력 기간을 가진 통역사들을 대상으로 연구를 수행한 후, 각 참가자가 꾸준히 높은 성과를 낼 수 있는 능력(에릭슨과 스미스, 1991)을 구체적으로 나타내는 정보 제공 없이, 전문가의 특성에 대한 결론을 도출하는 것은(딜린저, 1989는 평균 8년, 리우, 2001은 2년) 어렵지 않게 볼 수 있는 일이다.

이러한 현상은 비단 통역학에만 한정된 것이 아닌 퍼포먼스에 대한 절대적/상대적 측정이 필수가 아닌 분야에서는 오랫동안 유지되어온 일이다. 한 예로 의료 전문성에 대한 연구는 전문성에 기초한 기준에 대해서는 함구하고 있다. 반면, 치열한 경쟁이 수반되고, 결과가 미치는 영향이 크며, 성과 기준이 이미 수립된 다른 분야의 경우 (e.g. 체스, 스포츠 등) 탁월한 개인을 선별하는 일은 쉬운 일이다. 전문성에 대한 심리학 연구가 전문직에 근거한 정의보다는 퍼포먼스에 기반을 둔 전문성의 정의를 채택한 것은 우연이 아니다.

> 전문성 연구는 해당 분야에서 탁월한 개인을 탁월하지 못한 개인 및 일반인과 구분하는 기준이 무엇인지를 이해하고 이에 대한 설명을 제시하는 것을 목표로 한다 (에릭슨과 스미스, 1991: 2)

현 SI 전문성 연구가 제한된 실증 연구와 적절한 이론적 모형이 없는 상태에서(cf. 슈레브, 2000) 뛰어난 성과를 내는 통역사를 구분하는 데 적용할 수 있는 기준은 무엇인가? 이에 대한 한 가지 기준은 위에서 모저-머서가 제시간 '10년 법칙'이 될 수 있다. 이 기준은 실증적으로 검증된 것이기는 하나 에릭슨 외(1993)에 의하면 전문성의 수준을 나타내는 타당한 지표는 되지 않는다. 에릭슨 외는 이에 대한 대안으로 '의식적 연습'—목표가 설정되어 있으며 난이도가 점진적으로 높아지고, 유용한 피드백을 통한 반복 및 오류 수정 기회가 주어지는 활동—을 제시한다. 그러나 연구 실용성을 고려할 때, 이 개념은 예측력이 제한적이고 검증을 통한 기각이 가능한지가 확실치 않다(스턴버그, 1996).

사회심리학에 적용되고 있는 또 다른 방법은 다양한 해당 분야에 특징적인 전략을 통해 유도한 사회적 평가와 판단을 이용하는 것이다. 한 예로 스타인(Stein, 1997)은 전문직종에 종사하는 개인들 간의 관계의 밀도 및 유형을 분석하여 전문직 종사자 중 전문가를 구별해내는 네트워크 분석이라는 기법을 제안하였다.

본 실험에는 두 개의 독립된 소스—통역 에이전시와 회의통역기술 석사 과정을 지도하는 교수집단—로부터 전문가 판단을 유도하는 전략이 적용되었다. 연구자는 이들에게 뛰어난 동시 통역사 10명의 명단을 제공해 줄 것을 의뢰하였다. 75%가량의 응답률을 받아, 평균 9년의 통역 경력을 가진 9명의 전문 통역사 집단이 구성되었다. 이 집단은 실험 전 사전 테스트를 받지는 않았다. 이 집단의 퍼포먼스는 실험 후 미가공 데이터의 분석에 앞서 이상치(outlier)를 점검하는 과정의 목적으로 총체적 기준에 의해 평가하였다. 이 단계에 들어서야ⓐ 전문가 집단의 동질성이 높은 TT의 품질을 통해 경험적으로 검증되었으며, ⓑ 베테랑 통역사였던 한 참가자의 데이터가 이상치 판정을 받았다. 이상치 판정을 받은 통역사의 통역은 초보집단보다는 우수했고 유창했으나 나머지 8명의 전문가 집단보다는 정확도가 떨어졌다. 지속적으로 타당한 수준의 우수한 퍼포먼스(에릭슨 2000/1)라는 기준에 미달한 관계로 해당 데이터는 이후 분석에서는 제외되었다.

이와 같은 샘플 추출 과정을 통해 얻은 교훈은 무엇인가? 첫째, SI 전[illegible] 연구에서 누적 가능한 연구 관행을 정립하기 위해서는 연구 및 이론에서 전문가[illegible] 많은 전문직 종사자를 구분하는 일관된 기준이 필요하다. 둘째, 이러한 구분이 독립적 유도 판단으로 이루어질 경우(퍼포먼스 평가 기준 부재 시 사용할 수 있는 합리적이고 실행 가능한 대안), 실험 도중 빠지는 데이터를 줄이기 위해 실험 전 퍼포먼스 테스트를 통해 검증을 거쳐야 한다. 더욱 일반적인 방법론 차원에서는 상기 적용된 샘플 추출 과정은 스킬 개발의 각 단계에 맞는 구체적인 요건과 기준점을 제시한 전반적인 퍼포먼스 모델의 개발 필요성을 주장한 슈레브(2000)의 의견에 시급성을 더한다.

6. 데이터 취급 시 일관성과 타당성 확보하기

정량적 패러다임과 정성적 패러다임 모두 실험연구에 엄격성을 확보하는 것과 관련하여 데이터 취급 및 분석 시 발생할 수 있는 왜곡현상에 대해 우려를 표명했다. (정량적 연구에서 채택한) 객관성의 기준 및 코딩의 타당성이나 이에 상응하는 비실증적 개념인 신인성(dependability)과 확증 가능성(confirmability) (링컨과 구바, 1985; 링컨, 1995)을 통해 연구에 이러한 왜곡/치우침 현상이 존재하지 않음을 보여주는 각 연구방법론에 맞는 전략이 채택되고 있다. 본 연구에서도 이와 같은 전략이 일부 사용되었으며 본 장에서는 이에 대한 간략한 논의가 이루어질 것이다. 본 연구에서는 미처리 구술 데이터(SI 녹음, 회상, 인터뷰 데이터)가 여러 차례 조작을 거쳐야 했으므로 (트랜스크립션, 세그멘테이션, 수치 데이터로의 변환, 통계 분석 및 프로토콜 분석) 데이터 처리 과정에서 일관성과 높은 품질을 유지하는 것이 특히 중요하였다. 연구 과정에 견고함을 더하기 위해 시행된 절차에는 다음이 포함된다.

- 즉석 발화 담화를 위해 특별히 개발된 트랜스크립션 프로토콜인 VERBMOBIL의 사용으로 다양하고 많은 양의 언어적 및 준 언어적 현상을

상세히 기록함.

- 모형-이론적 ST와 (애셔 1993) SI/회상 아웃풋을 4가지 측면에서 일치도를 측정하여 퍼포먼스의 정확도를 평가함. 4가지 측면은 '성공', '실패'의 두 상위 범주 아래 포함됨 (그림 1 참조). 4가지 측면은 SI 중 발생하는 다양한 처리 유형—특히 유추생성 (패러프레이즈와 오류 범주에 반영) 유형—에 대한 상세 정보를 제공함. 이는 특히 전문가 SI의 단서를 통한 선택성을 분석하는데 유용한 것으로 보임.

그림 1. SI 응대 구조 및 리콜 정확도 평가

- 정확성의 타당도를 다섯 명의 독립 평가자가 평가한 점수의 평균으로 산출함. 이는 평가자 간 불일치의 유형과 원인에 대해 명확한 결과를 제공함. 이 투명하고 고유한 상식적 지표는 주로 양분화된 범주에 많이 사용되는 상관관계이나 (토몰라와 린드홈, 1995) 카파 통계(Kappa statistics)(Liu, 2001)보다 다범주로 이루어진 정확성 추정치에 대한 대안이 될 수 있음.
- SI 회상 데이터의 명확한 처리. SI 회상 프로토콜 분석 시 편향을 줄이는 것이 본 연구가 겪었던 어려움 중 하나였음. 다수의 코딩인력을 채용하거나 경험이 없는 코딩인력을 사용할 수 없었으므로 다음의 절차에 따라 코딩을 진행하였음. ⓐ 각각의 프로토콜에 대해 (몇 주간의 간격을 두고) 코딩을 두 차례 시행함, ⓑ 두 코딩을 비교하여 일치도를 확인함, ⓒ 불일치 항목은 제3의 독립된 코딩담당자를 통해 코딩.

정량적 방법을 통해 메타 담화를 분석한 연구에서도 일관성과 투명성 확보를 위해 이와 유사한 접근법—데이터 확인 후 재확인 또는 데이터 수집 및 분석 절차에 대한 감사 시행—을 시행한 후 편향 가능성의 추정치를 제시하였다.

위에 기술한 방법들은 모두 대단히 많은 시간과 자원을 필요로 한다. 이는 특히 프로토콜 분석 시 일부 세그먼트에 대한 특정 성향 분석이 아닌 전 프로토콜을 대상으로 할 때 더욱 그러하다. 그럼에도 불구하고, 단지 인상에 근거한 단편적인 연구 결과를 도출하는 위험을 피하고, 연구 결과에 일관성과 엄격함을 확보해 해당 연구분야 밖에서도 신뢰받을 수 있게 하기 위해선 이러한 문제점을 실용적 측면과 이론적 측면에서 고려하는 것이 반드시 필요하다.

7. 결론

이 논문에서 저자는 양적 연구와 질적 연구가 교차하는 연구 설계에 엄격성을 확보하는 데 있어 맞딱드리는 어려움에 대해 논하였다. SI 담화 분석 연구의 맥락에서 완결성을 확보하고 SI 전문성의 복잡성에 대해 보다 깊이 있는 이해를 얻기 위한 전략으로 도입한 방법론상의 다각적 검증법을 비판적 관점에서 검토하였다. 다각적 검증법은 연구결과의 일관성과 면밀함에는 기여하였으나 본 연구에의 적용이 실제로 두 패러다임의 인식론적 기준과 방법론적 요건이 동등하게 존중되는 '진정한 관점의 융합'(토빈과 베글리, 2002)을 가져왔는지에 대해서는 의문이 남는다.

본 연구에서 엄격함과 좋은 연구란 연구의 각 과정에서 명료함을 확보하는 것으로 해석하였다. 연구 설계부터 전문가 선정, SI 과업의 표준화에 이르기까지 연구의 결정적 부분을 논의하는 데 있어 가장 우선적으로 이 기준을 활용하였다. 위에서 논의한 설계 방법 중 일부는 지식의 공백을 메우기 위해 임시로 사용된 것이며(퍼포먼스 측정 모형이 가장 대표적), 일부는 앞으로 연구를 촉진하는데 이바지할 수 있을 것이다. 그 중 한 예가 통제된 실험실 환경에서 전문성의 재생에 영향을 주는 요인을 찾는 것과 관련된 내용이다.

통번역학 연구에 정량적 방법론을 적용하는 것에 대한 관심이 높아져 가는 가운데 메타 담화와 개별 연구에서 엄격성을 확보하는 것에 대한 논의가 시급하다. 정량적 연구의 품질을 평가하고 연구 결과의 견고함을 확보하는 방법은 다양한 인접학문을(e.g. 교육학, 사회 심리학, 보건학 등) 통해 얻을 수 있을 것이다. 또한, 우리 연구를 검증하는 기준의 명확성을 확보하기 위해 학제간 논의를 시작하고 유지하는 것이 필요하다.

참고문헌

1. Alexieva, Bistra. 1994. "Text types and intertextuality in simultaneous interpreting". In *Translation Studies – An Interdiscipline,* M. Snell-Hornby, F. Pöchhacker and K. Kaindl (eds), 179-189. Amsterdam & Philadelphia: John Benjamins.

2. Alves, Fabio (ed.). 2003. *Triangulating Translation: Perspective in Process Oriented Research.* Amsterdam & Philadelphia: John Benjamins.

3. Anderson, Linda. 1994. "Simultaneous interpreting: Contextual and translation aspect." In *Bridging the Gap: Empirical Research in Simultaneous Interpretation,* S. Lambert and B. Moser-Mercer (eds), 101-121. Amsterdam & Philadelphia: John Benjamins.

4. Arminio, Jan and Hultgren, Francine. 2002. "Breaking out from the shadow: the question of criteria in qualitative research". *Journal of College Student Development 43*(4): 446-456.

5. Aroni, Rosalie, Goeman Dianne, Steward, Kay, Sawer, Susan, Abramson, Michael and Thein, Frank. 1999. *Concepts of Rigour: When Methodological, Clinical and Ethical Issues Intersect.* Paper presented at The First AQR Conference, Melbourne, Australia. Available on-line at http://www.latrobe.edu.au//www/aqr/offer/papers/RAroni.hmt (retrieved October 10, 2005).

6. Asher, Nicholas. 1993. *Reference to Abstract Objects in Discourse.* Dordrecht: Kluwer Academic Publishers.

7. Breitmeyer, Bruno, Ayres, Linda and Knafl, Kathleen. 1993. "Triangulation in qualitative research: Evaluation of completeness and confirmation purposes". *Image: Journal of Nursing Scholarship 25* (3): 237-243.

8. Campbell, Donald T. and Stanley, Julian C. 1963. *Experimental and Quasi-experimental Designs for Research.* Chicago: Rand McNally College Publishing.

9. Chase, walter and Simon, Herbert. 197. "The mind's eye in chess". In *Visual Information Processing,* W. G. Chase (ed.), 215-281. New York: Academic Press.

10. Denzin, Norman K. and Lincoln, Yvonna. 2000. *Handbook of Qualitative Research.* Sage: Thousand Oaks, CA.

11. Dillinger, Mike. 1989. *Component Processes of Simultaneous Interpreting.* McGill University, Canada (unpublished PhD thesis).

12. Enkvist, Nils. 1982. "Impromptu speech, structure and process". In *Impromptu speech: A Symposium,* N. Enkvist (ed.), 222-237. Abo: Research Institute of the Abo Academy.

13. Ericsson, K. Anders. 1996. "The acquisition of expert performance: An introduction to some of the issues". In *The Road to Excellence: Acquisition of Expert Performance in the Arts and Sciences, Sports and Games,* K.A. Ericsson (ed.), 1-51. Mahwah, NJ: Lawrence Erlbaum.

14. Ericsson, K. Anders. 2000/1. "Expertise in Interpreting: An expert-performance perspective". *Interpreting* 5(2): 187-220.

15. Ericsson, K. Anders and Delaney, Peter. 1999. "Long-term working memory as an alternative to capacity models of working memory in everyday skilled performance". In *Models fo Working Memory: mechanisms of Active Maintenance and Executive Control,* A. Miyake & P. Shah (eds), 257-298. Cambridge: Cambridge University Press.

16. Ericsson, K. Anders and Kintsch, Walter. 1995. "Long-term working memory". *Psychological Review,* 102:211-245.

17. Ericsson, K. Anders and Smith, Jacqui. 1991. "Prospects and limits of the empirical study of expertise: An introduction". In *Toward a General Theory of Expertise,* K.A. Ericsson and J. Smith (eds), 1-39. Cambridge: Cambridge University Press.

18. Ericsson, K. Anders, Krampe, Robert and Tesch-Römer, Clemens. 1993. “The role of deliberate practice in the acquisition of expert performance”. *Psychological Review,* 100(3): 363-406.

19. Fits, Paul and Posner, Michael. 1967. *Human performance.* Belmont CA: Brooks-Cole.

20. Gerver, David. 1969. “The effect of source language presentation rate on the performance of simultaneous conference interpreters”. In *Proceedings of 2nd Louisville Conference on Rate and/or Controlled Speech,* F. Foulke (ed.), 162-183. University of Louisville.

21. Gerver, David. 1974. “The effects of noise on the performance of simultaneous interpreters, Accuracy of performance”. *Acta Psychologica,* 38: 159-167.

22. Gilhooly, Kenneth J., Wood, Michael, Paul. R. and Green, Caroline. 1988. “Skill in map reading and memory for maps”. *Quarterly Journal of Experimental Psychology* 40A: 87-10

23. Hoffman, Robert. 1997. ‘The cognitive psychology of expertise and the domain of interpreting”. *Interpreting* 2(1/2): 189-230.

24. Ivanova, Adelina 1999. *Discourse Processing During Simultaneous Interpreting: An Expertise Approach.* University of Cambidge, UK (unpublished PhD thesis).

25. Ivanova, Adelina. 2000. “The use of retrospection in research on simultaneous interpreting”. In *Tapping and Mapping the Processes of Translation and Interpreting,* S. Tirkkonen-Condit & R. Jaaskelainen (eds), 27-53. Amsterdam & Philadelphia: John Benjamins.

26. Jick, Todd D. 1979. “Mixing qualitative and quantitative methods: Triangulation in action”. *Administrative Science Quarterly* 24:602-611.

27. Kalian, Silvia. 1994. "Analysing interpretation performance: Methods and problems". In *Teaching Translation and Interpreting 2: Insights, Aims and Vision,* C. Dollerup and A. Lindegaard (eds), 225-232. Amsterdam & Philadelphia: John Benjamins.

28. Lincoln, Yvonna. 1995. "Emerging criteria for qualitative and interpretative research". *Qualitative Inquiry* 3:275-289.

29. Lincoln, Yvonna and Guba, Egon. 1985. *Naturalistic Inquiry.* Thousand Oaks, CA: Sage.

30. Liu, Minhua. 2001. *Expertise in Simultaneous Interpreting: A Working Memory Analysis.* University of Texas at Austin, USA (unpublished PhD thesis).

31. Massey, Alexander 1999. "Methodological triangulation, or how to get lost without being found". In *Exploration in Methodology, Studies in Educational Ethnography,* A. Massey and G. Walford (eds), 18.197. Stamford: JAI Press.

32. Miles, Matthew and Huberman, A. Michael. 1984. *Qualitative Data Analysis.* Newbury Park, CA:Sage.

33. Moser-Mercer, Barbara. 2000. "The rocky road to expertise in interpreting: Eliciting knowledge from learners". In *Translationswissenschaft: Festschrift fuer Mary Snell-Hornby zum 60. Geburtstag,* M. Kadric, K. Kaindl and F. Pöchhacker (eds), 339-352. Tübingen: Stauffenburg.

34. PACTE. 2003. "Building a translation competence model". In *Triangulating Translation: Perspective in Process-Oriented Research,* F. Alves (ed.), 78-102. Amsterdam & Philadelphia: John Benjamins.

35. Pym, Anthony. 1998. "Ideologies of the expert in discourses on translator-training". Available on-line at http://www.fut.es/~pym/students/menus.html. (retrieved October 10, 2005).

36. Shlesinger, Miriam. 1989. *Simultaneous Interpretation as a Factor in Effecting Shifts in the Position of Texts on the Oral-Literate Continuum.* Tel Aviv University, Israel (unpublished MA thesis).

37. Shreve, Gregory M. 2000. "Knowing translation: Cognitive and experiential aspects of translation expertise from the perspective of expertise studies". In *Translation Studies: Perspectives on an Emerging Discipline,* A. Riccardi (ed.), 150-171 Cambridge: Cambridge University Press.

38. Stein, Erik W. 1997. "A look at expertise from a social perspective". In *Expertise in Context: Human and Machine,* P. J. Feltovich, K. M. Ford & R. R. Hoffman (eds), 181-194. Manlo Park, CA: AAAL.

39. Sternberg, Robert J. 1996. "Costs of expertise". In *The Road to Excellence: Acquisition of Expert Performance in the Arts and Sciences, Sports and Games,* K. A. Ericsson (ed.), 347-355. Mahwah, NJ: Lawrence Erlbaum.

40. Sunnari, Marianna 1995. "Processing strategies in simultaneous interpreting; Saying it all vs. synthesis". In *Topics in Interpreting Research,* J. Tommola (ed.), 109-121 Turku: University of Turku.

John Benjamins Series

03 Doubts and Directions in Translation Studies

John Benjamins Series

03

Doubts and Drections in Translation Studies

제 3 부

실증적 연구

번역문의 수정(revision)

전문 번역사 10인의 법률 번역서*수정에 대한 연구

알렉산더 쿤즐리 Alexander Künzli
스톡홀름 대학교 Stockholm University, 스웨덴

본 연구는 번역문서의 수정에 대한 실증적 연구로 본 ① 논문에는 전체 연구 중 일부만이 수록되어 있다. 본 연구에서는 열 명의 전문 번역사가 프랑스어에서 독일어로 번역된 세 종류의 번역문 초안을 수정하는 과정이 사고구술법(think aloud)을 통해 분석되었다. 전문 번역사의 ② 수정 후 문서는 해당 분야 전문가의 품질 평가를 받았다. 본 연구의 주요 분석 대상은 두 가지이다. 첫째는 번역문의 수정작업 중 수정이 되는 부분은 어떤 부분이며 ③ 수정이 필요하지만 수정되지 않는 부분은 어떤 부분인지를 조사하는 것이다. 둘째는 번역문서의 수정을 담당하는 번역사들이 자신이 맡은 '수정업무'를 어떻게 규정하는지를 규명하는것이다. 수정된 세 종류의 문서 중 본 논문에는 법률 문서에 대한 결과만을 보고되어 있다. 본 연구는 지금까지 전체 번역 과정에서 간과됐던 수정 작업을 번역 과정을 이루는 고유한 구성 요소 중 하나로 조명하는 데 그 의의가 있다.

KEYWORDS

번역문 수정(translation revision), 품질 평가(quality assessment), 사고구술법(think-aloud protocols), 전문 번역사(professional translators), 법률 번역(legal translation)

* 본 연구는 뱅크 오브 스웨덴 삼백 주년 재단(Bank of Sweden Tercentenary Foundation)의 연구 지원을 받아 이루어졌음을 밝히며 본 연구논문 초안에 대해 검토 의견을 제공한 Birgitta Englund Dimitrova 박사와 다른 한 명의 익명의 검토자 및 영문본 편집을 맡아 준 Katherine Stuart 에게 감사의 마음을 전한다.

1. 연구의 개념적 틀

본 논문은 번역문 수정에 대한 연구 프로젝트의 결과 보고를 그 내용으로 한다. 프랑스어에서 독일어로 번역된 세 종류의 번역문 초안이 열 명의 전문 번역사에 의해 수정되었다. 본 연구에서 '수정(revision)'은 모솝(Mossop 2001, 169)의 정의에 따라 '번역문의 원 번역자가 아닌 다른 사람이 번역문의 오류를 확인하며 필요한 부분을 수정하는 과정'이라 정의한다. 본 연구 프로젝트의 목적은 다음 연구질문에 대한 답을 구하는 데 있다. 수정 작업을 맡은 수정담당자들은 수정 업무를 어떻게 규정하는가? 원 번역문은 수정을 거친 후 어느 정도 개선되는가? 번역문 수정에 걸리는 시간은 어느 정도인가?

번역업계에서 문서의 원 번역자가 아닌 제3자가 번역문을 수정하는 일은 매우 흔한 일이다. 호르게린(Horguelin)과 브루넷(Brunnette, 1998, 10), 및 아르텐(Arthen, 1983: 53)의 설문조사에 의하면 대부분 국제 기구와 관련하여 이루어진 번역물은 수정 과정을 거치는 것으로 나타났다. 번역물을 수정하는 데에는 시간과 비용이 소요되는데 지난 15년여 간 많은 국제기구에서는 예산 절감에 대한 부담을 겪으면서 번역된 문서에 대해 수정 작업을 해왔던 그 간의 관행이 불필요하다는 인식이 늘고 있으며 이에 따라 번역사는 번역물을 자체적으로 수정하도록 권유받고 있다. 그러나 사설 번역시장에서는 이와는 상반된 현상이 일어나고 있음을 볼 수 있다. 유럽 표준화 위원회(European Committee for Standardization)의 후원으로 유럽 번역 법인 협회(European Association of Translation Companies)는 번역용역업무에 대한 품질 기준을 명시한 기준 서(EN-15038. European Quality Standard for Translation Services)를 출간하였는데 이 기준 서에는 번역사(translators)와 수정담당자(revisers)의 역할을 구분하여 명시하고 있다. 즉, 모든 번역물은 원 번역사의 자체 수정을 거친 후 원 번역자 이외 수정담당자의 수정을 다시 거쳐야 함을 명시하고 있다. 이에 비추어 볼 때 번역물 수정작업에 대한 수요는 앞으로 점차 감소하기보다는 증가할 것으로 보인다.

번역에 있어 수정의 중요성에 대해 번역학계는 비교적 뒤늦게 주목하기 시작하였으며 최근 들어서야 수정작업이 하나의 독립된 연구 주제로 연구되기 시작하였다. 아래에선 지금까지 이루어진 수정작업 관련 연구에 대해 간략히 소개하고자 한다. 흔히 자신의 번역물을 수정하는 자체 수정과 타인의 번역물을 수정하는 것이 유사하다 생각하므로 우선 번역사가 자신의 번역물을 어떻게 수정하는지를 조사한 연구부터 소개를 시작하겠다.

사고구술법(Think Aloud)을 이용한 여러 번역 연구를 통해 자체 수정(self-revision)이 번역 과정을 형성하는 하나의 독자적인 하위과정(sub-process)을 이룬다는 사실이 밝혀졌다(브리드벨드, 2002; 쟈스켈레이넌, 1999; 크링스, 1986, 세귀노, 1997). 사고구술법과 자판입력기록(key stroke logging)법을 이용하여 디미트로바(Dimitrova, 2005)는 직역 중심의 일차 번역 후 이를 출발어로부터 적절한 언어적 거리를 유지하는 최종 번역본으로 만들어가는 데 있어 자체 수정 작업이 매우 중요한 역할을 함을 보였다. 디미트로바의 연구 결과는 현직 번역사들과의 인터뷰를 통해 자체 수정이 가지는 의의를 연구한 쉬이(Shih, 출판 예정)의 연구를 통해서도 다시금 확인되었다. 작문 분야의 연구결과를 참조하여 디미트로바(2005:23)는 극도로 복잡한 사고활동인 번역 작업 특히 그중에서도 수정 작업을 수행할 때 번역사·수정담당자가 자신이 맡은 번역·수정 업무를 어떻게 정의하는지가 그 후 이루어지는 번역·수정 업무에 중대한 영향을 미친다는 점을 강조한다. 헤이즈(Hayes, 2004: 11-12)에 의하면 수정담당자는 스스로 규정하는 업무 정의를 통해 ① 수정 작업의 목표, ② 수정 작업의 범위, ③수정 작업의 절차를 구체적으로 규정한다. 이러한 업무 정의는 수정작업의 근간을 이루며 동시에 전략에도 영향을 미친다. 즉, 업무 정의에 따라 전체 수정 과정의 방향과 틀이 정해지고 평가, 전략 선택, 문서 변경과 같은 수정 작업을 이루는 하위 구성요소들의 순서가 정해진다.

타인이 번역한 문서를 수정하는 번역 수정에 대한 연구는 지금까지 대부분 교육적 또는 실용적 측면에서 연구되어 왔으나(호겔린과 브루넷, 1998; 모숍, 2001) 번역 수정 작업의 효과에 대해 연구한 실증적 연구도 몇 편 존재한다. 한 예로 아르던(Arthern, 1983)은 유럽연합 번역본부에 근무하는 수정담당자들의 수정 작업 품질을 평가하였다. 그 결과 전반적인 수정 작업의 품질이 우수하였음에도 불구하고 전(全) 수정담당자들이 필요 이상의 수정을 한 것으로 나타났다. 그 이후의 연구로는 로렌조(Lorenzo, 2000:155)가 번역을 전공하는 학생들로 하여금 자신의 번역물과 다른 학생의 번역물을 수정하게 한 연구가 있다. 이 연구에서는 수정 작업에 들인 시간과 수정한 내용이 많을수록 원 번역물의 품질이 수정 후 더 나빠졌다는 예상외의 결과가 도출되었다. 타인의 번역물을 수정한 경우에도 결과는 비슷했다. 수정이 필요한 부분에도 수정을 하지 않은 저(低)수정 현상을 보인 학생도 있었지만, 불필요한 부분을 수정한 과(過)수정 및 수정을 함으로써 오히려 번역에 오류를 초래한 오(誤)수정을 여러 차례 한 학생들도 있었다. 보다 최근 연구로는 브루넷(2005)의 단일어 수정과 –출발어 문서 없이 번역된 문서만을 보고 수정하는 것– 이중언어 수정의 효율성을 비교한 연구가 있다. 연구 결과 단일어 수정보다 이중언어 수정의 효율성이 다소 높은 것으로 나타났으나 이중언어 수정에서도 과수정과 오수정 사례가 많았다. 번역 수정을 다루는 많은 교재에서 정당화의 원칙을(번역 수정 시 수정담당자는 단순히 개인의 선호도에 의해 번역물을 수정하는 것을 방지하기 위해 수정 이유를 정당하게 제시할 수 있는 경우에만 번역물을 수정하여야 한다는 원칙) (호겔린과 브루넷 1998, 44; 모숍 2001, 149) 강조하고 있다는 점에 주목하지 않더라도 이는 매우 흥미로운 결과이다.

위에서 언급한 연구들은 번역 수정을 그 과정으로서가 아닌 결과물(product)적 관점에서 접근한다. 이와 달리 무엇이 번역물의 수정을 촉발하는지, 또는 무엇이 오류에 대한 수정을 빠지게 하는지를 이해하기 위해서는 실제 수정 작업 중 일어나는 수정담당자의 사고(思考) 과정을 조사할 필요가 있다. 사고구술법(TAPs)은 이러한 연구에 특별히 유용한 연구 기법이다. 사고구술법은 연구 참가자로 하여금 주어진 과업을 수행하는 도중 일어나는 반응과 생각을 구두로 표현하도록 하는 기법으로 번역의 인지적 및 감정적 측면과 관련된 연구에 20년 넘게 사용되어 온 연구 방법론이다(예-자스켈레넌 1999; 크링스 1986; 쿤즐리 2003). 그러나 아직까지 타인의 번역물을 수정하는 것 번역 수정 연구에 사고기술법이 활용된 적은 없다.

이에 본 연구에서는 복합적 방법론을 사용하였다. 즉, 실제로 수정이 이루어진 부분 및 수정이 이루어졌어야 하나 빠진 부분 등에 대한 외형적 분석과 동시에 수정담당자가 특정 구문을 수정할 때 어떠한 사고과정을 거치는지에 대한 내재적 수정과정을 분석하였다. 많은 작문 분야 연구에서 수정담당자가 자신의 수정 작업을 어떻게 정의하느냐가 수정 작업에 결정적인 역할을 하는 것으로 나타난 바 있어 사고구술법을 이용한 분석에서는 수정담당자의 업무 정의에 주안점을 두어 분석을 진행하였다.

2. 연구 방법론

본 연구에는 독일어를 능동어로 사용하는 열 명의 전문 번역사가 참가자로 참여하였다. 이들 번역사는 프랑스어에서 독일어로 번역된 세 편의 문서를 수정하였고 수정 과정 중 떠오르는 생각을 사고구술법을 통해 구술하였다. 세 편의 원본 프랑스어 문서는 ① 법정 판결문, ② 기술적 사용 설명서 ③ DM 홍보물이었다. 앞서 기술한 대로 본 논문에서는 이 중 법률 문서의 수정에 대한 결과만을 보고한다.

번역문 수정 후, 최초 번역물과 수정을 거친 번역물의 품질은 해당 분야 전문가에 의해 평가되었다. 법률 문서는 번역학과 법학 두 분야를 모두 전공하고 20년 이상 법률 번역을 지도한 전문가가 평가하였다. 전문가가 평가한 항목은 다음과 같다.

(1) 정당한 수정의 횟수 (수정을 통해 번역물의 품질이 향상된 경우),

(2) 과수정 횟수 (불필요한 수정),

(3) 오수정 횟수 (수정으로 인해 번역물에 오류가 발생한 경우),

(4) 저수정 횟수 (번역물에 존재하는 오류를 수정하지 못한 경우)

마지막으로 번역문의 수정된 부분과 수정이 필요하나 수정되지 않은 부분 각 사례에 대해 각 수정담당자의 사고구술 내용을 분석하여 수정에 대한 결정이 수정 작업에 대한 정의와 어떠한 연관성을 가지는지 조사하였다. 수정담당자들이 수정 작업을 어떻게 정의했는지는 사고구술 내용 중 수정 작업의 목표에 대해 명시적으로 구술한 부분이나 그러한 수정 작업의 목표를 달성하기 위해 행한 일련의 행동들에 대해 구술한 부분을 통해 유추하였다. 자료 분석 결과 연구 참가자들은 실제로 "괜찮은 부분은 내가 고쳐서는 안 되지."와 같이 수정 작업에 대한 목표를 명시적으로 구술한 것으로 나타났다. 또한, 사고구술 내용 중 번역물에 대한 평가와 관련된 부분도 두 가지 이유에서 수정담당자의 작업 정의를 보여주는 유용한 자료로 사용될 수 있을 것으로 판단하였다. 첫 번째 이유는, 그간의 번역 연구를 통해(디미트로바, 2005; 티르코넌-콘딧과 라우카넌, 1996의 연구를 참조할 것) 번역사가 번역물에 대해 내린 평가를 통해(어떤 부분이 잘된 번역이고 어떤 부분이 잘못된 번역인지) 해당 번역사의 번역에 대한 원칙과 번역 작업에 대한 정의를 추론할 수 있음이 보고되었기 때문이다. 두 번째 이유는 텍스트를 평가한다는 것은 그 텍스트에 내포된 문제점을 인식하고 진단하는 행위를 포함하는 것으로 이는 텍스트 수정의 주요 하위 과정 중 하나를 구성하기 때문이다(알라마르고와 챤쿠오이, 2001: 제3장; 헤이즈, 2004). 따라서 평가는 수정담당자의 업무 정의에 대한 하위 지표가 될 수 있다.

3. 연구 결과

3.1 수정 유형

우선 본 연구의 결과를 결과물(product)적 관점에서 살펴보고자 한다. 표1은 번역문 초안에 대해 연구 참가자들이 행한 수정 건수 및 유형을 나타낸다.

수정 건수를 집계한 결과 일부 수정담당자들은 번역 초안을 상당히 많이 수정한 것으로 나타났다. 수정 건수를 집계하는 데 있어 여러 건의 텍스트-언어적 변화를 한 건의 수정으로 집계한 경우도 있어 이를 고려하면 실제 수정 건수는 표에 집계된 수치를 웃돌 것으로 생각된다. 일례로 번역문 초안의 'eine Wiederherstellung eines Klimas des Vertrauens'라는 구문이 수정본에서 'eine Wiederherstellung des Vertrauensverhältnisses'로 수정된 것을 한건으로 집계하였으나 실제

표1. 수정 유형별 발생 건수

수정담당자	정당한 수정	과(過)수정	오(誤)수정	저(低)수정	총계
알레그라	15 44%	7 21%	5 15%	7 21%	34
치아라	16 42%	14 37%	0 0%	8 21%	38
엠마	17 38%	14 31%	5 11%	9 20%	45
리사	3 15%	2 10%	2 10%	13 65%	20
마델린	7 37%	0 0%	0 0%	12 63%	19
니나	10 53%	0 0%	0 0%	9 47%	19
사라	19 54%	7 20%	2 6%	7 20%	35
티미	11 28%	12 30%	9 23%	8 20%	40
발레리아	7 30%	5 22%	2 9%	9 39%	23
야닉	20 61%	1 3%	6 18%	6 18%	33
총계	125 41%	62 20%	31 10%	88 29%	306

로 여기에는 아래와 같이 세 가지는 텍스트-언어적 변화가 포함된다(텍스트-언어적 수정의 개념은 체스터만의 1997/2000: 제4장을 참조하시오). ① 구문 구조의 변화(부정관사 eines가 정관사 des로 변경), ② 문장 내 요소들의 분포(distribution) 변화(소유격을 이용한 명사구 Klimas des Vertrauens가 복합명사인 Vertrauensverhältnisses로 변경), ③ 동의어로 변경(synonymy)(Klima대신 Verhältnis란 어휘 선정). 유형별 수정 건수를 살펴보면 상당히 흥미로운 사실을 발견할 수 있다. 과수정과 오수정을 합하면 전체 수정 건 수의 30%를 차지한다. 다시 말하면, 번역물 수정 시 세 건 중 한 건은 불필요한 수정이거나 수정의 결과로 오히려 오류가 발생한 것이다. 더구나 이때 발생한 오류는 철자 오류와 같은 사소한 언어적 오류 뿐 아니라 의미상의 심각한 오류인 경우도 있다. 일부 수정담당자들은 필요한 수정을 다 하지 못한 저수정 현상을 보였다. 리사의 경우에는 번역문 초안에 존재하는 오류를 잡아내지 못한 비율이 65%에 이르렀다.

다음은 과(過)수정, 오(誤)수정 및 저(低)수정의 예이다. 고딕체로 표기된 구문이 분석의 대상이 된 구문이다. 오(誤)수정의 예부터 살펴보도록 하자.

[1] 프랑스어 원문: *[...] qui s'étaient joints à elle pour solliciter* ***l'intervention*** *de Me X.*

야닉의 번역문: *[...] der sich ihrer Bitte um* ***Zugzug*** *von RA X angeschlossen hatte.*

야닉의 번역에는 철자 오류가 들어있다: Zugzug의 올바른 철자는 Zuzug이다. 다음은 심각한 의미상의 오류를 포함하는 오(誤)수정의 예이다.

[2] 프랑스어 원문: Tout indique en effet que cette assemble *[...]* ***n'a pas été renvoyée*** *parce que le quorum n'avait pas été atteint pour des causes fortuites, mais parce que [...]*

엠마의 번역문: Denn alles weist darauf hin, dass diese Versammlung *[...]* ***nicht*** *deshalb* ***nicht verschoben wurde****, weil das Quorum zufällig nicht erreicht wurde, sondern weil [...]*

프랑스어 원문은 상당히 길고(79 단어) 복잡한 구문으로 이루어져 있다. 이 문장을 보다 가독성 있는 번역문으로 만들고자 하는 과정에서 여러 수정담당자는 문장에 오류를 가져왔다. 원문은 회의가 연기되었음을 의미하나 엠마의 번역문에는 연기되지 않았다고 쓰여있다. 다음은 과(過)수정의 예이다.

[3] 번역문 초안: *[...] die Anstalten,* ***die die*** *Verwalterin traf, [...]*

야닉의 번역문: *[...] die Vorkehrungen,* ***welche die*** *Verwalterin trf, [...]*

일반적으로 독일어 사용자들은 정관사 der, die, das 앞에서는 관계 대명사 der, die, das의 사용을 피한다. 이 경우 가독성을 높이기 위해 der, die, das 대신 welcher, welche, welches를 사용할 수 있다. 그러나 이러한 일반적 용례가 어느 선까지 모든 독일어 사용자에 의해 사용되는지 과학적 신뢰도를 가지고 말하기는 어렵다. 이러한 이유에서 본 논문에서는 수정의 유형을 분류할 때, 그 분류기준으로 문법, 표기법 기준(style guide)과 사전을 그 근거로 삼았다. Duden: Richitiges und gutes Deutsch 사전에는 welcher라는 관계 대명사의 사용은 현대 독일어에서는 어색하며 위에서와 같이 정관사가 앞에 있는 경우에도 그 사용이 지양되어야 한다고 명시하고 있다. 이에 근거하여 die를 welche로 수정한 야냑의 수정작업은 과(過)수정으로 분류되었다. 마지막으로 다음은 저(低)수정의 예이다.

[4] 프랑스어 원문: *Mais surtout, ce qui s'est passé* ***le 28 décembre 2000*** *[...]*

독일어 번역문 초안: *Aber vor allem das, was am* ***28. Dezember*** *passiert ist, [...]*

리사의 번역문 수정본: *Aber vor allem das, was am* ***28. Dezember*** *passierte, [...]*

위의 예에서 '2000년'이 번역문 초안과 수정본 두 군데서 모두 빠진 것을 볼 수 있는데 법률 문서에서 이러한 정보는 핵심 정보로 사료된다.

3.2 수정 소요시간과 번역 품질

번역 수정에 걸리는 시간과 수정된 번역문의 품질 간의 관계는 앞서 기술된 연구 내용보다 더욱 흥미로운 분야이다. 번역문을 수정하는 데 소요되는 시간과 수정된 번역문의 품질과는 어떠한 상관관계가 존재할까?

표2. 수정 소요시간, 품질 및 수정 순서 간의 상관관계

수정담당자	시간[1]	품질[2]	과업 순서[3]
알레그라	7	9	2
치아라	6	4	1
엠마	8	10	2
리사	1	6	1
마델린	4	3	2
니나	3	5	1
사라	9	1	2
티미	5	11	3
발러리아	1	8	3
야닉	10	2	1

1) 수정 작업에 든 시간 순위. 1 = 해당 수정담당자가 수정작업에 할애한 시간이 가장 적은 경우, 10 = 해당 수정담당자가 수정작업에 할애한 시간이 가장 많은 경우.
2) 수정 후 번역문의 품질 순위. 1 = 해당 수정담당자가 수정한 번역문의 품질이 가장 높은 경우, 11 = 해당 수정담당자가 수정한 번역문의 품질이 가장 낮은 경우, 7 = 번역문 초안의 품질 순위.
3) 연구 참가자들은 세 종류의 문서를 본인이 원하는 순서대로 수정하였다 (1 = 법률 번역물을 가장 먼저 수정한 경우).

표2의 '시간'을 보면 리사와 발러리아는 가장 빨리 수정 작업을 끝냈음을 알 수 있다. 수정 작업에 가장 긴 시간을 보낸 사람은 사라와 야닉이다. 경제적인 이유만 놓고 본다면 번역 의뢰인은 사라나 야닉이 수정 작업을 맡지 않길 바랄 것이다. 그러나 따져봐야 할 점은 수정 작업에 걸리는 시간이 길어질 때 그 시간과 비용이 그만큼의 가치가 있는가 하는 점이다.

표2의 '시간'과 '품질' 두 열을 보면 수정 작업에 가장 긴 시간을 소요한 수정담당자 두 명의 번역문이 가장 높은 품질을 기록한 것을 볼 수 있다. 해당 분야 전문가 평가에서 야닉과 사라가 수정한 번역문만이 용어와 표기법에서의 사소한 몇 가지 오류만 수정하면 사용이 가능한, 일정 수준 이상의 품질을 충족하는 번역으로 평가되었다. 반면 다른 4명의 수정담당자는 수정함으로써 번역물의 품질을 오히려 떨어뜨린 것으로 나타났으며 특히 그중 엠마는 수정 작업에 들인 시간은 전체 중 세 번째로 많은 것으로 나타났다. 이러한 결과는 높은 품질의 번역문을 완성하기 위해서는 그만큼 수정작업에 시간을 들여야 하지만, 수정작업에 시간을 많이 들인다고 해서 그에 비례해서 높은 품질의 번역문이 나오는 것은 아니라는 점을 보여준다.

수정담당자의 성과는 수정 작업에 대해 얼마나 강하게 동기 부여되어 있는가에 따라서도 영향을 받는 것으로 보인다. 앞서 기술한 대로 수정담당자들은 세 종류의 문서를 본인이 원하는 순서대로 골라 수정하였다. 이 경우 법률 문서를 가장 마지막 수정한 수정담당자들은 다소 지치고 동기부여가 떨어진 상태에서 수정작업을 했을 것으로 추정할 수 있다. 표2의 '품질' 및 '과업 순서'를 보면 세 종류의 문서 중 법률 문서를 가장 먼저 수정한 수정담당자들의 수정본 품질이 모두 상위에 올라있음을 알 수 있다. 반대로, 법률 문서를 가장 마지막에 수정한 두 명의 수정담당자들은(티미와 발러리아) 피로와 동기부여의 감소를 겪었을 것으로 생각되며 수정한 번역본의 품질이 번역문 초안보다도 낮게 기록되는 결과를 보였다. 위의 사고구술법 자료는 동기부여 정도와 수행성과간 상관관계가 있음을 주장하는 가설을 뒷받침한다.

3.3 사고구술법 분석

앞서 기술한 대로 여러 수정담당자는 수정작업에 대한 정의로 볼 수 있는 내용을 사고구술 내용 중 명시적으로 표현하였다. 다음은 이를 보여주는 예시이다. (여기서 수정담당자들의 구술 내용은 한국어로 번역하였으며 번역문에 나오는 프랑스어와 독일어 출발어 및 도착어는 프랑스어와 독일어 표현을 그대로 사용하였다.)

[5] [알레그라] zugegen…음 zugegen은 괜찮지. 사실 괜찮은 표현들은 안바꾸고 그대로 두어야 하는 거니까.

[6] [사라] 뭐 내 역할은 이미 번역된 걸 다시 번역하는 것이 아니라 동료 번역사가 잘못 번역한 것들이나 오류를 수정하는 것이니까…

[7] [리사] 번역을 과하게 하기보단 덜한 것이 나으니까, 아니 내 말은 과하게 수정하는 것보다는 차라리 덜 수정하는 것이 낫다는 뜻이야

위의 발췌문에서 보이듯 수정담당자들은 불필요한 수정은 하지 않는 것이 자신의 업무라고 규정짓고 있다. 발췌문 [7]을 보면 흥미로운 말실수가 나온다. 이는 연구에 참가한 수정담당자들 사이에서 흔하게 발견할 수 있었던 생각의 불일치를 보여준다. 즉, 수정담당자들은 한편으로는 자신의 업무가 주어진 문서를 새로 번역하는 것이 아니라 필요한 부분에 대해서만 수정을 하는 것임을 인지하고 있지만, 실제 수정을 하는 과정에서는 이와 상반되는 행동을 보였다. 리사는 문장 첫머리에 자신의 업무가 번역을 하는 것이라고 말하고 있다.

이러한 과(過)수정 경향은 아래 [8]의 평가 관련된 구술에서도 찾아볼 수 있다.

[8] [치아라] passes naturellement / wenn alles / normal / (한숨을 쉬며) wenn alles / normal 이것도 완벽한 번역은 아니지만 그래도

발췌문 [8]을 보면 치아라는 번역문 초안에 쓰인 mit rechten Dingen

(프랑스어 naturellement에 대한 독일어 대응어)이란 표현을 normal로 바꾼 것을 알 수 있다. 자신의 대안에 완전히 만족해하진 않지만 그럼에도 수정을 감행한다. 이러한 일이 발생하는 이유는 수정담당자가 스스로에게 "수정할 필요가 있는가?"를 묻기보다는 "수정할 수 있는 부분이 있는가?"를 물으며 수정작업에 임하고 있기 때문이다. 전술한 대로 번역문 수정과 관련하여 전문가들은 다음 한 가지 점에 대해서는 의견일치를 보인다. 즉, 수정담당자가 단순히 개인의 선호도에 따라 번역물을 수정하는 일을 지양해야 하며 이를 위해 근거를 명확히 제시할 수 있는 경우에만 수정을 하여야 한다는 것이다(호르겔린과 부르넷, 1998; 모숍, 2001). 이에 비추어 볼 때 키아라는 수정 작업에 대한 업무 정의를 잘못 내린 것이라 할 수 있다.

발췌문 [9]는 오(誤)수정 경향을 보여주는 예이다.

[9] [발러리아] 여기서 dispositif는 무엇을 의미하는 걸까? 잘 모르겠으니 /음 / 중립적인 표현을 사용해야겠어.

발러리아는 번역문 초안의 anstalten을(프랑스어 dispositif에 대한 독일어 대응어) vorrichtung으로 수정하였는데 해당 분야 전문가에 의하면 이 표현은 이 상황에는 지나치게 구체적인 협의(狹義)의 어휘이다. 발러리아의 구술문에는 불확실성을 나타내는 언어적 표지(marker)가 여럿 포함되어 자신의 결정에 대해 스스로 불확실해하는 것을 볼 수 있다. 그럼에도 불구하고 그는 이러한 수정을 감행하는데 이는 일부 수정담당자들의 경우 문제는 잘못된 업무 정의를 내리는 것이라기보다는, 수정작업에 대한 구체적인 목표 없이 수정에 임하는 것이 아닐까 하는 의문이 든다.

다음 발췌문은 야닉의 다소 특별한 번역문 초안 평가 방식을 보여준다.

[10] [야닉] illusoire illusorisch 또 뭐가 있을까? / 뭔가 다른 표현을 기대했는데 (사전을 참조한다) / illusorisch trügerisch / illusorisch / 글쎄 trügerisch도 딱 맞는 표현은 아니고 / unwirklich / 뭐 illusoire라고 되어 있긴 하니까 / hinfällig을 기대했는데 그렇다면 caduc이라 했어야 하는데 그럼 illusorisch geworden waren은 / 괜찮네.

야닉은 번역문 초안에 사용된 표현 대신 자신이 생각했던 표현이 무엇인지를 제시하고 있다. 프랑스어 출발어인 illusoire에 대한 독일어 번역으로 번역문 초안에 사용된 illusorisch 대신 hinfällig을 대안으로 제시한다. 그 다음 자신이 제안한 표현을 사전을 통해 확인한 후 다시 독일어에서 프랑스어로 역(逆)번역을 해본 후 수정이 필요 없다는 결론을 내린다. 이러한 야닉의 방식은 그의 사고구술내용 전반에 걸쳐서 일관되게 나타난다. 이는 야닉이 다른 수정담당자들과 비교할 때 번역문 초안뿐 아니라 자신의 대안에 대해서도 열심히 평가하고 있음을 보여준다. 이는 시간을 많이 소요하긴 하나 문서의 품질 향상과 낮은 비율의 과(過)수정과 밀접하게 연관되어 있다.

야닉의 수정작업이 가지는 더욱 특징적인 면은 아래 예문을 통해 볼 수 있다.

[11] [야닉] 수정이 아주 많네/ 이게 정말 다 필요한가?

전체 연구참가자 중 수정 작업 중 자신이 수정한 것이 적절한지를 각 건에 대해 일일이 평가한 수정담당자는 야닉 밖에 없었으며 그는 MS 워드의 '검토' 기능을 활용하여 이 작업을 수행하였다. 이를 통해 유추할 수 있는 것은 일부 수정담당자들의 과(過)수정은 부분적으로는 번역문 초안을 효율적으로 평가하고 수정하는 방법을 숙지하지 못한 방법론적 문제에 기인할 수도 있다는 것이다.

발췌문[12]는 번역문 초안을 평가하고 수정하는 데 있어 동기가 결여된 티미의 사례를 보여준다.

[12] [티미] traf / sie nueu / Massnahmen / 신경도 안 쓰여 [⋯] dass das Quorum hätte erreicht warden können / 어쨌거나 무슨 뜻인지는 알겠잖아 그냥 이렇게 두자 이젠 지쳤어 [⋯] verfügt / 상관 없어

표2를 보면 티미는 세 종류의 문서 중 법률 문서를 가장 나중에 수정한 두 명의 수정담당자 중 한 명이다. 그 뿐만 아니라 티미의 수정을 거친 번역문의 품질은 가장 낮았다. 이러한 사고구술법 자료는 수정담당자의 피로와 동기결여가 효율적 수정작업을 부분적으로 저해하는 요인이라는 가설을 강화한다.

아래 발췌문 [13]은 번역문 수정에 대한 보다 중대한 문제점을 보여준다. 바로 수정담당자가 적절한 수정 요약서(revision brief)를 근거로 작업하지 않는 경우 발생할 수 있는 문제이다.

[13] [마들렌] fin de non-recevoir / 이건 법률 용어이고⋯ 나도 찾아봐야 하는데 / 아마도 / 맞는 용어를 썼겠지 / 그런데 이 fun de non non-recevoir / schriftlich Nichteintreten이란 표현은 처음봐서 / 이 문서가 믿을만한 법률 전문 번역사가 번역한 것인지 확실하게 알고 있던가 그게 아니면 / 내가 시간을 좀 더 들여야 하는데

적어도 실제 프리랜스 번역 현장에서는 수정담당자들이 번역물과 관련해 원 번역사들처럼 정보나 요약서를 받는 경우는 드물다. 그러나 수정담당자들도 마들렌이 위의 [13] 번에서 출발어 nichteintreten를 평가하며 그랬듯, 전문용어의 번역과 관련하여 원 번역사가 신뢰할 수 있는 전문가인지 알고 싶을 수 있다. 특히 마감일이 촉박한 경우 번역문

초안의 모든 면을 다 검토하기 어려우므로 어디에 주안점을 두어 초안을 검토하고 수정해야 하는지는 수정 담당자에겐 유용한 정보가 될 것이다.

마지막으로 발췌문 [14]는 번역문 수정에 대한 논의가 사회적 측면으로까지 확장됨을 보여준다. 아래 발췌문은 사라가 전문 용어에 대한 평가를 하며 구술한 내용이다.

[14] [사라] 하지만 이 문제에 이렇게 계속 매달려있으면 / 청구해야 하는 수정료가 너무 올라갈 텐데 […] 그런데 이 문제에 너무 오랫동안 매달려있어서 클라이언트한테 이 부분은 다 청구하지도 못할 테니 결국은 그 비용은 내가 떠안고 가야겠지

이러한 구술 내용은 수정담당자들이 시간은 곧 돈이라는 사실을 명확히 인식하고 있음을 보여준다. 신속한 납기일과 낮은 번역/수정 요금은 이미 번역의 품질을 결정하는 주요 기준으로 자리잡고 있다. 이와 관련하여 호르게린과 브루넷(1998, 3.1.3장)은 번역문 수정에 있어 고려해야 하는 다섯 가지 기준 중 수익성을 그 하나로 제시하며 이에 대한 근거 또한 제시하고 있다. 상기 제시한 발췌문은 수정담당자들이 수정 작업에 든 실제 시간을 전부 그대로 클라이언트에게 청구하는 것을 주저할 수 있다는 사실을 보여준다. 이는 다수의 행위 주체들이 참여하는 번역이라는 하나의 방정식 안에서 수정담당자들은 다른 주체 (클라이언트)와의 관계를 위해 때로는 자신의 희생을 감수할 준비가 되어 있음을 보여준다. 이러한 경향은 수집된 자료의 다른 부분을 통해서도 드러난다(쿤즐리, 2006a).

4. 논의 및 시사점

본 연구는 전문 번역사가 타인이 번역한 번역문 초안을 수정할 때 정당화할 수 없는 수정 및 빠지는 수정 건수가 상당히 높을 수 있음을 보여준다. 또한, 높은 품질의 최종 번역물을 얻기 위해서는 시간이 필요조건이나 시간만 충분히 들였다고 해서 좋은 품질의 수정본이 나오는 것을 아니라는 점을 보여준다. 마지막으로, 수정담당자가 동기부여되지 않을 때 그것이 수행성과에 미치는 영향 또한 볼 수 있었다.

번역문 수정 시 불필요하게 과도한 수정을 하는 경향은 다른 학자들의 연구에서도 보고된 바 있다(아르던, 1983; 브루넷 외 5명, 2005; 로렌조 2002). 본 연구에서는 사고기술분석법을 활용하여 이러한 현상의 원인을 일부 규명하였다는 데 의의가 있다. 자료 분석을 통해 수정담당자들이 구술하는 수정작업에 대한 정의와 그들의 실제 행동 사이에 차이가 있음이 발견되었다. 수정에 착수하면서 수정 작업의 목표는 '꼭 필요한 경우에만 수정하는 것'이라 선언했던 수정담당자가 수정 작업을 진행하면서는 자신의 언어적 선호도에 따라 원 번역자의 결정을 엎어버리는 경우가 있다는 것이다. 다시 말해 작업 초기에 명시적으로 구술한 작업 정의가("수정이 반드시 필요한 부분이 있는지 검토할 것") 수정 작업을 진행함에 따라 실제 행동에서는 서서히 변화되는 과정을("변경할 수 있는 부분이 있는지 검토할 것") 거치는 것으로 보인다. 또한, 사고구술 자료의 분석은 효율적인 수정작업이 이루어지지 않는 원인은 부분적으로는 적절한 작업 정의의 부재(不在) 때문일 수 있다는 점을 보여주며 과 수정의 발생원인은 적절한 수정 절차의 부재 때문일 수 있다는 점을 시사한다. 수정이 이루어진 후 각각의 수정에 대해 그 적절성을 검토하는 과정을 수정 작업의 일부로 포함하는 것이 불필요한 수정을 줄이는 데 효과가 있을 것으로 보인다.

다음으로 본 연구가 가지는 뜻과 앞으로 연구 방향에 대해 살펴보겠다. 이론적 측면에서는 성공적인 번역문 수정 모형(model)의 개발이 향후 연구로 특히 흥미로울 것으로 보인다. 번역문 수정 모형에는 다음의 여러 요소가 포함되어야 할 것이다. 수정작업을 이루는 근본적인 하위 과정들(평가, 전략 선택, 수정 행위)뿐 아니라 행동 통제 구조(예-업무 정의) 및 수정담당자의 지식 기반과 동기부여, 환경적 요인들도 고려되어야 할 것이다. 지금까지 번역 연구에서는 동기부여 등 감정적 요인의 역할에 대한 연구가 크게 주목받지 못했다(예외 자스켈레이넌, 1999). 같은 맥락에서 알라마고(Alamargot)와 첸코이 (Chanquoy, 2001; 14-18)는 작문분야의 문서 수정 모형에서도 작가의 동기에 대해서는 다루고 있지 않음을 보여주었다. 문서 수정 과정에서 동기부여가 가지는 역할에 대해 보다 많은 연구가 필요하다는 두 연구자의 제안은 번역문 수정에 대한 연구에도 같게 적용된다.

더불어 연구 결과를 이해하는 데 있어 개체내 변동성(within-subject variability)이 고려되어야 함을 강조하고 싶다. 일부 수정담당자들의 수정작업은 좋은 성과를 거두지 못했음에도 불구하고 그들의 수정을 거친 번역문과 사고구술 내용을 살펴보면 수정 작업을 수행하는 데 있어 특정 지식과 능력을 발휘하였음을 알 수 있다. 본 연구에서 수정담당자들은 세 가지 유형의 문서를 수정하였다. 연구 결과를 보면 개인의 변동성이 고려되어야 하는 필요성이 분명해진다. 두 가지의 예만 든다면 법률 문서의 수정에서 최하위를 기록한 티미는 광고문서 수정에서는 최상위 평가를 받았다(쿤즐리, 2006a). 반면 사용설명서 수정에서 1위를 기록한 엠마는(쿤즐리, 2006b) 법률 문서에서는 10위를 기록하였다. 수정담당자의 수행성과에 변동성을 초래하는 요인들을 보다 체계적으로 조사하는 것도 본 연구의 후속 연구가 될 수 있을 것이다.

마지막으로 본 연구가 가지는 실용적 함의에 대해 살펴보고자 한다. 번역문서가 어떠한 과정을 통해 수정되는지에 대한 연구는 번역사 훈련과 밀접한 연관을 가진다. 번역사가 종사하고 있는 업무 영역을 살펴보면 대부분의 번역 전공 학생들도 번역사인 동시에 번역문 수정담당자로 활동하게 될 것으로 예상한다. 따라서 이들 학생들도 전문 수정작업을 수행하는 데 기초가 되는 원칙과 능력을 개발할 필요가 있다.

참고 문헌

1. Alamargot, Denis and chanquoy, Lucile. 2001. *Through the models of writing*. Dordrecht: Kluwer.
2. Arthern, Peter J. 1983. "Judging the quality of revision". *Lebende Sprachen*, 2: 53-57.
3. Breedveld, Hella. 2002. "Writing and revising processes in professional translation". *Across Languages and Cultures*, 3 (1): 91-100.
4. Brunette, Louise, Gagnon, Chantal, & Hine, Jonathan. 2005. "The GREVIS project: Rivise or court calamity". *ACROSS Languages and Cultures*, 6(1): 29-45.
5. Chesterman, Andrew. 2000 [1997]. *Memes of translation. The spread of ideas in translation theory*. Amsterdam & Philadelphia: John Benjamins.
6. Englund Dimitrova, Birgitta. 2005. *Expertise and explicitation in the translation process*. Amsterdam & Philadelphia: John Benjamins.
7. Hayes, John R. 2004. "What triggers revision?" In *Revision: Cognitive and instructional processes*, L. Allal, L. Chanquoy and P. largy (eds), 9-20. Dordrecht: Kluwer.
8. Horguelin, Paul A. and Brunette, Louise. 1998. *Pratique de la revision*. Brossard, Québec: Linguatech.
9. Jääskeläinen, Riitta. 1999. *Tapping the process: An exploratory study of the cognitive and affective factors involved in translating* [University of Joensuu Publications in the Humanities 22]. Joensuu: University of Joensuu.
10. Krings, Hans P. 1986. *Was in den Köpfen von Übersetzern vorgeht. Eine empirische Untersuchung zur Struktur des Übersetzungsprozesses an fortgeschrittenen Französischlernern*. Tübingen: Narr.
11. Künzli, Alexander 2003. *Quelques strategies et principles en traduction*

technique français-allemand et français-suédois [Cahiers de la recherché 21]. Stockholm: Stockholm University, Department of French, Italian and Classical Languages.

13. Künzli, Alexander. 2006a. "Die Loyalitätsbeziehungen der Übersetzungsrevisorin". In *Übersetzen – Translating – Traduire: Towards a "social turn"?*, M. Wolf (ed.), 89-98. Münster/Hanburg/Berlin/Wien/London: LIT-Verlag.

14. Künzli, Alexander. 2006b. "Translation revision: A study of the performance of 10 professional translators revising a technical text". In *Insights into specialized translation*, M. Gotti and S. Šarčević (eds), 195-214. Bern & Frankfurt: Peter Lang.

15. Lorenzo, María Pilar. 2002. "Competencia revisora y traducción inversa". *Cadernos de Tradução*, 10: 133-166.

16. Mossop, Brian. 2001. *Revising and editing for translators*. Manchester: St. Jerome.

17. Séguinot, Candace. 1997. "Accounting for variability in translation". In *Cognitive processes in translation and interpreting*, J. H. Danks, G. M. Shreve, S. B. Fountain, and M. K. McBeath (eds), 104-119. Thousand Oaks, CA: Sage.

18. Shih, Claire Y. In press. "Revision from translators' point of view. An interview study". *Target*.

19. Tirkkonen-Condit, Sonja and Laukkanen, Johanna. 1996. "Evaluations – A key towards understanding the affective dimensions of translational decisions". *Meta* 41(1): 45-59.

번역적 분석 및 읽기*의 역동성

세실리아 알브스타드 Cecilia Alvstad
오슬로 대학교University of Oslo, 노르웨이

본 연구는 대학생을 대상으로 문학작품의 번역문과 원문을 함께 정독하도록 하는 교수법이 학생들로 하여금 문학 읽기를 역동적 과정으로 인식하는 데 도움을 줌을 보여준다. 본 연구는 독일의 수용미학자 볼프강 이저(Wolfgang Iser, 1978)의 텍스트 중심론을 그 출발점으로 한다. 본 연구는 스웨덴의 대학을 배경으로 이루어졌으나 그 연구 내용은 다른 나라 대학의 교육 현장에서도 같게 적용될 수 있을 것으로 사료된다. 연구 논제를 뒷받침하는 자료로 H. B 폴(Paull)의 한스 크리스티앙 안데르센(Hans Christian Andersen)의 『장난감 병정』 영문번역본 일부가 예제로 사용되었다.

KEYWORDS

문학 읽기(literary reading), 문학 지도(teaching of literature), 수용 미학(reception theory), 비결정성(indeterminacy), 비교 분석(comparative analysis)

* 본 연구는 교육 현장에서 문학에 접근하는 방법을 연구하는 프로젝트의 목적으로 시행되었다. 본 연구는 스웨덴 연구 협의회(Swedish Research Council)의 지원을 받아 이루어졌다. 연구에 참여한 동료 연구자들과 소니아 라저월(Sonia Lagerwall) 박사께 감사의 마음을 전한다.

1 연구 배경

본 연구는 스웨덴의 한 대학교 수업을 배경으로 한다. 따라서 스웨덴의 대학 교육 환경을 먼저 간략히 소개하겠다. 스웨덴 대학에서 문학 교육은 문학 전공 학과와 어학 전공 학과(영어학과, 슬라브어학과, 로망스어학과 등) 두 계열에서 이루어진다. 이때 학생들은 자신이 속한 학교, 학과 및 문학 작품의 원작 언어에 따라 문학 서적을 원서로 읽기도 하고 번역본으로 읽기도 한다. 문학 전공 학과의 경우 영어, 노르웨이어, 덴마크어가 원문인 작품들은 대부분 원서로 읽기가 권장되며, 이는 가능한 경우 최대한 원서를 읽는 것이 좋다고 생각하는 인식을 반영한다. 그러나 위의 세 언어를 제외한 언어로 쓰인 작품의 경우 학생들은 대부분 스웨덴어 번역본을 읽는다. 이 경우 학생들은 이들 문학 작품을 번역학의 여러 이론 등에 근거하여 번역서로 접근할 수도 있겠으나, 스웨덴의 문학 전공 학과 중 번역학을 교과 과정 내에 포함하고 있는 학과는 거의 없다. 또한, 원작에 대한 번역본이 여러 개 존재하는 경우 어느 번역본을 읽어야 하는지가 제시되는 경우가 드문 것을 통해 알 수 있듯이, 번역 현상에 대한 인식 자체가 매우 낮다. 이는 번역에 대한 상반된 입장을 보여준다. 즉, 한편으로는 원서를 충분히 이해할 수준의 외국어 실력을 갖추지 못했더라도 될 수 있으면 원서를 읽는 것이 좋다는 인식이 있지만(스웨덴의 문학 전공 학생 중 덴마크어, 노르웨이어, 심지어는 영어에 아주 능통한 학생은 많지 않다), 다른 한편으로는 부득이하게 번역본을 읽어야 하는 상황이라면 번역본이 원본은 아니라는 사실이나, 같은 원문에 대해 서로 다른 번역이 존재할 수 있다는 점 등은 고려하지 않은 채 번역본을 원본으로 생각하고 읽으면 된다는 생각이 공존한다는 것이다.

어학 전공자들의 경우 교과 과정의 하나로 번역서를 읽는 경우는 문학 전공자에 비해 드물지만, 원서의 언어가 스웨덴 학생들에게 어려운 언어인 경우에는(로망스어보다는 슬라브어가 더 어렵다고 여겨진다) 번역서를 읽게 된다. 어학 전공 학과의 경우 교육적 측면에서 흥미로운 번역 작품에 대한 비평서들을 활용할 수 있음에도 불구하고, 번역과 관련된 주제는 교과 과정에 포함되어 있지 않다(메이, 1994; 베누티, 1996). 또한 이들 어학 전공자들은 뛰어난 어학 실력을 갖추고 있어 병렬 텍스트를 정독할 수 있는 충분한 능력을 갖추고 있다는 점에도 주목할 필요가 있다. 요약건대 많은 스웨덴 대학생들은 교과 과정의 하나로 번역서를 읽고 있지만 번역학의 연구 성과를 기반으로 하는 번역문에 대한 통찰 없이 번역서를 대하고 있다.

번역학자들은 번역서를 원서와 같게 읽는 것을 문제점으로 인식하겠지만 많은 대학에서는 이와 같은 방식으로 번역서를 대하고 있으며 이것은 스웨덴에만 국한된 것은 아니다. 메이(1994)와 베누티(1996)는 미국 교육계에 대해 번역된 문학작품을 대할 때 적용할 수 있는 이론 및 방법론의 부재에 대해 지적하였으며 이는 많은 다른 나라에서도 동일하게 나타나는 현상이다.

문학 교육에 번역학을 도입할 수 있는 방법의 하나는 기존 교과과정[1]에 명시된 교육 목표를 달성하려는 방법으로 번역학을 활용하는 것이다. 번역이 가지는 복잡성을 충분히 활용한다면 번역학적 관점을 도입함으로써 텍스트의 형식적 특성에 대한 주의를 환기할 수 있다. 이것이 본 연구 논제의 출발점이 되는 부분으로 비교 분석 기법을 하나의 교수법으로 활용함으로써 학생들의 문학 및 문학작품에 대한 통찰력을 높이고 학생들이 문학 읽기를 역동적 과정[2]으로 인식하는데 도움을 줄 수 있다는 것이다.

2. 읽기에 대한 이저(Iser)의 관점

읽기란 텍스트와 독자 두 요소를 모두 필요로 하는 의미 생성 활동이다. 모든 읽기 관련 연구에서는 텍스트와 독자가 주요 요소로 논의되나 그 중 일부 학자들은(이저, 1978; 야우스 1977; 슈티를레 1980) 텍스트에 의해 의미 생성이 어떻게 사전에 예비되는지에 주목한 반면 현실 독자(real readers)에 주목한 학자들(피시 1980; 랭거 1995; 홀랜드 1975; 로젠블랏 1938, 1978)도 있다. 이저, 야우스, 슈티를레 등 독일 수용미학자들로 대표되는 콘스탄쯔 학파는 문학 텍스트가 독자의 읽기를 어떠한 방식을 통해 사전에 예비하는가에 관심을 가졌다. 이들 학자는 문화적 가정, 읽기 습관 뿐 아니라 텍스트가 형성된 시기의 문학적 관습과 텍스트가 읽히는 시점(상황)에서의 문학적 관습까지도 고려 대상에 포함한다. 이저의 주된 관심 대상은 텍스트의 구조가 독자의 읽기 행위 중 의미 생성을 어떻게 유발하는가 하는 것이다. 이저에 따르면 문학 텍스트에는 모든 것이 다 주어지는 경우는 없다. 항상 텍스트에는 채워지지 않은 빈공간, 비결정성이 존재하며 이는 독자로 하여금 능동적인 태도를 취해 텍스트의 빈공간을 채우게 한다는 것이다. 각기 다른 독자는 동일한 빈공간을 다르게 채울 수 있지만 빈공간에 들어갈 수 있는 것들의 가능성은 텍스트의 구조에 의해 사전에 규정된다는 것이다. 따라서 읽기란 텍스트의 예비성과 비결정성간의 결합을 한 축으로 하고 이러한 텍스트 구조에 대한 독자의 수용 및 자체적 반응을 다른 한 축으로 하는 두 축 간의 상호작용으로 이해할 수 있다. 읽기에 대한 이저의 관점은 다음 인용문을 통해 더 명확히 드러난다.

텍스트 해석자의 역할은 텍스트가 지니는 잠재적 의미들을 좀 더 명료화하는 것이지 이를 단 하나로 제한하는 것은 아니다. 텍스트에 공존하는 모든 가능성들이 읽기 과정을 통해 전부 구현될 수는 없다. 이점이 바로 의미를(형성되어진 것이 아닌) 일어나는(something that happens) 과정으로 인식하여야 하는 이유이며, 이러한 인식으로서만 의미 생성을 예비하는 사전 조건들을 인지할 수 있다. (이저 1978: 22)

3. 예시: 텍스트상의 반복적 구조 생략

이저의 관점을 구체적인 예시를 통해 좀 더 명확히 설명해보고자 한다. 예시로 사용된 것은 19세기 덴마크 작가 한스 크리스티앙 안데르센 작품의 영문 번역본 일부분이다. 출발어 원문과 비교해볼 때 번역본에서는 일부 디테일이 변형되었고 따라서 의미 생성에 조건이 되는 요소들에도 변화를 초래하였다. 이저의 용어를 빌려 설명하자면 이는 원문이나 다른 번역본과 비교할 때 해당 번역본에 의미 생성의 조건이 새로 워진다는 것이다. 다음은 1838년 쓰인 『장난감 병정』 이라는 소설의 일부분이다.

[1] Han saae paa hende *og hun saae paa ham, men de sagde ikke noget.*
(안데르센 [1838] 1963: 124, 강조는 저자)

[2] He looked at her *and she looked at him*, but they said nothing.
(그는 그녀를 바라보았고 그녀도 그를 바라보았으나 둘은 아무 말도 하지 않았다.) (킹스랜드, 1959: 159, 강조는 저자)

[3] He only looked at her and they both remained silent. (폴 [1872])[3]

(그는 그녀를 바라보았고 그들은 아무 말도 하지 않았다.)

폴의 번역본에는 '그리고 그녀는 그를 바라보았다'는 문구가 생략되어 있다. 이는 언뜻 보기에는 중요하지 않아 보인다. 여기에서 생략이 어떻게 의미 생성의 사전 조건에 변화를 초래하는지를 보다 명확히 이해하기 위해서는 텍스트의 문맥을 고려하여야 한다.

이 이야기의 배경은 중산층 가정으로 그 집의 소년은 생일 선물로 주석으로 만든 25개의 장난감 병정이 들어 있는 주머니를 받는다. 병정 중 눈에 띄는 하나가 있는데 바로 다리가 하나뿐인 병정이다. 이 외다리 병정은 방에 있는 작은 무용수 인형에 눈이 머문다. 무용수 인형은 한쪽 다리를 공중 높이 들고 있어 이를 보지 못한 장난감 병정은 무용수도 자기와 같이 다리가 하나인 줄 착각한다. 장난감 병정은 곧 무용수 인형에게 끌림을 느낀다. 밤이 오자 장난감 병정과 무용수를 제외한 모든 장난감은 움직이기 시작한다. 장난감 병정과 무용수 사이에는 대칭적 관계가 형성된다. 두 인물 모두 다리가 하나 밖에 없으며 움직이지 않는다. 외형적으로 이들은 부동(不動)의 자세로 움직임이 없으며 이러한 외형적 굳건함은 내면적 특성에 반영되어 나타난다. 독자는 나레이터를 통해 장난감 병정의 생각을 좇아갈 수 있다. 그러나 무용수의 내면에 대해서는 아무런 단서가 없다. 따라서 독자는 작은 무용수의 생각이나 장난감 병정에 대한 그녀의 마음에 대해서는 어떠한 것도 알 수 없다.

이야기에는 인간과 장난감, 능동과 수동, 외형과 내면 등과 같이 대치되는 장치들이 등장한다. 이야기에선 집에 사는 사람들 뿐 아니라 장난감들도 스스로 행동할 수 있는 존재로 표현된다. 나레이터는 장난감 병정이 스스로 행동하는 것 같이 이야기를 진행한다. 그러나 동시에 장난감 병정의 행동을 설명하는 외적 원인을 제시함으로써 장난감 병정이 사실은 스스로 움직이는 것이 아님을 강조한다. 장난감 병정의 움직임은 결국 스스로에 의한 것이 아닌 바람, 장난꾸러기 소년들, 강물, 또는 물고기와 같은 외부 요인에 의한 것이다. 그러나 이야기 중 단 한 번 외부 힘에 대한 설명 없이 장난감 병정이 움직이는 부분이 나오는 데 그것이 바로 이야기 서두에서 장난감 병정이 무용수 인형을 보기 위해 상자 뒤로 숨는 장면이다.

상자 뒤에 숨은 장난감 병정은 작은 무용수에게서 시선을 떼지 않는다. 이러한 병정을 보고 장난감 고블린은 자기 소유가 아닌 것에 마음을 두면 안 된다고 경고한다. 다음날 장난감 병정은 바람에 날려(또는 장난감 고블린의 소행일까?) 창문 밖으로 떨어진다. 그 후 장난감 병정은 위기의 모험을 수차례 겪게 된다. 고난과 역경을 겪는 동안에도 장난감 병정은 자신의 마음을 빼앗아 간 작은 무용수에 대한 생각을 한시도 멈추지 않는다. 마침내 장난감 병정은 물고기의 뱃속에 들어가게 되고 물고기는 시장에서 작은 무용수가 있는 집의 가정부에 팔려 장난감 병정은 사랑하는 무용수가 있는 집으로 다시 돌아가게 된다.

작은 무용수는 스스로 움직일 수 있는지 없는지가 분명하게 드러나지 않는다. 작은 무용수가 처음 소개되는 장면에는 '이 작은 숙녀는 무용수로 양팔을 뻗고(덴마크어 원문에는 strakte), 한쪽 다리는 공중에 너무 높이 올리고 있어(덴마크어 원문에는 løftede) 장난감 병정은 그녀가 자신과 같이 다리가 하나만 있는 줄 알았다.'(킹스랜드, 1959: 155, 강조는 저자)[4] 라고 되어 있다. 흥미롭게도 덴마크어 동사 strakte와 løftede는 고정된 자세를 의미하기도 하며 움직이는 동작을 의미하기도 한다. 이 중 어느 쪽이든, 몇 줄 아래를 보면 다리가 하나인 점으로 인해 이미 대칭적 관계가 형성된 장난감 병정과 무용수 사이의 관계가 두 인물의 부동(不動)성으로 인해 더욱 강화되는 부분에서 무용수의 자세가 고정되어 있음이 부각된다.

'움직이지 않는 것은 장난감 병정과 작은 무용수 이 둘 밖에 없었다. 작은 무용수의 몸은 발가락 끝에서부터 일직선을 이루며 두 팔을 뻗은 채 꽂꽂이 서 있었으며 장난감 병정 또한 이에 못지않게 한 다리로 굳건히 선 채로 한시도 눈을 그녀에게서 떼지 않았다.'(킹스랜드, 1959: 156)[5]

이야기가 거의 끝나갈 때까지도 독자는 작은 무용수가 스스로 움직일 수 있는지에 대해 확실히 알 수 없다. 앞 서 말한 대로 독자는 나레이터를 통해 무용수의 내면에 접근할 수 없기 때문이다. 무용수를 향한 장난감 병정의 마음은 명확하게 독자에게 전달되나 장난감 병정에 대한 무용수의 마음은 알 길이 없다. 따라서 장난감 병정을 향한 무용수의 감정이란 요소가 하나의 텍스트적 빈공간으로 남는다. 이 빈공간을 메워주는 텍스트 내의 요소를 살펴보자. 험난한 모험이 끝나고 장난감 병정은 무용수가 있는 방으로 돌아와 있다. 위에 소개된 대로 여기서 안데르센의 원문, 킹스랜드의 번역본, 폴의 번역본은 다음과 같은 차이를 보인다.

[4] Han saae paa hende *og hun saae ham*, men de sagde ikke noget.
(안데르센 [1838] 1963: 124)

[5] He looked at her and she looked at him, but they said nothing.
(그는 그녀를 바라보았고 그녀도 그를 바라보았으나 둘은 아무 말도 하지 않았다.) (킹스랜드, 1959: 159)

[6] He only looked at her and they both remained silent. (폴 [1872])[6]
(그는 그녀를 바라보았고 그들은 아무 말도 하지 않았다.)

이 부분이 출발어 원문에서 유일하게 작은 무용수가 스스로 움직임을 분명하게 나타내는 부분이다. 또한, 이 부분은 독자에게는 처음으로 무용수가 감정을 가진 인물일 수 있다는 점과 더욱 구체적으로는 장난감 병정을 향한 무용수의 사랑을 암시하는 힌트가 되는 부분일 수 있다. 따라서 '그리고 그녀도 그를 바라보았다'는 구문의 생략은 의미 생성이 이루어지는 기본 조건에 변화를 가져온다. 이 구문이 나오기 전까지는 장난감 병정에 대한 무용수의 태도가 무용수 스스로 움질일 수 있는지, 즉, 그를 바라볼 수 있는지, 만큼이나 매우 불명확했다. 따라서 안데르센의 원본과 킹스랜드의 번역본에서는 이 구문이 텍스트의 빈 공간을 채워주는 기능을 한다. 이 구문을 통해 비로소 장난감 병정만 무용수에게 마음이 있는 것이 아니라 무용수도 장난감 병정을 마음에 두고 있음이 분명하게 표현된다. 바로 이 구문을 통해 장난감 병정을 향한 무용수의 마음이 사랑일지도 모른다는 가능성이 열리게 되는 것이다. 이는 텍스트 내의 빈공간이 완전히는 아니지만(독자는 무용수의 감정을 확실히는 알 수 없으므로) 부분적으로 채워짐을 의미한다.

상기 구문 몇 줄 아래를 보면 작은 무용수가 장난감 병정을 다시 바라보는 장면이 나오면서 위의 해석이 올바른 해석이라는 것에 힘을 실어준다. 여기서 작은 소년가 장난감 병정을 벽난로 속으로 던지면서 이야기는 예상치 못한 반전을 맞이한다. 장난감 병정은 뜨거운 열 속에서 있다. 그 때

[7] Han saae paa den lille Jomfru, hun saae paa ham, og han følte, han smelted, men endnu stod han standhaftig med Geværet i Armen.

(안데르센 [1838] 1936: 124)

[8] He looked at the little dancer, and she looked at him: he felt himself melting, but he still stood steadfast with his rifle on his shoulder.

(그는 작은 무용수를 바라보았고, 그녀도 그를 바라보았다. 그는 자신이 열에 녹고 있음을 알았으나 어깨에 총을 멘 그 자세 그대로 굳건히 서 있었다.)

(킹스랜드 1959: 159)

[9] He looked at the little lady, and she looked at him. He felt himself melting away, but he still remained firm with his gun on his

shoulder.

(그는 작은 숙녀를 바라보았고, 그녀도 그를 바라보았다. 그는 자신이 열에 녹아내리고 있음을 알았으나 어깨에 총을 멘 채 그대로 굳건히 그 자리에 있었다.) (폴 1872)[7]

이 문장에서는 앞 서 예시로 나온 구문이 거의 같게 반복된다. 이 문장에 대한 폴의 번역본에선 안데르센의 원본이나 킹스랜드의 번역본과 거의 유사한 이미지가 나타난다. 그럼에도 불구하고 여기에는 중대한 차이점이 존재한다. 안데르센의 원본과 킹스랜드의 번역본에서는 형식의 반복이 해당 구문에 독자의 관심을 집중시키며 그 구문의 중요성을 부각한다. 그러나 폴의 번역본에서는 무용수가 장난감 병정을 처음으로 '바라본' 구문이 생략되어 반복이 형성되지 않아 이러한 효과가 형성되지 않는다.

위의 문장(7~9)을 통해 이야기의 결말이 준비된 장난감 병정이 불꽃 속에서 녹고 있을 때 갑자기 문이 열리며 바람이 작은 무용수를 벽난로 안으로 실어간다. 이야기 도입에선 바람이 두 인물을 떼어놓지만 결말에 가선 두 인물을 다시 모아준다. 다시금 반복이 텍스트적 전략으로 사용되어 독자의 관심을 집중시키는 것을 볼 수 있다.

독자는 무용수의 내면에 접근할 수 있는 기재가 없으므로 마지막까지 장난감 병정을 향한 무용수의 마음은 비결정성으로 남는다. 따라서 독자는 작은 무용수를 벽난로로 떨어뜨린 것이 바람인지 무용수 자신의 행동인지 확실히 알 방법이 없다. 이런 면에서 이야기의 결말은 매우 개방적이며 심지어 두 인물이 합쳐지는 이야기의 결말이 해피엔딩인지 비극인지도 단정 짓기는 어렵다. 이러한 모호성은 안데르센 작품의 전형적인 특색으로, 이는 그의 작품에 시적 요소를 가미해 그의 작품을 이전 시대의 작품들과 구별 짓는 요소이기도 한다. '그녀도 그를 바라보았다.'라는 구문이 처음 등장하는 부분에서 이를 생략한 폴의 번역본은 이야기의 해피엔딩 가능성을 약화해 이야기의 모호성을 감소시킨다. 폴의 번역본에는 독자로 하여금 작은 무용수가 스스로 장난감 병정이 있는 벽난로로 떨어졌다고 믿게 할 이유가 존재하지 않는 것이다.

4. 교육학적 함의

위의 예를 통해 독자의 의미 생성을 유도하는 텍스트의 구조가 번역을 통해 어떻게 그 효율성을 상실하는지 살펴보았다. '그는 작은 무용수를 바라보았고, 그녀도 그를 바라보았다.'는 구문은 '그들은 서로를 바라보았다'는 의미와는 문체론적으로 뚜렷이 구분되며 몇 줄을 사이에 두고 같은 표현이 두 번 반복적으로 등장함으로써 그 중요성을 강조한다. 따라서 폴의 번역본에서 해당 구문이 한번 등장하기는 하나 두 번 반복됨으로써 해당 구문에 독자의 관심을 집중시키게 하는 텍스트적 구조는 유지되지 않는다.

또한, 장난감 병정을 향한 무용수의 마음에서 텍스트성 빈자리를 찾아볼 수 있었다. 이 빈자리는 안데르센의 원본과 킹스랜드의 번역본에서는 부분적으로나마 위에서 논의된 구문들을 통해 채워진다. 반면 폴의 번역본에서는 반복이 생략됨으로써 이 텍스트성 빈자리는 열려있게 되고 이는 다시 이야기의 결말에 영향을 미친다.

본 연구에서 이 구문의 생략이 중요하게 다뤄지는 이유는 이것이 읽기라는 행위를 통해 독자와 텍스트 간의 상호작용이 이루어지고 이를 통해 의미가 생성되는, 이저가 '생각하는 과정'으로서의 읽기를 잘 보여주기 때문이다. 번역문 읽기도 이러한 과정으로서의 읽기에서 예외일 수 없다. 오히려 번역본을 읽음으로써 텍스트에 존재하는 다수의 잠재적 의미 중 어느 것이 번역을 통해 재생산되고 어느 것이 번역과정 중 소멸하였는지를 살펴볼 수 있다. 따라서 번역서는 독자와 텍스트간의 의미 생성 과정에 있어 특정 잠재적 의미의 가능성을 열고 다른 가능성은 닫는 장치를 내포하는 문학의 특성을 학생들이 인식하게 돕는 교육 방법론으로서 효용을 가지는 것으로 보인다.

마지막으로, 번역물을 이용한 비교분석이 학생들이 읽기를 하나의 과정으로 인식할 수 있게 하는 데 유용한 교수법이라면 그것이 하나의 방법론으로써 읽기 연구에 기여할 수 있는 부분도 많다고 볼 수 있다. 우선 위에서 보이듯 번역물은 출발어 원문이 어떤 의미로 읽힌 지를 보여주는 직접적인 증거가 된다. 출발어 뿐만 아니라 번역물의 텍스트 분석을 통해 번역사가 독자들에 대해 어떠한 생각을 하고 있는지를 연구하는 것도 가능하다. 따라서 번역서는 읽기에 대한 두 가지 관점 모두에서—텍스트 중심 및 독자 중심—읽기를 연구하는데 흥미로운 재료가 될 수 있다.

미주

1. 번역학을 그 자체로 고유한 학문으로 도입하는 것도 관심분야이긴 하나 이는 본 논문의 범위를 벗어난다.

2. 번역 지도는 문학의 형태적 특성에 면밀한 주의를 기울이는 것을 필요로 한다는 주장과 관련하여 베누티(1996: 333)의 연구를 참조하시오.

3. 페데르센(Viggo Hjørnager Pedersen, 2004: 187)은 안데르센 작품에 대한 폴의 번역본이 덜크켄(Dulcken)의 영문번역본을 기초로 번역되었다고 주장한다. 또한 폴의 번역본이 안데르센의 원문, 다른 다수의 영문 번역본, 독일어 번역본이나 기타 자료를 참고로 했음을 시사한다.

4. 안데르센의 원문에는 다음과 같이 쓰여있다. "Den lille Jomfru strakte begge since Arme ud, for hun var en Danserinde, og saa løftede hun sit ene Been saa høit i Veiret, at Tinsoldaten slet ikke kunde finde de tog troede, at hun kun havde eet Been ligesom han"(안데르센 [1838] 1963: 121-122). 페데르센(2004: 274)은 쟝 헤르숄트(Jean Hersholt)의 번역본을 영문번역본의 표준으로는 삼을 것을 명시하나 본 논문에서는 덴마크어 원본 텍스트를 보다 직역에 가깝게 번역한 킹스랜드의 영문본을 사용하였다. 킹스랜드의 번역본에 대한 이와 같은 견해는 "킹스랜드 또한 대체로 원문에 충실하고 디테일까지 정확히 번역하였다"고 평한 페데르센의 글(2004: 277)을 통해서도 드러난다. 다음 문장에 나오는 정지자세와 움직임에 대한 모호성은 헤르숄트의 번역본에는 보존되지 않은 관계로 본 연구를 위해서는 킹스랜드의 번역본을 사용하는 것이 더 적합하다 판단되었다.

5. 장난감 병정과 작은 무용수와의 관계에 대해서는 다른 해석도 가능하다. 네 편의 『장난감 병정』 영문번역본을 분석한 놀즈(Knowles)와 말므크제(Malmkjær)는 안데르센의 의도는 장난감 병정과 작은 무용수 간에 진짜와 가짜를 상징하는 대조 관계를 형성하려는 것이었다고 주장한다.

6. 이 문장과 같은 번역을 스페인어 및 독일어 번역본에서도 찾아볼 수 있다. 스페인어 번역본과 독일어 번역본에는 각각 'La miró sin decir palabra'(빠야롤즈(Payarols, 1959), '그는 아무 말 없이 그녀를 바라보았다'), 'Er sah sie an, aber sie sagten gar nichts'(번역사 미상, '그는 그녀를 바라보았으나 그들은 아무런

말도 하지 않았다.')란 문장으로 번역되어 있다. 이에 대한 설명은 본 논문의 범위를 벗어나는 것이나 이 번역본들 간에는 연관성이 있을 수 있다(스페인어와 영어 번역사가 독일어 번역본에 기초하여 번역 하였을 수 있다). 또는 이들 번역사들이 각각 독립적으로 같은 형태의 번역을 했을 수 있는데 이 경우 유사한 번역이 나온 이유는 아마도 문체에서 찾을 수 있을 것 같다. 부연하자면, 동일한 어휘의 반복은 – 여기서의 경우 바라보다(looks) – 문체 면에서 그다지 좋은 번역이라 여겨지지 않았다. 다음을 참조하시오.

7. 위에 나온 스페인어 번역본에 이 문장은 'Miró de Nuevo a la muchacha, encontráronse las miradas de los dos, y él sintió que se derretía, pero siguió firme, arma al hombro'(빠야롤즈 1959, '그는 작은 숙녀를 다시 바라보았고 그들의 눈이 서로 마주쳤다. 그는 자신이 녹아내리는 것을 느끼며 어깨에 무기를 맨 채 굳건히 제자리에 있었다.')로 되어있다. 이 번역은 위에 인용된 번역본보다는 안데르센의 원문에 가까우나 작은 무용수도 장난감 병정을 바라봄이 대명사 '그녀'를 통해 덴마크어 원문에서 훨씬 더 명확하게 드러난다. 독일어 번역본에는 'Er sah das klein Mädchen an, sie blickte ihn an, und er fühlte, daβ er schmelze, aber noch stand er standaft mit dem Gewehre im Arm'('그는 작은 소녀를 바라보고 그녀도 그를 지켜본다. 그는 자신이 녹아내리는 것을 알았으나 어깨에 총을 멘 채 굳건히 같은 자세로 서 있었다.')로 되어있다. 독일어 번역에서도 이 문장에 앞서 소개된 문장보다는 안데르센의 원문에 가깝다. 대명사 '그녀'가 사용되긴 했으나 동사를 바꿈으로써 원문이 가지는 반복을 통한 문체적 특성은 약화하였다.

참고
문헌

1, Andersen, Hans C. 1963 [1838]. "Den standhaftige Tinsoldat". In *Eventyr fortalte for Børn II*:1, critical edition by Erik Dal and Erling Nielsen, 121-124. Copenhagen: Hans Reitzel Forlag.

2. Andersen, Hans C. 1872. "The Brave Tin Soldier". Translated by H.B. Paull. Available on-line at http://hjem.get2net.dk/chenero/hca/hcaev011_en.html (retrieved February 14, 2005).

3. Andersen, Hans C. 1959. "The Steadfast Tin-soldier". In *Hans Andersen's Fairy Tales*, translated by L.W. Kingsland, 154-159. London: Oxford University Press.

4. Andersen, Hans C. 1959. "El intrépido soldadito de plomo". Translated by Francisco Payarol. Available on-line at http://www.hadaluna.com/andersen/a-soldadito.htm (retrieved February 14, 2005).

5. Andersen, Hans C. No date. "Der standhafte Zinnsoldat ". No translator named. Available on-line at http://hjem.get2net.dk/chenero/hca/hcaev011_de.html (retrieved February 14, 2005).

6. Fish, Stanley. 1980. *Is There a Text in This Class. The Authority of Interpretive Communities*. Cambridge: Harvard University Press.

7. Hjørnager Pedersen Viggo. 2004. *Ugly Ducklings? Studies in the English Translations of Hans Christian Andersen's Tales and Stories*. Odense: University Press of Southern Denmark.

8. Holland, Norman. 1975. *5 Readers Reading*. New Haven: Yale University Press.

9. Iser, Wolfgang. 1978. *The Act of Reading. A Theory of Aesthetic Response. Translation of Der Akt des Lesens. Theorie ästhetischer Wirkung*. Munich: Fink, 1976. Baltimore and London: John Hopkins University Press.

10. Jauss, Hans Robert. 1977. *Ästhetische Erfahrung und Literarische Hermeneutik. I Versuche im Feld der äesthetischen Erfahrung*. Munich: Fink.

11. Knowles, Murray and Malmkjaer, Kirsten. 1989. "Translating Ideology: Language, Power and the World of the Tin Soldier". *ELR Journal*: 205-242.

12. Langer, Judith. 1995. *Envisioning Literature. Literary understanding and literature instruction*. New York: Teachers College, Columbia University.

13. May, Rachel. 1994. *The Translator in the Text. On Reading Russian Literature in English*. Evanston: Northwestern University Press.

14. Rosenblatt, Louise M. 1995 [1938]. *Literature as exploration*. New York: The Modern Language Association of America.

15. Rosenblatt, Louise M. 1978. *The Reader, the Text, the Poem. The transactional theory of the literary work*. Carbondale: Southern Illinois University Press, 1994.

16. Stierle, Karlheinz. 1980. "The Reading of Fictional Texts." In *The Reader in the Text. Essays on Audience and Interpretation*, S.R. Suleiman and Crosman, I. (eds), 83-105. Revised translated version of "Was heisst Rezeption bei fiktionalen Texten?" In Poetica 7, 1975:345-387. Translated by I. Crosman and T. Zachrau. Princeton: Princeton University Press.

17. Venuti, Lawrence, 1996. "Translation and the Pedagogy of Literature" *College English*, Vol. 48 (3): 327-44.

번역이 유머 반응에 미치는 영향

이탈리아의 코미디 더빙 사례를 중심으로

델리아 끼아로 Delia Chiaro
볼로냐 대학교University of Bologna at Forlì, 이탈리아

본 연구는 영상에 번역된 구술 유머(VEH: Verbally Expressed Humour)를 이탈리아 관객이 어떻게 인식하며, 유머에 대한 개인의 유머반응(humour response)에 번역이 어떠한 영향을 미치는지를 조사하기 위한 소규모 연구이다. 유머반응이란 유머 사극에 대해 웃음과 미소를 통해 반응하는 생리적 반응을 의미한다(맥기, 1979). 22명의 영국인 참가자에게 모국어(영어)로 된 VEH를 포함한 일곱 편의 그대로 유지 비디오 클립을 보여주고 각 편에 대한 유머반응(HR)을 녹화하였다. 34명의 이탈리아인 참가자에게는 같은 일곱 편의 비디오 클립을 이탈리아어로 더빙되거나 자막처리 된 상태로 보여준 후 각 편에 대한 유머반응을 녹화하였다. 참가자들의 응답을 독립 표본 t-테스트(independent sample t-test)로 분석한 결과 이탈리아 인의 유머반응 지수가 영국인보다 근소한 차이로 낮았으며 이는 번역이 유머반응에 미치는 영향이 미미함을 시사한다.

KEYWORDS

관객 인식(audience perception), 유머반응(humour response), 영상번역(screen translation), 번역 영향(impact of translation), 구술 유머(verbally expressed humour)

1. 개요

유럽의 텔레비전과 영화관에서 상영되는 프로그램 대부분을 미국산 픽션 영화와 드라마가 차지하고 있다고 해도 과언이 아니며 이들 미국산(産) 프로그램은 영국을 제외한 나머지 유럽 국가에서는 각국의 관행에 따라 더빙이나 자막을 통해 관객에게 보이고 있다. 유럽 시청각 연구소(European Audiovisual Observatory)의 조사 자료에 따르면 프랑스를 제외하고는 유럽에서 가장 높은 시청률을 보이는 프로그램 장르는 홍

그림 1. 유럽 5대 시장에서 텔레비전을 통해 상영되는 픽션 및 영화의 미국산(産) 비율

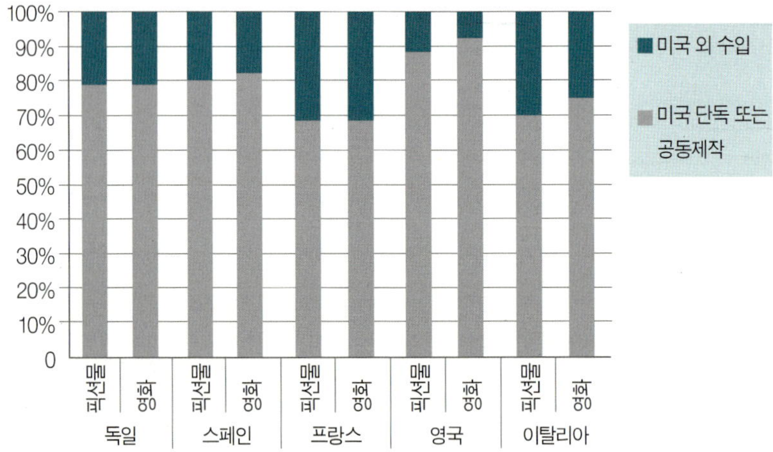

출처: 유럽 시청각 연구서의 2003년 1월 28일자 언론 보도 자료

미롭게도 픽션이며, 픽션을 분류되는 프로그램 중 삼 분의 일 이상을 시트콤이 차지하는 것으로 나타났다.

구술 유머(VEH)의 번역은 극도로 복잡한 일로 알려졌으며 특히 영화나 시트콤과 같은 시청각 텍스트상에 나타나는 구술유머의 번역은 번역사들에게는 큰 어려움으로 인식되는 것으로 알려졌다(끼아로 1992, 2000a, 2000b; 자발비스코아, 1996). 이러한 인식은 96명의 이탈리아 번역사들을 대상으로 한 설문조사를 통해서도 뒷받침되는데 번역사 전원이 더빙 과정 중 가장 어려운 점을 구술유머의 번역으로 꼽았다(베닌카, 1999). 또한, 이탈리아인을 대상으로 한 구술유머의 인식에 관한 저자의 다른 연구에서도 조사 대상자의 75%가 9편의 영상 프로그램에 포함된 번역된 구술유머를 보고 이를 제대로 이해하지 못하는 것으로 나타났다(끼아로 2004). 이러한 현상이 보편적이라면 어려운 번역이라 여겨지는 구술유머 번역에 대한 관객의 피드백은 비난 구술유머와 관련해서 뿐 아니라 영상번역(screen translation) 산업 전반의 품질 향상에 도움을 줄 수 있을 것으로 보인다. 다시 말해, 관객 반응에 대한 연구가 영상번역에 있어 특별히 어렵다 생각되는 구술유머 번역의 품질향상에 기여할 수 있다면, 관객반응에 대한 연구는 그보다 덜 어려운 번역의 품질향상에도 당연히 기여할 수 있을 것이다.

관객이 구술유머를 이해하지 못하거나 오해하는 데는 여러 가지 원인이 있을 수 있다. 한 예로 해당 유머의 바탕이 되는 문화적 현상에 대한 이해가 없을 경우 관객은 유머를 이해하지 못하게 되는데 이 경우 유머에 기반이 되는 현상을 관객에게 더욱 익숙한 것으로 항상 대체할 수 있는 것이 아니므로 관객의 이해를 돕기 위해 번역사가 할 수 있는 일은 많지 않다. 구술유머가 화면상의 시각적 정보에 의존하는 경우가 이에 해당된다. 그러나 유머가 화면상의 시각적 정보에 의존하지 않고 순전히 언어적 요소 또는 관객의 일상적 배경지식에 근거하는 경우, 관객이 유머를 이해하지 못하였다면 이는 부분적으로나마 번역에서 원인을 찾을 수 있을 것이다. 이러한 가정대로 번역이 관객의 영상 유머에 대한 이해 수준을 결정하는 중요한 요인이라면 관객은 합당한 영상번역 서비스를 받고 있지 못하다고 볼 수 있다. 영상번역 서비스의 발주처가 대형 다국적 업체이던 소규모 사설 업체이던 영상번역 서비스는 일반 시청자의 소비를 목적으로 제공되는 서비스란 점에서 공공서비스의 성격을 띈다. 다시 말해 영상번역 서비스는 일반 대중에게 제공되는 서비스이다. 텔레비전 수신료, 위성 사용료, DVD 요금 등 영상 소비 관련 비용 중 일부가 영상번역 서비스의 비용으로 사용되는 것을 고려할 때 일반 대중은 우수한 품질의 영상번역 서비스를 받을 권리를 가진다고 할 수 있다.

많은 코미디 프로그램의 번역 버전이 원 제작지 이외의 타문화에서 널리 알려지거나 크게 성공을 거두는 경우는 흔치 않은 것으로 보인다. 이탈리아가 그 좋은 예인데, 이탈리아의 코미디 개봉작이나 코미디 배우들 중 해외에서 인기를 얻고 성공한 경우는 매우 드물다. 물론 예외는 있다. 배우 로베르토 베니니(Roberto Benigni)의 경우 세계적인 코믹 배우로 명성을 얻었으나 그가 주연한 "인생은 아름다워(La Vita é Bella)"와 같은 경우 그 성공이 언어유희(pun)와 같은 언어적 유머에 근거하지 않는다. 그보다는 배우 베니니의 외모나 인류의 보편적 주제를 나타내는데 코미디적 요소를 채용한 점 등이 성공 요인으로 거론된다. 마찬가지로 미국의 로맨틱 코미디나 시트콤도 전 세계적으로 성공을 거두고 있기는 하나 이들의 성공은 품질보다는 마케팅에 힘입은 바 크다(끼아로 200b, 2003 연구를 참조할 것). 같은 맥락에서 이탈리아 관객이 수입된 영화와 시트콤에 등장하는 구술유머를 많은 경우 잘못 이해한다는 연구 조사도 있다(안토니니 외 5명, 2003; 끼아로 2004). 이에 본 연구에서는 다음 두 가지 연구문제에 대한 답을 모색하고자 한다. 구술유머를 관객이 이해하지 못하는 이유가 '유머감각'이 문화마다 다르기 때문인가? 아니면 관객에게 제공된 번역의 품질이 나쁘기 때문인가?

주지하는 바와 같이 많은 수입 코미디물이 원 제작국의 국경을 넘어 성공을 거두고 있다. 이는 세계적으로 유명한 미스터 빈(이 캐릭터는 대사도 없다)이나 알모도바르(Almodovóvar)의 인물들(이들도 베니니와 같이 코미디를 통해 보편적 주제를 다룬다)을 통해서도 보이고 이 외에도 많은 영화와 TV 프로그램을 통해서도 알 수 있다. 이렇듯 성공하는 코믹물도 있지만, 대다수의 코믹물은 해외 시장에서 실패를 겪는다. 그렇다면 문제는 번역된 코믹 장르 영화의 성공은 어느 만큼이 특정 문화에 대한 유머 의존도에 영향을 받고 어느 만큼이 번역의 영향을 받는가? 영화나 시트콤의 성공이 우수한 마케팅의 결과인 경우도 있으나 그 경우에도 더빙과 자막의 품질이 미치는 영향을 과소평가할 수는 없다. 저자는 코믹 영화와 텔레비전 프로그램의 성패를 결정하는 데 있어 번역이 매우 중요한 요인으로 작용할 수 있다 생각한다.

본 연구는 번역된 영화와 텔레비전 프로그램에 나오는 구술유머에 대한 참가자들의 반응을 조사하여 다음 연구 가정을 검증하고자 한다.

가정: 개인의 성격과 기분에 따른 개인 편차를 고려할 때, 순수 시작적 유머에 노출될 경우 A문화에 속한 참가자들(본 실험의 경우 이탈리아인 참가자들)과 B문화에 속한 참가자들(영국인 참가자들)은 동일한 반응을 보일 것이다. 그러나 B언어(영어)에서 A언어(이탈리아어)로 번역된 구술유머에 노출될 경우, A문화에 속한 참가자들은 동일한 구술유머를 B언어(영어)로 본 B문화 참가자들(영어를 모국어로 사용하는 영국인 참가자들)보다 구술유머에 덜 긍정적인 반응을 보일 것이다.

상기 가정을 검증하고 실험 참가자들의 반응을 측정하기 위해 이탈리아인 참가자들은 여러 편의 순수 시작적 유머 영상물과 영어에서 이탈리아어로 번역된 구술유머 영상물을 시청하였다. 그 후 이탈리아인 참가자들의 반응을 동일한 영상물을 영어 원작으로 시청한 영국인 참가자들의 반응과 대조하여 분석하였다.

2. 연구의 개념적 틀

본 연구는 번역 연구(Translation Studies)와 유머 연구(Humour Studies) 두 분야의 연구를 토대로 한다.

2.1 번역 연구

번역 연구 분야에서 언어유희(pun)의 번역은 주요 연구 대상이었으나(레드펀, 1984; 들라바스티타, 1996, 1997), 이의 기능적 측면, 즉 언어유희를 통해 관객이 즐거움을 얻는가에 대한 문제는 학자들의 관심을 크게 받지 못하였다. 또한, 아쉽게도 더 넓은 주제인 유머 번역과 관련해서 이루어진 연구는 거의 없으며 있다 하더라도 단편적인 예화를 다루고 있는 경우가 많으며, 번역사나 번역물의 최종 소비자인 관객의 니즈에서 접근하기보다 등가(equivalence)와 번역 가능성(translatability)의 관점에서 이루어진 연구가 대부분이다. 그러나 최근 들어 유머 번역에 대한 연구가 새로운 관점에서 이루어지는 추세를 보인다(반다엘, 2003; 끼아로, 2005).

출발어와 구술유머를 다루는 연구는 데이터의 특성 상 대부분 기술적(descriptive) 연구 형태를 보였으나(안토노포울루, 2003; 자발베아스코아, 1996), 최근 들어서는 사회학적 관점에서 번역된 구술유머에 대한 관객의 인식을 조사하며 연구 영역을 새롭게 확장하고 있다(푸엔테스 루크, 2001; 안토니니 부카리아와 센자니, 2003; 끼아로 2004).

2.2 유머 연구

유머 연구는 다양한 전공분야에서 다루어지는 연구주제인데 본 연구의 목적을 고려할 때 심리학, 사회학, 언어학에서 다루는 유머 연구가 본 연구와 가장 연관성이 높다. 심리학에서는 유머를 인간의 보편적 특성으로 보나, 웃음과 미소가 인간의 보편적이고 선천적인 표현 양식인 반면 유머감각은 환경과 문화의 영향을 받는 것으로 성격 연구 결과 밝혀졌다(러치, 1998). 모든 인간은 '웃기다'는 감정을 느낄 수 있지만 각 문화에 따라 어떨때 웃게 되는 지에 대한 구체적인 연구는 아직 없다.

사회학자인 데이비즈(Davies, 1988)는 농담이라는 장르가 다양한 사회에서 어떠한 차이를 보이는지를 연구하며 다양한 실험을 통해 프랑스인과 독인인(러치 외, 1991), 프랑스인과 이탈리아인(러치와 포라보스코, 1996)의 유머감각을 양적 기법을 이용하여 측정하였다(러치, 1991, 1998). 언어학 연구에서는 농담과 같은 코미디적 요소를 지니는 짧은 텍스트들은 같은 구조로 짜여 있음을 발견하였다(라스킨, 1985; 아타르도, 1994). 그러나 이러한 기존 연구에서는 번역을 거친 구술유머에 대해서는 다루지 않고 있으므로 다른 언어로 번역된 유머 자극에 대해 각기 다른 문화권에서는 어떻게 반응하는지에 대한 연구는 거의 전무하다.

더욱이 유머가 문화적 특수성을 뛰어넘어 심리적, 사회적, 언어적으로 보편성을 가진다면(개인의 성격과 기분에 따른 개인차는 고려하더라도), 구술 유머가 적절히 번역되었다면 번역된 유머를 통해서도 관객은 동일하게 긍정적인 반응을 보여야 한다. 유머반응(humour response)이란 용어는 심리학자인 폴 맥기(McGhee, 1979)에 의해 처음 사용되었으며 웃음과 미소 등 유머 자극에 대한 생리적 반응을 지칭한다. 그러나 본 논문에서는 성격 연구 분야에서 이루어진 보다 최근 연구에서의 용례에 따라 유머반응을 유머 자극에 대해 생성된 감정반응까지도 포괄적으로 지칭하는 개념으로 사용하고 있다. 다시 말하면, 어떠한 대상을 보고 외형적으로 즐거움을 표현하지 않으면서도 '쾌락(exhilaration)' (러치, 1993)이라 불리는 감정을 경험할 수 있다는 것이다. 여기서 우리가 알고자 하는 것은 구술 유머에 가해지는 언어적 변화가 관객의 반응에 부정적인 영향을 미치는 가 하는 것이다. 즉, 구술유머가 번역을 거칠 경우 관객이 느끼는 쾌락의 정도가 줄어드는가 하는 것이다.

3. 연구 설계 및 방법론

3.1 예비 질적 연구

예비 질적 연구는 두 단계로 나누어 진행되었다. 첫 단계로 관람객 기준 과거 20년간 이탈리아에서 가장 흥행에 성공한 영국 코미디 영화를 조사하였다. 조사 결과는 다음과 같다. '완다라는 이름의 물고기(A Fish Called Wanda, 1988 영국 찰스 크릭턴 감독)', '네 번의 결혼식과 한 번의 장례식(Four Weddings and a Funeral, 1994 영국 마이크 뉴웰 감독)', '풀 몬티(The Full Monty, 1997 영국 피터 캐터니오 감독)', '노팅힐(Notting Hill, 1999 영국 로저 미첼 감독)', '브리짓 존스의 일기(Bridget Jones' Diary, 2001 영국/미국/프랑스 샤론 맥과이어 감독).'[1]

두 번째 단계로, 일반적으로 또한 이탈리아에서 영국 유머를 가장 잘 대표하는 코믹 배우가 누구인지를 묻는 짧은 인터뷰를 시행하였다. 이 인터뷰에는 영국인 5명(20~76세 사이의 남 3, 여 2), 미국인 3명(30~56세 사이의 남 2, 23세의 여 1), 그리고 다양한 연령대의 남·여 이탈리아인 10명이 참여하였다. 영국 유머를 대표하는 인물로는 세 그룹(영국인, 미국인, 이탈리아인) 모두 만장일치로 미스터 빈을 선정하였으며 코믹 영화 배우로는 로렐(Laurel)과 하디(Hardy)를 꼽았다. 영국인 참가자들에게 영국의 대표적인 슬랩스틱 코미디언을 묻자 다양한 의견이 나왔으나 조율을 거쳐 70년대 시트콤 '썸 마더즈 두 해브 뎀(Some mothers do 'ave 'em)'의 주인공을 연기한 마이클 크로포드를 뽑았다. 이탈리아인 참가자들은 전원 이탈리아 코믹 영화의 대표적인 인물로 토토(Totò)를 꼽았다.

3.2 연구 도구

3.2.1 비디오 클립 코퍼스

연구자는 앞서 선정된 5개의 영국산 블록버스터 영화를 시청한 후 영화에 나오는 구술 유머의 사례를 영화별로 모두 선별하였다. 또한 티켓 판매 순위상 수위에 오른 미국산 코믹영화인 '나의 그리스식 웨딩(My Big Fat Greek Wedding, 2002 미국 조엘 즈윅 감독)'에서도 두 건의 구술유머를 뽑았다. 다음, 이들 6편 영화의 이탈리아어 버전에서 앞 서 선별한 구술유머에 해당하는 이탈리아어 번역본을 뽑아 6명의 전문 번역사에게 번역 품질 평가를 의뢰하였다. 전문가들은 번역이 적절하거나 그 이상으로 잘되었다는데 대체 의견을 모았다.

유사한 방법으로 미스터 빈 – 디 얼티밋 디재스터 무비(Mr. Bean- the ultimate disaster movie, 1998 영국 멜 스미스 감독), 썸 마더즈 두 해브 뎀의 에피소드 몇 편과 로렐과 하디가 출연한 프로그램을 몇 편 본 후 각 장르(미스터 빈의 경우 무성 장면, 마이클 크로포드의 스랩스틱 장면, 로렐과 하디 두 콤비가 등장하는 스랩스틱과 대사가 섞인 장면)를 대표하는 클립을 하나씩 선정했다. 토토가 주연하는 영화 'Un turco napoletano(1953, 이탈리아 마리오 마티올리 감독)'에서도 클립 하나를 선정하였다.

선정된 장면은 각각 원어와 이탈리아어 번역본으로 전자 mpg 양식으로 추출하여 외장 디스크에 저장하였다. 단 예외적으로 로렐과 하디가 등장하는 클립은 이탈리아어로 더빙된 장면을 보여주기로 하여 원본 자리에 이탈리아어로 더빙된 버전을 저장하였다. 이는 두 가지 이유에서였는데 하나는 비언어적 유머에 대한 관객의 반응을 살펴보기 위한 것이었고 다른 하나는 로렐과 하디의 대사를 이탈리아어로 들은 영국 참가자들의 반응을 관찰하기 위한 것이었다. 이탈리아에서 로렐과 하디는 이탈리아 유명 배우인 알베르토 소르디가 더빙하여 그의 과장된 영국 엑센트 목소리로 잘 알려졌다. 토토는 우스운 몸짓과 행동을 주로 사용하는 코미디언으로 이탈리아어 영상이 가지는 언어장벽 하에 이러한 비언어적 유머에 대해 영국 참가자들은 어떤 반응을 보이는지 관찰하는 것이 연구의 주요 관심사였다.

3.2.2 설문지

참가자가 응답한 설문지는 성격과 유머감각 측정을 위해 설계된 3WD 유머 평가지(러치, 1983)[2]를 기초로 작성되었다. 영문과 이탈리아어 두 언어로 준비되었으며 두 영역으로 구성되었다.

① A 영역은 응답자의 사회/인구 통계학적 특성(연령, 성별, 교육수준 등)과 코믹물에 대한 응답자의 태도에 대한 질문을 포함한다. 성격 연구 결과 중 유머는 각 개인의 기질 및 기분에 영향을 받는다는 내용이 있어 응답자에게 다음 질문에 대한 자가평가를 요청하였다.

a. 자신의 유머 감각

b. 본 설문지 작성 시점에서의 기분

② B 영역에는 각 비디오 클립에 대한 두 개의 질문이 포함되었다. 응답자는 각 클립을 시청한 뒤 자신의 유머 반응을 아래의 7단계 중 골라 표시하였다.

표 1. 구술 유머에 대한 유머 반응 측정 기준표(영어 및 이탈리아어 버전)

영어 질문	이탈리아어 질문
"웃느라 배꼽 빠지는 줄 알았다."	mi ha fatto ridere a crepapelle
"굉장히 많이 웃었다."	mi ha fatto ridere parecchio
"꽤 웃었다."	mi ha fatto ridere abbastanza
"좀 웃었다."	mi ha fatto ridere un pò
"미소 지었다."	mi ha fatto sorridere
"웃거나 미소 짓지 않았다."	mi ha fatto né sorridere
"짜증 났다."	mi ha infastidito

설문 응답 후 참가자들은 구술 유머가 포함된 비디오 클립을 1에서 10까지의 지수표[3]를 이용해 평가하였다.

참가자들은 '완다라는 물고기'에서 4편, '세 번의 결혼식과 한 번의 장례식'에서 3편, '브리짓 존스의 일기'에서 2편, '나의 그리스식 웨딩'과 '풀몬티', '노팅힐'에서 각각 한 편씩 발췌한 구술 유머 장면을 평가하였다.

그림 2. 설문지에 포함된 10단계 지수표 예시

영어 설문지

아래 언어적 유머가 얼마나 재미있었는지를 다음 0에서 10까지의 지수표를 이용해 표시하시오. 10이 최고, 0이 최하로 재미있음을 의미함.

0___1___2___3___4___5___6___7___8___9___10

" AWFUL WEDDED WIFE…" [4]

이탈리아어 설문지

Per giodicare la sequente battuta dia un voto da 0 a 10, dove 10 reppresenta il massimo della comicità e 0 comicità nulla:

0___1___2___3___4___5___6___7___8___9___10

"… ILLEGITTIMA SPOSA …"

3.2.3. 참가자 선정 방식

영어와 이탈리아어 설문지는 2004년 8월에 조사되었다. 설문에 참여한 응답자는 전원 자발적 지원을 통해 확보하였다. 영국인 응답자 22명은 영국 맨체스터의 소셜 네트워크 서비스를 통해 지원받았다. 이탈리아인 응답자는 이탈리아 남부의 유명 휴양지인 칼라브리아 해변에서 임의로 참여 희망자를 받아 구성하였다. 최종 구성된 34명의 이탈리아인 응답자는 이탈리아 전역에서 온 휴양객이었다. 영국인과 이탈리아인을 합쳐 설문에 참여한 총 응답자는 다양한 사회적 배경의 17~76세의 남·여 56명으로 참여자의 남녀 성비는 비슷했다. 본 응답자 구성이 대표성을 매우 잘 띈다고 말하긴 어려우나 본 연구와 같은 탐색적(exploratory) 성격의 연구에는 적합하다 할 수 있다. 또한, 본 설문은 일반적인 설문과 달리 30-40분의 비디오를 시청한 후 응답해야 하는 것으로 현대 사회에서 이러한 장시간을 소요하는 설문에 응할 지원자를 찾기란 쉽지 않다는 점도 감안하여야 할 것이다.

3.3 구술 유머에 대한 반응 조사 및 측정

여러 건의 구술 유머 사례에 대한 유머반응 측정을 위해 영화별 구술유머에 대한 응답자의 평가 지수를 모두 합산하여 영화별 지수를 산정하였다. 전체 영화의 구술유머에 대한 지수를 합산하여 구술유머 전체에 대한 일반지수(모평균)를 산정한 후, 일반지수와 각 응답자의 영화별 지수 간의 차에 대한 모편차를 구해 이를 두 집단 간 t-검증[5]을 통해 분석하였다. 이를 통해 'B언어(영어)에서 A언어(이탈리아어)로 번역된 구술 유머를 시청한 A문화인들은 같은 유머를 모국어인 B언어(영어)로 시청한 B문화인(영국인)들에 비해 덜 긍정적인 반응을 보일 것이다'라는 연구 가설을 검증하였다.

4. 결과

4.1 일반적 유머 반응

통계 데이터를 분석한 결과, 이탈리아 코미디언 토토가 등장하는 영화를 제외한 전 유머 장면에 대해 영국인 응답자가 이탈리아인 응답자에 비해 더 재밌다는 반응을 보였다. 미스터 빈이나 마이클 크로포드의 유머가 슬랩스틱 또는 유치한 유머임을 생각하면 이러한 결과는 언뜻 보기에는 예상 외의 반응이다. 물론 이런 결과는 이 두 코미디언이 영국인들에게 친숙해서이기 때문일 수 있다(미스터 빈을 연기한 배우 앳키

슨이 전 세계적으로 유명하며 이탈리아에도 큰 인기를 얻고 있긴 하다). 또한 이들의 유머 코드는 이탈리아 코미디언 토토의 유머 코드와 유사하다. 물론 토토에 대해 '재미없다'거나 '짜증 난다'는 반응을 보인 영국인 응답자는 없으며 다만 이탈리아 응답자보다 조금 덜 재미있다는 반응을 보였을 뿐이다. 그 뿐만 아니라 이탈리아어로 보여진 로렐과 하디의 코믹물에 대해서도 영국인 응답자들은 이탈리아인 응답자보다 높은 점수를 주었다. 로렐과 하디가 등장하는 영상에서 두 인물의 대사는 과장된 영국식 발음을 흉내낸 이탈리아어로 더빙되어 있어, 영국인 시청자들이 이들의 대사를 이해하기는 어려웠음에도 불구하고 영국인 응답자가 이탈리아인 응답자보다 긍정적인 반응을 보였다. 로렐과 하디 두 콤비의 유머는 영국이나 이탈리아 문화에 기반한 것이 아님에도 영국인 응답자들이 이탈리아인 응답자에 비해 높은 점수를 매겼다. 이것이 의미하는 바는 무엇인가? 영국인이 이탈리아인보다 유머 감각이 뛰어나다는 것인가 아니면 단지 이탈리아인 응답자들이 이들 코믹 배우들에 대해 덜 친숙하기 때문에 영국인 응답자보다 덜 긍정적인 반응을 보인 것인가? 이탈리아 코미디언 토토에 대해서는 영국인 응답자에 비해 이탈리아인 응답자들이 보다 높은 점수를 매겼다는 점도 주목할 사항이다.

4.2 구술 유머에 대한 유머 반응

그림 3은 각 영화의 구술 유머에 대한 이탈리아인과 영국인 응답자 두 집단의 평균 유머 반응 지수를 비교한 것이다.

위의 도표를 통해 보여지듯 북미권 영화인 '나의 그리스식 웨딩'에 등장하는 두 편의 유머 영상을 제외하고는 영국인 응답자가 이탈리아인 응답자에 비해 구술 유머에 높은 반응을 보였음을 알 수 있다. 또한 전체 영화에 대한 유머 반응 일반지수를 봐도 영국인 응답자가 구술 유머에 대해 보다 높은 점수를 주었음을 알 수 있다. 그림 4의 유머 반응

그림 3. VEH영상에 대한 응답자 두 집단간 유머 반응 비교

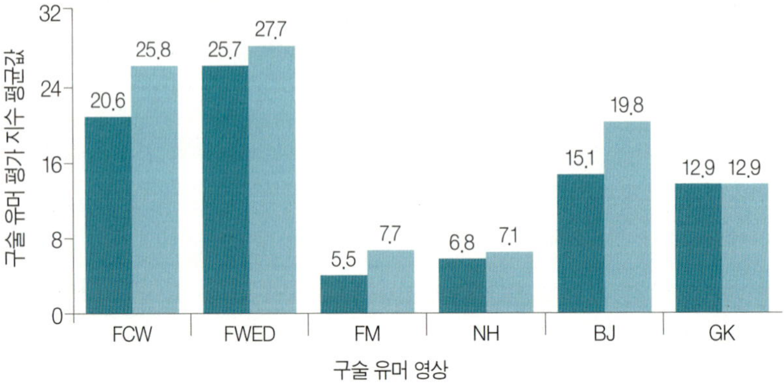

(축약어: FCW = 완다라는 이름의 물고기 FWED = 네 번의 결혼식과 한 번의 장례식 FM = 풀 몬티 NH = 노팅힐 BJ = 브리짓 존스의 일기 GK = 나의 그리스식 웨딩)

일반지수에 대한 에러 바 차트(error bar chart)를 보면 두 집단 간의 평균 지수는 95% 신뢰 수준에서 겹치는 부분이 없으며 t-검정 결과 두 집단의 평균값은 유의수준 0.0001에서 통계적으로 유의미한 차이가 있음이 나타났다(표 2 참조).[6]

그림 4. 유머 반응 일반지수를 나타내는 에러 바 차트

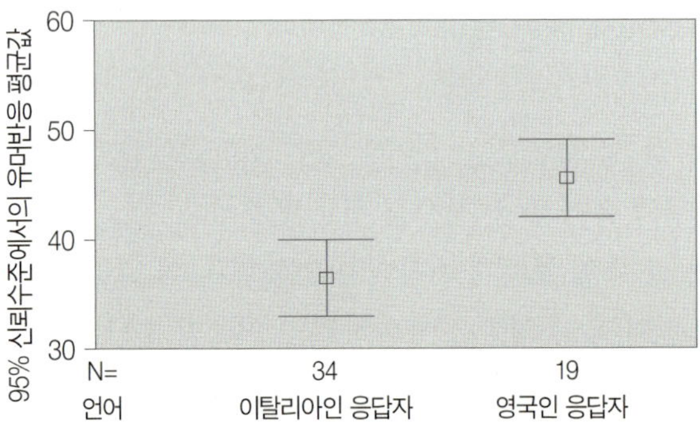

표 2. 유머반응 일반지수에 대한 두 집단 간 독립 표준 t-검정 결과

평균값 t-검정	등분산 가정	등분산 가정 안함
t 값	-3.873	-4.122
자유도	51	44.482
유의수준(양측)	.000	.000
표준값 차	-8.8297	-8.8297
차의 표준오차	2.2797	2.1421
95% 신뢰 수준	하한값 -13.4063	-13.1455
	상한값 -4.2531	-4.5139

마지막으로 표 3은 각 유머 장면에 대한 응답자의 평가지수에 대한 독립 표본 t-검정 결과이다. 표에서 나타나듯 전체 장면의 60% 이상에 대해 유의미한 통계적 차이가 나타났다(유의수준 0.05 이하). 이상을 통해 구술 유머에 대한 본 연구의 연구가설은 입증되었다. 응답자 본인의 모국어로 만들어진 구술 유머를 시청했을 때 응답자는 더 긍정적인 반응을 보였으며, 번역된 유머 영상을 보았을 때 보다 부정적인 반응을 나타냈다.

5. 논의점

연구 결과를 좀 더 상세히 살펴보면 두 집단 간 유머 반응 차이에 있어 차이 정도가 영화마다 다름을 알 수 있다.

5.1 현격한 차이

두 집단은 '완다라는 이름의 물고기'에 나오는 네 편의 유머 장면에서 가장 현격한 반응 차이를 보였다. 여기서 선정된 네 장면은 언어유희

표 3. 구술 유머에 대한 유머 반응 독립 표본 t-검정 (등분산 가정 안함)

영화명/유머장면	언어	평균값	평균값 차	유의수준(양측)
풀몬티: ('Lunchbox'gag) '런치박스' 유머	이탈리아어	5.52	-2.16	**.000**
	영어	7.68		***
노팅힐: ('T-shirt'gag) '티셔츠' 유머	이탈리아어	6.76	-.34	.592
	영어	7.11		
완다라는 이름의 물고기: - ('British superior gag')'영국 우월주의' 유머	이탈리아어	4.90	-1.47	**.012**
	영어	6.37		**
- ('US Vulgar gag') '미국의 저속성' 유머	이탈리아어	5.10	-1.42	**.045**
	영어	6.53		*
- ('Vietnam gags') '베트남전' 유머	이탈리아어	5.74	-.63	.426
	영어	6.37		
- ('Chants') '대사 반복'	이탈리아어	4.85	-1.73	**.024**
	영어	6.58		
네 번의 결혼식 한 번의 장례식 - ('Holy Spiggot') '성스러운 수도꼭지'	이탈리아어	6.65	-.14	.763
	영어	6.79		
- ('Johnned inn matrimony') '결혼식으로 '존'이 된'	이탈리아어	6.19	-.6	.290
	영어	6.79		
- ('Awful wedded wife') '끔찍한 부인으로'	이탈리아어	6.38	-1.04	**.048**
	영어	7.42		*
- (Mixed up names) 뒤섞인 이름	이탈리아어	6.47	-.27	.645
	영어	6.74		
브리짓 존스의 일기: - ('Have it oeuf') 'Have it oeuf' 유머	이탈리아어	4.97	-1.66	**.009**
	영어	6.63		
- ('Up down, up down..') '업 다운' 유머	이탈리아어	5.18	-1.51	**.049**
	영어	6.68		
- ('Mind the overspill') 'Mind the overpspill' 유머	이탈리아어	4.97	-1.56	**.040**
	영어	6.53		
나의 그리스식 웨딩: - ('Bundt gag') '벤트' 유머	이탈리아어	6.46	.093	.183
	영어	5.53		
- ('Nick, Nichk and Nick') '닉, 닉, 닉' 유머	이탈리아어	6.41	-.96	.083
	영어	7.37		

(pun)이나 특정 문화에 기반을 둔 유머이기 보다는 날카롭거나 허를 찌르는 대사를 포함하는 장면으로 번역 자체에는 특별한 문제는 없으나 유머 포인트를 잡아내어 표현하기에는 어려운 장면들이었다. 이러한 장면을 본 연구에서는 편의상 '불특정 구술 유머'라 칭한다.

네 편의 유머 장면에는 다음이 포함된다. ① 오토(케빈 클라인)가 영국식 발음을 흉내 내며 "너희(영국인들)는 너희가 그렇게 잘났다고 생각하지?"라고 말하는 장면, ② 아치(존 클리즈)가 "그래, 그렇지만 너희 미국인들은 너무 저속해"라고 하는 장면, ③ 아치가 미국식 발음을 흉내 내며 미국이 베트남에서 철수하는 것에 대해 오토를 놀리는 장면, ④ 둘이 베트남전과 관련하여 "그래, 우리가 그랬다"와 "아니, 우린 안 그랬어"를 번갈아가며 반복하는 장면이다. 여기 등장하는 대사는 있는 그대로 번역되었으나 이를 자세히 살펴보면 이탈리아인 응답자가 여기에 등장하는 유머에 공감하지 못한 것은 놀라울 것이 없다. 사회문화적 배경지식의 결여는 차지하더라도 더빙을 거치면서 목소리/어투가 평이해지면서 원작이 가졌던 영국식 영어와 미국식 영어의 차이에서 오는 코믹 요소가 사라진 것이 이 장면이 가지는 유머성을 느끼지 못하게 하는 주요 원인으로 파악된다.

5.2 평이한 차이

5.2.1 네 번의 결혼식과 한 번의 장례식

두 집단의 유머 반응에서 평이한 차이를 보인 곳은 네 번의 결혼식과 한 번의 장례식에 나오는 세 편의 언어유희(pun) 장면과 한 편의 '불특정 구술 유머' 장면이다. 세 편의 언어유희 장면은 이탈리아어 언어 유희로 잘 번역되었다.

[1] "Holy Spiggot ('holy spirit'(성신)을 잘못 발음한 것 ('성스러운 수도꼭지'

의 의미)' ⇒ Spiritoso Santo ('재치있는 영혼')으로 번역

[2] 'Johnned in Matrimony ('joined in matrimony (결혼식을 통해 하나 되는)'를 잘못 발음한 것 ('결혼식을 통해 존이 되는'의 의미가 됨) ⇒ Unti in matrimonio ('결혼식을 통해 기름을 뒤집어 쓴': '하나되는'이란 의미의 이탈리아어 uniti 대신 비슷한 unti 사용)로 번역

[3] 'Awful wedded wife' ('lawful wedded wife (합법적으로 부인이 된)'을 잘못 발음한 것 ('끔찍한 부인'의 의미) ⇒ illeggittima sposa (불법적으로 부인이 된)으로 번역

'불특정 구술 유머'는 신부(神父)로 나오는 르완 엣킨슨이 신랑과 신부의 이름을 혼동하는 장면이다.

5.2.2 풀몬티

위의 예와 유사하게 "도시락이 착륙했다(The lunchbox has landed: 영국에서 도시락(lunck box)은 성기에 대한 속어임 - 역자 주)"라는 풀몬티의 유명한 대사는 E'arrivata la terza gamba(세 번째 다리가 착륙했다 여기서 세 번째 다리는 도시락과 유사한 비유적 의미를 가짐)로 번역되었고 이는 두 집단의 유머 반응에 있어 평이한 차이를 보였다. 이 유머의 많은 부분은 화면에 보이는 시각적 이미지에 의존한다.

5.2.3 브리짓 존스의 일기

브리짓 존스의 일기에 나오는 구술 유머는 두 집단 모두에게서 비교적 낮은 평가를 받았으며 두 집단 간 차이는 평이한 것으로 나타났다. 이 유머에 대한 평가가 낮게 나온 이유는 부분적으로는 시각적 이미지에 의존하고 있는 이 장면이 성(性)적 유머 코드에 기반을 두고 있기 때문이다("Have it oeuf(oeuf 는 프랑스어로 달걀이란 의미) Qualcuno lo viole duro?는 직역하면 '딱딱한 게 좋으세요?'란 의미). 성적 유머가 보편성을 가지

긴 하나 정치 또는 종교적 내용에 기반을 둔 유머와 마찬가지로 듣는 사람에 따라서는 이를 불편하게 생각하는 경우도 있는데 이 점이 본 유머에 대한 낮은 평가 점수의 원인으로 보인다.

5.3 근소한 차이

두 집단은 영화 노팅힐에 등장하는 두 개의 구술 유머 장면에서 근소한 차이를 보였다. 이 장면은 시각적 코드에 크게 의존하며 유머 내용이 화면에 활자로 처리되어 나온다. 언어적 유머 코드만큼 시각적 유머 코드에 기반을 둔 장면이라 두 집단이 근소한 차이의 반응을 보일 것은 어느 정도 예상되었다.

5.3.1 차이 없음

가장 의미 있는 결과는 미국 영화인 '나의 그리스식 웨딩'에 대한 영국인 응답자의 반응에서 찾을 수 있다. 본 영화에 등장하는 유머에 대해 영국인과 이탈리아인 두 집단 간 반응 차이는 없었다. 그 이유는 무엇일까?

응답자들이 본 유머 장면은 '불특정 구술 유머'로 분류할 수 있는 장면들로 첫 유머장면은 신부의 아버지가 신랑측 가족들에게 여러 명의 신부측 친척들을 소개하는 데 소개되는 친척의 이름이 모두 '닉(Nick)'인 장면이다. 두 번째 장면은 미국에서는 번트(bundt)케익이라 불리는 높이 솟은 케익을 그리스인 어머니에게 소개하는 장면으로 어머니는 그것이 케익인지 모르고 큰 소리로 "번트(bunt)?" "분트(boont)?" "봉크(bonk-성관계-역자주)?"라고 되묻는 장면이다. 여기서 사용된 '번트(bundt)'라는 어휘는 영국에서는 잘 사용되지 않는 단어이며 이 때문에 영국인 응답자들은 이 장면의 유머를 이해하지 못했을 수 있다. 반면 이 대사는 이탈리아어로는 " Una cassata? Una cazzata[8]?"로 번역되었는데 이는 cassata가 케익을 의미하며 cazzata(멍청한)는 봉크와 같이 터부시되는 어휘인 점에서 원작이 의도했던 언어유희가 더 잘 표현되었다고 할 수 있다. 그러나 화면에 나온 케익이 전혀 cassata(윤기나는 밝은색의 과일로 장식된 흰색과 녹색으로 만들어진 납작한 케익) 같아 보이지 않았던 것이 문제였다. 이탈리아인 응답자들은 언어적으로는 적절한 번역을 들었지만, 그 내용이 화면에서 보이는 이미지와는 전혀 일치하지 않는 것이었고 영국인 응답자들은 미국식 영어로 유머를 듣게 됨으로써 그 내용을 이해하지 못했다. 이러한 이유에서 두 집단은 해당 유머에 대해 유사한 반응을 보였다.

흥미로운 점은 유머 장면을 발췌한 이 영화가 응답자들의 국적인 영국이나 이탈리아 작품이 아니었다는 것이다. 이러한 응답자의 반응은 영국이나 이탈리아의 영화가 아닌 이 영화의 영상이나 대사가 특정 문화와 결부되지 않은 중립성을 띈다는 점을 보여주는 것은 아닐까?

6. 결론

이러한 연구 결과를 통해 도출할 수 있는 결론은 무엇인가? 유머는 특정 문화와 결부되어 있다는 것일까? 영국인은 이탈리아인보다 유머 감각이 뛰어나다는 것일까? 이에 대해 번역사나 번역학자들은 그렇지 않다고 할 것이다. 본 연구에서 사용한 구술 유머 샘플은 모두 블록버스터 히트작에서 발췌한 것으로 번역도 수준 이상으로 잘 된 것들이었다. 그럼에도 불구하고 이탈리아인 응답자들은 응답 당시 기분이 좋고, 인생에 긍정적인 태도를 가지고 있으며 코믹물을 좋아한다고 하였음에도 불구하고 일관되게 영국인 응답자보다 유머 장면을 낮게 평가하였다.

그러나 본 연구 결과로 나타난 두 집단 간 근소한 반응 차이는 이전 연구(끼아로, 2004)의 결과와는 극명한 대조를 이룬다. 이전 연구에서는

195명의 이탈리아인 응답자의 75%가 미국 시트콤과 영화에서 발췌한 9편의 VEH를 이해하지도 못하며 우습다고 생각하지도 않는다고 응답하였다. 본 연구에 사용된 유머 샘플은 매우 유명하고 인기 있는 영화에서 발췌한 것이고 이전 연구에서 사용된 유머 샘플 역시 동일하게 유명한 텔레비전 프로그램(퓨처라마, 심슨스 등)에서 얻은 것이었다. 그러나 두 유머 샘플 간 차이점은 본 연구의 경우 번역이 잘된 작품을 위주로 선정했지만 이전 연구는 잘못된 번역이나 시각적 이미지와 언어 간의 불일치가 보이는 작품을 위주로 선정하였다는 점이다. 이전 연구의 유머 장면을 시청한 응답자들은 부자연스러운 번역으로 인해 당황했을 것이며, 높은 비율의 응답자가 유머를 제대로 파악하지 못한 점이 번역에 문제가 있었음을 보여 주듯(48-49) 본 연구에서 두 집단 간 차이가 근소한 것은 번역의 품질이 좋았음을 시사한다. 본 연구가 두 개의 언어와 단일 장르의 영화만을 대상으로 한 소규모 연구이긴 하나, 통계적 유의미성을 볼 때 이는 우연으로 얻어진 결과는 아님을 알수 있다. 본 연구는 번역 연구에 새로운 연구 방법론을 적용한 참신한 시도였으며 이를 통해 번역이 단순히 영상물이 제작되는 과정 중 보이지 않는 한 부분을 이루는 것이 아닌 영상물의 성공에 지대한 영향을 미치는 요소라는 점을 드러내고 이에 대한 논의를 이끌어 내기 위해 실행되었다.

앞으로 추가 연구가 필요한 부분은 번역된 유머물이 낮은 평가를 받는 원인이 번역의 품질 때문인지를 조사하는 것인데 품질이라는 개념에는 모호함이 존재한다. 결국, 관객이 지닌 세상에 대한 일반적인 지식이나 특정 문화에 대한 소속성은 번역을 통해 바꿀 수 있는 부분이 아니기 때문이다. 그러나 구술 유머 번역에 있어 향상의 여지는 충분히 있다. 적절하다는 것은 양호하다는 의미이나 탁월함과는 차이가 있다. 본 연구의 성과는 제한적이나 이를 통해 앞으로 다수의 언어 쌍과 여러 장르의 영화 번역을 대상으로 하는 더욱 큰 규모의 연구 프로젝트에 기여할 수 있기를 바란다.

미주

1. 본 영화는 다국적 공동 기획물이나(영국/미국/프랑스) 다음의 이유에서 영국 영화에 포함시켰다. 우선 영화의 원작이 된 소설이 영국 작가인 필딩의 작품이며, 작품의 배경도 영국이다. 또한, 주연 여배우인 젤위거는 미국인이나 완벽한 표준 영국 영어를 구사하며, 젤위거를 포함한 대부분의 배우들이 영국인 인물을 연기하였다.

2. 3WD (Witz-Dimension) 유머 테스트는 유머를 incongruity, 넌센 스, 성적 농담 세 유형으로 분류하여 그에 대한 반응을 측정한다. 그다음 응답자들의 응답과 선호도에 따라 응답자의 성격 유형을 factor analyses를 통해 분류한다.

3. 본 지수표는 그 길이가 정확히 10센티미터로 각 구간이 1센티미터 간격으로 이루어져 있다.

4. 본 구술 유머 샘플은 네 번의 결혼식과 한 번의 장례식에서 발췌되었다.

5. 본 검증방법을 두 개의 서로 다른 집단 간 표준을 비교하는 데 사용된다.

6. .0001은 유의수준을 의미하며 (p 값) 이는 두 집단 간 유머 반응이 통계적으로 유의미하지 않을 확률이 10.000분의 1임을 의미한다.

7. 몇 벌의 적절치 않은 티셔츠를 입어본 후 스파이크는 마침내 “당신은 세상에서 가장 아름다운 여인입니다”라고 써진 티셔츠를 입는다. 그러나 뒤를 돌자 등에 “Fancy a F***!” Ti va una scopata? 라고 쓰여져 있다.

8. Cazzata는 이탈리아어로 바보 같은 행동이나 단순한 일을 의미한다. 그러나 이 어휘의 어원이 남성의 성기를 뜻하는 금기시되는 단어의 변형이라 비속어적 뉘앙스를 가진다.

1. Antonini, Rachele, Chiara Bucaria and Alessandra Senzani 2003."It's a priest thing, you wouldn't understand: *Father Ted goes to Italy*". Special issue Antares Umorul-O noua Sti-inta VI:26-30.

2. Antonopoulo, Eleni. 2003. "Parody and perverted logic in humorous film and sitcom scripts: a GTVH based account of humorous devices." Specai issue *Antares Umorul- O Noua Stiinta* VI:21-25.

3. Attardo, Salvatore. 1994. *Linguistic Theories of Humor*. Berlin: Mouton de Gruyter.

4. Benincà, Sandra. 1999. "Il doppiaggio: uno studio quali-quantitativo." *Quaderni del Doppiaggio* II , 53-148. Commune di Finale Ligure: Finale Ligure.

5. Chiaro, Delia. 1992. *The Language of jokes: Analyzing verbal play*. London: Routledge.

6. Chiaro, Delia. 2000a. "The British will use tag questions, won't they? The cause of Four Weddings and a Funeral." In *Tradurre il Cinema*, C. Taylor (ed.). Trieste: Uiversità degli Studi di Trieste, 27-39.

7. Chiaro, Delia. 2000b. "Servizio complete. On the (un)translatability of puns on screen."In *La Traduzione Multimediale. Quale traduzione per qualo testo?*,R.M. Bollettieri Bosinelli, C. Heiss, M. Soffritti and S. Bernardini (eds). Bologna: CLUEB, 27-42.

8. Chiaro, Delia. 2003. "The Implications of the Quality of Verbally Expressed Humour and the success of screen comedy." Special Issue *Antares Umorul- O Noua Stiinta* VI: 14-20.

9. Chiaro, Delia. 2004. "Investigating the perception of translated Verbally Expressed Humour *Research*, Special Issue. Berlin: Mouton de Gruyter.

10. Davies, Christie. 1998. *Jokes and their Relation to Society*. Berlin:

Mouton de Gruyter.

11. Delabastita, Dirk (ed.) 1996. *Wordplay and Translation.*Special Issue T*he Translator: Studies in Intercultural Communication 2 (2).* Manchester: St. Jerome Publishing.

12. Delabastita, Dirk (ed.). 1997. *Traductio. Essays on Punning and Translation.*Manchester: St. Jerome Publishing

13. Fuentes Luque, Adrián. 2001. "Estudio empirico sobre la recepción de humor audiovisual". In *"Tradución subordinate* (II).*El subtitulado,* L. García & A. M. Pereira Rodriguez (eds), 85-110. Vigo: Servicio de Publicacións de la Universidad de Vigo.

14. Laurian, Ann Marie and Nilsen, Don (eds). 1989. *Humour et Traduction. Humor and Translation*, Special issue of Meta 34 (1).

15. McGhee, Paul. 1979. *Humor: Its Origin and Development*. San Francisco- Reading: Freeman.

16. Raskin, Victor.1985. *Semantic Mechanisms of Humor.*Dordrecht: Reidel.

17. Redfern, Walter. 1984. *Puns*. Oxford: Blackwell.

18. Ruch, Willibald, Janine Accoce, Christiana Ott and Françoise Bariaud. 1991. "Cross-national Comparisons of Humor Categories: France and Germany."*Humor: International Journal of Humor Research*, 4:391-414.

19. Ruch, Willibald. 1993. "Exhilaration". In "*The Handbook of Emotion*, M. Lewis and J.M. Havilland (eds), 605-616. New York: Guildford Publications.

20. Ruch, Willibald and Forabosco, Giovanantonio. 1996. "Cross-Cultural Study of Humor Appreciation: Italy and Germany". *Humor: International Journal of Humor Research*, 1:5-22.

21. Ruch Willibald. 1998. "Foreword and overview. Sense of Humor: a new look at an old concept". In *The Sense of Humor: Explorations of a Personality Characteristic*, W. Ruch (ed), 3-14. Berlin: Mouton de Gruyter.

22. Vandaele, Jeroen (ed.). 2002. *Translating Humour.* Special Issue of *The Translator: Studies in Intercultural Communication*. Manchester: St. Jerome Publishing.

23. Zabalbeascoa, Patrick. 1996. "Translating jokes for dubbed television situation comedies". In *Special Issue of The Translator: Studies in Intercultural Communication*, D. Delabastita (ed.). Manchester: St. Jerome.

SAT, BLT, Spirit Buiscuits와 수정 헌법 3조

더빙된 텍스트상의 문화적 지시cultural references에 대한 이탈리아인의 인식

레이첼 안토니니 Rachele Antonini
볼로냐 대학교University of Bologna at Forlì, 이탈리아

이탈리아 시청자가 국영 지상파 텔레비전을 통해 더빙된 프로그램에 노출되는 시간은 평균 350시간을 초과하며 이들 더빙된 프로그램은 출발어(source language)와 문화의 다양한 부분과 연관된 여러 문화적 지시를 포함한다. 이탈리아 시청자들은 번역된 시청각 자료를 볼 때 이러한 수많은 '문화적 걸림돌(cultural bumps)'(레피함, 1997)의 존재를 인식하는가? 인식한다면 이를 어떻게 받아들이는가? 이러한 의문점에 답하기 위해 본 연구진은 대규모 연구를 수행하였다. 300 시간 분량의 더빙된 픽션물에서 발췌한 170편의 영상물에 대해 e-설문지를 통해 더빙에 대한 이탈리아인의 인식을 조사하였다.

KEYWORDS

더빙(dubbing), 더빙어 (dubbese), 문화적 지시 (culture specific references), 설문지 (questionnaire)

1. 개요

이탈리아에서는 더 프렉티스(The Practice)나 재그(JAG)와 같은 텔레비전 드라마를 볼 때 등장인물이(조직폭력배이던 그들의 변호인이나 판사이던) 모두 같은 사회 방언(sociolect)과 어역(register) 및 어휘를 사용하는 것을 흔히 볼 수 있는데 이는 등장인물이 모두 디빙이(이탈리아어로는 'doppiaggese'라 함)를 사용하기 때문이다. 이탈리아인들은 이제 극장 영화나 텔레비전 드라마에서 나오는 그 만의 고유한 특성을 가지는 이 더빙어에 익숙해져 있다. 더빙어(dubbese)는 이탈리아의 영화관 운영자들이 유성영화가 도입된 이래 더빙된 시청각물에 등장하는 인물들의 '표준어'가 되어버린 혼합형 언어를 비꼬아 지칭하면서 사용되기 시작한 표현이다.

지난 15년간 학계, 연구원, 외화 번역 관련자들은 더빙어에 대해 여러 각도에서 관심을 가져왔다. 몇몇 연구 관심 분야를 예로 들면 더빙시 립씽크로 인한 제약, 지역방언 및 사회방언의 번역, 호칭에 대한 번역, 원전과 더빙 본에 대한 대조분석, 더빙 또는 자막 영화에 대한 관객의 인식 등이 있다.

유럽의 공영 및 민간 텔레비전 방송을 통해 방영되는 외화 픽션물(드라마, 영화, 만화 등) 중 70퍼센트는 미국에서 단독으로 또는 합작 형태로 제작한 것이며(2003, http://www.obs.coe.int/about/oea/pr/a02vol5.html), 남미, 유럽, 일본 및 기타 영어권 국가 작품이 나머지 20퍼센트를 차지한다. 이탈리아도 여기서 예외는 아니어서 이탈리아 텔레비전 시청자들은 교육, 정치, 역사, 예술, 기관, 법률, 도량단위, 지명, 음식, 음료, 스포츠, 국민 문화/여가 활동 등 일상생활의 여러 부문에 걸쳐 특정 문화의 고유한 특성을 반영하는 문화적 지시에 끊임없이 노출되어 있으며 이에 익숙해지고 있다.

본 논문에서는 e-설문지와 영상 번역물 폴리 코퍼스(Forli Corpus of Screen Translation; FORLIXT)를 통해 수집한 데이터와 대규모 연구 프로젝트를 통해 얻은 결과를 통해 이탈리아 시청자가 더빙 영상물에 나오는 문화 지시를 어떻게 이해하고 해석하는지를 규명하고자 한다.

2. 이탈리아의 영상번역: 시장과 학계 현황

유럽산(産) 픽션 및 논픽션 시청각물의 개발, 생산, 및 배급에 있어 가장 기본이 되며 전략적인 부문이 더빙과 자막처리 과정이다. 그럼에도 불구하고 영상번역에 대한(더빙과 자막 서비스의 최종 사용자인) 시청자의 인식을 조사한 학술/산업 연구물은 거의 전무한 실정으로 이는 지난 수년간 큰 발전을 이룬 외화 분야와는 큰 대조를 이룬다.

유럽 시청각 연구소(European Audiovisual Observatory)가 발표한 서유럽국가들의 총 외화 상영 시간을 보면(http://www.obs.coe.int/about/oea/pr/a02vol5.html)(그림 1), 다양한 언어를 사용하는 다양한 지역에 거주하는 유럽의 수천만 텔레비전 시청자들이 매우 많은 양의 번역된 시청각물에 노출되어 있음을 알 수 있다.

이러한 맥락에서 다음 인용문들은 외화 산업에 대한 유럽과 이탈리아의 상황을 정확히 반영한다 할 수 있다. "문화적 다양성과 언어적 다양성이 공존하는 유럽에서 언어의 번역은 시청각 프로그램 산업의 발

그림 1. 서유럽의 픽션 외화물 방영시간

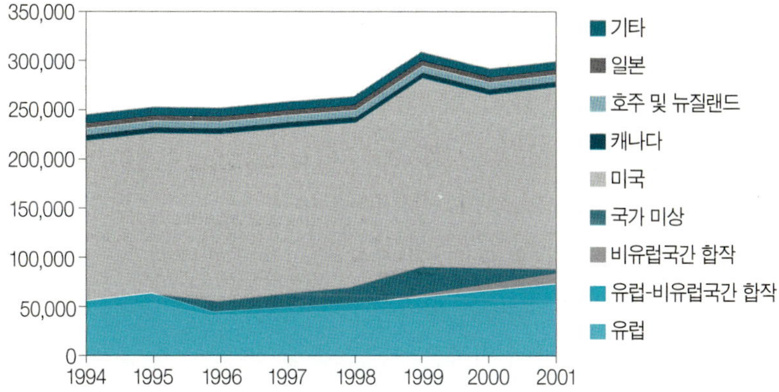

전에 중추적 위치를 차지한다." (앤더슨, 1995:4). 특히 텔레비전 방송사가 600개 이상인 이탈리아는,

> Rappresenta il laboratorio ideale per analizzare il modo in cui il processo di trasposiaione linguistic effettua quell'operazione di mediazione culturale necessaria alla comprensione e quindi alla circolazione delle opera audiovisive povenienti dai più diversi paesi.[1](다베르사(D'Aversa) 1996:5)
> ("광범위하고 다양한 나라에서 제작된 시청각물이 (시청자에게) 이해되고 배급되도록 하는 데 있어 필수적인 문화적 중재가 어떻게 언어의 번역을 통해 이루어지는 지를 분석하기에 이상적인 것이다.")

이탈리아에서 더빙을 거치는 프로그램은 주로 영화와 TV 드라마이며 그림 1에서 보이듯 그 중 대부분은(전체 외화 픽션 중 많게는 70%) 미국 영어에서 이탈리아어로 번역된다.

2004년 및 그 이 전 몇 해의 주간 평균 방영시간을 보면 이탈리아의 주요 텔레비전 채널에서 방영된 더빙된 외화의 방영시간은 주간 350시간[2]을 초과한다.

이상의 데이터와 이탈리아의 시청각 프로그램 번역 시장의 규모 및 그 성장 잠재성을 생각할 때 다음과 같은 의문점을 가지게 된다. 멀티미디어 번역에 대한 인식 및 그 중요성에 대해 이토록 무관심한 이유는 무엇인가? TV 방송사나 프로그램 배급사는 이탈리아 시청자가 더빙의 여러 방식 중 어떤 방식을 더 선호하는지에 왜 관심을 기울이지 않는가? 다양한 방식을 통해 제공되는 다양한 수준의 더빙 프로그램에 대한 이탈리아 시청자의 평가는 어떠한가? 미국인이 아닌 영어를 모국어로 사용하는 시청자들이 미국산 프로그램에 들어있는 문화적 코드를 반영하는 문화적 지시를 이해하지 못한다면, 영어가 모국어가 아닌 유럽인들은 이러한 문화적 지시 및 그에 대한 극장 및 텔레비전용 번역을 어떻게 이해하여야 하는가?

시청각물의 번역 과정 중 나타나는 표현의 미묘함 및 의미의 타협 현상에 대해서는 여러 언어쌍에 걸쳐 비교 및 대조 분석을 이용한 연구가 많이 수행되었다 (예를들면 볼레티에리와 가비올리, 1994; 볼리테리와 헤이즈, 1996; 볼리테리 외 2000; 감비에, 1998; 감비에와 고틀리에브, 2001; 로렌조 가르시아와 페레이라 로드리게즈, 2001 등의 연구가 있다). 그러나 상대적으로 시청자들이 이러한 픽션 및 논픽션 번역물을 읽고 들을 때 이를 어떻게 받아들이는지에 대한 연구는 많지 않다. 그나마 존재하는 영상물 번역에 대한 시청자의 인식과 관련된 연구는 "de corte descriptivo o prescriptivo, con limotada fundamentación o aplicación fuera del ámbito de studio en cuestión" (푸엔테 루크, 2001: 69)[3]("기술적(descriptive)이거나 처방적(prescriptive) 접근법을 취하며 해당 논문의 전공분야를 벗어나서는 매우 제한적인 연구 범위와 적용 가능성을 가진다"). 이를 통해 알 수 있듯 더빙이나 자막 처리를 거친 영상 텍스트에 대한 인식에 대한 연구는 유럽에서는 아직 주목 받지 못한 미개척의 연구분야라 할 수 있다. 이에 대한 예외로는 볼로냐 대학교의 현대어 통번역 대학원(Advanced School of Modern Languages for Interpreters and Translators, SSLMIT)에서 수행한 연구(베닌카Beninca, 1999; 안토니니와 끼아로 2004; 안토니니와 끼아로 출판 예정)와 SSLMIT 학부생들의 미출판 학위 논문과 그 밖의 논문 몇 편이 존재할 뿐이다. 그리스의 영상번역에 대한 수용(카라미트로그로우 (Karamitroglou) 2000), 스페인의 유머에 대한 더빙 및 자막 번역에 대한 인식(푸엔테 루크, 2001), 이탈리아의 유머에 대한 자막 번역(안토니니 외 2003; 끼아로 2004; 안토니니 2005) 등이 그 예외에 해당된다.

3. 연구 설계 및 자료

더빙된 영상물에 대한 이탈리아 시청자의 인식을 조사하기 위해 '사회 과학'이라는 웹 기반 기술과 폴리 영상물 번역 코퍼스(FORLIXT)가 활용되었다. FORLIXT는 이탈리아어로 더빙된 세계 각국의 30개의 TV 프로그램 중 300시간 분량의 픽션물을 담은 코퍼스로 8주(2002년 2월~4월)에 거쳐 녹화되었다. 코퍼스로 선정된 30편의 영상물은 본 연구 기간 중 이탈리아의 7대 지상파 채널(국영 채널 3 개: 라이우노(Raiuno), 라이두에(Raidue), 라이트르(Raitre), 민영 채널 4개: 카넬(Canale) 5, 이탈리아 1, 레테(Rete) 4, LA 7)에서 방영된 외화 중 이탈리아 시청자가 선택하여 시청한 프로그램 중 다음 선정 기준에 따라 선정하였다.

- 더빙을 거쳐 이탈리아 지상파 TV에서 상영된 전 TV 장르(시리즈물, 시트콤, 텔레노벨라(telenovelas), 만화)를 포함하도록 구성.
- 전 연령대 및 유형의 시청자를 대상으로 하는 프로그램만 선정.
- 원작이 다양한 언어를 고루 포함하도록 선정(다양한 영어(미국식, 영국식, 캐나다 및 호주식 영어), 독일어, 브라질-포르투갈어, 및 다양한 스페인어 (페루

식, 칠레식 등)

자료 검토 후 연구진은 1,000편의 더빙어 영상물을 예비 선정 후 이를 포커스 그룹에게 보여주어 최종 170편의 짧은 영상물을 선정하였다. 최종 선정된 영상물은 아래 3가지 요소 중 하나를 포함하며 그로 인해 이탈리아어로의 번역이 부자연스러워 시청자를 대상으로 소위 '번역 흐름의 끊김'[4] 현상의 발생 여부를 실험할 수 있는 자료가 되었다.

- 특정 문화에 대한 지시(reference)
- 특정 언어-문화에 대한 지시
- 특정 언어에 대한 지지

위 세 가지 요소에 더하여 대사 등 청각적 정보가 아닌 시각적 정보를 통해 전달되는 의미가 네 번째 요소로 추가되었으며 네 번째 요소에 해당하는 영상물로 10편의 장면이 선정되었다. 이러한 요소는 이야기의 줄거리나 특정 장면의 상황을 온전히 이해하기 위해서는 꼭 필요하지만 이탈리아 문화에는 존재하지 않는 것들이다(예를 들어 애완동물 묘지, 미국 추수감사절 저녁 식탁에 등장하는 음식 등).

위에 기술한 세 요소는 각 장면에 등장하는 내용에 따라 하위 유형으로 세분되었으며 각 하위 유형에 10개의 영상물이 선정되었다(그림 2 참조). 이렇듯 영상물을 1차 분류한 후 다시 하위 유형으로 분류한 이유는 본 연구에 사용되는 영상물의 수가 많아 이를 체계적으로 정리하는 동시에 설문지 구성을 좀 더 짜임새 있게 하기 위해서였다.

다음으로 설문지를 설계한 후 이를 시험적으로 테스트해 본 후 전자 파일[5] 형태로 저장하였다. 전자 파일의 e-설문지는 총 6개의 부문으로 이루어졌다. 앞의 네 부분은 각각 위에서 설명한 네 가지 요소와 관련된 부분으로 각 유형에 속하는 영상물 중 무작위 선정한 영상물을 담고 있다. 각 영상물 장면은 그 영상물이 발췌된 회의 줄거리와 전체 프로그램의 줄거리가 짧게 소개된 후 보였다. 설문 응답자는 영상물에 대한 본인의 이해 정도를 0에서 10사이의 숫자를 통해 표시한 후 자신이 이해한 내용을 짧게 설명하였다. 나머지 두 개 부문에는 더빙과 자막과 관련된 일반적인 질문과, 장면 분류에 대한 질문을 담고 있다.

그림 2. 세 가지 분류 유형

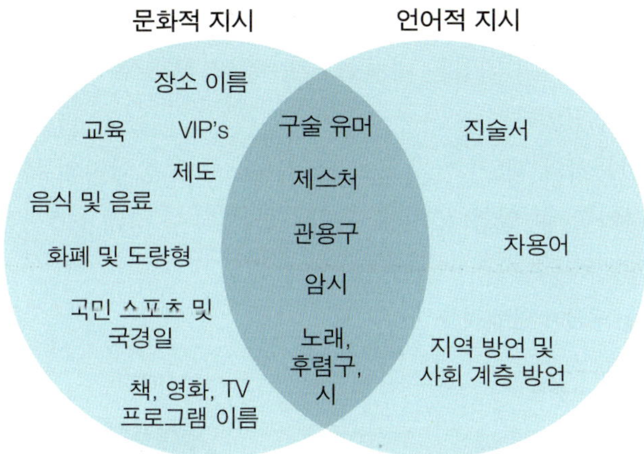

언어-문화적 요소로 인한 번역 흐름 단절

e-설문지는 2004년 2월부터 5월까지 이탈리아의 가장 인기 있고 영향력있는 웹 사이트인 www.virgilio.it[6] 에 팝언더 창으로 열리도록 만들어져 시행되었다. 팝언더 창은 비질리오(vigilio) 웹사이트의 홈페이지와 그 하위 메뉴인 '문화와 책', '음악', '뉴스', '영화와 TV' 창에서 열리도록 프로그램되었는데 이는 더 다양한 사회문화적 배경을 가진 다양한 연령층의 응답자에게 접근하기 위함이었다[7]. 비질리오 방문자들이 팝언더 창을 클릭하면 방문자는 연구자의 소속 대학의 서버에 생성된 웹사이트로 이동되어 설문지에 응답하게 되었다. 응답자들의 답변은 즉각 학과 서버에 생성된 데이터베이스에 보내져 저장되었다.

4. 설문 응답자 인적 정보

본 연구에 참여한 응답자 집단은 vigilio.it라는 홈페이지와 그 하위 메뉴를 평균적으로 매월 방문하는 백이십만 명의 집단에서 무작위 선정되었다.

그림 3에서 보이듯 총 253명의 응답자 중 여성이 40%, 남성이 60%를 차지하며 18세에서 40세 사이의 연령대에 분포한다. 응답자의 60%는 고교졸업자이며 직업은 대체로 사무직 및 전문직이나 학생도 상당수 포함되어 있었다.

또한, 설문지의 제5부문에 포함된 질문을 통해 응답자의 특성 중 몇 가지를 파악할 수 있었다. 첫째, 응답자들은 하루 평균 1~5시간 TV를

그림 3. 설문 응답자 인적 사항

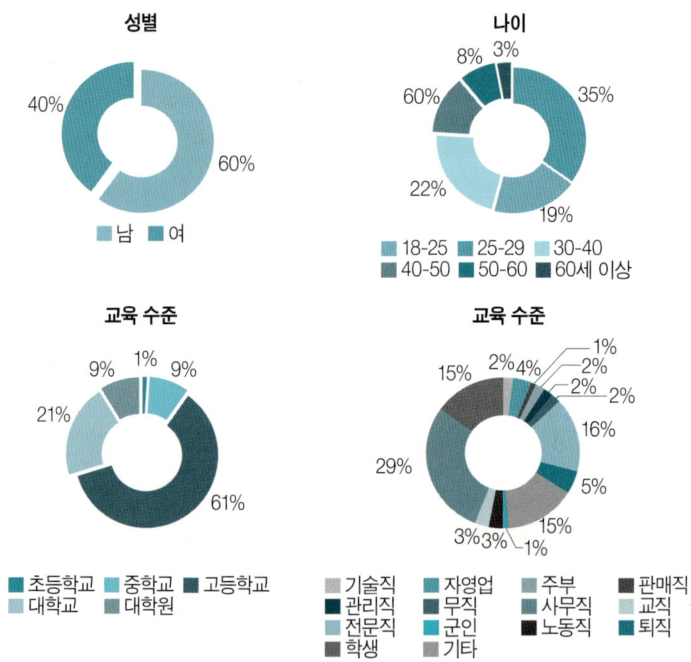

시청하며 가장 선호하는 TV프로그램 장르는 시리즈물(37%)과 영화(32%)였다. 시트콤(16%)과 만화(12%)를 선호한다는 응답자도 어느 정도 있었으며, 드라마(3%)와 텔레노벨라(0.3%)를 선호한다고 답한 응답자는 많지 않았다. 둘째, 응답자의 95%는 영어를 학습했다고 답했으며(50%는 고교 과정에서 16%는 개인적으로 12%는 대학과정 중) 45%는 독일어(49%), 스페인어(47%), 포르투갈어(4%) 등 영어 이외의 외국어를 학습했다고 응답했다. 또한, 영어권 국가(영국 55%, 미국 26%, 아일랜드 14%)를 방문한 경험이 있는 경우가 69%에 이르렀으며, 방문 목적은 주로 휴가(56%)였다. 셋째, 응답자의 96%는 시청한 더빙물의 원어 및 원작 국가를 파악할 수 있다고 답했으며 이탈리아에서 방영되는 더빙물의 번역 품질에 대해서는 상당히 우수하다고 답한 응답자가 63%였다. 마지막으로 선택권을 줄 경우 어떤 멀티미디어를 통해 번역물을 보고 싶은가를 묻는 질문에는 디빙과 자막을 둘 다 선호한다는 것에 답한 응답자가 40%, 더빙을 선호한다는 것이 25%였다.

5. 문화적 지시에 대한 인식

본 논문에서는 더빙된 영상물에 등장하는 문화적 지시에 대한 이탈리아 영상 번역사·방송사의 더빙처리를 이탈리아 TV 시청자는 어떻게 인식하는지에 대해 설문조사를 통해 얻은 기술적 데이터를 제시하고자 한다.

문화적 지시를 포함한 영상물에는 총 6개의 영상물이 포함되었으며 각각은 다음의 하위 유형을 포함한다. ① 미국의 교육제도(고등학교, 이어북(year-book-학년 말 앨범), 대학, 성적 등), ② 음식 및 개량 단위(장소명, 미시시피 머드 파이 (Mississippi mud pie, 화폐단위, 규격 등), ③ 스포츠(미식 축구 점수 체계, 응원단, 선수, 농구팀 등), ④ 제도(911(한국의 119에 해당), 헌법 조항, 수정 헌법, 선거 제도 등), ⑤ 문화 상식(VIPs, TV 프로그램명, 역사적 사건 등), ⑥ 법률 제도(사형제도, 배심원단, 미국/호주의 법정 등). 위 영상물은 앞서 기술한 바와 같이 2개월의 녹화 기간 중 이탈리아의 지상파 방송을 통해 방영된 작품 중 선정하였다.

설문지에는 영상물에 등장하는 문화적 지시를 응답자가 어떻게 인식하는지 평가하기 위해 두 개의 질문이 포함되었다. 첫 질문은 영상물을 시청한 뒤(각 유형에 해당하는 60편의 영상 클립 중 무작위 선정되어 응답자에게 보임) 영상물에 대한 본인의 이해 정도를 수치로 표시하라는 것이고, 두 번째 질문은 응답자가 이해하는 영상물의 내용을 설명하라는 것이었다. 첫 질문에서 응답자가 부여한 점수를 모두 합산한 결과 전체 응답자의 70%가 자신이 시청한 영상물에 등장하는 문화적 지시를 이해한다고 답변한 것으로 나타났다.

그러나 두 번째 질문에서 응답자들이 제시한 장면에 대한 설명을 분석하고 이를 첫 번째 질문에 대한 답변과 비교한 결과, 그림 4의 두 번째 파이차트를 통해서도 보이듯 본 연구에서 조사한 더빙된 영상물에 등장하는 문화적 지시 중 80%는 이탈리아 TV 시청자들이 명확하게 이해하지 못하는 모호한 것임이 분명하게 드러났다.

그림 4. 문화적 지시에 대한 응답자의 이해 수준(본인 판단 vs.실제)

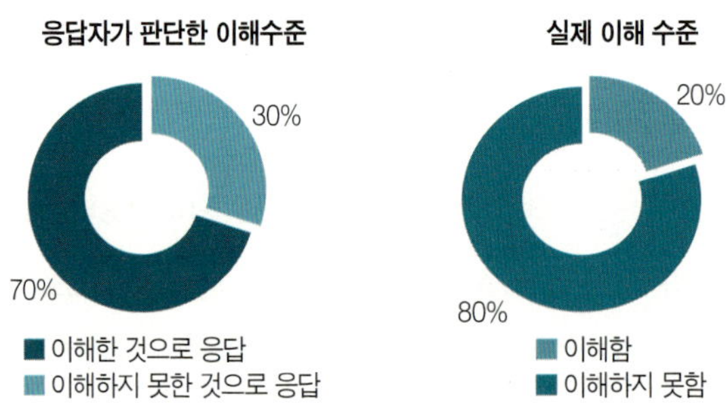

본인이 판단한 이해 수준과 실제 이해 수준과의 격차는 문화적 지시의 하위 유형 6가지에 대한 응답을 모두 분석하자 더 극명하게 드러났다. 그림 5에서 보이듯 문화적 지시의 하위 유형별 분석 결과를 보면 이탈리아의 TV 시청자들은 더빙 영상물에 등장하는 문화적 지시를 잘 이해했다고 스스로는 판단하나 실제로는 그렇지 못함을 알 수 있다.

그림 5. 문화적 지시의 하위 유형에 대한 이해 수준 (본인 판단 vs. 실제)

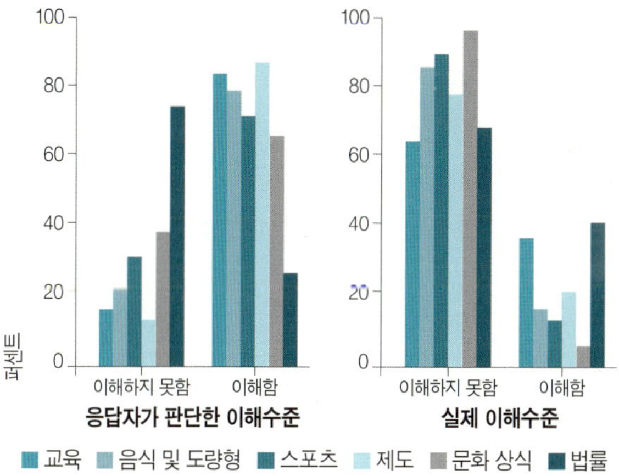

영상물에 등장한 문화적 지시는 영상물의 출발어를 사용하는 시청자들은 누구나 다 아는 음식이름을 지시하거나 시사적인 내용 또는 사건을 지시함으로 그 내용을 이해하기 위해 특별히 알고 있어야 할 것은 없다.

몇 가지 예외적인 경우를 제외하고는 이러한 문화적 지시어는 단어 대 단어 대응 형태로 번역되었으며 목표어 상황에 맞게 이를 조정하고자 하는 시도는 보이지 않았다. 더욱이 일부 번역의 경우 문화적 지시를 번역사가 잘못 이해하지 원작이 의도했던 내용이 전달되지 않을 뿐 아니라 오히려 잘못된 내용이 전달되는 경우도 있었다.

일반적으로 시청자는 자신이 이해하지 못한 문화적 지시 요소가 영상에 포함되어 있음은 인지하였고 영상의 내용을 온전히 이해하기 위해서는 문화적 지시 내용을 이해하여야 한다는 사실은 인식하였으나, 대부분의 문화적 지시에 대해 그것이 의미하는 바를 설명하지는 못했다.

설문지의 1~4부문에 대한 답변을 토대로 응답자를 4개의 그룹으로 분류할 수 있었다. 분류는 응답자 본인이 판단한 이해 수준(응답자의 이해 정도를 1-10의 숫자로 표시한 것의 평균)과 응답자의 실제 이해 수준(응답자가 설명을 바탕으로) 간의 차이를 기준으로 삼았다.

문화적 지시의 하위 유형 6개에 대한 응답자들의 본인 판단 이해 수준 평균값을 보면(표 1 참조), 응답자들이 대부분의 문화적 지시를 이해했다고 스스로는 판단했음을 알 수 있다.

표 1. 응답자 본인이 판단한 자신의 이해 수준 (응답자 평균)

제도	교육	음식 및 도량형	문화 상식	스포츠	법률
8.06	7.68	7.50	6.73	6.49	3.30

반면 응답자가 설명한 내용을 근거로 응답자의 실제 이해 수준을 '이해함'과 '이해 못 함' 으로 양분한 자료를 심층 분석하면 이와는 전혀 다른 사실이 드러난다.

5.1 이해수준 상(上)

본인이 이해했다고 판단한 것과 실제 이해한 것과의 차이가 가장 적게 나타난 항목은 법률과 교육이다.

5.1.1 법 제도 지시(reference)에 대한 인식

법률 유형에 포함된 영상은 10개로 주로 미국과 호주의 법 제도, 사형, 또는 재판 과정(배심원, 법정 선서 등)과 관련된 내용을 담고 있었다.

이탈리아에서는 변호사의 생활을 소재나 줄거리로 삼는 TV 시리즈물이 상당한 인기를 끌고 있으며 주로 프라임 시간대에 편성되어 있어 법률 관련 내용에 대해 시청자의 이해 수준이 높을 것이란 것은 예상하였던 바이다. 예상치 못했던 부분은 응답자의 본인 판단 이해 수준과 실제 이해 수준 간의 차이에서 나타났는데, 법률 영상물을 시청한 전체 33명의 응답자 중 본인이 이해했다고 답한 응답자는 24%로(평균 자체 이해지수 3.30) 이는 실제 내용을 이해한 응답자인 36%보다 낮은 수치였다. 뿐만 아니라 지시 내용을 실제 이해한 것으로 분류된 응답자는 해당 영상에 보이는 법정 상황 및 절차에 대해 매우 상세하고 충분한 설명을 제공하였다.

응답자의 나이와 성별을 분석한 결과 실제 이해 수준이 가장 높은 응답자 집단은 18~25세 사이의 남성 응답자인 것으로 나타났다.

5.1.2 교육 제도 지시에 대한 인식

교육 유형에 포함된 영상은 10개로 미국의 학교 및 교육 제도에 대한 지시를 담고 있었다. 해피 데이즈(Happy Days), 베벌리 힐즈(Beverly Hills)를 비롯하여 이와 같은 종류의 미국 시리즈물이 TV에서 큰 성공을 거둔 뒤라 응답자들(특히 18~40세 집단)이 고교 및 대학 생활의 여러 모습에 대해 익숙해져 있을 것으로 예상하였다. 그러나 영상을 보고 자신이 이해한 내용을 기록한 데이터를 분석한 결과 전체 영상 중 일부분에 대해서만 이해한 것으로 나타났다.

응답자들에게 보인 영상은 상당히 인기가 높았던 프로그램인 뱀파이어 사냥꾼 버피(Buffy the Vampire Slayer), 심슨(The Simpsons), 로즈웰(Roswell), 휠리시티(Felicity) 등과 같은 드라마에서 발췌한 것으로 이탈리아 교육제도에서는 잘 찾아볼 수 없는 미국의 고등학교(졸업 반지, 성적 제도, 학년 앨범(year book), SAT, 대학 조기 등록) 및 대학(성적 제도, 주임교수, 학자금 대출) 생활에 대한 지시를 내포하고 있었다.

교육 영상을 시청한 50명의 응답자가 모두 내용을 이해했다고 답하였으나(평균 이해 지수 7.68) 실제로는 이들 중 34%만이 전체 10개 문화적 지시 중 7개를 이해하였다. 반면 ① 대학 성적, ② 졸업 반지, ③ 기숙사의 학생 사감(resident advisor)과 관련된 보다 구체적인 지시를 이해한 응답자는 아무도 없었다. 응답자의 연령대별 응답을 살펴본 결과 성별 및 연령대에 따라 영상내 문화적 지시에 대한 이해 정도에 차이가 나타났다. 가장 높은 이해 수준을 보인 응답자는 25~30 사이의 응답자였고 남성 응답자와 여성 응답자 두 집단이 성공적으로 이해한 영상은 서로 겹치지 않는 것으로 나타났다.

5.2 이해 수준 중상(中上)

제도 유형에 포함된 영상에도 다수의 문화적 지시가 내포되어 있었는데 이에 대한 응답자의 이해 수준은 중상을 기록하였다. 이 유형으로 분류되어 시청자들에게 보인 영상은 더 써드 워치(The Third Watch), 프리텐더 제로드(Jarod the Pretender), 퓨처라마(Futurama), 재그 (JAG), 심슨(The Simpsons) 중 발췌된 장면으로 미국의 911테러, 미헌법 92조 및 다수의 개정헌법, 미 국무부, 선거인 등록 등에 대한 지시를 담고 있었다.

이 유형에 해당하는 10개의 영상물을 시청한 총 47명의 응답자 중 83%가 영상물에 내포된 문화적 지시를 이해하였다고 응답하였으나(평균 자체 이해지수 8.06) 실제 지시 내용을 이해한 응답자는 21%에 불과했다.

영상 장면에 대한 응답자의 설명 분석 결과 응답자들은 미국의 선거제도(선거권을 행사하기 위해서는 사전에 선거인 등록을 해야 하는 점), 미 국무부(국무부의 기능 및 이에 해당하는 이탈리아의 정부 기관), 911 테러 및 헌법 92조와 관련된 지시는 상대적으로 잘 이해하지만, 병원(미국의 의료

보험은 매우 비싸다는 점), 미 수정헌법(수정헌법 제3조) 및 이민법에 대한 지시를 이해한 응답자는 없는 것으로 나타났다.

5.3 이해 수준 중하(中下)

음식 및 도량형 및 스포츠와 관련된 문화적 지시에 대한 응답자의 이해 수준은 중하인 것으로 나타났다. 응답자가 스스로 답한 이해 수준은 상당히 높았으나(평균 자체 이해 지수 각 7.50, 6.49), 지시 내용을 실제로 제대로 이해한 응답자는 각각 13%와 10%에 불과했다.

5.3.1 음식, 도량형 및 장소명 지시에 대한 인식

음식 및 도량형 관련 장면에 대해 응답자들은 영상물 시청 후 '더빙어'(일상적으로 사용되는 이탈리아어가 아닌 더빙된 영상물에서 흔히 보거나 들을 수 있는 번역체 특유의 문체)의 사용 정도를 등급으로 표시하고 그에 대해 설명하도록 하였다. 본 유형에는 10편의 영상물이 포함되었으며 영상물에는 음식(미시시피 머드파이, BLT, 훠지), 장소명(페루, 뉴욕시의 거리 및 장소명, 사우스 데코다), 화폐단위(니클, 쏘울(sole)), 의류 사이즈(사이즈 16) 등 다양한 문화적 지시가 등장한다. 이들 중 BLT 샌드위치를 제외한(이는 'bruschetta', 'lattuga' e 'Tabasco'로 현지화됨) 모든 지시어는 단어 대 단어로 치환되어 번역되었다.

5.3.2 스포츠 지시에 대한 인식

스포츠 관련해서는 미식 축구 및 농구와 관련된 다양한 지시가 영상물에 내포되어 있었다. 출발어에는 이들 스포츠와 관련된 다양한 정보가 내포되어 있었다. 예를 들면 슈퍼볼(Super Bowl)에서 33점을 얻기 위해서는 몇 골을 넣어야 하는가, 각 선수의 역할, 전략, 응원 등에 대한 지시가 등장하였다. 이들 영상물은 주로 미국의 TV 시리즈물인 도슨의 청춘일기(Dawson's Creek), 더 써드 워치(The Third Wath)에서 발췌되었다. 시청한 영상물의 내용 및 내포된 지시에 대해 묻자 응답자들은 대부분의 장면을(71%) 매우 잘 이해하였다고 응답하였다(평균 자체 이해지수 6.49). 그러나 시청한 장면에 대한 설명을 통해 파악된 실제 이해도는 매우 낮은 것으로 나타났다. 응답자 중 90%는 영상물에 나타난 지시를 인식하지 못하는 것으로 나타났다.

5.4 이해수준 하(下)

문화 상식 부문은 가장 낮은 실제 이해 수준을 기록하였다(5%). 이 부문에 포함된 영상물은 더 패밀리 가이(The Family Guy), 섹스 앤드 시티(Sex and the City), 재그(JAG), 휠리시티(Felicity), 벨에어의 왕자 윌(Will the Fresh Prince of Bel Air) 등 TV 시리즈, 시트콤, 만화 등에서 발췌되었다. 이 부문에 포함된 영상물에는 문학작품, 유명 작가(스티븐 킹, 켄 포레), 연주자(다이아나 로스, 제니 레이크), 컬럼니스트(마사 스튜어트), 영화속 등장인물, 가수, 특정 사건 등에 대한 지시를 내포하였다. 이러한 지시는 미국의 일반 TV 시청자들에게는 친숙한 일반 지식에 해당하나 이탈리아 시청자들이 인식할 가능성은 낮아 보였다.

그럼에도 불구하고 이 부문 영상물을 시청한 총 44명의 응답자 중 66%가 영상물에 대한 이해수준을 높게 응답하였다(평균 자체 이해지수 6.73). 그러나 10건의 지시 중 응답자가 그 내용을 실제 이해한 경우는 윌리 왕카(Willy Wonka)과 베트남전을 지시한 단 두 건에 불과하였으며 특정 문화와 관련된 지시어 대부분은 시청자에게 전달되지 못한 채 사장되는 것을 알 수 있었다.

6. 결론

위에서 본 바와 같이, 응답자 설문을 통해 얻은 기술 데이터를 분석해보면 시청자가 영상물의 특정 지시내용을 이해했다고 스스로 판단한 수준과 실제 이해한 수준 간에는 큰 틈새가 존재함을 알 수 있다. 일반적으로 시청자는 영상물의 일부분만을 이해한 경우가 많았으며 때로는 영상물의 내용을 전혀 이해하지 못한 경우도 있었다. 또한, 영상물의 내용을 제대로 이해한 비율은 시청자의 나이나 성별에 따라 다소 영향을 받기 하였으나 영상물의 출발어 및 그 문화에 대한 시청자의 지식수준이나 친숙도 와는 관계가 없었다.

응답자들의 답변을 분석한 결과 영상물에 등장하는 특정 문화와 관련된 문화적 지시는 완전히 잘못 이해되는 경우가 매우 흔하다는 결론이 도출되었다.

더빙은 수백만 명의 시청자에게 제공되는 서비스로 이탈리아 시청자는 수입된 외화를 시청하는 경우 '더빙어(Dubbese)'를 통해 이들 작품을 접하게 되므로 대다수 시청자는 더빙에 의존하여 영상물의 내용을 이해(또는 오해)하게 된다. 따라서 시청자가 이들 TV 시리즈, 영화, 만화 등의 작품을 어떻게 감상하는지 및 이들 작품의 성공 여부는 영상 번역의 품질에 의해 좌우된다고 할 수 있다.

루이켄(Luyken, 1991: 154)이 "영상 번역가에게 주어지는 재량 범위는 문학 번역가의 재량 범위보다 훨씬 좁다"고 한 것을 통해서도 보여지듯 본 연구에서 나타난 문화적 지시의 전달 부족을 영상번역의 품질 문제로만 볼 수는 없다. 쌍방향 디지털 텔레비전 등 멀티미디어 분야는 급격한 발전을 이루고 있으므로 이를 잘 활용하면 시청자가 필요로하는 설명이나 정보를 제공하여 영상물에 대한 시청자의 이해도를 높이는 것도 가능할 것이다.

미주

1. "광범위하고 다양한 나라에서 제작된 시청각물이 (시청자에게) 이해되고 배급되도록 하는 데 있어 필수적인 문화적 중재가 어떻게 언어의 번역을 통해 이루어지는 지를 분석하기에 이상적인 것이다."

2. 이 수치는 주간지인 영화 TV의 자료를 토대로 대략 산출한 수치이며 국영 채널인 RAI 채널 3개 (RAI 1, RAI 2, RAI 3), 민영 채널인 Mediaset 채널 3개 (Rete 4, Canale 5,Italia Uno)와 LA7에서 방영되는 프로그램을 기준으로 산출하였다. MTV나 600개 이상의 지역 채널을 포함하면 이탈리아 지상파를 통해 방영되는 더빙외화의 방영시간을 집계하는 것은 거의 불가능하다.

3. "기술적(descriptive)이거나 처방적(prescriptive) 접근법을 취하며 해당 논문의 전공분야를 벗어나서는 매우 제한적인 연구 범위와 적용 가능성을 가진다"

4. 본 용어는 의도된 의미가 시청자에게 전달되지 않을 때 시청자가 겪는 현상을 표현하기 위해 사용되었다. 번역된 시청각물을 볼 때 뭔가 상황과 딱 맞지 않는 대사를 듣게 되면 '번역 흐름의 단절'을 겪게 된다.

5. 본 설문지는 2004년 5월까지 해당 사이트에 등록되어 있었다.

6. Virgilio.it는 유럽 고속 통신망의 일부로 월 방문객이 백이십만 명에 이른다.

7. 응답자 집단이 이탈리아의 TV 시청자를 대표하기에는 편중된 경향이 있으나 이탈리아의 인터넷 사용자 집단에 대해서는 대표성을 가진다.

8. 이탈리아 상영관의 매표율 순위에서 대학 생활을 배경으로 하는 미국 영화는 항상 상위를 기록하고 있다.

참고문헌

1. Andersen, Lone. 1995. "A topical issue". *Sequentia*, 2(4), 4.

2. Antonini, Rachele. 2005. The perception of subtitled humour in Italy". *Humor – International Journal of Humor Research*, 18(2): 209-225

3. Antonini, Rachele, Bucaria, Chiara and Senzani, Alessandra. 2003. "It's a priest thing, you wouldn't understand: *Father Ted goes to Italy". Special issue Antares Uorul – Onoua sti-inta* VI: 26-30.

4. Antonini, Rachele and Chiaro, Delia. 2004. "The Quality of Dubbed Television Programmers in Italy: the experimental design of an empirical study". In *Cross-Cultural Encounters: New Langauges, New Sciences, New Literatures*, S. Albertazzi, M. Bondi, G. Buonanno, N. Maxwell, C. Pelliconi and M. Silver (eds), 33-44. Roma: Officina Edizioni.

5. Antonini, Rachele and Chiaro, Delia.Forthcoming."The General Perception of Likellhood of Occurrence. The translational norms of language-specific features on the Italian screen". In a synopsis of two papers given at the London conference *In so many words.Language transfer on the screen. 6-7.2.2004*, J. Diaz-Cintas and G. Anderson (eds). London: Macmillian Palgrove.

6. Benincà, Sandra. 1999. "Il doppiaggio. Uno studio quali-quantitativo". *Quaderni del Doppiaggio* II. Comune di Finale Ligure: Finale Ligure.

7. Bollettieri Bosinelli, Rosa M. and Gaviolo, Laura (eds). 1994. *Il doppiaggio. Transposizioni linguistiche e culturali.Bologna*. CLUEB.

8. Bollettieri Bosinelli, Rosa M. and Heiss, Christine (eds). 1996. T*raduzione Multimediale per il Cinema, la Televisione e la Scena*. Bologna: CLUEB.

9. Bollettieri Bosinelli, Rosa M., Heiss, Chrstine, Soffritti, Marcello and Bernardini, Silvia (eds). 2000. L*a Traduzione Multimediale. Quale Traduzione per Quale Testo?*Bologna: CLUEB.

10. Bucaria, Chiara. 2001. *La percezione del testo filmico doppiato in TV:*

uno studio empirico. SS-LiMIT, Advanced School in Modern Languages for Interpreters and Translators, University of Bologna at Forlì (unpublished dissertation).

11. Chiaro, Delia. 2004.:Investigating the perception of translated Verbally Expressed Humour on Italian TV". ESP *Across* Cultures 1:35-52.

12. D'Aversa, Paola. 1996. "Introduzione". In *Barriere linguistiche e circolazione delle opera audiovisive: La questione doppiaggio*, Atti del Convegno "Un ascensore per la torre di Babele, 9-10 febbraio 1996", E. Di Fortunato and M. Paolinelli (eds) Roma: AIDAC.

13. Eurobarometer Report 54.2001. *Europeans and Languages*.Bruxelles: European Commision, Education and Culture Directorate-General.

14. Fuentes Luque, Adrián. 2001. "Estudio empírico sobre la reception del humor audiovisual". In *Traducción subordinada (II). El subtutulado*, L. Lorenzo García and A. M. Pereira Rodríguez (eds), 85-110. Vigo: Universidad de Vigo.

15. Gambier, Uves. 1998. *Translating for the Media. Papers from the international conference "Languages and the Media" Berlin, November 22-23*, 1996.University of Turku: Centre for Translating and Interpreting.

16. Gambier, Yves and Gottlieb, Henrik. 2001. *(Multi)Media Translation*. Amsterdam Philadelphia: John Benjamins.

17. Karamitroglou, Fotios. 2000. *Towards a Methodology for the Investigation of Norms in Audiovisual Translation*. Amsterdam: Rodopi.

18. Leppihalme, Ritva. 1997. *Culture Bumps*. Cleveland: Multilingual Matters.

19. Luyken, Georg-Michael. 1991. Overcoming Language Barriers *in Television. Dubbing and Subtitling for the European Audience. Manchester*: The European Institute for the Media.

오페라 자막 연구에서의 수용, 텍스트 및 컨텍스트

마르타 마테오 Marta Mateo
오비에도 대학교 University of Oviedo, Spain, 스페인

오페라 자막 번역은 아직 번역학의 연구대상으로 크게 주목받지 못해왔으며, 오페라 자막이 속하는 영상 번역 분야에서도 많은 관심을 받고 있지 못하다. 본 논문은 이러한 상황 속에서 번역의 한 유형인 오페라 자막 번역에 대한 이해를 심화하고자 작성되었다.

기술(技術), 형식 및 시간적 요소의 제약을 받는 오페라 자막 번역에 있어 어떠한 텍스트적 전략을 구사할 것인지는 해당 오페라가 가지는 커뮤니케이션 상황(communication context)에 의해 결정된다. 또한, 자막의 기능은 - 출발어로 불리는 오페라의 수용을 방해하지 않으면서 관객의 이해를 돕는 것- 자막의 텍스트 형식(textual form)에 영향을 미친다. 본 논문에서는 여러 나라의 오페라 하우스에서 동일한 오페라 작품을 번역하는 데 있어 채택한 번역 전략을 비교함으로써 번역작업기준(operational norms)을 어떻게 적용하고 자막 전달 채널 및 수용 요인에 따른 제약과 어떻게 타협하는지에 따라 같은 도착어로 번역된 자막도 서로 얼마나 다를 수 있는지를 보여주고자 한다. 이를 통해 얻은 분석 결과는 기존 번역학에서 전통적으로 사용되어 온 몇 가지 개념에 대해 제고 필요성을 제기한다.

KEYWORDS

오페라 자막(opera surtitles), 제약조건(constraints), 번역 기준(norms), 거시 구조 전략(macrostructure strategies), 수용(reception)

1. 텍스트, 맥락(context), 수용

전통적으로 오페라 번역은 두 가지 형태의 번역으로 이루어졌다. 하나는 노래의 형태로 불리는 번역으로 지금도 외국의 오페라 작품을 공연할 때 이 방법을 사용하는 오페라 하우스들이 있다. 다른 하나는 글 형태의 번역으로 오페라 레코드에 내장된 오페라에 대한 번역 글로 많은 사람에게 익숙한 형태이다. 최근 들어서는 이 두 가지 방식 외에 자막 형태의 오페라 번역이 등장하였는데 이에 대한 인기는 가히 폭발적이어서 이는 관객의 언어로 가사를 번역하여 노래하는 노래 형식의 오페라 번역[1]의 존속을 위협하는 요소로 인식되기도 한다.

오페라 자막은 오페라 곡이 공연되는 동시에 그에 해당하는 오페라 대본(리브레토)이 압축 번역되어 무대 위의 직사각형 스크린 또는 관객의 좌석 뒤에 설치된 작은 스크린에 영사된다. 따라서 관객은 불리어지는 노래와 글로 된 번역을 동시에 접하게 된다. 이 경우 번역된 가사를 곡에 입혀 부를 경우 겪게 되는 박자와 음의 제약으로부터는 자유로워진다(아프터, 1985; 글릭, 1987; 마테오, 1994의 연구를 참조할 것). 오페라 자막은 또한 CD에 내장되는 해설이나 2개 국어로 출간되는 오페라 대본을 토대로 작성되는 경우가 많음에도 불구하고 이들 글 형태의 번역과도 차이를 가진다. 오페라 자막 번역의 어려운 점이자 오페라 자막 번역의 전략을 결정짓는 요소는 자막에 나오는 글과 무대에서 진행되는 공연을 일치시키는 일과 한 번에 자막에 넣을 수 있는 글의 양과 관객의 읽기 속도를 고려하여 번역문을 압축하는 데 있다.

오페라 자막은 영화 자막에서 파생되어 나온 것으로 자막과 많은 유사점을 공유하나 영화 자막과는 구분되는 특성 또한 가진다. 자막 번역 과정을 기술한 로자(Assis Rosa, 2001: 213-214)의 표현을 빌자면 오페라 자막 번역은 '다(多) 채널, 다(多) 코드'의 특성을 가진다. 즉, 노래와 율동의 공연이 자막 위의 글로 변화되는 '매체의 변화', 구술/청각 신호가 시각 신호로 변화되는 '채널의 변화', 음성/음악적 실체에서 그래픽적 실체로 변화되는 '신호 형태의 변화', 노래와 음성을 통해 전달되는 언어적(때로는 비언어적) 표현이 글을 통한 언어적 표현으로 변화되는 '코드의 변화'를 거친다. 청각적 및 시간적 특성을 가지는 두 신호 체계(언어 및 음악)는 관객이 무대 위에서 보는 시각적 이미지와 불가분의 관계를 형성하며 관객에게 전달되는데 이때 스크린 위에 나오는 글은 영화 자막의 경우와 같이(디아즈 신타스, 2003: 194) 시각적 이미지와 일치하도록 번역되어야 한다. 영화 자막이 TV나 영화관 스크린의 물리적 크기 및 영상과의 일치성 (synchronization)에 제약을 받는다면 오페라 자막은 연주되는 곡의 시간적 제약 아래 놓인다 할 수 있다.

오페라 자막이 가지는 특수성은 오페라라는 텍스트 장르가 지니는 본연의 특성과도 관련이 있다. 즉, 오페라는 다수의 의미 체계(signifying systems)와 커뮤니케이션 채널을 가지는 예술의 한 형태로 청각적 신호(노래 및 악기)와 시각적 신호(조명, 무대, 화면 구성, 움직임, 의상 및 화장)를 같이 내보낸다. 오페라 공연에서만 볼 수 있는 음성, 언어, 음악과 몸동작의 융합은 번역의 형태에 상관없이 두 가지 측면에서 번역에 중요한 의미를 가진다. 첫째, 오페라 대본은 그것 자체로서 하나의 독립된 완결성을 가진다고 볼 수 없다. 대본을 소리 내지 않고 읽는 것이 가능하긴 하나 음악과 노래로 불리지 않는 한 진정한 의미에서의 오페라적 경험을 했다고 말할 수 없기 때문이다(루비에라, 1993: 75-76). 둘째, 오페라의 전 과정에 존재하는 음악은 번역 결정에 중대한 영향을 미치는데 이는 한 스크린에 올릴 대본의 양을 나누는 기준이 됨과 동시에 무대와 자막과의 일치성 및 자막 노출 시간 등을 결정하는 주요 요인이 된다. 대본의 글이 노래로 불린다는 점 또한 오페라 대본이 특수성을 가지는데 한몫한다. 오페라 대본은 '음악적 연주에 어울리도록 각운(rhyme) 등 음성적 특성을 가지'는데(로우, 2002: 102) 이러한 특성이 번역을 통해 생성되는 도착어의 일반적 성격에도 불가피하게 영향을 미친다.

오페라 자막의 특수성은 자막이 전달되는 '상황(context)'을 통해서도 드러난다. 오페라는 현장에서 실황으로 이루어지는 공연으로 오페라 자막은 오페라 공연 제작과 같은 시점에 준비되며 영화 자막과는 달리 공연 현장에서 실황으로 영사된다. 이 때문에 오페라 자막은 '많은 일들이 일어나고 있으며…큰 문제가 발생할 수도 있는' (로우, 2002: 102) 현장 전달이라는 특징으로 인해 즉각성과 취약성을 특성으로 가지게 된다. 뿐만 아니라 자막이 영사되는 스크린에 의해서도 자막 내용은 영향을 받으므로 오페라 자막이 전달되는 '상황'에는 기술적인 요인도 포함된다. 스크린에는 보통 최대 두 줄까지만 자막이 들어가며 각 줄에는 35자 정도의 글자가 들어간다. 이처럼 스크린이나 자막 생성에 사용되는 시스템이 무엇인지에 따라 자막의 최종 형태는 영향을 받는다. 초기에 사용되던 슬라이드의 경우 오페라 한 막(Act)에 사용될 수 있는 슬라이드 수가 정해져 있어 번역 도착어에 대한 제약이 더욱 컸으며 자막이 편집과정을 거친 후에는 수정할 수 없었다. 근래 들어서는 보다 발전된 컴퓨터 시스템을 이용하여 자막을 전자파일 형태로 생성하여 디지털 비디오 프로젝터를 통해 영사하므로 자막 화면 수의 제약은 없어졌다. 편집 후 자막을 수정하는 것은 컴퓨터 시스템을 사용하게 된 후에도 상당 기간 문제였지만 파워포인트를 사용하게 되면서 이 문제도 이제는 해결되었다.[2]

오페라 자막 연구에 있어 자막을 둘러싼 '상황(context)'에는 보다 광범위한 요소들이 포함된다. 즉 최종 결과물로서의 자막이 있기까지 그 생성에 영향을 미치는 모든 요소와 단계가 고려되어야 한다. 관객이 오페라 경험을 하기까지에는 다수의 행위자가 개입된다. 작곡가, 대본가, 지휘자, 무대 감독, 오페라 가수, 코러스 가수, 오케스트라, 조명 및 음향 기술자 등 수 많은 사람이 어떤 형태이던 권력 관계 안에서 각기 다른 임무를 수행하며 협력하는 이 체제에서 오페라 자막 생성도 이러한 틀을 벗어나서 이루어질 수 없다. 따라서 오페라 자막의 최종 소비자는 관객이라 할지라도 "자막을 번역하는 번역사의 '고객'은 실질적으로는 오페라 제작자이며 [···] 이 제작자의 의견을 무시할 수는 없다."(로우, 2002: 103).

오페라 자막의 생성과정과 최종 결과물은 텍스트, 상황(context), 및 이에 대한 수용(reception)으로 결정된다. 뉴욕 글리머글래스 오페라 소속의 룰크(K.Rourke)는 오페라 자막[3]의 역할을 다음과 같이 표현하며 이를 통해 오페라 자막의 특성을 잘 요약하여 보여준다. "오페라 자막은 3종류의 주인을 섬겨야 한다. 그 첫 번째는 대본으로, 자막은 있는 그대로의 대본에 충실하여야 하며, 두 번째는 제작되어 공연되는 오페라 작품으로 자막은 공연 현장의 상황에 충실해야 하며, 세 번째는 이를 관람하는 관객과 그들의 오페라 관람 체험이다."[4] 번역 정책, 기준, 전략 등에 대한 연구를 수행할 때 이러한 오페라의 특성 또한 고려되어야 하며, 본 논문은 이러한 인식을 고취하기 위한 목적으로 쓰였다.

2. 오페라 자막 번역에서의 번역 기준 및 전략

본 논문에서는 하나의 같은 오페라가 다수의 번역회사를 통해 번역될 때 그 번역과정에 적용된 번역 기준과 전략이 어떻게 다른지를 조명하고자 한다. 이러한 분석은 동일 작품에 대한 동일 언어로의 번역이 어떠한 번역작업규범(operational norms) (투리, 1995)을 적용하고 전달 채널 및 수용 요인이 가지는 제약과 어떻게 협상하는가에 따라 최종 번역물이 어떻게 다르게 생성되는지를 보여준다. 이는 또한 그동안 번역 연구에서 전통적으로 사용되었던 몇 가지 기본 개념에 대해 제고 필요성을 제기한다.

이를 위해 본 연구에서는 신타즈(D. Cintaz)의 영화 자막을 위한 분석 모델(2003: 321-325)을 차용하였다. 신타즈의 모델은 번역에 대한 기술적 분석을 제안한 램버트(Lambert)의 분석 방법에 기반을 둔다.(램버트와 반 고프, 1985; 램버트 1995). 램버트의 분석은 예비 기준(preliminary parameters)에서 시작하여 거시구조(macrostructure), 미시구조(microstructure)를 거쳐 시스템적 컨텍스트(systemic context)로 이어지나 본 논문에서는 지면상의 제약으로 예비기준과 거시구조까지만을 분석 범위로 한다. 단 동일 오페라에 대한 다른 버전의 자막을 거시구조 차원에서 분석할 때 시스템적 컨텍스트와 관련된 내용도 일부 다루어진다.

2.1 예비 기준

오페라 자막 번역은 갬비에(Gambier)와 고틀리엡(Gottlieb, 2001: xi)이 제시한 시청각 및 영상 번역의 특징을 많이 가지고 있으며 특히 다음과 같은 공통점을 가진다. ① 팀워크의 절대성(공동 작업을 통해서던 개별 작업 후 취합을 통해서든), ② 번역사들은 대부분 '중간단계(intermediate)의 텍스트'를 가지고 작업하며 이들의 손을 거친 번역물은 대부분 제한된 시간동안만 유용성을 가짐, ③ 이러한 유형의 번역을 평가하는 기준은 "의미 전달성(comprehensibility) [...], 접근성(accessibility)과 활용성(usability)"인 점 등이다.

근래 들어서는 오페라 자막 제작 방법이 다양해지고 있는 추세이나 정도의 차이가 있을 뿐 모두 팀워크를 기본으로 한다. 미국, 캐나다 및 일부 유럽 국가에는 오페라 극장이나 제작사에 자막 번역과 함께 프로젝터 대여 및 기기 사용법 교육 등의 서비스를 제공하는 오페라 자막 제작 전문 업체가 있다. 아직 자막 제작 전문 업체가 도입되지 않은 스페인 같은 경우에는 프리랜서 번역사(한 번역사가 여러 오페라 극장의 대본을 번역하는 경우도 있다)나 자체 자막 부서를 통해 오페라 하우스에서 직접 자막을 제작한다. 또 여러 극장 간 자막 제작 관련하여 협업이 이루어지는 경우도 종종 있다.

자막을 제작하는 과정도 다양한데 위의 전문 업체의 경우 새로 번역 작업을 해서 자막을 제작하는 반면, 오페라 극장들은 새로운 레퍼토리인 작품의 경우 새로 번역을 의뢰하기도 하고 – 런던의 로열 오페라 하우스(Royal Opera House)나 마드리드의 띠에트로 레알(Thetro Real) 및 바르셀로나의 리체오(Liceo)의 경우 이것이 관례이다 – 소규모 극장의 경우 이미 번역된 대본의 두·세 버전의 번역본을 바탕으로 자신의 공연에 가장 적합하도록 합치거나 변형하여 자막을 제작한다. 후자의 경우 번역사(또는 번역이라는 행위)의 개념이 불분명해지며 때로는 번역사가 자막 작가와 같은 의미로 사용되기도 하고 때로는 번역 행위가 여러 사람에 의해 분산되어 이루어지기도 한다. 자막 작가란 도착어 자막을 제작하는 사람을 지칭하는데 이들은 자신이 직접 번역하지 않은 기존에 번역된 도착어 텍스트를 사용하여 자막을 제작하고, 보통 오페라 공연 시 제작된 자막을 영사하는 역할까지 한다. 이렇듯 서로 다른 두 가지 업무를 수행하는 자막 작가의 역할을 본윗 (Bonwit, 1998: 37)은 워싱턴 오페라의 자막 제작 전문가의 업무를 기술하면서 정확하게 집어낸다. “자막 작가가 집에서 자막을 써서 파워북(PowerBook)에 입력할 때는 예술가로서 일하는 것이며 이 일에 대한 대가는 워싱턴 오페라에서 지급한다. 반면 공연 당일 부스에서 자막 영사기의 버튼을 누를 때는 무대 기사로서 일을 하는 것이며, 물론 예술가이기도 하나, […] 이에 대한 대가는 케네디 센터(오페라가 공연되는 장소)가 지급한다."

어떠한 과정과 방법에 의해 자막이 제작되던 자막 작가(또는 자막 제작사)와 오페라 공연에 참여하는 대다수의 인원 간에는 끊임없는 조율 과정이 필요하다. 특히 지휘자와 무대 감독과는 각별한 조율이 필요한데 이는 음악적 공백이나 대사의 변경이 있을 때 이를 자막에 반영해야 할 뿐 아니라 반복되는 노래/대사의 경우 자막을 계속 띄워 놓을지 말지 등과 같은 자막 영사와 관련된 의사결정을 이들과 조율해야 하기 때문이다. 뿐만 아니라 공연 프로그램 작성자같이 비교적 덜 핵심적인 인물들과의 조율도 필요한데 이는 주인공의 이름 철자법(버튼, 2004: 13, 15-16 참조)과 같은 일들을 이들과 협의해야 하기 때문이다. 따라서 자막 작가의 팀워크와 리허설 참석은 우수한 품질의 자막을 위해서는 필수 조건이다.

앞서 인용한 갬비어와 고틀리엡이 제시한 시청각 및 영상 번역의 두 번째 특징과 관련해서 기억할 점은 오페라 대본은 그 자체로 완결성을 가지는 것이 아니라는 것이다. 대본을 번역하여 만들어지는 자막은 특정 공연에서 펼쳐지는 무대의 노래와 공연과 일치해야 하는 것으로 특정 공연을 위해 제작되는 것이라 할 수 있다. 다시 말하면 같은 작품이더라도 제작이 새로 되어 공연되면 자막 또한 각 공연에 맞추어 각색(adapt) 되어야 한다. 따라서 오페라 자막은 텍스트에 대한 '절대적' 번역의 개념을 다시 한 번 흔들어 놓는다. 이러한 점과 더불어 대본의 1차 번역 후 다시 시간 및 매체의 제약에 맞추어 개정하는 과정을 거치는 점 때문에 많은 오페라 제작사와 자막 제작가들은 자막 번역을 각색[5]이라 표현한다. 그러나 영화나 오페라의 자막 제작 전 과정을 각색의 한 형태로 간주하는 것은 기술적 또는 시간적 요소에 의해 제약을 받지 않는 번역만 번역으로 분류하는 협의의 번역 개념에 기반을 둔 사고로 본 연구자는 이러한 구분에 회의적이었던 신타즈(2003: 32-35)와 견해를 같이 한다. 뿐만 아니라 많은 자막 작가들은 번역과 개정의 두 단계를 거치지 않고 자막이 충족해야 하는 여러 조건을 처음부터 감안하여 오페라 가사를 한 번에 자막으로 번역하기도 한다. 이러한 이유에서 영상 번역에서는 번역(translation)과 각색(adaptation)에 대한 구분이 없어져야 하지 않을까 생각한다. 개인적으로는 각색이란 표현은 이미 존재하는 도착어 텍스트(대부분의 경우 대본을 있는 그대로 번역한 1차 번역)를 스크린에서 상영하기 좋은 형태로 바꾸는 과정에만 한정하여 사용하여야 한다고 생각한다. 이러한 경우라도 이는 번역의 한 유형인 오페라 자막 번역의 일부분을 형성하는 과정이므로 번역에 해당한다 할 수 있다.

이러한 논의는 갬비에와 고트리엡이 제시한 자막의 세 번째 특성이 자막 평가의 기준으로 사용되는 것이 적합한가에 대해 의문을 제기한다. 많은 자막 업체들이 번역작업기준으로 선택하는 기준이 이들 학자가 제시한 시청각 영상 번역의 특성과 일치하는 경우가 많다. 오페라 자막의 우수성을 얘기할 때 흔히 간결성, 명료함, 공연과의 일치도 및 시간적 일치성을 든다. 다음은 캐나다의 오페라 자막 업체인 아리아 누오바(Aria Nuova)가 제작한 자막에 대한 평이다. "원 대본의 정수를 충실히 되살려낸", "명료함, 품격, 간결함, 유연함과 유머", "틀에 박힌 번역을 사용하지 않은 점, 무대 디테일과 어울리는 자막 디자인은 탁월한 예술적 선택의 결과이다."[6] 다음은 또 다른 캐나다 업체인 써타이틀즈사(SURTITLESTM)의 드레이펠즈(G. Dreifelds)가 번역한 자막에 대한 평이다. "완벽한 타이밍, 항상 간결하고 내용에 충실하며 무대 위 배우들과 하나 되어 호흡하는", "도움은 되나 방해하지는 않는", "아름답게 번역되고 뛰어난 안목으로 영사(映射)되는"[7]. 또한, 잉글랜드의 오페라 노스(Opera North) 소속 자막작가 프리드만(S. Friedman)은 다음과 같은 평을 받는다. "원문에 충실하고, 간결하며, 시적이고(적절한 때에) 재미있는, 관객의 오페라 경험을 한층 더 풍성하게 해주는".[8]

이러한 평에는 단순히 자막의 번역에 대해서 뿐 아니라 자막의 양식,

영사(映射), 수용, 및 전체 작품 공연에서의 자막의 역할 등에 대한 평가가 포함됨으로써 오페라 자막이 멀티미디어 텍스트의 본질을 지녔음을 보여준다. 자막 전문 업체가 준수하는 번역 지침이나 오페라 극장의 자막작가들이 번역에서 가장 신경을 쓰는 것은, 정도의 차이는 있으나 단연 이해의 용이성, 명료함, 투명성, 음악 및 무대 위의 공연과의 조화이다. 이러한 텍스트 외적 정보는, 번역된 텍스트에 비하면 이차적이긴 하나, 번역 기준(translation norms) (투리, 1995: 65)을 재구성하는데 중요한 가치를 가진다. 이제 3개 자막 제작사들의 번역 지침을 한 번 살펴보도록 하겠다. 이들 3개 업체에 대해서는 논문 후반부에서 각 업체의 자막을 분석함으로써 각 업체의 번역 전략을 도출한다.

써타이틀즈사는 텍스트 선택에 있어 다음을 기준으로 한다[9].

- 음악 – 가장 최우선 기준, 끊김이나 반복 포함.
- 방향 – 기존의 자막을 새로운 공연을 위해 각색하거나 새로이 제작.
- 자연스러움 – 자막 교체가 관람을 방해하지 않도록

이 업체는 자사의 자막 텍스트를 번역이라 하지 않고 '덧입혀진 번역', '응축된 번역'으로 정의한다. 이러한 표현의 사용은 회사의 전략 중 하나가 경제성의 원칙임을 보여주며 또한 '번역'이라는 용어에 전통적으로 내포된 '원문과 똑같은, 원문에 충실한'이란 뉘앙스를 피하기 위함으로 보인다. 이는 일부 드라마 번역가가 자의적 번역에 대한 비난을 피하기 위해 자신의 번역을 각색이라 하는 것과 일맥상통한다.

아리아 누오바는 오페라 자막을 '현대 영어' 또는 적어도 '보편적(universal) 영어'로 제작함으로써 관객의 이해에 우선순위를 둔다. 자막을 슬라이드 단위로 나누는 것은 세 가지 기준[10], 즉 악보의 악상 분할(phrasing), 텍스트의 구조, 스크린의 자막을 읽는 데 걸리는 시간에 따른다.

최근 런던 로열 오페라 하우스의 자막작가인 버튼(J. Burton)은 신문에 자막에 대한 글을 게재하였는데 이 글에선 형식보다 내용을 중시하는 그의 번역 지침이 명확히 드러난다. "오페라 자막을 사용하는 목적은 연주되는 곡의 내용이 무엇인지를 전달하기 위함이지 어떠한 형식에 의해 연주되는지를 전달하기 위함이 아니다."(2004: 6)라는 그의 글에서 유추할 수 있는 것은 감탄사나 반복되는 대사는 자막에 포함 시킬 필요가 없다는 것, 문체나 문장부호는 단순화가 허용된다는 것, 오페라의 줄거리는 명료하게 표현할 필요가 있다는 것이다. 또한, 버튼은 투명성을 강조하는데 투명성은 자막의 우수성을 평가하는 기준으로 종종 거론되는 조건이다(갬비어와 고틀렙 2001: 164의 모르간 편 참조). 버튼은 "자막작가가 기억해야 할 것은 관객은 오페라를 관람하기 위해 오페라 극장을 찾는 것이지 자막을 읽기 위해 오는 것이 아니라는 사실이다. 자막은 시선을 끌어서는 안 되며 두드러지지 않아야 한다. […] 자막작가는 심지어는(자막의 존재가) 느껴지지 않도록 투명성을 목표로 해야 한다."(버튼 2004: 7). 다음 글에서 알 수 있듯 버튼은 음악과 공연의 중요성 또한 강조한다. "이번에 공연될 바로 그 버전의 악보를 확보하는 것 또한 자막 제작에 필수적이다." (버튼 2004: 8).

자막에 대한 메타텍스트적 내용(자막 슬라이드 구분, 음악과의 일치, 문장부호 준수 및 의미에 충실, 줄거리의 명확한 전달, 경제성, 자막 노출 시간, 투명성)에 대해 논하고 있는 위의 글들은 결국 자막의 거시구조의 여러 측면에 대해 언급하고 있는 것이며 본 논문의 후반부에서는 자막의 거시구조에 대해 고찰해 보고자 한다.

2.2. 거시 구조 (Macrostructure)

오페라 자막 분석을 위해 본 논문에서는 신타즈의 자막 분석 모델에 5개의 세부 분석 요소를 추가하여 만들어진 수정 모델을 사용하였다. 5개의 분석 요소는 다음과 같다.

① 대본의 나눔 및 배치, ② 자막 길이, ③ 노출 시간, ④ 문장 부호, ⑤ 화면 레이아웃.

본 분석에서는 4개의 자막 제작사/오페라 하우스가 – 캐나다의 써타이틀즈와 아리아 누오바, 미국의 크리스토퍼 베르겐 제작사(Christopher Bergen Production), 영국의 로열 오페라 하우스 (ROH)[11] - 제작한 스트라우스(R. Strauss)의 작품 살로메(Salomé)의 영어 자막을 예시로 사용하여 같은 도착어로 자막을 제작할 때 어떠한 번역 전략을 사용하는지에 따라 최종 제작된 자막이 어떻게 달라지는지를 조명하고, 이어 새로운 매체로 인해 발생한 제약요건 해소 방안을 살펴보고자 한다. 이때 주목할 점은 각 제작사의 번역 전략 선택이 언어적 근거를 토대로 이루어지기보다는 번역작업기준(투리, 1995)에 근거하여 정해진다는 것이다.

본 연구자는 이전 연구에서 살로메 영어 자막의 출발 텍스트로 사용된 라흐만(Lachmann)의 독일어 오페라 대본과 오페라의 원작인 와일드(O. Wilde)의 극 대본 솔로메에 대한 몇몇 자막 제작사의 총괄 번역 전략을 연구하였다. 본 연구에서는 번역에 일반적으로 적용되는 번역 지침 및 기술적 제약이 어떠한 형태로 특정 오페라 자막을 통해 보이는지를 조명하고자 한다. 이를 위해 전체 자막 중 오페라의 줄거리를 대표하면서(살로메가 요하난과 만나는 장면) 동시에 거시구조분석의 분석 대상이 되는 5가지 요소를 모두 보여줄 수 있는 분량을 분석 대상으로 선정하였다. 분석 대상으로 선정된 부분은 대본의 '살로메-그는 수척한 바와 같이!(Wie abgezehrt er ist!)'에서 '요하난 – '바빌론의 딸! 그녀를 통해 세상에 악이 왔으니(Zuruck Tochter Babylons! Durch das Weib kam das Ubel in die Welt)'까지 이다.

2.2.1 자막의 나눔 및 배열

분석 대상의 대본에 해당하는 자막의 슬라이드 수와 그에 포함된 텍스트를 살펴보면 자막 제작사마다 대본을 자막 슬라이드로 나누는 기준이 다소 다른 것으로 보인다. ROH는 해당 대본에 대해 34장의 자막을 제작하였으며 써타이틀즈는 28, 크리스토퍼 베르겐은 26장의 자막을 제작하였다. 각 자막은 텍스트가 한 줄만 들어간 몇 장을 제외하고는 두 줄의 텍스트로 구성되었었다.[12] 위 3개 제작사의 텍스트를 비교해보면(첨부의 예문을 참조) 다음과 같은 기준을 유추해낼 수 있다.

- ROH의 경우 의미를 고려하지 않은 것은 아니나 음악(빠르기, 악보 상의 단어, 악상분할(phrasing), 악보 끝마침(cadence) 등)에 주안점을 두어 자막을 나눈 것으로 보인다. 다른 인물의 대사가 한 자막에 들어가는 경우는 극히 드물지만 한 문장이 두 개의 자막으로 쪼개어지는 경우도 있다. 자막 간 구분을 위해 간혹 문장구조를 변형하기도 한다. 자막은 노래와 동시에 보이므로 공연을 통해 관객이 명백히 인지할 수 있는 감탄사나 호격(呼格)은 생략된다.
- 써타이틀즈사(社)는 텍스트의 선택과 배열에 있어 경제성의 원리, 자막의 기능(존재감을 드러내지 않으면서 줄거리를 전달) 및 내용을 주요 기준으로 삼은 것으로 보인다. 본 제작사의 경우 불리는 노래의 핵심 내용을 자막 읽는데 많은 시간을 들이지 않고도 전달하는 데 주안점을 둔 것으로 보인다. 따라서 두 문장이 하나로 합쳐지는 경우가 많으며 하나의 이미지가 두 자막에 걸쳐 전달되는 경우는 없다(비록 노래에서는 그럴지라도). 여러 인물의 대사가 한 자막에 들어가 있는 경우가 많고, 축약이 종종 사용되며, 문장은 상당히 짧은 특징을 보인다.
- 크리스토퍼 베르겐 사(社)의 경우 내용과 자막의 기능을 최우선 기준으로 하여 자막을 나눈 것으로 보인다. 자막 내의 일관성 및 논리적 흐름에 비해 음악은 그 중요도가 2순위로 보인다. 베르겐 사는 살로메라는 오페라 작품이 가지는 드라마적 요소의 중요성을 잘 인식하고 있는 듯하며, 인물간 대화는

빠짐없이 자막에 포함했다. 필요한 경우 문장을 합치거나 요약은 하되 중요한 뉘앙스가 빠지지 않도록 하였다.

2.2.2 자막의 길이

오페라 자막은 통상 두 줄로 이루어지며 한 줄당 평균 35~40자(띄어쓰기 및 문장부호 포함) 의 글자로 쓰였다. 각 제작사의 자막 길이를 분석한 결과는 다음과 같다.

- ROH의 경우 자막 한 줄에 들어가는 글자 수가 35자를 넘는 경우가 없었다. 오히려 그보다 훨씬 짧은 경우가 많았다. (12, 18, 20, 21, 19, 30, 34, …) 써타이틀즈사의 경우 글자 수가 편차를 보였으며(27, 22, 32, 19, 15, 38, 31, 7, 18, 28, …), 베르겐사(37, 23, 19, 35, 28, 21, 37, 26, 17, …)와 아리아 누오바사(34, 19, 27, 38, 35, 22, 31, 37)의 자막은 상대적으로 긴 편이었다.
- 자막 한 장당 글자 수는 한 줄당 글자 수와 비례했다. ROH의 자막당 글자 수가 가장 짧았는데(24, 48, 52, 37, 41, …), 이 점과 ROH의 자막 구분이 음악을 기준으로 한다는 점이 시사하는 바는 자막의 전체 슬라이드 수가 커진다는 것이다. 이는 관객이 스크린을 자주 봐야 함을 의미한다(이는 한편으로는 관객이 무대 위에서 연주되는 곡과 완전히 일치되는 자막을 읽게 됨을 의미하기도 한다). 써타이틀즈사는 자막 한 슬라이드 당 평균 43자를 썼으며(38, 49, 46, 38, 58, 34, …), 베르겐사는 평균 47자로(50, 42, 63, 58, 43, 26, …) 써타이틀즈사보다 조금 길었고, 아리아 누오바는 연구자가 가지고 있는 대본[13] 에서는 슬라이드 당 평균 52자(38, 53, 43, 53, 72, …)를 사용해 비교된 제작사 중 가장 글자 수가 많았다.

2.2.3 노출 시간

오페라 자막의 노출 시간은 앞서 살펴본 자막당 글자 수와 밀접한 관계를 맺나 음악의 빠르기에 의해 주로 결정되며 영화자막의 노출 시간

보다 상당히 큰 편차를 보인다. 오페라 자막에 나오는 글은 대화로 말해지는 것이 아니라 노래로 불리므로 자연스러운 속도로 불리어지지 않는다. 따라서 때로는 관객이 자막을 읽는 시간보다 더 오래 노출되어 있을 수도 있고 반대로 앙상블을 부를 경우 매우 빠른 속도로 자막이 바뀔 수 있다. 아리아 누오바사의 살로메 자막 중 일부를 살펴보면 위와 같은 특성이 고스란히 드러난다. 자막 각 장면이 보이는 시간을 초로 나타내면 12.5초짜리부터 07.8, 13.4, 11.5, 08.9, 09.2, 05.5 심지어는 16.0초가 있는 등 장면당 차이가 큰 것을 알 수 있다. 영화 자막에서 일반적으로 기준으로 삼는 6초의 법칙이 오페라 자막에서는 적용되지 않으며 통상 그 두 배 또는 그 이상의 시간 동안 자막이 노출된다.

아리아 누오바사의 사례를 통해 발견할 수 있는 또 다른 특이사항은 빈 자막이 사용되지 않는다는 것이다. 이는 베르겐사의 경우에도 해당되는데 ROH나 써타이틀즈사의 경우에는 반대로 빈 자막을 사용한다. 앞의 두 제작사와 같이 많은 자막 제작사는 노래보다 자막이 짧거나 반복되는 가사가 있는 경우 자막 사이에 빈 자막을 넣는다. 관객 입장에서는 이는 텍스트로부터 자유로워져 무대에 몰두할 수 있는 짧은 시간을 의미하므로 이를 대체로 반긴다. 또한, 아리아 누오바사나 베르겐사의 자막에 빈 자막에 포함되어 있지 않다고 해서 관객이 빈 자막을 못보는 것은 아니다. 영화 자막과는 달리 오페라 자막에서는 공연과 자막의 일치(synchronization)가 사전에 정해지지 않고 공연이 이루어지는 현장에서 이루어진다. 이는 음악과 노래의 리듬이 작품마다 또는 공연마다 달라지기 때문으로 노래가 너무 길어질 때 자막을 그대로 둘지 내릴지는 주로 감독이 결정한다.

오페라를 자막과 함께 감상하는 것이 어떨지 느껴보려면 아리아 누오바사의 자막 노출 시간을 참고하면 된다. 노출 시간을 보면 관객이 자막을 상당히 빠른 속도로 읽어야 하며 이런 빨리 읽는 습관에 익숙해져야 한다는 점을 알 수 있다. 그렇지 못할 경우 무대에서 이루어지는 공연의 상당 부분을 놓치게 될 것이기 때문이다. 본 논문에서 분석한 대본에 해당하는 곡의 연주 시간은 대략 3분 50초였는데 이에 해당하는 자막의 총 노출시간은 3분 05초에 달했다.

2.2.4 문장 부호

오페라 자막 제작에 있어 일률적으로 정해진 문장 부호는 없으며 보통 최대한 단순한 형태로 제작되긴 하나 본 분석 사례를 통해서도 알 수 있듯 제작사마다 자체 기준을 가지고 있으며 이 기준을 따른다. ROH는 모든 문장 부호를 사용하나 문장 끝에 마침표는 생략하는 일반 관행을 따른다. 문장이 다음 자막으로 연결되는 경우 점을 여럿 찍어 표시하며 한 자막에 여러 인물의 대사가 등장할 경우 줄표를 사용해 이를 구분한다. 반면 써타이틀즈사는 줄표나 느낌표를 사용하지 않는 등 매우 단순화된 문장 부호를 사용하나 문장 끝에 마침표는 찍는다. 아리아 누오바와 베르겐은 줄표와 문장 연결을 나타내는 점을 포함하여 모든 문장 부호를 사용한다. 베르겐사의 경우 문장 부호를 상당히 정교하게 사용하는 편이며 이는 요하난의 대사에 나오는 '인간의 아들(the Son of Man)'과 살로메와 다른 등장인물들의 대사에 나오는 '인간의 아들(the son of man)'이 가지는 의미 차이(대사가 이루어지는 시점에 살로메와 등장인물들이 예수님을 모르고 있음을 나타냄)를 대·소문자의 구분을 통해 표현했음을 통해 알 수 있다.

3.2.5 레이아웃

자막이 영사되는 극장의 스크린과 영사 시스템에 따라 자막의 양식에도 차이가 나타난다. 코벤트 가든에서 공연을 개최하는 ROH는 어두운 색 바탕 스크린에 흰색 글자로 자막을 쓰며 글자는 가운데 정렬시킨다(버튼, 2004: 3, 8). 캐나다 오페라 컴퍼니에서 공연하는 써타이틀즈사도 같은 형식을 이용한다. 반면 아리아 누오바와 베르겐의 경우 가운데 정렬을 사용하나 고객에 따라 자막 형식이 달라질 것이다(글자색은 흰색부터 빨강/노랑에 이르기까지 다양하며 글자체는 주로 에어리얼 (Arial)이나 헬베티카(Helvetica)체를 사용하고 글자는 가운데 정렬이나 왼편 정렬을 사용한다).

6. 결론

오페라 자막 제작은 출발 텍스트의 텍스트적 특성, 자막을 둘러싼 컨텍스트 및 수용에 영향을 미치는 요인, 번역 정책 및 기준, 기술적 제약 등 여러 가지 요인의 영향을 받는다. 자막 제작자가 채택한 번역기준은 대체로 서로 유사한 경우가 많으나 오페라 자막이라는 멀티미디어 텍스트로서의 특성 – 음악, 내용, 영사(映射), 문체 등이 하나로 융합됨-으로 인해 이들 여러 요소 간 우선순위를 어떻게 부여하느냐에 따라 또한 공간 및 시간 제약을 어떻게 해결하느냐에 따라 결과물로 나오는 자막의 도착어 텍스트는 같은 언어로 번역되어도 서로 다를 수 있다. 명료성, 내용, 투명성, 경제성 등 여러 기준 중 무엇을 선택하느냐에 따라 자막 구분이나 문장 부호의 사용에 차이를 가져오게 된다. 이러한 점들과 더불어 자막의 노출 시간 및 레이아웃은 불가피하게 관객의 수용에 영향을 미친다.

사실 오페라 자막의 존재 자체가 오페라에 대한 관객의 수용에 지대한 변화를 가져왔다. 이는 새로운 형태의 오페라 관람 방식을 가져왔으며 관객은 이제 과거에 비해 더욱 능동적으로, 노력을 기울이며 관람에 임하는 대신 더 풍성하고 즐거운 오페라 경험을 할 수 있게 되었다.

마지막으로 오페라 자막에 대한 연구는 번역 이론에서 사용되었던 몇 가지 개념을 높일 필요가 있음을 보여주며 멀티미디어 번역연구에 있어 기능 중심(Function-oriented)의 기술번역(Descriptive Translation) 연구 방법의 적용이 적합함을 보여준다.

미주

1. 오페라 자막의 사용이 '급속도로 퍼지게' 된 이유를 피터 로우(Peter Low)는 이해 가능성과 비용 이 두 가지 요인으로 설명한다(2002: 98-9). 자막에 대한 오페라 관객의 열정은 여러 가지를 통해 나타난다. 그중 하나는 오페라 극장이 자막에 대한 언급을 영수증, 브로슈어, 웹사이트 등을 통해 하고 있다는 것이며 또 다른 하나는 자막을 볼 수 있는 좌석과 그렇지 않은 좌석의 공연 티켓 가격에 차이가 난다는 점이다(마테오 2002: 66 참조). 또한, 오페라 관객 수의 증가가 자막 때문이라는 점에는 어느 정도 합의가 이루어진 상태이다. (디울프, 2001: 187, 마테오 2002: 66-67). 그러나 반대로 자막이 공연장에서의 관객 태도와 특정 국가의 공영 오페라 제작과 관련해서, 특히 번안된 가사로 불리는 오페라에는 부정적인 영향을 미친다는 의견도 있다. 에버렛 그린(Everette-Green)은 "자막 과다"라는 의미심장한 제목의 기사에서 이점에 대해 다음과 같이 개탄하고 있다 (2004: R3). "자막 사용이 오페라 문화에 너무 침투해 있어 번역된 가사로 부르는 번역 오페라가 이젠 희귀해 보이기까지 한다."

2. 각 방법이 가지는 장·단점에 대해서는 버튼의 2004년 연구와 마테오의 2002년 연구를 참고하시오.

3. 미국에서는 슈퍼타이틀(supertitle)이란 용어를 더 선호하는 것 같다.

4. www.glimmerglass.org/insights/diary/wk5/titles.htm

5. "La adaptacíon de los sobretítulos está realizada por un equipo especializado con larga experiencia profesional, que lleva haciéndolos desde la reinauguración del Real en la temporada 97-98"(마드리드 왕립 극장의 대외 관계 및 의전부).
   "Nosotros trabajamos con la traducción del texto íntegro del libretto (que incorporamos en el programa de mano), normalmente encargada a un equipo de traductores. A partir de ahí realizamos la adaptación para sobretitulado, teniendo especialmente en cuenta la música y las características de la producción concreta que se ofrece"(바르셀로나 리쎄우 대극장 자막 담당자와의 대화 중)

6. www.aria-nuova.com/commend.html

7. www.surtitles.com/praise.html

8. www.operanorth.org/Sonya.html

9. www.surtitles.com

10. "제가 하는 작업은 자막 제작용으로 번역이 아니라 "압축(CONDENSATION)"이라는 점을 강조하고 싶습니다." (군타 드레이펠즈와의 대화 중)

11. www.aria-nuova.com/transl.htm

12. ROH의 살로메 자막은 앞 장에 명시된 ROH의 자막작가가 아닌 피터 크레스(Peter Kreiss)에 의해 쓰였다.

13. 연구자가 가지고 있는 아리아 누오바사의 자막은 적은 분량이었으나 자막 수로는 그 부분에 해당하는 써타이틀즈사의 자막 수와 같았고, 베르겐사 보다는 많고 ROH 보다는 적었다.

부록

1. 대본 살로메. […] Ich möchte ihn näher beseh'n.
나라보트. Nein, nein, Prinzessin.
살로메. Ich muβ ihn näher beseh'n.

자막

ROH 825. 나는 그를 더 자세히 보고 싶어요
(I want to look at him more closely)
830.
835. 나는 그를 더 자세히 봐야겠어요
(I must look at him more closely)

써타이틀즈 11. 나는 그를 더 가까이 보고 싶어요. 안돼. 그래야겠어요.
(I'd like to see him closer. No, I must.)

베르겐 21. - 나는 그를 들여다보고 싶어요.
- 공주 안되오! - 꼭 그래야겠어요!
(-I want to gaze upon him.
- No, Princess! - I must!)

[이 부분에 해당하는 아리아 누오바사의 자막은 연구자가 확보하지 못하였음]

2. 대본 요하난 Tochter Sodoms.
Komm mir nicht nahe!
Vielmehr bedecke dein Gesicht
Mit einem Schleier,
Streue Asche auf deinen Kopf,
Mach dich auf in die Wüste
Und suche des Menschen Sohn!

살로메 Wer ist das, des Menschen Sohn?
Ist er so sochön wie du,
Jokanaan?

자막 ROH 920. 소돔의 딸이여!
내 곁으로 오지 마오
(Daughter of Sodom!

Do not come near me)

얼굴을 베일로 가리시오
머리에 재를 뿌리시오
(Cover your face with a veil
Scatter ashes upon your head)
사막으로 들어가서
인자(人子)를 찾으시오
(Go into the desert
And seek out the Son of Man)

그가 누구인가요,
인자(人子)라니요?
(who is he,
the Son of Man?)

그가 당신만큼 아름다운가요?
그런가요 요하난?
(Is he as beautiful
As you, Jokanaan?)

써타이틀즈

122. 소돔의 딸이여,
내곁에 오지 마오.
(Daughter of Sodom,
don't come near me.)
123. 얼굴을 가리고, 재를
머리에 뿌리시오.
(Cover your face, and scatter
ashes on your head.)
124. 사막으로 가서
인자(人子)를 찾으시오.
125. 그것이 누구인가요?
126. 그가 당신만큼 아름다운가요?

		(Is he as beautiful as you?)
베르겐	31.	소돔의 딸이여, 오지말라 내 곁으로! (Daughter of Sodom, approach me not!)
	32.	베일을 쓰고 재를 몸에 바르시오, 그리고 사막으로 가시오. (Wear a veil and cover yourself with ashes, and go to the dessert.)
	33.	거기서 인자(人子)를 찾으시오. (Seek there the Son of Man.)
	34.	인자가 누구인가요? 그가 당신만큼 아름다운가요, 요하난? (Who is this son of man? Is he as beautiful as you, Jakanaan?)
아리아 누오바	116.	소돔이 딸이여, 내 곁에 다가오지 마시오! 그대 얼굴을 베일로 가리고… (Daughter of Sodom, don't come near me! Cover your face with a veil…)
	117.	머리에 재를 뿌리고, 사막으로 가시오… (scatter ashes on your head, go to dessert…)
	118.	거기서 인자(人子)를 찾으시오. (…and search for the Son of Man.)
	119.	그가 누구인가요, 인자(人子)라는 사람이? (Who is he, this Son of Man?)
	120.	그가 당신만큼 아름다운가요, 요하난? (Is he as beautiful as you, Jokannan?)

참고문헌

텍스트

Strauss, Richard. Salome.

- libretto: http://www.weblaopera.com
- CD recording: Sony Classical, Berliner Philarmoniker, Zubin Mehta, 1991.
- Surtitles form:
    - Aria Nuova, Canada
    - Christopher Bergen Productions, EEUU.
    - Royal Opera House, Covent Garden, London.
    - SURTITLES™, Camadian Opera House, Toronto.

웹페이지

http://www.aria-nuova.com
http://www.glimmerglass.org
http://operanorth.org
http://www.surtitles.com
http://www.teatro-real.com

2차적 출처

1. Apter, Ronnie. 1985. "A Peculia Burden: Some Technical Problems of Translating Opera for Performance in English". *META* 30/4:309-319

2. Assis Rosa, Alexandra. 2001. "Features of Oral and Written Communication in Subtitling". In *(Mult)media translation. Concepts, Practices, and Reseach*, Y. Gambier and H. Gottlieb (eds), 213-221. Amsterdam & Philadelphia: John Benjamins.

3. Bonwit, Stuart. 1998. "Mac at the Opera". *Washington Apple Pi Journal* May/June 1998:30-37.

4. Burton, Jonathon. 2004. "The Joy of Opera: the Art and Craft of Subtitling and Surtitling". Paper presented at *In so many words. Language transfer on the screen.*London, 6-7 February 2004.

5. Dewolf, Linda. 2001. "Surtitling Operas. With Examples of Translations from German into French and Dutch". In *(Multi)media translation. Concepts, Practices, and Research*,Y. Gambier and H. Gottlieb (eds), 179-188. Amsterdam & Philadelphia: John Benjamins.

6. Díaz Cintas, Jorge. 2003. *Teoría y práctica de la subtitulación. Inglés – Español.* Barcelona: Ariel.

7. Everett-Green, Robert. 2004. "A Surfeit of Surtitles". *The Globe and Mail – Canada.*Monday, January 5, 2004, page R3.

8. Gambier, Yves ad Gottlieb, Henrik (eds). 2001. *(Multi)media translation. Concepts, Practices, and Research.*Amsterdam & Philadelphia: John Benjamins.

9. Glick, Rovert M. 1987. "The (Translated) Sound of Music". In *Across the Language Gap*, K. Kummer (ed.), 221-226. Medford, N.J.: Learned Information Inc.

10. Lambert, José. 1995. "Literary Translation. Research update".In *La traducció literària*, J. Marco Borillo (ed.), 19-42. Castelló de la Plana: Universitat Jaume I.

11. Lambert, José and Van Gorp, Hendrick. 1985. "On Describing Translations". In *The Manipulation of Literature*, Th. Hermans (ed.), 42-53. London & Sidney: Croom Helm.

12. Low, Peter. 2002. "Surtitles for Opera. A Specialised Translating Task". *Babel* 48, 2: 97-110.

13. Mateo, Marta. 1994. "El nivel fonológico del lenguaje en el proceso de

traducción". In *La traducción de lo ineffable*, A. Bueno García et al. (eds), 75-89. Soria: Depto. De publicaciones del Colegio Universitario de Soria.

14. Mateo, Marta. 2002. "Los sobretítulos de opera: dimension técnia. Textual, social e ideological" In *Traductores para todo.Actas de las III Jornadas de doblaje y subtitulación*, J. Sanderson (ed.), 51-73. Alicante: Universidad de Alicante.

15. Mateo, Marta. 2004. "La traducción de Salomépara distintos públicos y escenarios". In *Travases Culturales: Literatura / Cine / Traducción*, R. Merino et al. (eds), 225-242. Victoria: Universidad del País Vasco.

16. Rubiera Fernández, Javier 1993. *Entre la opera y el teatro Noh: hacia una estética comparada de la representación dramático-musical*. Unpublished PhD, Universidad de Oviedo: Departamento de Filología Española.

17. Toury, Gideon. 1995. *Descriptive Translation Studies and beyond*. Amsterdam Philadelphia: John Benjamins.

무엇이 통역사 노트테이킹의 효율성을 높이는가?

순차통역 노트 중 효율성에 영향을 미치는 요인들

헬 V. 담Helle V. Dam
오르후스 경영대학원Aarhus School of Business, 덴마크

본 연구는 통역사의 순차통역 노트에 있어 효율성에 영향을 미치는 요소를 파악하기 위해 세 가지 가설을 시험한다. 본 논문에서는 효율성에 영향을 미치는 요소를 우수한 품질의 도착 텍스트와 높은 상관관계를 가지는 고효율 요소와 열악한 품질의 도착 텍스트와 높은 상관관계를 보이는 저효율 요소로 구분하여 정의하였다. 본 연구 착수 전에 수행된 파일럿 테스트를 통해 도출된 가정은 아래와 같다: ① 노트량이 많을수록 도착 텍스트의 품질은 높다, ② 약어(abbreviation)를 많이 사용할수록 도착 텍스트의 품질은 높다, ③ 노트가 출발어로 쓰일수록(도착어로 쓰인 부분이 적을수록) 도착 텍스트의 품질은 높다. 본 연구에서는 스페인어에서 덴마크어로 통역을 수행한 5명 통역사의 노트와 도착 텍스트를 데이터로 하여 위의 가설을 검증하였다.

KEYWORDS

순차 통역(consecutive interpreting), 노트테이킹 (note-taking), 도착 텍스트 품질(target-text quality), 노트 효율성(note efficiency), 정확도(accuracy)

1. 개요

본 논문은 오르후스 비즈니스 스쿨의 앵베르그(Engberg) 교수와 공동으로 진행하는 순차 통역사의 노트테이킹에 관한 장기 연구 프로젝트의 목적으로 이루어졌다. 본 연구 프로젝트의 목적은 순차 통역에 있어 노트테이킹의 역할, 특히 통역사의 노트 중 어떠한 요소가 도착 텍스트 품질에 영향을 미치는지를 규명하는 데 있으며 이는 다시 말해 통역사 노트에서의 저효율 및 고효율 요소를 구분하는 데 있다.

이 연구 주제와 관련하여 2편의 논문이 이미 발표되었으며 본 논문은 그 뒤를 이은 세 번째 논문이다. 첫 논문(담 외, 2005)에서는 파일럿 단계에서 이루어진 도착 텍스트의 품질을 평가하는 방법 및 틀에 대한 연구 내용을 담고 있다. 이때 연구진은 도착 텍스트의 품질 평가와 함께 소량의 통역사 노트를 분석하여 통역사 노트에서 고효율 요소와 저효율 요소에 대한 초기 가설을 수립하였다.

이어 두 번째 논문에서는(담과 앵베르그, 2006) 도착 텍스트에 대한 품질 평가 방법에 대한 그동안의 연구 결과를 보고하며 다면적 특성을 가지는 통역사의 노트에서 품질을 평가하는데 가장 핵심적인 기준이 되는 것은 "정확도"임을 제시하였다. 이는 노트테이킹의 목적이 결국은 출발 텍스트의 의미를 정확히 도착 텍스트로 전환하기 위한 것이란 점에 근거하여 내려진 결론이었다. 이에 연구진은 도착 텍스트의 품질을 나타내는 지표로 도착 텍스트의 정확도를 사용하기로 하였고 따라서 노트의 효율성 또한 정확도를 기준으로 평가하였다.

품질 평가 및 정확도에 대한 보다 구체적인 내용은 이전 논문에 상세히 기술되어 있으므로 그에 대한 자세한 논의는 본 논문에서는 다루지 않기로 한다. 본 논문의 주요 내용은 파일럿 스터디를 통해 수립된 통역사 노트 효율성에 영향을 미치는 요소에 대한 초기 가설을 검증하는 데 있다. 따라서 이 논문에서는 가설 검증을 위해 시행된 일련의 분석 결과를 제시하고자 한다. 본 이 논문 2장에서는 초기 가설을 설명하고 3장에서는 분석에 사용된 데이터를 제시한다. 4장은 분석 내용, 5장은 분석 결과, 6장은 논의와 결론을 담고 있다.

2. 가설

앞서 설명한 바와 같이 이 논문을 통해 검증하고자 하는 가설은 통역사 노트의 효율성에 대한 소규모 파일럿 연구를 통해 수립되었다. 파일럿 연구에서는 두 편의 통역 노트 발췌본을 분석하였다. 두 편의 통역 노트 발췌본은 같은 통역사가 작성한 것으로 하나는 정확도가 매우 높게 평가된 도착 텍스트를 생산하는 과정에서 기록된 노트에서 추출하였고 다른 하나는 정확도가 매우 낮게 평가된 도착어 텍스트를 생산하는 과정에서 기록된 노트에서 추출하였다. 두 통역 노트 발췌본은 탐구적(exploratory) 분석 방법에 근거하여 두 노트 간의 차이점을 찾는데 주안점을 두고 분석되었으며, 정확도가 높은 도착 텍스트와 높은 상관관계를 보이는 노트 내의 특성과 정확도가 낮은 도착 텍스트와 높은 상관관계를 보이는 노트 내의 특성을 찾아내는 것을 목표로 하였다. 이 실험적 분석을 통해 얻은 결과는 다음과 같다.

(1) 노트의 양과 도착 텍스트 품질과의 관계: 노트의 양과 도착 텍스트의 정확도 사이에는 양의 상관관계가 성립하였다. 즉, 노트의 양이 많을수록 도착 텍스트의 정확도가 높았고, 노트의 양이 적을수록 도착 텍스트의 정확도가 낮았다.

(2) 노트의 형식과 도착 텍스트 품질과의 관계: 노트에 약어가 많을수록 도착 텍스트의 정확도가 높았으며, 노트에 약어가 적을수록 도착 텍스트의 정확도가 낮았다.

(3) 노트에 사용된 언어와 도착 텍스트와의 관계: 출발어로 쓰인 노트가 많을수록/도착어로 쓰인 노트가 적을수록 도착 텍스트의 정확도가 높았고, 출발어로 쓰인 노트가 적고/도착어로 쓰인 노트가 많을수록 텍스트의 정확도가 낮았다. 그 외에 발견된 상관관계는 없었다.

위 분석을 통해 얻은 상관관계를 통해 연구진은 다음 3가지 가설[1]을 수립하였다.

1. 노트의 양이 많을수록 도착텍스트의 품질은 높다.
2. 약어가 많을수록 도착텍스트의 품질은 높다.
3. 출발어로 쓰인 노트가 많을수록/도착어로 쓰인 노트가 적을수록 도착텍스트의 품질은 높다.

위 세 가지 가설과 관련하여 기존 이론 및 현 통역학계의 시각과의 연관성(interrelalation), 개연성(plausibility), 견해차 등 보다 자세한 내용은 담 외(2005)의 연구를 참고하시오(가설에 대한 보다 축약된 논의는 이 논문 6장을 참고하시오.).

3. 데이터

위의 가설 검증에 사용될 데이터는 스페인어에서 덴마크어로 이루어진 모의 통역 코퍼스 자료에서 추출되었다. 본 코퍼스의 구성은 다음과 같다. ① 출발 텍스트로 사용된 스페인어 연설문(ST), ② ①의 스페인어 연설문을 덴마크어로 순차 통역한 5건의 통역내용(TT), ③ ②의 순차통역 과정에서 작성된 5건의 통역사 노트. 출발어 연설은 스페인어를 모국어로 사용하는 연사에 의해 전달되었으며, 도착어 텍스트와 통역사 노트는 경력이 비슷한 다섯 명의 전문 통역사에 의해 통역/작성되었다. 다섯 통역사의 A언어는 덴마크어였고 스페인어는 이들의 B 또는 C언어였다. 출발어 연설문은 본 데이터 수집 당시 많은 이들에 의해 논의되었던 마약 정책에 대한 논증적(argumentative) 연설문이었다. 이는 5명의 통역사 모두에게 익숙한 주제로 통역사들에게는 본 주제에 대한 준비 시간이 사전에 주어졌다. 통역 주제에 대한 친숙도는 5명 통역사 모두 높은 편이었다.

모의 통역 과정에서 이루어진 출발어 텍스트와 도착어 텍스트는 모두 녹음된 후 다시 전사(transcribe)되었다. 분석을 위해 총 1,092개의 단어로 이루어진 출발 텍스트는 의미 단위의 16개의 소(小)문단으로 나뉘어졌다. 이렇게 나누어진 소문단의 평균 단어 수는 68.25였다. 출발 텍스트의 소문단에 맞추어 5개의 도착 텍스트도 각각 16개의 소문단으로 나누어졌고, 5개의 통역사 노트 역시 16개의 소문단으로 나뉘어졌다. 분석 자료는 총 16개의 출발 텍스트 소문단, 80개의 도착 텍스트 소문단과 그에 상응하는 80개의 노트 단위로 이루어졌다.

4. 분석

앞서 기술한 바와 같이 장기 연구 프로젝트의 목적으로 연구진은 두 가지의 분석작업을 수행하였다. 그 첫째는 도착 텍스트의 정확도를 평가하기 위해 출발 텍스트와 도착 텍스트를 비교/대조하는 분석이고, 두 번째는 도착 텍스트 생성과정에 작성된 통역 노트를 분석하여 노트 내의 특정 요소가 도착 텍스트의 정확도와 연관이 있는지를 찾아내는 작업이었다.

4.1 도착 텍스트의 정확도 분석

담과 앵베르그(2006)에 상세히 기술된 바와 같이 출발어-도착어 텍스트 비교분석은 두 가지 유형의 분석으로 이루어졌다. 하나는 언어 네트워크 분석(semantic network analysis)이고 다른 하나는 직관적(intuitive)분석이다. 직관적 분석은 다수의 평가자가 독립적으로 도착 텍스트를 출발 텍스트와 비교하여 그 정확도를 판단하는 분석 방법이다. 도착 텍스트의 정확도를 두 가지 방법을 통해 이중으로 분석한 이유는 각 분석 방법을 통해 도출된 결과를 상호 비교해 봄으로써 각 분석 방법이 텍스트의 정확도를 분석하는 분석 기법으로 타당성을 가지는지를 검증하기 위해서였다. 이중 분석을 통해 얻은 중요한 결론 중 하나는 두 가지 분석 방법을 통해 얻은 결과가 매우 높은 일치도를 보임으로써 각 분석방법이 분석 기법으로서의 타당성을 가진다는 것이다. 두 가지 분석법에 대한 보다 자세한 논의는 다른 논문에 기재되어 있으므로 이 논문에서는 다루지 않도록 하겠다. 다만 이 논문에서는 두 번째 분석기법인 직관적 분석에 대해 간략히 설명하겠는데 이는 뒤에 나오는 통역 노트에 대한 분석의 출발점이 되는 분석기법이다.

도착 텍스트의 정확도를 평가하는 직관적 분석은 독립 평가자 집단에 의해 이루어졌다. 독립 평가자 집단은 아르허스 비즈니스 스쿨의 통역 전공 학생 7명으로 평가는 기말고사 3주 전에 이루어졌으며 이는 학생들이 평가 시 통역 기준, 전략 및 정확도의 개념에 대해 숙지하고 있었음을 의미한다. 평가자는 출발 텍스트와 도착 텍스트를 글로 옮긴 전사문(transcription)을 비교함으로써 도착 텍스트의 정확도를 평가하였다. 이 논문 3장에 기술된 바와 같이 전사문은 16개의 소문단으로 나뉘어졌으며 각 평가자는 16개의 각 소문단과 그에 상응하는 도착 텍스트[2] (총 80소문단)를 의미의 정확도 측면에서 평가하였다. 가일(Gile, 1999) 등이 제시한 방법에 따라 각 소문단은 1-5(1은 '정확도 매우 낮음', 5는 '정확도 매우 높음')의 등급으로 평가되었다. (본 분석과 그 결과에 대한 자세한 논의 및 내용은 담과 앵베르그 2006을 참고하시오.)

이 두 가지 유형의 평가를 통해 각 도착 텍스트에 나타나는 정확도의 차이를 규정할 수 있었으며 이는 다음 단계 분석에, 즉 통역 노트 분석, 출발점이 되었다.

4.2 통역 노트 분석

이 논문 제2장에 제시된 가설을 검증하기 위해 수행된 통역 노트 분석은 각기 다른 기준과 방식으로 이루어진 두 종류의 하위분석을 통해 이루어졌다. 그 첫 번째 방식은 전체 분석 대상 코퍼스 중 어느 통역사가 수행한 통역이냐에 상관없이 정확도 평가에서 가장 높은 점수와 가장 낮은 점수를 받은 도착 텍스트 소문단을 찾아 그에 상응하는 통역 노트를 분석하는 방법으로 이루어졌다. 여기서 분석 대상이 된 텍스트 소문단은 7명의 독립 평가자가 수행한 정확도 평가에서 ① 33점 이상 또는 ② 13점 이하를 얻은 소문단이다. 33점 이상은 정확도가 매우 높은것으로 13점 이하는 정확도가 매우 낮은 것으로 인식되었다. (각 소문단은 1-5로 평가되었고, 각 소문단을 7명의 평가자가 평가하였으므로 각 소문단이 받을 수 있는 최고 점수는 35, 최저 점수는 7점이다.) 이 기준에 의해 분류한 소문단은 정확도가 매우 높은 소문단이 7개, 정확도가 매우 낮은 소문단이 8개였다. 정확도 평가에서 각 등급 간에 포함된 소문단 수는 비슷했다. 그 후 정확도가 매우 높은 소문단과 매우 낮은 소문단에 상응하는 통역 노트를 비교/분석하여 세 가지 요소, 즉 노트의 양, 노트의 형태, 노트에 사용된 언어, 에 있어 두 그룹 간 차이가 나는지를 조사하였다.

그러나 분석 과정 중 상기 기준에 의한 분류에 치우침 현상(bias)이 발견되었다. 정확도 매우 높음으로 분류된 7편의 소문단이 피실험자인 5명의 통역사 중 2명의 통역사(피실험자 3번과 4번)의 것으로 나타났으며, 정확도 매우 낮음으로 분류된 8편의 소문단도 두 명의 통역사(피실험자 1과 5)에 집중된 것으로 나타났다. 따라서 의도한 바는 아니나 첫 하위 분석은 각 그룹 간 두 명의 통역사 간의 통역을 비교하는 결과가 되어 상호주관성(intersubjectivity)이 상당히 높아지는 결과가 발생하였다(아래 5.1장을 참고하시오). 데이터의 이러한 치우침 현상은 데이터의 분석을 통해 본 연구에서 알아내고자 했던 독립변수와 종속변수(도착 텍스트 정확도와 노트테이킹 효율성) 간의 관계로 인한 노트테이킹의 차이보다는 두 통역사간의 개인적 선호도나 능력의 차이에서 오는 노트테이킹의 차이를 들어낼 우려가 있었다.

따라서 위의 첫 번째 분석에서 오는 상호주관성 문제를 보완하기 위해 각 개인의 성과를 주 분석대상으로 하는 개체주관적(intrasubjective) 분석을 시행하기로 하였다. 이를 위해 각 피실험자의 16편의 노트 소문단 중 정확도 점수가 가장 높은 3편과 정확도 점수가 가장 낮은 3편을 선정한 후 이 6편의 노트를 비교/분석하였다.

통역사 개인의 선호도에 의해 분석결과가 영향을 받는 점에서는 개체 내 분석이 개체 간 분석보다 이점이 있으나 개체 내 분석도 그 나름의 문제점을 가진다. 바로 분류 기준이 상대적임으로써 발생할 수 있는 문제점인데 예를 들어 특정 통역사의 정확도가 낮은 노트가 다른 통역사의 정확도가 높은 노트보다 실제로는 정확도가 높을 수 있다는 - 또는 그 반대의 경우도 성립하는 - 점이다. 따라서 개체 간 분석과 개체 내 분석 둘 다 각각의 문제점을 안고 있으나 아래 결과를 통해 알 수 있듯이 두 분석 기법을 함께 사용함으로써 각각의 문제점을 보완할 수 있었다.

5. 결과

연구 결과는 위에 제시된 세 가지 가설에 대해 하나씩 순서대로 5.1, 5.2, 5.3에 제시하고자 한다. 각 가설은 개체 간 분석과 개체 내 분석 두 가지 분석 기법을 통하여 검증되었다.

5.1 제1가설: 노트의 양

이 논문 제2장에 기술한 바와 같이 제1가설은 다음과 같다. "노트의 양이 많을수록 도착텍스트의 품질이 높다." 이 가설은 노트의 양과 도착 텍스트의 품질 사이에 어떠한 관계가 있음을 상정한다.

위의 가정을 검증하기 위해 높은 정확도를 기록한 도착 텍스트에 해당되는 노트의 양 – 노트 한 단위에 상응하는 출발어 단어 수로 측정 – 과 낮은 정확도를 기록한 도착 텍스트에 해당하는 노트의 양을 비교하였다.

전체 코퍼스를 대상으로 가장 정확도가 높은 노트와 가장 정확도가 낮은 노트를 분석한 개체간 분석의 결과는 아래 표 1과 같다.

표 1. 노트 품질에 대한 개체간 분석: 코퍼스 내 가장 정확하고(7개) 가장 부정확한 (8개) TT 노트당 출발어 단어 수

가장 정확한 TT-문단	2-1	3-2	3-3	3-13	4-2	4-8	4-15		평균
노트당 ST-단어수	1.73	3.27	4.33	2.79	2.45	4.04	3.05		3.09
가장 부정확한 TT-문단	1-7	1-8	1-12	2-9	5-3	5-7	5-11	5-15	평균
노트당 ST-단어수	3.67	4.22	3.54	3.83	6.50	5.50	7.18	5.33	4.97

분석 결과를 논의하기에 앞서 표 1에 대한 설명을 먼저 하는 것이 필요할 것으로 보인다. 표 1을 보면 도착 텍스트(TT) 소문단 번호가 하이픈으로 연결된 두 개의 숫자로 표시되어 있다. 이 두 숫자 중 하이픈의 왼편에 있는 것은 도착 텍스트를 통역한 통역사를 나타내고(피실험자 1, 2, 3, 4, 5), 하이픈의 오른편에 있는 숫자는 전체 1-16까지로 나뉘어진 TT 문단의 번호를 나타낸다. 이에 따라 표 1을 다시 보면 정확도가 높은 7편의 소문단 중 3개가 피실험자 3이 수행한 통역이고, 다른 3개가 피실험자 4가 수행한 통역이란 것을 알 수 있다. 또한, 정확도가 가장 낮은 8편의 소문단 중 3편이 피실험자 1이 수행한 통역이고 다른 4편은 피실험자 5가 수행한 통역임을 알 수 있다. 5명의 피실험자 중 피실험자 2단 한 명만이 정확도가 높은 소문단과 낮은 소문단 두 그룹에 해당되는 통역을 수행했음을 알 수 있다. 따라서 의도했던 바는 아니나 본 개체간 분석에서는 도착 텍스트의 정확도에 영향을 미치는 노트의 특성이 아닌 통역사 개인의 선호도와 관련된 노트 상의 특징이 분석 결과로 도출될 수 있는 상호주관성 리스크가 존재한다.

분석 결과를 보면 노트의 양이 많을수록 정확도가 높은 통역과 상관관계가 형성되는 경향을 볼 수 있다. 반면 노트의 양이 적은 경우 정확도가 낮은 통역과 상관관계가 성립한다. 표의 가장 오른쪽 열을 보면 정확도가 가장 높은 TT 소문단은 한 노트 단위가 3.09개의 출발어 단어와 상응하는 데 비해 정확도가 가장 낮은 TT 소문단은 한 노트 단위가 4.97단어와 상응하여, 정확도가 높은 경우보다 한 노트당 60%나

많은 출발어 단어와 대응됨을 보여준다. (노트 양을 표시하는 지표로 노트 한 단위당 이에 상응하는 출발어 단어 수를 사용하였으므로, (출발어 단어) 숫자가 높은 것은 노트 양이 적다는 것을 의미하며, 숫자가 낮은 것은 노트 양이 많음을 의미함.)

또한 통역사 개인별 내용을 보더라도 일반적으로 노트 양이 적은 경우(표에 표시된 숫자가 큰 경우) 정확도가 낮은 TT 소문단에 분류된 경우가 많고(예-노트 한 단위당 출발어 7.18단어), 반대로 노트 양이 많은 경우(숫자가 적은 경우) 정확도가 높은 TT 소문단에 분류된 경우가 많음을 볼 수 있다. (예-노트 한 단위당 출발어 1.73단어) 일반적으로는 이러한 경향을 보이기는 하나 예외도 존재한다. 예를 들어 TT 3-3은 정확도가 매우 높은 문단으로 분류되었는데 이에 사용된 노트 양은 정확도가 매우 낮은 문단으로 분류된 1-12에 사용된 노트 양보다 적은 것을 볼 수 있다. 따라서 개체 간 분석만을 통해서는 현상이 분명히 드러나지는 않는다.

이렇듯 상호의존성이 큰 분석기법을 보완하기 위해 그다음 단계로 개인의 선호도로 인한 영향이 제거된 개체 내 분석을 시행하였다. 개체 내 분석에서는 각 통역사의 성과물 내에서 도착 텍스트의 정확도와 노트 양 간의 관계를 분석한다. 분석 결과는 아래 표2와 같다.

표 2. 노트 품질에 대한 개체 내 분석: 5명 통역사 각각의 가장 정확하고(3개) 가장 부정확한(3개) TT노트의 출발어 단어 수

참가자 / 노트당 ST-단어 수	1	2	3	4	5
가장 정확한 TT-문단	2.74	2.45	3.46	3.18	3.04
가장 부정확한 TT-문단	3.81	4.77	4.98	4.71	6.00

표2의 개체 내 분석 결과를 보면 개체 간 분석을 통해 드러난 경향이 보다 뚜렷이 드러난다. 피실험자인 5명의 통역사 모두 자신이 수행

한 통역 중 정확도가 가장 높은 3편의 소문단에 사용된 노트의 양이 정확도가 가장 낮은 3편의 소문단에 사용된 노트의 양보다 많다. 이는 노트의 양이 많은 것과 높은 정확도 간 또 노트의 양이 적을 것과 낮은 정확도 간에 뚜렷한 상관관계가 있음을 보여준다.

전체적으로 노트의 양과 도착 텍스트의 정확도 간에는 뚜렷한 상관관계가 있음이 드러나지만, 한편으로는 같은 품질로 분류된 도착 텍스트를 만드는 데 사용된 노트의 양이 통역사마다 차이를 보이는 점은 흥미롭다.(정확도가 높은 도착 텍스트의 경우 노트 단위당 출발어 단어수가 2.45에서 3.46까지 차이를 보이며, 정확도가 낮은 도착 텍스트의 경우 단어수가 3.81에서 6.00까지 편차를 보임) 전체 통역사에 대해 노트 양과 도착 텍스트 품질 간의 상관관계가 성립되는 것이 통역사 개인차를 넘어서는 전반적인 성향을 보여준다면 통역사 간 보이는 이러한 차이는 통역사 개인별로 노트테이킹 스타일이나 선호도에 차이가 있음을 보여준다. (이에 대한 논의는 5.2로 이어짐)

결론적으로 개체 간 분석과 개체 내 분석 두 분석 결과를 종합해볼 때 노트의 양과 도착 텍스트의 품질 간에 특정한 관계가 있다는 가설은 성립하며, 보다 구체적으로 '노트의 양이 많을수록/작을수록 도착 텍스트의 품질이 높다/낮다'는 본 연구 가설은 성립된다.

5.2 제2가설: 노트 형식

'노트에 약어가 많을수록/적을수록 도착 텍스트의 품질이 높다/낮다'는 가설은 노트의 형식과 도착 텍스트의 품질 간에 어떠한 관계가 존재함을 상정한다.

본 가설을 검증하기 위해 정확도가 높은 도착 텍스트에 사용된 노트에 포함된 약어와 비약어(full word) 간 비율을 산출한 후 이를 정확도가 낮은 도착 텍스트에 사용된 노트의 약어와 비약어 비율과 비교하였다.

개체간 분석 결과는 표 3과 같다. 노트 형식에 대한 분석에서는 표에 나타난 약어와 비약어 외에도 세 번째 카테고리로 '기호'를 분류하였다. 이 세 번째 카테고리에 대한 분석 결과는 이 논문에서 검증하고자 하는 가설과는 연관성이 없어 본 표에는 포함하지 않고 첫 두 카테고리인 약어와 비약어[3]에 대한 결과만 표에 보고되어 있다. 비교 대상이 된 노트마다 전체 길이가 달라 비교가 쉽도록 약어와 비약어의 개수가 아닌 비율로 분석 결과를 표시하였다. 약어와 비약어의 비율 합이 100이 안 되는 이유는 기호가 차지하는 비율이 빠져있기 때문이다.

표 3에서 보는 바와 같이 정확도가 높은 도착 텍스트와 높은 약어/낮은 비약어 비율과는 비교적 안정적인 상관관계가 성립되어 있다. 마찬가지로 정확도가 낮은 도착 텍스트와 낮은 약어/높은 비약어 비율 간에도 뚜렷한 상관관계가 성립되어 있음을 알 수 있다. 표의 가장 오른쪽 열에 표기된 두 그룹 간 평균을 살펴보면, 가장 높은 정확도의 도착 텍스트의 경우 비약어에 비해 약어 비율이 높은 노트가 통역에 사용되었고(25%대 40%), 가장 낮은 정확도의 도착 텍스트는 비약어에 비해 약어 비율이 낮은 노트가 통역에 사용되었음을 (44%대 13%) 볼 수 있다.

표 3. 노트 형태에 대한 개체 간 분석: 코퍼스 내 가장 정확하고(7개) 가장 부정확한 (8개) TT노트의 비약어-약어 비율

가장 정확한 TT-문단	2-1	3-2	3-3	3-13	4-2	4-8	4-15		평균
비약어	27%	27%	52%	26%	10%	7%	24%		25%
약어	47%	60%	38%	18%	35%	44%	38%		40%
가장 부정확한 TT-문단	1-7	1-8	1-12	2-9	5-3	5-7	5-11	5-15	평균
비약어	25%	43%	54%	33%	50%	63%	45%	42%	44%
약어	25%	17%	-	-	21%	-	27%	17%	13%

전체 통역사의 도착 텍스트 정확도와 노트 형식 사이에서 발견되는 위와 같은 상관관계는 각 개인의 도착 텍스트와 노트 사이에서도 유사하게 적용된다. 이러한 상관관계가 적용되지 않는 유일한 예외 사례는

소문단 3-3과 3-13에 사용된 노트에서만 발견된다. 둘 다 정확도가 매우 높은 소문단임에도 노트에는 비약어 비율이 약어 비율보다 높게 나와있다(표 3 참조). 여기서 눈여겨 볼만한 점은 위의 두 가지 예외 사례가 같은 통역사(피실험자 3번)의 텍스트와 노트라는 점이다. 이것이 시사하는 바는 위의 예외가 개인의 노트테이킹 선호도-이 경우 약어보다 비약어를 선호하는-를 반영하는 것일 수 있다는 점이다. 아래 객체간 분석 결과를 보면 이점이 더욱 명확히 드러나는데, 피실험자 3은 확실히 노트테이킹에서 약어보다 비약어 사용을 많이 하는 진정한 '언어의 통역사'임이 드러나지만 그럼에도 불구하고 비약어보다 약어를 많이 사용한 노트를 통해 더 정확한 통역이 나왔음을 볼 수 있다. 개체내 분석 결과는 아래 표 4와 같다.

표 4. 노트 형태에 대한 개체 내 분석: 5명 통역사의 가장 정확하고(3개) 가장 부정확한(3개) TT노트의 비약어-약어

	참가자 1	참가자 2	참가자 3	참가자 4	참가자 5
비약어					
가장 정확	30%	22%	35%	14%	15%
가장 부정확	41%	31%	54%	24%	50%
약어					
가장 정확	28%	33%	39%	39%	48%
가장 부정확	14%	16%	20%	35%	15%

표 4를 통해 알 수 있듯이 피실험자 3번의 노트를 보면 자신이 한 통역 중 정확도가 가장 높은 통역에 사용된 노트에는 비약어가 35% 포함되어 있으나 정확도가 가장 낮은 통역에 사용된 노트에는 비약어 비율이 54%에 이른다. 약어의 경우, 가장 정확도가 높은 통역의 노트에서는 39%를 차지하나 정확도가 가장 낮은 통역의 노트에서는 20% 밖에 차지하지 않음을 볼 수 있다.

위와 같은 현상은 다른 네 명의 통역사의 경우에서도 같게 볼 수 있다. 각자 가장 정확도가 높은 통역에 사용된 노트에는 약어 비율이 높고 가장 정확도가 낮은 통역에 사용된 노트는 비약어 비율이 높았다. 이를 통해 보이는 교차 상관관계는 뚜렷하다. 즉, 도착 텍스트의 정확도는 비약어가 적을수록 약어가 많을수록 높아지며 반대로 비약어가 많을수록 약어가 적을수록 낮아진다.

결론적으로 개체 간 분석과 개체 내 분석 두 분석 결과를 종합해볼 때 노트의 형식과 도착 텍스트의 품질 간에 특정한 관계가 있다는 가설은 성립하며, 보다 구체적으로 '노트의 약어가 많을수록 비약어가 적을수록 도착 텍스트의 품질이 높으며 반대로 약어가 적을 수록 비약어가 많을수록 도착 텍스트의 품질이 낮다'는 본 연구 가설은 성립된다.

약어/비약어와 도착 텍스트 사이의 위와 같은 뚜렷한 관계에도 불구하고 흥미로운 점은 각 통역사가 사용한 약어와 비약어를 비율이 아닌 개수 기준으로 살펴보면 개인 간 편차가 매우 크다는 사실이다. 예를 들면 피실험자 4번의 경우 전반적으로 비약어는 거의 사용하지 않고 약어를 많이 사용하며, 피실험자 1번과 3번은 그 반대의 경우를 보여 비약어를 많이 사용하고 약어를 거의 사용하지 않는다. 이러한 통역사간 차이는 기존 연구에서도 여러 차례 언급된 바와 같이(셀레스코비치, 1975; 띠에리 1981) 통역사 각 개인의 노트테이킹에 대한 기호와 개성이 존재함을 보여주지만 위의 상관관계 결과는 이렇게 존재하는 개인간 편차를 넘어서는 전반적인 성향이 존재함을 보여준다는 점에서 상당히 흥미롭다. 이는 또한 노트테이킹이 결국 각 개인의 기호와 개성의 산물만이 아님을 보여주는 점에서 노트테이킹에 대한 연구가 목적성을 가짐을 시사한다.

5.3 제3가설: 노트의 언어

'노트에 출발어가 많을수록/도착어가 적을수록 도착 텍스트의 품질이 높다/낮다'는 가설은 노트의 언어와 도착 텍스트의 품질 간에 특정 관계가 존재함을 상정한다.

본 가설을 검증하기 위해 정확도가 높은 도착 텍스트에 사용된 노트에 포함된 출발어 단위와 도착어 단위 간 비율을 산출한 후 이를 정확도가 낮은 도착 텍스트에 사용된 노트의 출발어/도착어 비율과 비교하였다.

개체 간 분석 결과는 아래 표 5과 같다. 노트 언어에 대한 분석에서는 표에 나타난 출발어(SL)와 도착어(TL) 외에도 '제3언어'와 '분류 미상'의 두 개의 카테고리를 추가로 분류하였다. '분류 미상'의 경우 legal과 같이 여러 개의 언어에서 같은 형태로 사용되어 어느 언어로 사용되었는지를 판단할 수 없는 경우에 해당한다. 이 추가 카테고리는 이 논문에서 검증하고자 하는 가설과는 연관성이 없어 본 표에는 포함하지 않아 출발어와 도착어 비율의 합이 100이 되지 않는다.

표 5. 노트 언어에 대한 개체간 분석: 코퍼스 내 가장 정확하고(7개) 가장 부정확한 (8개) TT노트의 출발어-도착어 비율

가장 정확한 TT-문단	2-1	3-2	3-3	3-13	4-2	4-8	4-15		평균
출발어 노트	18%	-	-	-	-	7%	-		4%
도착어 노트	45%	92%	79%	80%	78%	64%	85%		75
가장 부정확한 TT-문단	1-7	1-8	1-12	2-9	5-3	5-7	5-11	5-15	평균
비약어	-	64%	14%	33%	40%	20%	25%	-	25%
약어	67%	29%	86%	67%	30%	80%	50%	86%	62%

표 5에서 보는 바와 같이 노트에 사용된 언어로는 도착어가 지배적이다. 정확도가 높은 도착 텍스트와 낮은 텍스트 모두 대부분 도착어로 쓰인 노트를 이용하였다.

도착어 텍스트의 정확도와 노트 언어 간 보이는 유일한 상관관계는 정확도가 낮은 도착 텍스트의 노트에서는 정확도가 높은 도착 텍스트의 노트보다 출발어 비율이 높다는 점이다. 정확도가 낮은 도착 텍스트의 노트는 정확도가 높은 도착 텍스트의 노트에 비해 평균 출발어 비율이 높을 뿐 아니라(25%대 4%), 정확도가 높은 도착 텍스트의 노트에는 출발어 사용이 없는 경우가 많은 데 비해 정확도가 낮은 도착 텍스트의 경우 총 8편 중 6편(1-8, 1-12, 2-9, 5-3, 5-7, 5-11)에 출발어 사용이 있으며 이 중 1-8과 5-3의 경우에는 도착어보다 출발어로 쓰인 노트의 비율이 더 높았다. 정확도가 높은 도착 텍스트의 경우 전체 8편 중 2-1(18%)과 4-8(7%) 2편에서만 출발어 사용이 발견되었다. 이를 통해 볼 때, 출발어로 작성되는 노트는 도착 텍스트의 정확성보다는 부정확성과 더 연관성이 있는 것으로 보이며 이는 본 연구의 3번째 가설과 정면으로 배치된다.

노트 언어에 대한 두 번째 분석인 개체 내 분석은 아래 표 6에서 보여지는 바와 같이 노트 언어와 도착 텍스트의 정확도와의 상관관계를 규명하는데 크게 도움을 주지 못하였다.

표 6. 노트 언어에 대한 개체 내 분석: 5명 통역사 각각의 가장 정확하고(3개) 가장 부정확한(3개) TT노트의 출발어-도착어 비율

	참가자 1	참가자 2	참가자 3	참가자 4	참가자 5
출발어 노트					
가장 정확	30%	17%	-	2%	10%
가장 부정확	26%	11%	-	-	86%
도착어 노트					
가장 정확	46%	51%	84%	76%	61%
가장 부정확	61%	68%	92%	81%	72%

표 6에서 보이는 바와 같이 개체 간 분석을 보완하기 위해 시행한 개체 내 분석의 결과를 보면, 개체 간 분석 결과와 일관된 결과를 보이는 부분은 노트 작성에는 도착어의 사용이 지배적이라는 점 단 한 가지이다. 이 점을 제외하고는 개체 내 분석 결과는 개체 간 분석 결과를 뒷받침하는 부분이 없다. 개체 내 분석을 통해 도출할 수 있는 내용은 모

든 피실험자가 정확도가 낮은 도착 텍스트의 노트에서 정확도가 높은 도착 텍스트의 노트보다 도착어 사용 비율이 다소 높았다는 점이다. 실험에서 본 출발어와 노트 간 관계는 그다지 분명하게 드러나지 않았다. 피실험자 1과 2의 경우 정확도가 높은 도착 텍스트의 노트에서 출발어 비율이 높았으나 피실험자 3은 노트 작성에 출발어 사용이 전무하며 피실험자 4의 경우에도 출발어 사용률이 극히 낮다(2%). 피실험자 5의 경우 정확도가 낮은 도착 텍스트의 노트에 도착어 비율이 높으나 출발어의 비율도 정확도가 높은 도착텍스트의 노트에서보다는 높은 편이다. 종합해보면 개체 내 분석은 노트 언어와 도착 텍스트의 품질과의 관계를 뚜렷이 보여주지 못하나 굳이 연관성을 찾는다면 도착 텍스트의 낮은 정확성과 도착어 노트 간에 약한 상관관계를 보여준다. 이런 점에서는 본 연구의 세 번째 가설과 일치한다 볼 수 있으나 이는 개체 간 분석에서 얻은 결과와는 상반된다.

결론적으로 노트 언어와 도착 텍스트 품질 간의 관계에 대해 두 가지 분석을 통해 내릴 수 있는 결론은 노트테이킹에는 도착어의 사용이 지배적이며 출발어의 사용은 그에 비해 훨씬 적다는 것이다.

6. 논의 및 결론

이 논문에서는 순차 통역사의 노트에서 효율성과 비효율성에 연계할 수 있는 특성에 대한 가설 세 가지를 검증해 보았다. 첫 번째 가설인 '노트의 양이 많을수록/적을수록 도착 텍스트의 품질이 높다/낮다'는 5.1장에 기술된 노트 양에 대한 분석을 통해 확인되었다 할 수 있다. 두 번째 가설인 '약어가 많고 비약어가 적을수록 도착 텍스트의 품질이 높다.' 또한, 5.2장에 기술된 노트 형식에 대한 분석을 통해 대체로 확인되었다. 세 번째 가설인 '출발어 노트가 많고 도착어 노트가 적을수록 도착 텍스트의 품질이 높다'는 5.3장에 기술된 노트 언어에 대한 분석 결과가 일관성이 부족하여 가설을 확인할 수 없었다.

이상의 가설과 그에 대한 검증 결과는 기존 통역학의 이론과 인식에 비추어볼 때 어떠한 의미를 가지는가?

첫 번째 가설인 노트 양과 도착 텍스트의 정확도 간의 상관관계는 처음 볼 때는 당연한 결과로 보일 수 있으나 그것이 지니는 의미는 그렇게 단순하지 않다. 우선 순차 통역에서의 노트의 양과 효율에 대한 실증적 연구는 아직 한 번도 수행된 바 없다. 또한, 통역학 내에서 이에 대해 합의된 어떠한 입장도 없다(가일, 1992: 182). 오히려 대부분의 강사들은 노트테이킹에 대해서는 경제성을 옹호하는데(예외-일그와 램버트 1996: 78), 이는 본 연구의 첫 번째 가설이자 본 연구를 통해 얻은 결과와 정면으로 배치되는 내용이다. 더욱이 노트테이킹과 관련하여 권고되는 경제성의 원칙은 다양한 통역 모델과 개념에서 그 이론적 근거를 제시한다. 그중 하나가 미니맥스 원칙(MiniMax Principle)이라 불리는 원칙으로 이에 따르면 통역사는(다른 사람들도 마찬가지지만) 최소한의 노력을 필요로하는 전략을 통해 최대한의 결과를 얻고자 한다고 한다(마사로와 슐레징어, 1997: 36, 이들 연구자는 레비(Levy, 1967)의 미니맥스 원칙을 통역학에 적용할 것을 제안함). 경제성의 원칙을 지지하는 또 다른 매우 중요한 이론적 근거는 가일(D.Gile, 1995)이 주창하고 이론화 한 이른바 '노력 모델(Effort Model)'이라 불리는 모델이다. 순차 통역의 노력 모델에 따르면 노트테이킹에서 지나치게 노트를 많이 할 경우 통역사의(제한된) 지력(智力)이 노트테이킹에 다 소모되어 듣기와 기억 등 다른 업무에 할애할 능력이 고갈되어 결과적으로 낮은 성과를 초래한다고 한다. 이러한 통역학 내의 입장을 고려할 때 본 연구에서 제시하는 노트 양에 대한 권고안이 어느 정도 선까지 받아들여질 것인지에 대해서는 한계가 있을 것으로 보인다.

노트 형식과 관련된 두 번째 가설의 검증은 단어를 전체 다 적는 것에 비해 약어를 사용하는 것이 가지는 높은 효율성으로 인해 사용된 약어가 모호하지만 않다면 논란의 여지가 없어 보인다(로잔, 1956; 반 후프, 1962; 미켈슨, 1993; 앙드레, 2001 참조). 약어 사용이 가져다주는 시간 및 지력의 절약은 노트테이킹에서 추구하는 경제성 원칙과 경제성 원칙을 지지하고 설명하는 모델 및 개념과 명백히 그 궤를 같이한다.

세 번째 가설의 경우, 분석 결과가 일관성이 없어 가설을 검증하지 못한 관계로 이에 대한 논의는 생략하겠다. 본 가설과 관련하여 유일하게 얘기할 수 있는 내용은 노트 작성 시 도착어의 사용이 월등히 많다는 사실 정도이다. 이 논문을 마무리하며 이와 같은 예상치 못한 결과에 대한 설명을 제시해보고자 한다. 연구진이 파일럿 연구를 통해 가설을 정립한 후 필자는 노트테이킹에 사용되는 언어에 대한 연구를 추가로 시행하였다(담, 2004b). 이 연구는 노트테이킹을 어떤 언어로 할 것인가에 대한 결정은 특정 통역에서 출발어 또는 도착이기 무엇인가 하는 점보다는 통역사의 언어 조합, 즉 A언어, B언어가 무엇인가에 의해 주로 결정된다는 점을 보여주었다. 다시 말해 통역사는 대체로 출발어 및 도착어가 무엇인가와는 상관없이 자신의 A언어로 노트테이킹을 하며 예외적인 경우에만 B언어를 사용한다는 것이다. 이러한 결과는 도착어가 통역사의 A언어였으며 노트테이킹에서 전반적으로 도착어, 또는 A언어, 의 사용이 지배적이었다는 점에서 본 연구의 결과와 일치한다.

도착어, 또는 A언어의 지배적 사용을 제외하고는 노트의 언어와 관련된 분석을 통해 밝혀낸 사실은 노트테이킹 시 선택하는 언어와 도착 텍스트 정확도와의 관계가 연구진이 처음 생각했던 것보다 훨씬 복잡하다는 점 밖에 없다. 이에 대해서는 결론을 도출하기 위해서는 물론이고 새로운 가설을 수립하기 위해서도 추가 연구가 필요하다. (노트테이킹 시 언어선택과 관련된 원인 및 영향에 대해서는 담 2004a; 담 2004b; 담 외, 2005를 참조하시오.)

또한 첫 두 가설과 관련하여서도 추가 검증이 요구된다. 비록 본 연구에 사용된 피실험자 수가 가설 수립에 사용된 피실험자 수보다 큰 수이기는 하나 본 연구는 단지 5명의 통역사를 피실험자로 하여, 한 쌍의 언어 조합만으로 하나의 연설을 한 방향으로만 통역했다는 제약을 가진다. 따라서 본 연구는 통역연구 방법론에 있어 새로운 방향성을 제시하는데 첫발을 내디뎠다는 점에서 그 의의를 가질 뿐, 통역사 노트의 효율성을 결정짓는 요소에 대한 모든 의문이 본 논문을 통해 해소된 것이 아님을 밝히는 바이다.

미주

1. 두 번째 및 세 번째 가설은 이 논문의 제한적 지면에서 그 의미를 명확히 전달하기 위해 다소 수정되었음을 밝힌다. 그럼에도 불구하고 그 본질에서는 변경된 것이 없다.

2. 평가자들은 텍스트 전체에 대해 평가도 하였으나 본 연구와는 직접적인 연관이 없어 이에 대한 논의는 생략한다. 이와 관련해서는 텍스트 전체에 대한 평가와 소문단에 대한 평가가 대체로 일치했음을 밝히는 것 정도로도 충분하다 판단된다.

3. 기호의 비율과 텍스트 정확도 사이에는 상관관계가 성립되지 않았음. 도착 텍스트의 정확도와 상관없이 모든 텍스트에서 기호의 사용은 비교적 일관된 비율을 보였다.

참고문헌

1. Andres, Dörte. 2001. "Notation: gute Zeichen – schlechte Zeichen. Empirische Untersuchung zur (Un-) Möglichkoit von Notizen, dargestellt am Sprachenpaar Französisch-Deutsch". In *Dolmetschen.Beiträge aus Forschung, Lehre und Praxis, A. F. Kelletat (ed.), 243-265*. Frankfurt: Peter Lang.

2. Dam, Helle V. 2004a. "Interpreters' notes: on the choice of form and language". In *Claims, Changes and Challenges in Translation of Studies. Selected Papers from the 2001 EST Conference in Copenhagen*, G. Hansen, K. Malmkjaer & D. Gile (eds), 251-261. Amsterdam & Phildelphia: John Benjamins.

3. Dam, Helle V. 2004b. "Interpreters' notes: on the choice of language". *Interpreting* 6(1):3-17.

4. Dam, Helle V. & Engberg, Jan. 2006. "Assessing accuracy in consecutive interpreting: a comparison of semantic network analyses and intuitive assessments". In *Text and Translation Theory and Methodology of Translation*, C. Heine, K. Schubert & H. Gezymisch – Arbogast (eds), 227-254. Berlin: de Gruyter.

5. Gile, Daniel. 1995. *Basic Concepts and Models for Interpreter and Translator Training*. Amsterdam & Philadelphia: John Benjamins.

6. Gile, Daneil. 1999. "Variability in the perception of fidelity in simultaneous interpretation". *Hermes* 22:51-79

7. Van Hoof, Henri. 1962. *Théorie et Pratique de l'Interprétation*. München: Max Hueber.

8. Ilg, Gérard & Lambert, Sylvie. 1996. "Teaching consecutive interpreting". *Interpreting* 1 (1): 69-99.

9. Levý, Jiri. 1967. "Translation as a decision process. In *To Honor Roman Jakobson II*, 1171-1182. The Hague: Mouton de Gruyter.

10. Massaro, Dominic W. & Schlesinger, Miriam. 1997. "Information processing and a computational approach to the study of simultaneous interpretation". *Interpreting* 2(1-2):13-53.

11. Mikkelson, Holly. 1993. "Consecutive interpretation". *The Reflector* 6:5-9.

12. Rozan, Jean-François. 1956. *La prise de notes en interpretation consèctutive*. Genéve: Georg.

13. Seleskovitch, Danica. 1975. *Language, Langue et Mémoire. Etude de la prise de notes en interpretationconsecutive*. Paris: Minard Lettres Modernes.

14. Thiéry, Christopher. 1981. "L'enseignement de la prise de notes en interpretationconsecutive: Un faux problem?". In *L'Enseignement de la Traduction et de l'Interprétation. De la Théorie à la Pédagogie*, J. Delisle (ed.), 99-112. Ottawa. Editions de l'Université d'Ottawa.

John Benjamins Series

03 Doubts and Directions in Translation Studies

John Benjamins Series

03 Doubts and Directions in Translation Studies

제 4 부

언어학적 접근

저널리즘에 나타난 평가적/가치 판단적 명사구 및 영-핀 번역

티나 푸어티넨 Tiina Puurtinen
요엔수 대학University of Joensuu, 핀란드

이 논문은 영어와 핀란드어 신문과 잡지 속에 등장하는 평가적 전치수식 명사구들의 빈도와 기능, 영향을 비교하고, 그것이 번역에 미치는 잠재적 차이에 대해 논의하고자 한다. 명사구 내 전치수식어는 중립적인 설명 외에 종종 명백히 주관적인 평가를 나타내는데, 이 같은 주관적 평가는 전제된(presupposed) 사실이나 일반적인 사실로 제시된다. 이 같은 조작(manipulative) 전략은 언어 이데올로기 실현의 한 예로 가치관과 신념, 태도 등이 외연 및 내연적 방식을 통해 언어 사용에 반영되는 것이다 (반 다이크, 1993; 페어클라우프, 1990, 1995a, 1995b; 파울러, 1991). 본 연구 결과에 따르면 첫째, 핀란드 명사구는 인과기능이나 양보기능을 갖는 경우가 많고 둘째, 평가/가치판단 성격이 강한 명사구들은 영문 텍스트에서 사용 빈도가 높이며 셋째, 영어와 핀란드어 모두 긍정적 평가보다는 부정적인 평가를 위해 전치 수식을 사용하는 경향이 있었다. 두 언어가 보이는 이 같은 차이는 번역문에서 명사구의 수정을 초래할 수 있다.

KEYWORDS
평가(evaluation), 이데올로기(ideology), 명사구 (noun phrase), 전치 수식어 (premodifier)

1. 서론

이 논문은 영어와 핀란드어 신문과 잡지(기사, 사설, 칼럼)에 나타난 평가적/ 가치판단적 전치 수식 명사구(명사구: 할리데이, 1994에서 명사류(nominal group)로 지칭됨)의 사용을 비교하고 그것이 번역문에 있어 가져올 수 있는 잠재적 차이에 대해 논의하고자 한다. 특히 사람이나 단체, 행동에 대한 작가의 주관적 견해가 전치수식어로 표현된 명사구들을 중점적으로 다루었다. 평가적 표제어들도 간략하게 살펴보았으나, 관계사절 등의 후치수식어구들은 다루지 않았다. '객관적인' 사실과 '주관적인' 견해를 구분할 때 불가피하게 어느 정도의 주관성과 해석이 관여될 수밖에 없는데 이는 모든 텍스트가 특정 관점에서 작성되기 때문이다. 그렇기는 하나 본 논문에서는 객관적으로 확인 가능한 사실은 제외하고 의견 차이를 일으킬 수 있는 견해와 성격 규정에 대해 집중적으로 다루고자 한다.

아래에선 연구 자료에 보고된 명사구들의 기능과 영향을 예시하기에 앞서 명사구 구조를 서술하고 몇 가지 비평적 담화 분석의 중심개념을 제시하겠다. 그 후 본 연구 결과가 번역사에게 가지는 의미와 영-핀 번역문을 기초로 향후 연구에 대한 시사점을 간략히 논의하겠다.

2. 평가적 명사구와 이데올로기

전치 수식 명사구는 일반적으로 독자들이 알고 있을 것으로 예상되는 정보를 포함하고 있으므로 길고 상세한 설명을 해야 하지 않는다. 전치 수식어는 표제어를 중립적으로 설명하고 해당 글에서 다루고 있는 사람의 지위나 역할이 무엇인지를 표현할 수 있으며, 그 사람의 신분이나 위상을 섬세하고 정중하게 상기시키는 데 사용될 수 있다 (e.g. 전 프랑스 대통령 발레리 지스카르 데스탱). 전치 수식 명사구들은 종종 다소 주관적인 평가를 표현하는데 이 경우 전치 수식 명사구는 당연시되는 일반적인 사실로 제시됨에 따라 독자는 그 평가에 반대나 거부감을 느끼지 않는다 (예. 참을 수 없을 정도로 오만한 전 프랑스 대통령 발레리 지스카르 데스탱, 뉴스위크 2002. 11. 25, p. 15). 평가적 구성요소는 명사구의 뚜렷한 특성이지만 때로는 특별한 제목을 선택함으로써 주관성을 드러낼 수도 있다(아래 예문 4 참조). 이 같은 언어 공식은 독자들의 견해에 영향을 주고자 의도된 글에서 사용되는 고의적인 전략일 수 있다 (사설, 선전문 등). 명사구보다 완전한 절로 제시된 주관적 평가가 독자의 반대를 조장할 가능성이 더 크다. 또한, 절의 형태를 사용할 경우 작가는 표현 가능한 여러 가지 양식(modality)의 정도 (개연성, 가능성, 필연성)에 대해 생각할 필요가 있다. 만약 위의 예문이 관계사절을 이용하여 재구성된다면(아래 예문 1 참조) 독자들의 비평적 평가와 부인 ("천만에, 그 대통령이 참을 수 없을 만큼 오만하지는 않아!")이 좀 더 가능해지고 작가는 불확실성을 나타내는 표현을 덧붙이기로 할 수도 있다(참을 수 없을 정도로 오만할 것 같은, 참을 수 없을 정도로 오만하다고 여겨질 수 있는).

[1] ...참을 수 없을 정도로 오만한 전 프랑스 대통령 발레리 지스카르 데스탱 (뉴스위크 2002. 11. 25, p.15) 대비

전 프랑스 대통령이자 참을 수 없이 오만한 발레리 지스카르 데스탱 (저자 표현)

이러한 견해는 전제된 정보, 즉 독자들이 이미 알고 있는 배경지식으로 제시될 수 있다. '전제'는 고의적인 조정 수단으로 사용되어 견해를 위장하여 독자에게 이를 자신이 이미 알고 있던 '오래된 정보'로 받아들이게 할 수 있다(페어클라우프, 1990, 152-155; 리치, 1990, 277-300; 레빈슨 1984, 167-225). 출발 텍스트와 도착 텍스트 독자들의 배경지식 간 유의미한 차이가 있을때 다른 의도는 없는 조작되지 않은 전제에 의해서도 종종 번역 문제가 초래된다 (포셋, 1998).

의도적, 비의도적 의견 조작은 언어 사용에 반영된 광범위한 이데올로기 개념, 즉 특정 단체나 사회가 공유하는 태도, 신념, 가치관들이 다양한 내·외연적 방식을 통해 언어적으로 실현되는 것과 연관되어 있다 (반 다이크, 1993; 페어클라우프, 1990, 1995, 1995b; 파울러, 1991; 하이키넨, 1999; 카르포넨. 1995; 심슨. 1993; 견해, 태도, 신념, 가치관의 관계 및 차이에 관하여는 반 다이크 1996 참조; 이데올로기와 번역에 관해서는 해팀, 1997; 해팀과 메이슨, 1997: 143-163; 푸어티넨 2000 출간 예정). 반면 당연시되는 태도는 종종 언어 선택에 무의식적으로 반영되며 이와는 반대로 언어가 조작 수단으로 의도적으로 사용되기도 한다.

이데올로기란 개념은 무척 모호하여 정확하게 정의하기 어렵다 (그 개념에 대한 비판에 관하여는 솔린, 1995 참조). 하지만 반 다이크(1996)는 이데올로기와 가치관, 신념, 견해, 태도의 상호관계에 대해 유용한 설명을 제공한다. 그는 이데올로기를 사회단체가 공유하는 평가적 태도, 즉 평가 신념을 구성하고 감시하는 '사회인지의 기본 틀'로 묘사하고 있다. 여기서 이데올로기는 일련의 태도를 포괄적으로 표현한 용어로 사용되고 있다.

텍스트 내 이데올로기의 외연성에 관한 의견은 다양하다. 페어클라우프(1995b, 14)는 이데올로기가 권력관계를 세우고 유지하도록 도와주는 암묵적인(내연적인) 주장이라고 한 반면 (톰슨 1990, 8-9도 참조할 것) 하이키넨(1999, 100-101)은 이데올로기도 명시적으로(외연적으로) 표현될 수 있다고 주장하고 있다. 그러나 전제와 같은 암묵적 의미는 눈에 보이지 않으면서 반대를 유발할 가능성이 낮으므로 더 효과적이고 은밀할 가능성이 높다. 그러나 외연적 의미 및 내연적 의미 역시 명확히 정의하기는 어렵다. 이 둘의 의미를 이분법적으로 구분하기보다는 지극히 외연적인 것과 지극히 내연적인 것 사이의 연속체로 보아야 할 것이다. 예를 들어, 사설은 공개적이고 명시적인 방법이나 전략과 미묘하고 암묵적인 조정으로 독자들에게 영향을 주는 방법 등 두 가지 방식을 모두 사용한다 (하이키넨 1999, 224-225). 명시적인(외연적인) 전략을 선택하느냐, 함축적인(내연적인) 전략을 선택하느냐는 텍스트 유형과 사회문화적인 관습에 따라 달라진다. 예를 들어 사설 작성자는 텍스트가 자신 또는 신문사의 관점을 솔직하게 표현할 수 있는 견해를 담은 글이라는 것을 알고 있고, 그 글을 읽는 독자 또한 결국 사설이 '중립적이기'보다는 기본적으로 설득 기능을 가진 주관적인 글이라는 점을 알고 있다. 독자는 이 같은 사실을 알고 있음에도 불구하고 암묵적인 조정 수단을 파악할 수 있는 것은 아니다. 또한, 텍스트가 가지는 논증이 관행과 적절하다고 간주되는 평가성(evalutiveness) 정도는 같은 텍스트 형식에서조차도 문화에 따라 상당히 다르게 나타난다 (하팀, 1997).

의미의 내연성 및 당연시 되는 의미('상식' 페어클라우프, 1990, 77-108)와 언어 표현은 '자연화(naturalisation)'에서 비롯되는 데 이는 특정한 단어선택이나 절 구조 등 특정 언어공식이 특정 맥락에서 자연스러운 관례가 되고 그 결과 이데올로기적 의미가 당연시된다는 것을 의미한다 (페어클라우프, 1990: 91-108; 하이키넨, 1999: 89-94; 카보넨, 1995: 207, 216-219). 정치인과 저널리스트들은 의도적으로 특정 표현을 자연스럽도록 만들어 자신이 전달하는 의미가 아무 의심 없이 일반적으로 받아들여지도록 하고자 한다 (e.g. 부시 대통령의 '악의 축'이란 표현). 아래 예는 그 같은 자연스럽도록 의도된 표현이 포함되어 있지 않을 수 있지만, 어떤 가치판단이 기정사실 또는 공유된 지식처럼 전치 수식 명사구로 표현된다는 사실은 자연화의 의도가 있음을 시사할 수 있다.

전치 수식 명사구는 한 절의 주제 구조나 정보 구조에서 다양한 위치에 놓일 수 있다. 절의 준장 첫 머리에 놓이는 주제(theme)는 대체로 이미 알려진 오래된 정보를 담고 있고, 절의 뒷 부분인 제술(rheme)은 새로운 정보를 제공한다. 따라서 주관적인 견해를 숨기고자 할 경우에는 평가적 명사구를 주제 위치에 둔다. 평가적 명사구는 텍스트의 세 가지 메타기능 관점에서 볼 때 흥미롭다 (할리데이, 1994). '관념적 기능'은 실제 정보 내용과 관련되어 있고, '대인 관계적 기능'은 작가와 독자와의 관계 (e.g. 의견에 영향을 미치고자 하는 의도)와 주제에 대한 작가의 태도를 말한다. '텍스트 기능'은 주제와 정보 구조를 포함한 텍스트 구조로서 실현된다.

3. 연구 자료 및 방법

본 연구에 사용된 자료는 2003년 6월과 10월 사이 발간된 다수의 영어/핀란드어 신문과 잡지에 게재된 사설, 칼럼, 기사들로 구성되어 있다. 텍스트는 완전 무작위로 선택되지는 않았으며 최소한 몇 개의 평가적 명사구들이 포함된 텍스트만을 선정하였다. 텍스트의 주제는 특정인(대부분 대통령 또는 수상), 정부, 또는 EU이다. 그 같은 주제들이 본 연구의 대상이 되는 평가/가치판단을 불러일으키는 것으로 보인다. 핀란드어 텍스트는 20개, 영문은 23개였다 (표1 참조). 핀란드어와 영문 자료의 텍스트 길이가 상당히 차이 나는데 이는 텍스트 유형 간 차이를 반영한다. 핀란드어 텍스트들은 대부분 짧은 사설(15/20)이었던 반면 영문은 대부분 장문의 기사였다(16/23). 이 자체가 텍스트 유형별 언어별 관행 상의 차이를 보여주는 것일 수 있다. 핀란드 텍스트에서는 평가적 명사구들이 논증 텍스트에 한정되는 반면 영문에서는 '중립적' 기사에서도 폭넓게 사용되고 있는 것으로 보인다. 이 같은 선택 기준을 적용한 결과 핀란드 텍스트로는 사설이, 영문 텍스트로는 기사가 많이 선정되어 유감스럽게도 텍스트간 대응성과 대표성이 의심되는 연구 자료가 구성되었다.

주관적인 평가를 담고 있는 전치 수식 명사구들은 모두 연구자료에서 수집되어 주관성의 기능과 정도에 따라 분류되었다. 중첩되는 범주들은 명사구의 다양성을 보여주고자 의도되었다. 일부 경우에는 평가에 대한 배경 지식이나 평가를 뒷받침하는 내용이 텍스트의 내용으로 들어 있었으나 이 경우 그 내용이 완벽한 '사실'로서 제시되지는 않았다.

표 1. 연구 자료에 대한 정량적 정보

	핀란드어 (헬싱킨 새노맷 Helsingin Sanomat, 수오벤 쿠발레티 Suomen Kevalehti)	영어 (뉴스위크, 이코노미스트, 뉴 스테이츠맨, 네이션)
텍스트 수	20	23
(단어) 길이	180-1230	460-2200
평균 길이	358	981
총 정동사 절	949	2089
평균 정동사 절	47.5	90.8

4. 평가적 명사구의 기능

아래에선 평가적 명사구들이 연구 자료에서 어떠한 기능을 가지는지에 대한 예를 보여주고 있다. 이는 특히 중첩되는 범주에서 잘 드러난다. 아래 분류는 포괄적이지 않으며 사례들에 대한 주관성 및 그 효과에 대한 평가는 해석상의 문제이다.

4.1 원인

예문 2와 같이 명사구는 원인을 나타내는 종속절에 대응할 수 있다. 이 같은 형태의 명사구는 핀란드어 텍스트에서 매우 흔히 볼 수 있다.

[2] Puheenjohtajamaalla ***ei poikkeuksellisen haastavan kauden alkumetreillä*** ole varaa rikkoa välejään mahtimaa Saksaan…(헬싱킨 새노맷 2003. 4. 7, A4)

[The [Italian] presidency cannot ***at the beginning of an exceptionally challenging*** term afford to break off relations with superpower Germany..]

(because the term is challenging, Italy cannot afford to…)

[이탈리아] 대통령은 유난히 어려운 임기 초반에 초강대국 독일과의 관계를 단절할 형편이 못 된다...']

(어려운 시기에 있기 때문에, 이탈리아는 ...할 형편이 못된다...)

4.2 양보

양보 명사구 또한 핀란드어 텍스트에 자주 등장한다. 예문 3에서 전치 수식 명사구는 아라파트(Arafat)의 '표면상 은퇴'가 이전 텍스트에 의해 뒷받침되지 않지만, 주제 위치에 놓임으로써 공유된 지식을 나타내고 사실로 받아들여진다.

[3] ***Näennäisesti sivuun vetäytynyt Arafat*** ei todellisuudessa luovuttanut hänelle ohjia. (헬싱킨 새노맷 2003. 6. 9, A4)

[***Ostensibly retired Arafat*** did not really hand over the reins to him [Abbas]]

(although Arafat had ostensibly retired…)

['**표면상으로 은퇴한 아라파트는** 실제로는 압바스(Abbas)에게 정권을 이양하지 않았다']

(비록 아라파트가 표면상으로는 은퇴한 것처럼 보여도...)

4.3 식별

핀란드어 뉴스 텍스트에서는 인물 소개 시 보통 직위이나 직업을 전치 수식어로 사용한다(카루 1997: 79-80). 인물 소개 또한 평가적 요소를 포함할 수 있다. 몇 가지 대안 중 특정 직위를 선택한다는 것은 때로는 주관적인 평가의 표시일 수도 있다. 예문 4에서, 아놀드 슈왈제네거(Arnold Schwarzenegger)가 캘리포니아 주지사 선거와 관련하여 논의되고 있는데도 불구하고, 그를 '전 미스터 유니버스'나 '스타 배우' 등으로 표현하는 것은 그를 다른 후보자들과 달리 진지하게 생각하지 않고 그만의 범주에 두려는 것처럼 보인다(분류 수단으로서의 전치 수식어구에 관하여는 파울러와 크레스, 1979 참조).

[4] Republikaaniseksi haastajaksi ilmoittautui *entinen moninkertainen Mr. Universum ja Terminator-elokuvien maailmankuulu tähtinäyttelijä Arnold Schwarzenegger.* (헬싱킨 새노맷 2003. 8. 22, A4)

[As the Republican challenger came forward *the former many-time Mr. Universum and the Terminator films' world-famous actor Arnold Schwarzenegger*]

['**기존에 여러 차례 미스터 유니버스에 오른 근육남이자 영화 터미네이터의 세계적인 스타 배우 아놀드 슈왈제네거가** 공화당 후보로 출마했다.']

전치 수식어가 항상 공식직위를 언급하는 것은 아니고, 예문 5의 동격처럼 다른 관점에서 표제어를 묘사할 수 있다.

[5] The conference, which ***Mr. Blair's old chum, Bill Clinton***, will kick off on July 11th at Guildhall in Londo...(이코노미스트 2003. 12. 7, 36)
블레어 총리의 오랜 친구 빌 클린턴이 런던 길드 홀에서 7월 11일 시작하게 될 회담...(이코노미스트 2003. 12. 7, 36)

4.4 미묘한 주관적 평가

매우 강력하고 다채로운 평가에 비해, 일부 전치수식 명사구들은, 비록 흔히 미묘한 주관적 색깔을 띠지만, 거의 중립적인 설명으로 보인다. 명사 전치 수식어인 뒤죽박죽(mishmash)의 사용이 예문 6에서 전치 수식어를 통해 즉시 설명되고 있지만, 이 특정 단어는 그 명사구에 부정적인 느낌을 더해 준다.

[6] As president, Fox assembled ***a mishmash cabinet*** drawn from the ranks of business, the political right wing and even the PRI itself…(뉴스위크 2003. 6. 23, 34)
팍스(Fox) 대통령은 기업가와 정치 우익, 심지어는 집권제도혁명당(PRI)에서 추출한 인사들로 **뒤죽박죽 내각을** 구성했다. (뉴스위크 2003. 6. 23, 34)

4.5 강력한 주관적 평가

특히 영문 텍스트가 인물에 대해 매우 강한 부정적 평가를 포함한 반면 (상기 예문 7 및 예문 1), 핀란드어 텍스트에서는 그와 같은 평가가 드물고 대체로 더 온건하게 표현된다.

[7] French leaders themselves, even ***the strikingly narcissistic Foreign Minister Dominique de Villepin***, do not make policy on the basis of national best sellers…(뉴스위크 2003, 6. 10, 26)
프랑스 지도자들이 심지어 **유별나게 자아도취에 빠진 도미니크 드빌팽** (Dominique de Villepin) 외무상조차도, 국가의 최고 판매업체들을 기초로 정책을 구상하지 않는다. (뉴스위크 2003, 6. 10, 26)

예문 8에서는 표제어 '자기중심주의' 자체가 부정적인데다가 전치 수식어 '이색적인'이란 단어로 부정적인 면이 더욱 강조되고 있다. 그 명사구를 주제 위치에 배치함으로써 베를루스코니(Berlusconi)의 자기중심주의를 다 아는 사실로 보이게 한다.

[8] Given ***his*** [Berlusconi's] ***flamboyant egocentrism***, his plans for Europe were characteristically ambitious. (뉴스위크 2003. 7. 14, 31)
베를루스코니의 **이색적인 자기중심주의를** 고려할 때, 유럽에 대한 그의 계획은 특별히 야심 찼다. (뉴스위크 2003. 7. 14, 31)

베를루스코니는 흔히 부정적 전치 수식어 뿐만 아니라 여러 가지 부정적 명사의 대상이었다.

[9] These changes in Italian foreign policy have coloured European reaction to ***the great Berlusconi gaffe*** [comparing a German MEP to a Nazi concentration camp guard] (이코노미스트 2003. 12. 7, 29)
이 같은 이탈리아 외교 정책 변화들은 그동안 **대단한 베를루스코니의 실수** [유럽 의회 독일 의원을 나찌 강제수용소 경비대에 비유한 것]에 대한 유럽의 반응에 영향을 미쳤다. (이코노미스트 2003. 12. 7, 29)

다음 문장은 (반어적 해석을 의도한 것이 아니라면) 보기 드문 긍정적 평가의 사례이다.

[10] *The great consensus-builder* [Tony Blaire] finds himself alarmingly isolated. (이코노미스트 2003. 12. 7, 36)

합의를 도출하는 능력이 뛰어난 [토니 블레어(Tony Blair)]는 놀랄 만큼 자신이 고립되어 있다는 사실을 알게 된다. (이코노미스트 2003. 12. 7, 36)

4.6 반어적 평가

캘리포니아 선거에 관한 아래 사설의 제목은 반어적으로 해석되도록 하려는 의도가 분명하다.

[11] *Pelastava enkeli Schwarzenegger* (헬싱킨 사노맷 2003. 8. 22, A4)

[*Saving angel Schwarzenegger*]

[**구호 천사 슈왈제네거**]

5. 영문 텍스트와 핀란드어 텍스트 비교

핀란드어 텍스트에서 평가적 명사구는 총 165개였고, 영문의 경우, 총 496개였다. 100개당 정동사절(finite clause)에서 사용빈도는 각각 17.4와 23.7이었다 (표2 참조. 범주 중첩으로 인해, 각 범주의 정확한 빈도 제시 불가). 이 결과에 따르면, 영문 텍스트가 좀 더 자주 평가적 명사구를 사용하는 것으로 보인다. 필자가 강한 평가라고 해석한 절의 수에서는 큰 차이가 없었지만 (각 100개 절당 4개와 5.8개), 영문의 상당히 직설적인 평가가 (예문 1 및 7) 전반적으로 더 큰 강도와 주관성 효과를 주고 있다고 볼 수 있다. 강한 평가는 공개적으로 논쟁적이고 주관적인 텍스트에서뿐 만 아니라, '중립적인' 영문 기사에서도 자주 등장한다.

표 2. 핀란드 텍스트와 영어 텍스트에 사용된 평가적 명사구 빈도

	핀란드	영어
평가적 명사구 합계	165	496
100개의 정동사 절 당	17.4	23.7
강한 평가 합계	38	121
100개의 정동사 절 당	4	5.8

사용 빈도 비교 시 염두에 둘 점은 핀란드어가 전치 수식 구조를 선호하는 경향이 있지만 (하쿨리넨과 칼손, 1997, 121), 영어는 다양한 전치 수식어들을 사용한다는 것이다 (할리데이, 1994, 187-188). 그 결과 명사구의 (평가적 또는 비-평가적인) 내용과는 관계없이 핀란드어 텍스트에서 영문 텍스트보다 명사구를 더욱 자주 사용하는 것으로 보인다. 이 때문에 인과나 양보 종속절에 해당하는 명사구가 핀란드어 텍스트에 더 많은 것으로 보인다. 반면 영문에서는 인과나 양보 기능을 가진 전치 수식 명사구를 항상 만들 수는 없기 때문에 이런 기능을 나타내는 완전한 절이나 비-정동사 절, 또는 무동사 절이 사용된다. (따라서, 위의 예문 3에 대한 영문 번역은 표면상 은퇴한 것처럼 보이지만, 아라파트는 .... 하지 않았다는 의미로 해석할 수 있다.)

영어 및 핀란드어 텍스트 모두 긍정적인 평가보다는 부정적인 평가를 위해 전치수식명사구를 사용한다는 것은 흥미롭다. 긍정적인 평가의 경우 좀 더 외연적인 수단을 통해 (e.g. 관계사절) 언어학적으로 실현되는지 여부는 추후 연구에서 살펴봐야 할 것이다. 하지만 연구 자료가 좀 더 신뢰할 수 있고 일반화할 수 있는 결과를 내기 위해서는 텍스트 형태에 있어서 두 언어 간 균형이 이루어져야 하고, 더욱 다양한 신문 및 정기 간행물들을 대표할 수 있어야 할 것이다.

6. 결론

본 논문에 제시된 영어 및 핀란드어 텍스트에 대한 대조분석 결과가 잠정적 결론을 도출할 수 있을 만큼 충분히 신뢰성이 있다고 가정한다면 핀란드어 뉴스 기사에서 (즉 객관적인 보도로 제시된 텍스트에서) 영어 기사보다 평가적전치수식명사구를 덜 사용한다고 볼 수 있다. 그러므로 영문 뉴스보도와 영문 뉴스의 핀란드어 번역본을 비교하면 흥미로운 결과를 볼 수 있을 것이다. 예상되는 결과 중 한 예는 번역사가 관계사절을 사용하여 평가를 명시화하는 것이다. 또는 평가적 명사구를 포함한 출발 텍스트 절의 양식(modality)이 주관성을 표현하는 표현이나 불확실성을 표현하는 헷지(hedge)의 사용으로 변경될 수도 있다. 따라서 독자들이 주관적 견해를 실은 텍스트가 아닌 어떠한 사건에 대한 객관적인 설명이라고 생각하기 쉬운 기사에서 예문 1과 같이 강한 평가가 사용될 경우 이는 다음과 같이 번역될 수 있다.

[12] the insufferably arrogant former French president Valéry Giscard d' Estang
Sietämättömän ylimielisenä ***pidetty*** Valéry Giscard d'Estang
[***regarded*** as insufferably arrogant] 또는
[참을 수 없을 정도로 오만하게 **여겨지는**] 또는,
참을 수 없을 정도로 오만한 전 프랑스 대통령 발레리 지스카르 데스탱
sietämättömän ylimielisenä ***väitetty*** Valéry Giscard d'Estang
[***claimed*** to be insufferably arrogant]
[참을 수 없을 정도로 오만하다고 **평가받는**]

핀란드어 번역에서 평가가 일반적인 사실이 아닌 익명의 인물이나 단체의 의견으로 (이와 반대되는 번역 전략에 관하여는 뒤의 푸어티넨 참조) 표

현되곤 하는데 이것은 명사구의 인격(interpersonal) 기능을 바꾼다. 추후 연구에서는 한 가지 텍스트 형태만을 사용하여 (영문 뉴스 기사와 그에 대한 핀란드어 번역문) 좀 더 폭넓고 통일된 자료를 바탕으로 그 같은 번역 전략이 실제로 적용되었는지와 또 그것이 텍스트에 어떤 영향을 미쳤는지를 전반적으로 밝혀내고자 한다.

결론적으로, 언어를 통한 주관적 견해 실현을 다루는 대조 연구는 무엇보다 번역사가 언어별 텍스트 유형별 관행을 따르기 위해 알아야 하는 유용한 정보를 제공한다. 출발 텍스트 평가에 적용된 번역 전략은 궁극적으로 번역의 목적과 (중립적인 보도 또는 고의적인 의견 조정) 텍스트가 속한 보다 광범위한 맥락(비단 평가를 둘러싼 코텍스트 외에 동일 주제를 다룬 다른 텍스트들)에 따라 결정된다.

참고문헌

1. van Dijk, Teun A. 1993. "Principles of critical discourse analysis". *Discourse & Society,* 4(2): 249-283.

2. van Dijk, Teun. A. 1996. "Discourse, opinions and ideologies". In *Discourse and Indeologies,* C. Schäffner and H. Kelly-Holmes (eds), 7-37. Clevedon: Multilingual Matters.

3. Fairclough, Norman. 1990 [1989]. *Language and Power.* London: Routledge.

4. Fairclough, Norman. 1995a. *Critical Discourse analysis: The Critical Study of Language.* London: Longman.

5. Fairclough, Norman. 1995b. *Media Discourse.* London: Edward Arnold.

6. Fawcett, Peter. 1998. "Presupposition and translation". In *The Pragmatics of Translation,* L.Hickey (ed.), 114-123. Clevedon: Multilingual Matters.

7. Fowler, Roger. 1991. *Language in the News. Discourse and Ideology in the Press.* London & New York: Routledge.

8. Fowler, Roger and Kress, Gunther. 1979. "Critical linguistics". In *Language and Control,* R. Fowler, B. Hodge, G. Kress. And T. Trew (eds), 185-213. London: Routledge & Kegan Paul.

9. Hakulinen, Auli and Karlsson, Fred. 1979. *Nykysuomen lauseoppia. Suomalaisen Kirjallisuuden* Seuran toimituksia 350. Jyväskylä: Gummerus.

10. Halliday, Michael A. K. 1985/1994. *An Introduction to Functional Grammar.* London: Edward Arnold.

11. Hatim, Basil. 1997. *Communication across Cultures: Translation Theory and Contrastive Text Linguistics.* Exeter: University of Exeter Press.

12. Hatim, Basil and Mason, Ian. 1997. *The Translator as Communicator.* London: Routledge.

13. Heikkinen, Vesa. 1999. *Ideologinen merkitys kriittisen tekstintukimuksen teoriassa ja käytännössä.* Helsinki: SKS.

14. Karhu, Anna. 1997. "Suomennosten nominaalilausekkeiden piilopoikkeamat". In *Translation Acquistion – Use,* A. Mauranen an T. Puurtinen (eds), 71-87. AFinLA Yearbook 1997. Publications de l' Association Finlandaise de Inguistique Appliquée 55. Jyväskylä: AfinLA.

15. Karvonen, Pirjo. 1995. *Oppikirjateksti toimintana* .Helsinki: SKS

16. Leech, Geoffrey. 1990 [1974].*Semantics: The study of Meaning.* London: Penguin Books.

17. Levinson, Stephen C. 1984 [1983].*Pragmatics.*Cambridge University Press.

18. Puurtinen, Tiina. 2000. "Translation linguistic markers of ideology". In *Translation in Context. Selected contributions from the EST congress, Granada 1998,* A. Chesterman, N. Gallardo San Salvador & Y. Gambier (eds), 177-186. Amsterdam & Philadelphia: John Benjamins.

19. Puurtinen, Tiina. forthcoming."How's translator's ideology affects source text ideology". In *Texts, Processes and Corpora,* R. Jääskeläinen, T. Puurtinen and H. Stotesbury (eds).

20. Simpson, Paul. 1993. *Language, Ideology and Point of View.* London: Longman.

21. Solin, Anna. 1995. "Ideology, power, interpretation – an assessment of the social theory of critical linguistics". *The New Courant*4 (eds E. Ventola and A. Solin). Helsinki: University of Helsinki, Department of English, 162-180.

22. Thompson, John B. 1990. *Ideology and Modern Culture: Critical and Social Theory in the Era of Mass Communication.* Cambridge: Polity Press.

내재적 의미 번역

의미 관계 추론과 전달에 관하여

루이즈 덴버 Louise Denver
코펜하겐 경영대학원Copenhagen Business Schol, 덴마크

본 논문은 문장 간 고도의 내재적(implicit) 의미 관계로 특징지어지는 텍스트를 번역사가 어떻게 번역하는지 조사한 것이다. 여섯 명의 번역대학원생과 5명의 숙련된 번역사가 스페인어에서 덴마크어로 텍스트를 번역하였다. 이 작업은 컴퓨터 상에서 이루어졌으며, 모든 키 입력이 트랜스로그(Translog)에 기록되었다. 동시 구술화(Concurrent Verbalization)는 테이프에 녹음되었으며 이후 간략한 회고 면담이 시행되었다. 전략적 의사 결정은 어느 정도 도착 텍스트 상의 외연화(explicitation)로 드러날 것이며 전문가 그룹에서 외연화 정도가 더 높을 것이라고 가설을 설정했다. 또한, 과정 데이터(process data) 직역시보다 외연화가 이루어질 때 번역사의 사고 처리량이 더 많을 것이라 가정했다. 마지막으로 전문가 집단의 번역 과정 데이터에는 준전문가(semi-professional) 집단보다 통상적 절차(routine procedure)가 많이 포함되리라고 예상했다. 이러한 가정들은 실험적 데이터에 의해 어느 정도 뒷받침되었다. 하지만 두 번역사 집단에서 발견된 결과는 모든 측면에서 눈에 띄는 차이를 보이지 않았다.

KEYWORDS

추론(inferencing), 결속적 외연화(cohesive explicitation), 내재적 관계(implict relations), 다각적 검증법(triangulation), 번역 과정(translation process)

1. 서론

본 탐구적 연구는 번역사들이 문장간 고도의 내재적 의미 관계로 특징지어지는 텍스트를 L2(스페인어)에서 L1(덴마크어)로 번역하는 작업을 어떻게 처리하는지에 초점을 맞추었다. 본 연구는 출발텍스트(ST)에서 마침표로 구분되는 문장 경계 산의 관계에만 제한되었으며, 마침표 표시는 선택적이었다. 즉, 출발어(SL)와 도착어(TL) 사이의 계통적(systematic), 위상적(topological)차이의 영향을 받지 않았다(클라우디, 1998: 82). 본 연구에 사용된 텍스트와 같이 고도의 논증적 내재성(argumentative implicitness) 이 있는 텍스트에서는 성공적 추론이 도착텍스트(TT)의 결속적 명시성(cohesive explicitness)을 위한 전략적 결정으로 이어질 것으로 예상한다.

하지만 이 예상은 관계적 범주(relational category)에 따라 달라질 수 있다. 본 연구에 포함된 의미 관계(semantic relations)는 기본적인 논증적 관계인 역접(adversative) 관계와 인과(causal) 관계이다. 명시성 정도는 인과 관계보다 역접 관계에서 더 높을 것으로 예상하는데, 이는 영어(프라도스, 2003, 212, 223)와 스웨덴어(디미트로바 2003, 25에 인용된 칼그렌)에서 역접 관계를 명시적으로 표시(marking)하는 것을 일반적으로 선호하는 것으로 보이기 때문이다. 또한, 표시는 관련된 하부범주(subcategory)에 따라 달라질 수 있다. 인과관계의 경우, 통합된 '순수 원인(pure cause)' [<A porque ('because') B>]에서부터 광범위하고 다소 모호한 의미적-화용적 의미를 지니는 주변적(peripheral) '논리 원인(logical cause)'[<A pues ('for') B>]까지 하부범주가 있음을 발견했다(로드리게즈, 1999: 3606). 모호하고 미묘한 관계의 성공적 추론에 관련된 인지부하(cognitive load)는 더 크고 외연화가 더 힘들 것으로 예상하였다(if. 티르코넨-콘딧, 1992, 280; 핌, 2005).

연구 결과는 외연화 가설과 연관성을 가질 것이며, 여기에서 가설이란 L2 ⇒ L1 번역에서의 외연화가 L1 ⇒ L2 번역에서의 내재화에 의해 항상 상쇄되지는 않는 "비대칭(asymmetry) 가설"로 이해해야 한다(비나이와 다르벨넷, 1958; 블룸-쿨카, 1986; 세귀노트, 1988; 엥글룬트 디미트로바 1993; 티르코넨-콘딧 1993; 클라우디, 1993 & 1998; 핌, 2005).

핌(체스터만, 1997, 119에서 인용)은 능숙한 번역사는 한 어휘(item)의 대체 번역을 생성할 수 있어야 한다고 제시한 바 있는데, 여기에서 '어휘'이란 내재적 의미 관계를 말한다. 내재적 관계의 직역, 즉 내재적 번역의 유일한 대안은 외연화이다. 따라서 대안의 요건을 충족시키기 위해 번역사는 최종적으로 TT에서 외연화를 선택할 지와는 무관하게 ST의 논증적 구조를 올바르게 추론할 수 있어야 한다. 두 가지의 대안, 즉 외연화냐 직역이냐와 관련하여 다음 질문을 해볼 수 있다. 번역사가 직역을 하는 경우, 어느 정도의 정신처리활동(mental processing activities)이 추론하는데 사용되는가?

번역사의 경험이 증가함에 따라 반복적 절차와 의사결정이 점진적으로 번역 과정에 통합되어, 의미관계의 번역과 같이 번역사가 번번히 접하는 현상은 어느 정도 숙련된 번역사는 통상적 절차(routine)에 따라 이를 처리 할 것이다 가정할 수 있다. 이 가정을 뒷받침하는 연구로 야스켈라이넨(Jääskeläinen, 1996, 67)는 경험이 적은 번역사는 언어적 문제 해결에 좀 더 집중하는 경향이 있는 반면, 전문 번역사는 텍스트 이해에 더 많은 관심을 기울인다는 사실을 발견했다.

2. 실험 설계

졸업 후 번역 경험이 10년 이상인 5명의 전문 번역사와 6명의 준전문가(번역대학원생) 두 집단을 대상으로 실험을 하였다.

실험 데이터는 녹음된 사고기술법(think-aloud protocol: TAP)와 트랜스로그(Translog)에 기록된 키 입력을 종합하여 추출하였다(야콥슨, 1999). 참여자를 대상으로 번역 작업 완료 직후 간단한 면담을 하여 전반적인 문제해결, 좀 더 구체적으로는 텍스트의 결속 구조와 관련된 질문을 하였다.

천주교회의 이중잣대에 대해 논평한 문학적 저널리즘(literary journalism)에 속하는 논증적 신문 텍스트를 스페인 유력신문 El País Semanal에서 발췌하여 실험에 사용하였다(이 유형의 레지스터의 특징은 블랑카포르트와 발스, 2004: 255) 참조). 논쟁의 그물망(network) 성격을 보여주는 길고 복잡한 텍스트를 선택하여 담화에서의 추론 및 외연화 패턴을 볼 수 있도록 하였다. 그 다음 문맥상 관계가 일관된, 즉 문맥의 명제 내용상 관계를 추론할 수 있는 출발 텍스트에서는 논증적 연결어(connective)를 삭제하였다(ST는 부록 1참조, 원본 텍스트의 연결어는 **굵은 글씨**체로 표시). 마지막으로 번역학 전문가인 스페인어 원어민이 ST의 논증 구조를 살펴보도록 하여, ST의 의미 관계를 파악하여 범주화한 후 텍스트에 외연화 표시를 추가 하겠는지를 물었다.

ST는 10개의 내재적 의미 관계를 포함하고 있었는데, 그중 6개는 역접 관계, 4개는 인과 관계였다. 역접 관계에서, 4개는 역접 연결어를 통해, 하나는 첨가어 y를 통해, 나머지 하나는 역접-양보 연결어 aunque('although')를 통해 역접 관계가 출발 텍스트에 표시되어 있었다. 스페인어 번역 전문가는 6개의 역접 관계를 추론해 냈으며, 스페인어텍스트에서는 이러한 역접 관계가 모두 연결어를 통해 표시되어야 한다는 의견을 강조했다.[1] 인과 관계에서는, 단 1개만이 출발 텍스트에서 porque('because')를 통해 관계가 표시되어 있었다. 상기 전문가는 관계의 인과성 4개를 모두 파악했으나, 스페인어 텍스트에서는 관계적 모호함이 없어지지 않도록 이러한 인과 관계를 명시적으로 표시하지 않는 것을 선호하였으며, 특히 연결어 porque의 사용은 꺼려하였다.

해당 번역은 참여한 모든 번역사에게 통상적이지 않은(non-routine) 작업이었다. 통상적이지 않은 작업이 통상적인 작업보다 고도의 의식적 의사결정을 요구할 것이기 때문에 이런 작업을 선정하였다(야스켈라이넨 1996, 67). 번역 시 시간제한은 없었다. 전문가 집단에게는 전체 ST(740개 단어)를 번역해 달라고 요청하였지만, 준전문가들에게는 동일한 ST이지만 그중 일부(436개 단어, 생략된 부분들은 부록 1에 괄호로 표시)만 번역할 것을 요청하였다. 이것은 본 연구의 목적에는 반하는 것이었지만 필요한 결정이었다. 결과적으로, 같지 않은 실험 조건의 영향을 받은 것으로 판단되는 데이터는 분석에서 제외되었는데, 시간 측정 데이터가 그 예이다(think-aloud에 의한 시간 지연 등 기타 변수가 간섭되었을 수도 있음(야콥슨 2003)). 같은 이유로, 분석 대상인 의미 관계는 두 번역사 집단이 모두 번역한 텍스트 부분으로 제한하였다.

3. 결과물 데이터 분석

표 1의 전문 번역사 집단의 데이터에서 볼 수 있듯이, 전문가들은 TT에 2-5개의 연결어를 추가하였고 평균 3.8개의 연결어를 추가하였다.

표 1. 결과물 데이터, 전문 번역사 집단의 TT 외연화 개수

ST 관계 10개	TT외연화
전문가 1	4
전문가 2	2
전문가 3	5*
전문가 4	4
전문가 5	4
평균	3.8

*연결어 하나는 인정불가.

이에 대응하는 준전문가 그룹의 데이터는 표 2에서 볼 수 있다. 변이는 동일했다. 즉, TT에 2-5개의 연결어를 추가했으며, 평균은 3.3개였다.

표 2. 결과물 데이터. 준전문 번역사 집단의 TT 외연화 개수

ST 관계 10개	TT외연화
준전문가 1	3
준전문가 2	3*
준전문가 3	3
준전문가 4	2
준전문가 5	4
준전문가 6	5
평균	3.3

*연결어 하나는 인정불가.

전문가 집단의 TT 명시성 평균 수준을 준전문가와 비교하면, ① TT에 채택된 명시성의 수준은 평균적으로 제한적이며, ② 두 집단 간 차이가 그리 크지 않음이 발견되었다.

TT 내 두 가지 관계 범주 각각에 대해 채택된 명시성의 평균 수준을 비교하면 두 집단 간 좀 더 명확한 차이가 나타났다(표 3).

표 3. 결과물 데이터. 관계 범주에 따른 두 번역사 집단의 TT 외연화

	역접 관계(ST에 6개 관계) TT 외연화	인과 관계(ST에 4개 관계) TT 외연화
전문가 5명	15 (50%)	4 (20%)*
준전문가 6명	17 (47.2%)*	3 (12.5%)
평균	48.5%	15.9%

*연결어 하나는 인정불가.

역접 관계의 평균 TT 표시는 48.5%로 15.9%인 인과 관계보다 훨씬 높았다. 두 집단 모두에서 같은 경향이 관찰되었다. 관계의 두 유형에 대해 채택된 명시성 수준을 비교하면, 역접 관계의 명시적 표시 선호도에 관한 프라도(영어)와 칼그렌(스웨덴어)의 관찰이 적어도 어느 정도는 덴마크어에도 확장됨을 알 수 있다. 그러나 역접 관계의 약 절반이 TT에서 표시되지 않았기 때문에, 본 연구결과를 통해서는 외연화에 대한 '선호도'가 발견되었다고 할 수는 없다. 하지만 인과관계에 대한 결과는 해석이 모호할 수 있으며(관계 8과 9), 본 경우에 외연화는 당연한 선택이 아닐 수 있다는 점을 유념해야 한다.

표 4에 보이는 TT 외연화 분포는 같은 범주-역접 또는 인과-의 경우에도 명시성 수준의 차이가 명확하여 실제 담화에서 매우 불균등한 패턴을 보였다.

이러한 수치는 문맥 변수가 번역사의 추론 및 의사결정에 간섭함을 시사한다. 명시성이 낮은 두 관계(R7: 올바른 외연화 2개; R8: 올바른 외연화 없음)를 집중적으로 살펴보면, 해당 관계 앞 문장에서 모호하거나 심지어 잘못된 번역의 예를 발견할 수 있다. 역접-양보 관계 7에서, 7개의 TT는 '모든 어린이는 평등(equal)하지 않다'라고 하지 않고 '모든 어린이는 같지(alike) 않다'라고 번역하는 등 수용성이 의심될만한 번역이 포함되어 있었다. 번역사는 해당 ST를 완전히 이해하지 못한 것으로 보이며, 이로 인해 관계를 추론하기가 어렵거나 불가능했다. 관계 8의 경우 앞 문장에 오역이 4건 있었다. 그중 둘은 TT가 ST와는 다른 '새로운' 의미로 번역되면서 역접 표시가 추가되는 결과로 이어졌다. 이런 사례가 총 13건 발견되었는데 그중 5건은 전문가 집단에서, 8건은 준전문가 집단에서 발견되었다. 그중 11건에서는 직역이 이루어졌다. 역접관계 4의 경우, 모든 번역사가 직역을 한 것으로 볼 수 있는데 이를 텍스트 이해의 문제로 보거나, 언어적 문제의 해결을 위해 선택한 것으로는 설명하기 어렵다.

표 4. 결과물 데이터. 두 번역사 집단의 TT 상 외연화 분포

	전문가 5명 TT 외연화	준전문가 6명 TT 외연화	총계
관계 1: 역접	3	5	8
관계 2: 역접	5	2	7
관계 3: 인과	2	2	4
관계 4: 역접	0	0	0
관계 5: 인과	1	0	1
관계 6: 역접	3	4	7
관계 7: 역접-양보	0	2	2
관계 8: 인과	1*	1*	2
관계 9: 인과	0	0	0
관계 10: 역접	4	4	8

*연결어 하나는 인정불가.

4. 과정 데이터 분석

4.1 트랜스로그 파일

숙련된 번역사는 덜 숙련된 번역사보다 더 큰 번역 단위(translation unit)를 처리하는 것으로 알려졌다(야콥슨 2003). 분할(segmentation) 정보는 로그 파일에서 알 수 있다. 야콥슨(2003, 89)의(임시) 기준에 따라, 휴지기 기준(pause-defined) 분할방식을 선택하였다. 즉, 본 연구에서 세그먼트(segment)는 5초 이상의 휴지기(pause) 두 개 사이의, 스페이스(space)를 포함한 모든 키 입력으로서 정의된다. ST 글자 100개당 두 번역사 집단의 평균 세그먼트 수는 표 5와 6에 나와 있다.

표 5. 전문가 집단의 분할 수치

	세그먼트 개수/ ST 100자
전문가 1	9.05
전문가 2	6.93
전문가 3	6.12
전문가 4	5.87
전문가 5	8.57
평균	7.30

표 6. 준전문가 집단의 분할 수치

	세그먼트 개수/ ST 100자
준전문가 1	8.03
준전문가 2	8.95
준전문가 3	7.36*
준전문가 4	8.55
준전문가 5	7.36*
준전문가 6	9.27
평균	8.25

*세그먼트 개수가 같음.

ST 100자 당 평균 세그먼트 수는 전문가 집단이 7.3, 준전문가 집단이 8.25로 0.95의 차이를 보였다. 개인적 차이는 더 큰 것으로 나타났으며, 예상외로 이 차이는 전문가 집단에서 더 크게 나타났는데, 세그먼트 수의 범위가 5.87에서 9.05였다. 분할 데이터는 결과물 데이터와 일관성을 보였다. 즉, 분할 데이터 분석(ST의 인지적 처리 패턴) 결과, 두 집단 간 명확한 차이는 나타나지 않았다.

번역사의 번역 단계(translation phase)에 관한 로그 데이터는 다음 패턴을 보였다. 쓰기(writing) 단계에서, 전문가는 새로운 문장의 번역을 시작할 때 TT에 연결어를 추가하는 경향을 보였다. 연결어는 단선적 순서(linear sequence)상 '올바른' 위치에 추가되었고, 새로운 문장 앞에 휴지기가 없을 때에는 번역사가 관계 추론에 필요한 몇 단어를 쓴 후 최소의 지연을 보이며 연결어를 추가했다. 이 단계에서 준전문가의 패턴은 전문가와 거의 같았으나, 약간 더 주저하는 경향이 있었다. 하지만 수정(revision) 단계에서는 집단 간 의사결정 활동이 확연한 차이를 보였다(표 7).

표 7. 과정 데이터. 쓰기 및 수정 단계에서 생성된 TT 외연화

TT 외연화	쓰기 단계	수정 단계
전문가 5명	18	1
준전문가 6명	13	7

쓰기 단계에서의 선택한 선락을 유지하는 전문가와는 대조적으로, 준전문가 집단은 수정단계에서 연결어를 재고하는 경향을 보여 4명의 준전문가가 이 단계에서 7개의 연결어를 TT에 추가했다.

평균적으로, 35%의 연결어가 수정 단계에서 삽입되었다. 이 데이터는 연결어의 전략적 선택에 관한 전문 번역사의 의사결정이 경험에 의해 쉬워진다는 가정, 즉 전문 번역사는 통상적 절차를 따르게 된다는 가정을 뒷받침하는 것이다.

그럼 TT에 추가된 연결어가 쓰기의 뒷단계나 수정 단계에서 삭제된 경우도 있었을까? 이러한 수정은 참가자가 의미적 관계를 추론했으나, 최종적으로 직역을 선택했다는 것을 의미할 것이다. 로그 데이터가 제시하는 답은 명확하다. 어느 참가자도 나중 단계에서 연결어를 삭제한 경우는 없었다.

크링스(Krings, 1986, 121)에 의하면 단위 앞의 휴지기는 문제 해결의 (2차적) 지표이다. 텍스트 상에 인쇄되어 있는 문장이 이해의 보편적 단위이므로(세귀노트 1996, 82), 휴지기는 새로운 문장 앞에서 이루어지는 것이 일반적이다. 휴지기는 다음(또는 이전) 문장의 문제 단위나 두 문장간 관계를 정신적으로 처리하고 있음을 뜻할 수 있다. 따라 휴지기는 문제를 나타내는 지표로 사용될 수는 없다. 하지만 그 반대의 경우, 즉 초기 휴지기(initial pause)의 부재는 정신적 처리작용이 크지 않음을 의미할 수 있다. 예상대로, 이러한 부정적 증거는 일부 발견되었다. 총 6명의 번역가가 인과관계 3과 역접관계 4 이후에 문장 전 초기 휴지기를 가지지 않았다.

또 다른 문제지표는 수정이다. 특히 초안에서 ST를 잘못 이해하여 발생하는 번역 오류가 수정 단계에서 고쳐지는 경우이다. 인과 관계 8과 관련하여, 7명의 참가자가 이전 문장의 한 단위(debía de, 'apparently was'(명백히)를 뜻함)를 번역하기 어려워했다. 결과물 데이터를 보면, 4건의 수용할 수 없는 번역이 나왔다(전문가 1건, 준전문가 3건). 로그 데이터를 보면, 초안에서 있었던 3건의 오역을 전문가 3명이 수정 단계에서 수정한 증거가 있다.

4.2 사고구술법(Think-aloud protocol, TAP)과 회고 면담

사고구술법(TAP)은 준전문가 집단에서 어휘 문제가 압도적 특징임을 보여준다. 준전문가 한 명은 단어의 의미를 확인하기 위해서가 아니라 단어의 뜻을 전혀 알지 못해서 사전을 찾아본다고 말했다. 모든 참가자가 텍스트 이해와 관련된 문제와 대용어(anaphor)와 준거(reference)라는 두 종류의 ST 결속성(cohesion)을 명확히 구분하는 것과 관련하여 상당한 시간을 할애했다. 그러나 참가자들은 문장간 관계와 관련해서는 대체로 짧은 코멘트만을 하였는데, 특정 문장 시퀀스를 소리내어 읽고 이를 적절한 연결어를 사용하여 번역하는 시간 안에 문장간 관계에 대한 코멘트는 끝이 났다.

시퀀스를 쓸 때(또는 쓰기 전에) 소리 내어 읽는 것 이외에, 참가자 구술은 다음의 두 가지 정보를 포함한다. ① 관계 범주에 대한 메타언어적(metalinguistic) 언급. 예: "대비를 강조하고 싶다."; ② 연결어를 추가한 이유 표현: "덴마크어에서는 약간 연결이 안 되는 것 같다". 이런 언급은 전문가 집단에서 더 빈번하고, 광범위하고, 정보제공적이었는데(유형 2), 모든 번역사가 ST의 의미를 자연스러운 덴마크어 TT로 생성해야 하는 필요성을 지적했다. 구술 보고서는 두 가지 측면에서 지금까지의 데이터 분석을 뒷받침해 준다. 즉, 번역사들은 ① 인과관계를 제외하고 역접 관계에 대해서 논했다, ② 관계의 직역에 대해서는 언급이 없었다.

회고 면담은 아래 세 가지 측면에 특히 초점을 두어 분석하였다. ① 통상적 절차, ② 참가자들이 TT 작성 시 한 일에 대해 회고하여 말한 것과 실제로 한 일의 일관성을 상기 분석한 결과물 및 과정 데이터에 의거하여 고찰, ③ 외연화의 범주, 즉 '독자(reader) 기반' 외연화인지 '텍스트 기반' 외연화인지의 여부(블룸-쿨카, 1986; 클라우디, 1993 & 1998; 세귀노트, 1996; 디미트로바, 2003; 핌, 2005)

여기서 말하는 통상적 절차란 유사한 단위를 번역하며 겪은 어려움의 반복적 해결을 통해 때문에 전략적 의사결정에 시간이 걸리지 않는 상황을 말한다. 이는 같은 해결방법을 선택한다든지 의식적인 결정을 할 수 없다는 뜻은 아니다. 전문가 집단에서, 세 명의 번역사(각각 4건씩의 외연화 실행)는 TT에서 논증적 명시성을 증가시키기 위해 의식적 선택을 했다고 말했다. 즉, 그들은 외연화가 없이는 덴마크어 텍스트가 그 자체로서는 텍스트로의 기능을 하지 못하리라고 생각했다. 두 명의 전문가는 텍스트 결속성/결속구조에 대해 질문했을 때 다소 놀라는 듯 보였다. 그중 한 명(5건의 외연화)은 ST의 결속성이 좋았다고 답했다. 하지만 TAP데이터를 보면 이 번역사는 의식적으로 국소적 선택들을 했음을 알 수 있다. 또 다른 한 명의 전문가(2건의 외연화)는 연결에 대해서는 생각하지 않았다고(그렇게 하는 것이 습관화되어 있지 않다고) 말하였다. TAP에서 이 전문가는 자신이 TT에 추가한 연결어에 대해 언급하지 않았다. 이 경우에는 절차가 자동화되어 있었던 것으로 보인다. 데이터 분석 결과, 전문가들은 지속해서 다양한 수준에서 전략적 결정을 하는 것으로 나타났다. 그들의 결정은 빨랐으며, 연결어 추가 전에 주저하지 않았고, 처음의 선택을 유지했으며, 회고 면담 시 선택의 적절성에 대해 의문을 제기하지 않았다.

준전문가들의 전체적 전략은 그들의 국소적 선택과 그다지 일치하지 않는 것으로 보였다. 세 명의 준전문가(외연화 2건/3건/3건)는 TT 외연화를 선택했다고 말했으나, 데이터에 의하면 제한된 정도로만 그렇게 했음이 나타났다. 한 명의 준전문가(외연화 3건)는 나머지 번역사들과 구분되었는데, 이 준전문가는 ST 충실성이 최고의 우선순위였으며 내재적, 논증적 ST 스타일을 TT에 그대로 옮기는 것을 선택했다고 말한(완전히 그렇게 하지는 않았지만) 유일한 참가자였다.

번역사들의 말은 직역된 의미 관계는 의식적 정신 처리를 거치지 않았음을 보여주었다. TT에서의 관계 명시성을 높이려고 했다는 번역사들은 실제로도 그렇게 했다. 하지만 그들이 몇몇 연결어를 추가하였음에도 불구하고 TT는 여전히 상대적으로 높은 수준의 관계 내재성을 보인다는 점을 깨닫지 못하는 듯 보였다.

도착 문화의 지배적인 규범과 연결되는 '독자 기반 외연화'와 번역 과정 자체로 연결될 수 있는 '텍스트 기반 외연화' 사이에는 전반적인 차이가 있었다(블룸-쿨카 1986, 24). 세 명의 전문가와 5명의 준전문가는 그들의 최우선순위가 TL 표준에 따라 일관되고 자연스러운 덴마크어 TT를 만드는 것이라고 주장했다. 이에 따라 8명의 번역사는 TT에서 독자 기반 외연화를 포괄적 전략으로 선택했다. 하지만 국소적으로 이루어진 외연화에 대한 TAP 언급을 보면 확실히 범주를 구분할 수는 없었다(pp. 230-231). 설명적 유형의 구술 코멘트는("덴마크어에서는 약간 연결이 안 되는 것 같다")'독자 기반'으로 분류할 수 있으나, 메타언어적 유형의 구술 코멘트("대비를 강조하고 싶다")는 분류가 확실하지 않았다. 핌(2005)이 지적한 바와 같이, 이 두 범주는 서로 겹친다. 즉, 번역은 이중적 성격을 전제로 한다. 번역사가 독자이자 중재자인 것이다. 하지만 연구자는 본 연구에서 이루어진 여러 분석이 외연화 가설에 접합하다고 생각하며, 본 연구의 실험 데이터가 이를 어느 정도 뒷받침한다고 믿는다.

5. 결론

본 실험의 두 참가자 집단은 TT 외연화 수치와 관련하여 예상보다 높은 정도의 유사한 행동을 보이는 것으로 나타났다(표 1과 2). TT 명시성을 전략적으로 선택하리라는 가정은 대체로 실험 결과와 일치했으며, 관계 범주/소범주에 따른 TT 명시성 수준에 차이가 있으리라는 예상도 대체로 실험 결과와 일치했다(표 3과 section 1). 역접 관계에서, TT상 외연화에 있어서 그 개수가 0~8까지 불균등한 분포를 보인 것(표 4)은 추론 과정에 문맥 변수가 간섭했음을 시사한다. 이에 대한 증거는 결과물 데이터를 통해서도 볼 수 있는데, 바로 성공적인 추론을 저해하는 번역오류가 포함된 TT가 그 증거이다. 과정 데이터는 이를 더욱 뒷받침해준다. 즉, 해당 관계 이전 문장을 초벌 번역에서 수정한 점, 쓰기 단계에서 이루어진 외연화의 삭제(추론을 나타내는 것일 수 있음)가 없었다는 점, 의미 관계의 내재적 번역에 대한 언급의 부재, 정신적 처리를 위해 새로운 문장 앞에 초기 휴지가 없었다는 점, 마지막으로 번역상 전반적으로 다소 높은 수준의 관계 내재성이 있음을 인지함이 사고구술을 통해 표현되지 않은 점 등은 그 증거가 된다. 하지만 과정 데이터에서 제공되는 증거는 간접적이라는 사실을 유념해야 한다. 결속 구조와 관련된 통상적 절차가 경험과 연관성이 있다는 가정 또한 과정 데이터에서 뒷받침되었는데, 과정 데이터는 전문가들이 준전문가보다 훨씬 더 초기 전략적 선택을 유지하는 경향을 보여 주었다(표 7). 더 나아가, 전략적 의사결정에 관해 전문가 집단이 한 말은 그들의 포괄적 전략 결정과 국소적 전략 결정 간에 일관성이 더 높음을, 그리고 더 강한 확신이 있음을 시사한다. 마지막으로, 본 연구 실험적 성격과 실험 결과가 가지는 잠정적 특성을 강조해야 하겠다. 본 논문에서 논의된 사안들은 추후 추가 연구가 필요하다.

미주

1.마리아 필라 로렌조(María Pilar Lorenzo, 코펜하겐 경영대학원)

부록

부록 1

스페인어 출발텍스트: Santa Madre, 안토니오 무뇨즈 몰리나(Antonio Muñoz Molina), El País Semanal, 2001년 2월 25일.

La santa Iglesia católica prohíbe a sus fieles el control de la natalidad y el uso del preservativo y aconseja a las monjas misioneras que tomen anticonceptivos. [Tan pintoresca paradoja quizá tenga que ver con la respuesta que el por tantos motivos entrañable ex obispo de San Sebastián dio unas señoras católicas que fueron a sugerirle que quizá la Iglesia debería mostrar hacia las víctimas del terrorismo al menos una solicitud semejante a la que dedica a los terroristas presos.] Estos últimos lo son en virtud de crímenes que cometieron deliberadamente. ←R1: adversative; ST: y (and) → Aquéllas lo han sido contra su voluntad. Molesta y dolorosa, la separación que sufren los presos y sus familias es remediable. ←R2: adversative; ST: mientras que (whereas) → No hay modo de que los seres queridos de las víctimas se reúnan más con ellas, al menos en este mundo terrenal. [El noble prelado, que al parecer celebraba su audiencia campechanamente tirado en su sofá, respondió a sus visitantes con una pregunta que desde entonces se ha hecho célebre: "¿Y dónde está escrito que un padre deba querer por igual a todos sus hijos?"]

En mi cualidad de hijo, y también en la de padre - padre biológico y no espiritual o virtual, como monseñor Setién- , esa pregunta suya me ha sumido en graves cavilaciones. ←R3: causal; ST: implicit → Hombre, si él, que sabe tanta teología, dice que no está escrito en ninguna parte que los padres deban querer por igual a todos los hijos, será que no lo está. ←R4: adversative; ST: pero (but) → Cuando uno es hijo le gusta pensar que no es menos querido que sus hermanos y cuando es padre se da cuenta del valor que tiene para la estabilidad sentimental de los niños la conciencia de que no hay privilegios ni desigualdades entre hermanos y de la espantosa injusticia que cometen un padre o una madre cuando se dejan llevar por afinidades o preferencias hasta el extremo impúdico de prodigarle a un hijo lo que escatiman al otro. Quizá si un padre albermo impúdico de prodigarle a un hijo lo que escatiman al otro. Quizá si un padre alberga en su corazón esa mezquindad debería esforzarse en no hacerla visible. ←R5:casual; ST: porque (because) → Es posible que no haya amargura más decisiva en una existencia humana que la de quien siente que no fue querido por sus padres.

[Bien es verdad que la paternidad de monseñor Setién y la maternidad de la santa madre iglesia son de más sustancias espiritual que las de los hombres y mujeres comunes. Nosotros no podemos entender los designios del cielo.] Desde un punto de vista celestial, es comprehensible que una monja tome anticonceptivos. ←R6: adversative; ST: pero (but) → No es lícito que una mujer pobre y trabajdora, en uno de esos países en los que los hombres son poco más que parásitos brutales, procure no tener más hijos de los que puede alimentar o no verse esclavizada por una maternidad que le quiebre la salud y le esclavice sin remedio la vida. La santa madre y los diversos santo padres que la sirven en el mundo se disviven por la salud y la integriad del embrión humano. Pero una vez que ha llegado a este valle de lágrimas prefieren que conserve su integridad espiritual, aunque contraiga y difunda enfermedades terribles, a que cometa el pecado gravísimo de mantener relaciones sexuales usando un preservativo.

No todos los hijos son iguales. ←R1: adversative-concessive; ST: aunque (although) → A ojos profanos pueden parecer hijos legítimos. [Para la Iglesia católica, con excepciones individuales y heroicas, los judíos eran más hijastros renegados que hijos de Dios. Ni su persecución ni su exterminio durante la II Guerra Mundial movieron al Vaticano a un solo gesto clao y compasivo. Las altas autoridades eclesiásticas tampoco hicieron nada cuando los perseguidos fueron católicos opuestos al fascismo. Su santidad Pío XII, tan prudente a la hora de distanciarse de los nazis, bautizó con veloz entusiasmo de cruzada la sublevación militar del general Franco.]

Gregorio Ordóñez, que en paz descanse, que era un demócrata ejemplar y un católico conservador y fervoroso, no debía de ser uno de esos hijos que merecen el cariño pleno de la santa madre. ←R8: casual*; ST: implicit → A Gregorio Ordóñez los buenos padres jesuitas de San Sebastián le negaron el cobijo de sus sedes eclesiásticas para un funeral en el quinto aniversario de su asesinato. ←R9: casual; ST: implicit → Los padres, tan apolíticos, temían que se politizara impíamente el acto. ** Uno pensaba que la muerta lo igualaba todo. ←R10. adversative; ST: pero (but) → Incluso después de muertos hay hijos más queridos que otros. [Con padres así no es raro que las iglesias están cada vez más huérfanas de feligreses ni que haya cada vez más hijos saludablemente emancipados de una protección tan bondadosa, tan desigual.]

*The relation is vague and could be explicited by menas of es que.

** The relational content (disagreement/disapproval) is contained in an idiomatic phrase in Spanish as well as Danish (And I thought···).

참고문헌

1. Blum-Kulka, Shoshana. 1986. "Shifts of cohesion and coherence in translation". In *Interlingual and Intercultural Communication: Discourse and Cognition in Translation and Second Language Acquisition Studies*, J. House and S. Blum- Kulka (eds), 17-35. Tübingen: Narr.

2. Calasmiglia Blancafort, Helena and Tusón Valls, Amparo. 2003. *Las cosas del decir. Manual de análisis del discurso*. Barcelona: Ariel Lingüística.

3. Chesterman, Andrew. 1997. Memes of Translation. Amsterdam & Philadelphia: John Benjamins.

4. Díez Prados, Mercedes. 2003. *Coherencia y cohesion en textos escritos en ingles por alumnus de filología inglesa (studio empírico)*. Alcalá de Henares: Universidad de Alcalá de Henares.

5. Englund Dimitrova, Birgitta. 2003. Explicitation in Russian-Swedish translation: sociolinguistic and pragmatic aspects. In *Swedish Contributions to the Thriteenth International Congress of Slavist.Ljubljana, 15-21 August*, B, Englund Dimitrova and A. Pereswetoff-Morath (eds), 21-31. Lund: Slavica Lundensia Suplementa.

6. Galán Rodríguez, Carmen. 1999. "La subordinación casual y final". In *Gramática Descriptiva de la Lengua Española*, I. Bosque and V. Demonte (eds), 3597-3642. Madrid: Real Academia Española.

7. Jakobsen, Arnt L. 1999. "Logging target text production with Translog". In *Probing the process in translation: methods and results*, G. Hansen (ed.), 9-20. Copenhagen: Samfundslittleratur.

8. Jakobsen, Arnt L. 2003. "Effects of think aloud on translation speed, revision, and segmentation". In *Triangulating Translation*, F. Alves (ed.), 69-95. Amsterdam & Philadelphia: John Benjamins.

9. Jääskeläinen, Riitta. 1996. "Hard work will bear beautiful fruit. A

comparison of two thinkaloud protocol studies". *Meta* XLI (1): 60-74.

10. Klaudy, Kinga. 1993. "On the explicitation hypothesis". In *Transferre necesse est... Current issues of translation theory*, K. Klaudy et al. (eds), 69-77. Szombathely: Daniel Berzsenyi College.

11. Klaudy, Kinga. 1998. "Explicitation", In *Routledge Encyyclopedia of Translation Studies*, M. Baker (ed.), 80-84. London: Reutledge.

12. Kring, Hans P. 1986. *Was in den Köpfen* vonÜbersetzern vorgeht. Tübingen: Narr.

13. Pym. Anthony. 2005. Explaining explicitation. Available on-line at http://www.fut.es/~apym/welcome.html

14. Séguinot, Candace. 1996. Some thoughts about think-aloud protocols. *Target 8* (1): 75-95.

15. Tirkkonen-Condit, Sonja. 1992. "What happens to a uniquely Finnish particle in the processes and products of translation".In *IV Scandinavian Symposium on Translation Theory: Translation and Knowledge, Turku*, 4.-6., Y. Gambier and J. Tommola (eds), 273-284, Turku: University of Turku.

16. Vinay, Jean-Paul and Darbelnet, Jean. 1958. *Stylistique Comparée du Français et de l'Anglais*. Paris: Didier.

분리, 기술, 어플리케이션

DTS, 코퍼스(corpus) 기반 연구, 대조 분석 (contrastive analysis) 간의 인터페이스*

로사 라바단 Rosa Rabadán
레온 대학교University of Leon, 스페인

DTS와 다른 관련 분야와의 교차점은 일상적인 방법론상의 차이를 뛰어넘어 잠재적으로 풍성한 연구 자원을 제공할 수 있다. 코퍼스 기반 대조 연구가 이에 해당하는데, 코퍼스 기반 대조 연구는 그 기술적 특징으로 인해 기술적(descriptive)이라고 지칭되는 절차 및 연구 프로토콜을 공유하면서 응용 번역(applied translation)을 위한 값진 도구로 부상하고 있다. 본 논문은 ACTRES 코퍼스 기반 연구 절차를 설명하여, 번역에서의 언어 조합(language pair) 문제의 이유를 파악하고 어플리케이션(application) 중심 방식의 문제 영역을 분석하고자 한다. 본 논문의 목적은 교차언어 규정(cross-linguistic regularities)을 수립하고 기술적으로 올바른 번역 옵션/솔루션 목록을 형성하는 것이다. 이는 어플리케이션 구축의 토대가 된다.

KEYWORDS

번역 어플리케이션(translation applications), DTS, 대조 분석(contrastive analysis), 코퍼스 기반 연구(corpus-based research), ACTRES

* 본 논문을 위한 연구는 스페인 과학기술부(MCyT)가 지원한 프로젝트 BFF2001-0112의 일환으로 수행되었다. 로버즈(R. Robers)와 익명의 검토자에게 본 논문에 유용한 코멘트를 해준 것에 대한 감사를 표하고 싶다.

1. 서론

대조 분석(contrastive analysis)과 번역의 관계는 여러 문서를 통해 논의된 바 있으며, 이 두 분야 연구자 간의 협력 부재에 관한 우려는 빈번히 제기되어 왔으나(체스터만, 1998, 6) 두 분야는 이러한 우려를 무시해 왔다. 코퍼스 기반 연구 개발(그리고 두 분야에서 이의 명백한 중요성)은 자원 공유의 필요성(그레인저, 2003, 26)과 우리가 이미 가지고 있는 것을 새롭게 적용하는 방식을 모색할 필요성을 강조해 왔다.

이 세 분야, 즉 대조 분석, 번역학, 코퍼스 기반 연구 간의 상호의존성을 어떻게 활용하여 어플리케이션 지향 데이터를 얻을지 보여주는 것이 본 논문의 목적이다. 여기에서 번역 어플리케이션이란 반자동화가 가능하며 기존 어플리케이션과 함께 사용될 수 있는, 번역/평가/수정/훈련 등의 특정 목적을 가진 도구를 말한다. 먼저, 각 분야가 별개의 독립 영역으로서 추구하는 것의 반대 개념으로서 각 분야의 인터페이스에 대한 기여를 간략히 살펴볼 것이다. 그 후 본 연구에 사용된 접근법과 연구문제에 대해 간략히 설명하겠다. 그 다음 유사(comparable) 코퍼스 데이터와 병렬(parallel) 코퍼스 데이터가 ACTRES[1] 프로젝트(라바단 외, 2004)에 사용되는 방법과 얻을 수 있는 정보의 유형에 대해 살펴볼 것이다. 제시된 예시 사례는 영어-스페인어 언어조합의 문제 영역인 양식(modality)-필요성(necessity) 분야의 어휘이다. 본 논문의 마지막 부분은 절차의 적절성과 입수한 데이터를 사용할 수 있는 방법들에 관한 것이다. 본 논의는 전적으로 문법적 차원에 집중되며, 영어 ⇒ 스페인어 번역에 관한 것으로 국한된다. 개념화(conceptualization)는 의미적 교차 표현(cross-labeling)에 제한된 것이며 보편성을 주장하지는 않는다[2].

2. 대조 분석, DTS, 코퍼스 기반 연구

대조 분석(CA)은 모든 번역 고찰의 기저를 이루는 교차 언어적 핵심(cross-linguistic)을 제공한다. 하나의 독립된 연구 분야로서, 대조분석의 목적은 둘 이상의 언어에서 언어 간 차이점과 유사점을 밝히는 것이다(가르시아, 2002). 이는 주어진 언어 중 하나의 언어 모델의 이론적, 방법론적 틀 안에서 이루어진다. 더욱 광범위한 연구의 일부로서, 대조분석의 목적은 출발어로 표현된 기능 중 도착어의 '유사한' 표현 자원으로 같은 뜻이 전달되지 않는 것을 파악하여 두 언어체계 간의 계통적 차이점을 찾고 대응어(correspondence)를 모색하는 것이다.

기술 번역학(Descriptive Translation Studies; DTS)의 목적은 서로 다른 절차에서 수집된 실험 데이터로부터 번역 행동의 규칙성을 찾는 것이다. 이러한 규칙성이 발견되는 수준과 그에 대한 명칭은 논쟁의 대상으로서 많은 관심을 받아 왔다(티모크즈코, 1998; 투리, 2004). 하지만 번역 관행을 설명한다고 해서, 번역 시 문제가 발생했을 때 어떻게 처리해야 할지, 또는 전환(shift)을 어떻게 해석 또는 평가할지, 또는 번역 해결방법들에 어떤 것이 있으며 이들이 보편적인 '중립적' 관행과 어떻게 다른지 등이 바로 분명히 드러나지는 않는다. 문제는 규칙에서 벗어난 것을 어떻게 파악하고, 그 이유를 모색하고, 가능한 표현 방법들을 모를 때 어떻게 결정을 내릴 지이다. DTS는 번역 연구에 관한 기술적-설명적 접근법의 핵심이고 중심이지만, 좀 더 도구적인 위치에서 교차언어 대조시 맞닥뜨리게 되는 공백(gap, 즉 출발어에서는 선택된 표현 자원으로 기술되지만 도착어에서는 '교차언어 유사어로 인식되는' 형태로는 기술되지 않는 기능)에 대해 명백한 대응어가 아닌 대안들을 제공하는 방법으로 사용될 수도 있다.

고유한 하나의 분야로서의 코퍼스 언어학(Corpus Linguistics: CL)은 자연 발생 언어의 큰 덩어리(코포라: corpora)의 자동화 또는 컴퓨터 보조 분석에 초점을 맞춘다. CL의 목적은 실험 데이터에 기반을 두어 언어의 서로 다른 측면을 객관적으로 설명하는 것이다(http://www.ling.lancs.ac.uk/monkey/ihe/linguistics/contents.htm, 2005년 2월 9일).

코퍼스 기반 분석은 인터페이스에 대한 실증적 관점을 도입하여 번역의 정성적 상태의 근거가 되는 객관성을 제공할 뿐만 아니라 정량적 데이터 중심의 방법론을 구성하기도 한다(그레인저 2003: 21-22).

유사 코포라(베이커, 1995에서는 다중언어 코포라)는 대조 언어학자에게는 탁월한 도구로서, 문제 영역에서의 언어 간 차이점과 유사점을 나타내는데 도움이 된다. 적절하고 대표적인 단일언어(monolingual) 코포라가 이미 이용가능하다면, 이를 하나의 (또는 그 이상의) 유사 코포라의 소스 코포라로 만드는 방법, 즉 단일언어 코포라부터 현상 구체화한(phenomenon-specific) 코포라를 추출하는 방법을 모색하는 것이 타당해 보인다. 이런 대조를 통해, 각 언어의 실제 그림에 대한 정량적, 정성적 정보를 모두 얻을 수 있다.

DTS는 병렬 코포라(그리고 번역 코포라)와 연관이 있으며, 이것이 ACTRES 인터페이스에 이바지하는 부분은 '유사' 데이터에 대한 대조 분석에서 채워지지 않은 부분들을 채우는 것이다. 이런 유형의 코포라를 사용하면, 대상 기반 관점(target-based perspective)을 채택하여 문제를 파악하고, 덜 중심적인(less central) 대안적 표현 자원에 접근할 수 있다. 통계 데이터가 중요하다는 것은 의심의 여지가 없지만, 추후 연구 및 고급 어플리케이션의 문을 여는 것은 정성적 결과이다(티모크즈코

1998: 654).

3. 실험 데이터 대조: 유사 코포라 사용

연구 순서에서 첫 부분은 기본적으로 번역되지 않은 언어를 다루므로 전혀 번역적이지 않다.

언어 간 공백(gap)과 정량적 차이를 파악하기 위한 도구로서 CA를 사용하는 것은 주요 관심사가 정량적 또는 (원칙적으로 더 중요한) 정성적 차이에 있음을 인식하는 것과 같다. 이를 위해, 기능적 관점(functional perspective)이 채택되었는데, 특히 러시아 언어학자 본다르코(Bondarko, 1991)가 제시한 기능적-의미적 필드(field)의 개념을 활용하였다. 기본적으로, 본다르코는 다중체계(polysystemic) 인터페이스의 개념을 옹호했는데, 그에 의하면 하나의 의미적 기능(예: 필요성)은 하나의 중심 형식과 관련되지만 동시에 동일한 기능을 전달하기 위해 좀 덜 중심적인 형식도 사용한다는 것이다. 형식-의미 연계(form-meaning association)는 서로 다른 언어에서 서로 다른 범주와 관련되는데, 영어에서는 조동사(modal verb), 스페인어에서는 우언법(periphrastic construction) 또는 법(mood)이 이에 해당한다. 이 모델을 선택한 이유는 ① 교차 언어적으로 사용되었을 때, 번역학자에게 매우 친숙한 중심-주변(center-periphery) 모델을 사용하여 주어진 의미를 전달하는 서로 다른 문법 자원을 연구자가 쉽게 설명할 수 있고, ② 대체로 형식 ⇒ 의미 분석을 선호하는 모델과 달리(테일러, 2003: 172-181), 본다르코의 모델은 형식이나 기능 중 하나에서 시작할 수 있고 기술(description) 도중에 하나에서 다른 하나로 변경할 수 있도록 해주기 때문이다. 형식에서 의미로 가는 방법은 의미적(semasiological) 기술로 이어지고, 의미에서 형식으로 가는 방법은 명의론적(onomasiological) 기술, 또는 우리의 최종 목표에 따라 이 둘의 조합으로 이어질 것이다(크루즈, 2004: 362-364). 이 모델의 또 다른 장점은 모델이 매우 유연하여, 필요에 따라 여러 단계의 다양한 이론적 모델 하에서 이루어진 해석을 활용할 수 있다는 것이다.

3.1 도구와 절차

ACTRES에 사용된 데이터는 두 개의 포괄적 단일언어 참조 코포라, 즉 the Bank of English(http://www.collins.co.uk/books.aspx?group=153) [2007년 3월 28일]와 the Corpus de Referencia del Español Actual (CREA http://corpus.rae.es/creanet.html) [2007년 3월 28일]에서 가져온 것이다. 연구자들은 이들로부터 특정 현상과 관련된(phenomenon-specific) 코포라를 얻기 때문에, 이 둘은 모두 소스 코포라의 역할을 한다. 가용성과 대표성이 코퍼스 선정을 결정했으며, 대상(target) 기반 선택을 했기 때문에 CREA의 특성이 the Bank of English를 선택한 주요 동기였다(라바단: 인쇄 중). 그 특징 중 하나인 시간 범위(chronological span)가 특히 선택에 결정적 역할을 했다. 선택의 두 번째 이유는 내부 구조였다. 두 코포라는 동일한 유형의 텍스트 자료와 해당 언어의 여러 종류에 대한 같은 선택 가능성을 제공하여, 정성적 비교를 가능하게 한다. 두 코포라는 방대한 양의 텍스트를 포함하지만 우리가 사용한 하부코포라(subcorpora)는 영어 3천만 단어 이상, 스페인어 약 3천7백만 단어를 포함하고 있었다. 이 하부코포라는 영어에 대해 문어와 영국식 영어를 대표하며, 스페인어에 대해 문어와 유럽식 스페인어를 대표한다.

코퍼스 자료 분석은 선정(selection), 기술(description), 병치(juxtaposition), 대조(contrast)의 네 단계로 구성되었다(크르제스조프스키의 3단계 방법, 1990: 35). 기본적으로, 유사 데이터 분석에서 얻은 정보는 공유된 교차 언어적 의미-형식 연계와 (잠재적) 언어간 공백(gap)이다.

3.2 선정

선정 단계는 번역 문제를 제기하는 것으로 알려진 SL 자원과 그것이 속한 의미 분야(법성: modality, 상: aspectuality 등)를 파악하는 것에서 시작된다. 서두에 언급된 목표에 따라, 이러한 인풋 선택은 번역 능력에서 파생된 지식에 명백히 의존하며 번역-문제 분야만 분석 대상으로 선정하였다. '인식된 유사성(perceived similarity)'의 원칙(체스터만 1998: 69의 적절한 유사성의 제약 비교)을 사용하면, 도착어에서 교차 언어적으로 등가표현(equivalent)으로 인식된 것을 파악하는 데에 도움이 될 것이다. 이는 다음과 같이 기술될 수 있다. 번역 대안 어휘를 모색할 때, 번역사는 분석되는 SL과 유사한 것으로 인식되는 TL 자원을 우선으로 고려하는 경향이 있다. 어쨌든, 이 불특정, 직관적 절차가 언어 대조의 대부분의 시도의 기조를 이룬다(특히, 이비르, 1981).

이 시점에서 제기되는 질문은 상대적 중심성(relative centrality)과 해당 언어에서의 자원의 중요도이다.

- 각 언어에서, 교차 언어적 대응어로 간주하는 표현 방법이 하나의 특정 의미 분야와 관련되는가? 다시 말해, 영어와 스페인어에서 해당 기능적-의미적 분야의 이러한 언어 자원은 얼마나 중심적/주변적인가?
- "유사한 것으로 인식되는" 스페인어 자원은 그에 대한 영어 인풋과 비교할 때 일반적으로 동일한 기능을 나타내는가, 다른 기능을 나타내는가? 그렇다면, 대응어는 무엇이고 교차 언어적 공백은 무엇인가?

선정은 질의 항목(guerying item), 스트링(string) 등을 결정하는 것이기도 하다. 스페인어 동사에서 형태적 어형변화(morphological inflection)의 문제가 몇몇 예외를 제외하고는 항상 존재하지만 검색 항목 선택은 상당히 간단하다(표 1참조). 하지만 한 언어와 다른 언어의 '인식된 유사어'간에는 구조적 차이가 큰 경우가 있다. 예를 들어, 영어의 가정 조동사 would에 대한 스페인어의 '인식된 유사어' 형식은 조건법이다. 영어에서 would를 검색하는 것이 간단하지만 우리의 관심사는 이 조동사 형식이 뒤따르는 어휘동사에 부여하는 의미이다. 스페인어에서, 우리는 다양한 동사의 활용을 접하는데, 이는 CREA가 성공적으로 검색되려면 질의하는 어휘에 대한 의사결정을 해야 한다는 것을 의미한다. 본 연구에서는, 빈도 목록을 사용하여 가장 빈도가 높은 10개의 동사를 선택하고, 각각을 따로 검색한 뒤, 표본의 분포를 결과에 따라 통계적으로 조정하였다(라바단: 인쇄 중).

표 1. 양식-필요성 선정

형식	N	표본
MUST	16.134	390
DEBER + 동사원형	33.164	395

표본추출도 선정 단계의 일부이다. 이는 대표성의 한계점(threshold)을 구성하는 사례의 수, 즉 통계적 표본을 결정하는 것을 말한다. 지금까지, 실제 연구 대상은 n= N/(N-1)E²+1공식을 적용하여 선정되었는데, 여기서 n은 대표 표본(분석할 사례의 개수), N은 모집단(검색에서 나온 경우의 총수), 그리고 E는 오차범위(0.05)이다[3].

3.3 기술

정성적 기술에는 두 가지가 포함되는데(시간상으로 직선 상에 있지는 않음), 하나는 두 언어에서 자원의 언어적, 문법적 처리를 개별적으로 살펴보는 것이고, 두 번째는 활용할 만한 공통부분을 찾는 것이다. 전자는 의미론적인 것으로서, 이전 언어적 기술(기능적 또는 가용성에 의존한)의 연구결과를 활용하여, 이전 단계에서 표본으로 선정된 예를 의미적으로 분석하고자 하는 것이다. 공통부분 찾기가 가장 어려울 수 있다. 공통부분 찾기란 우리 목적에 부합하는 추상화(abstraction) 수준을 찾아 이를 연구 범위 자원에 의해 전달되는 다른 기능에 대한 의미 표현으로 번역하는 방법을 찾는 것을 의미한다. (응용) 번역 목적으로는 분류학이나 언어학적 표현을 사용하는 것이 지속 가능하거나 실용적이지 않음이 관찰되었다(할버슨, 1998: 500). 이들은 도구라기보다는 그 자체로서 목적에 가깝기 때문이다. 번역 중심의, 교차언어적 표현 구축은 상기 언급한 의미학적 단계에서 시작되어, 최초 표현의 유효성 검증을 위한 유사 실증 데이터로 이어진다. 분석 대상 언어 조합과 언어 종류에 대해 적절한 수준의 일반화, 추상화에 도달할 때까지, 잠정적 표현의 수정을 거치게 되고, 따라서 이 과정에는 많은 의미학적(형식 ⇒의미), 명의론적(의미 ⇒ 형식) 이동이 종종 요구된다. 이 단계에서 발생하는 중요한 질문은 어떻게 하면 가능한 한 최대로 자명한(self-explanatory) 범주를 생성하느냐이다. 여기서 자명하다는 것은 어플리케이션의 일부가 되려면 사용자가 쉽게 인식할 수 있는 일종의 의미있는 표식(tagging)을 나타내야 하고 영어-스페인어 조합에 적합하고 응용 가능해야 한다는 것을 의미한다.

영어/스페인어로 필요성 의미를 표현하는 여러 방법에 따라 예시 사례가 제공되었다. 잠재적 사용자 두 집단에 대해 교차 표현을 실험하였다. 한 집단은 현대언어학 고학년 학부생으로 구성되었고, 다른 집단은 전문/훈련된 번역사로 구성되었다. deontic(의무의)이나 epistemic(인식의)과 같은 용어를 마주했을 때 두 집단 모두 멍한 표정을 지었다. 그들은 의미 해석을 확인하는데 도움을 주기 위한 것이라면 찾기 쉽고 이해하기 쉬운 것이어야 한다고 말했다. 이러한 조건은 '주관적 인식론적 가능성(subjective epistemic possibility)'과는 거리가 먼 것이었다. 그리고 영어에 적용되는 범주화가 스페인어에는 전혀 적합하지 않았다는 사실도 문제점 중 하나였다. 다시 말해, 앞서 언급한 바와 같이 이 특정 분야에 있어 각 언어의 의미 추상화 수준이 달랐으며, 이는 번역 문제를 따로 떼어낼 때 반복되는 특성 중 하나이다. 당연히 사용자들은 '의무(obligation)', '확실한 추론(confident inference)', '명령(command)' 등의 표현을 대했을 때 나의 제안에 훨씬 더 수용적이고 만족해했다.

정량적 기술은 각 언어의 사용 전형성(typicality) 비율을 각각 보여줄 것이다. 순서로 볼 때, 정성적 기술이 정량적 기술에 앞서는데, 이는 전형성 비율이 표현 x, y, z의 발생 개수에 적용되기 때문이다. 이 통계는 각 언어에서 의미의 사용과 분포에 관한 실용적 정보를 제공하며, 즉각적으로 보이지 않는 공백을 파악할 수 있는 실마리를 제공한다. 전형성 비율은 넓은 관점에서 보면 매우 중요하다. (여기 논의된 모든 단계를 포함하여) 주어진 하나의 기능적-의미적 필드에 대해 자원 대부분에 대한 통계가 완성되면, 번역 관점의 명명화(labelling)차원에서 기능이나 어휘를 우선순위화하는 것이 가능하다.

기술 단계는 영어와 스페인어의 공유된(또는 그렇지 않은) 교차 언어적 의미-형식 연계를 제공한다. 아래 표 2와 3은 얻을 수 있는 결과의 유형을 보여준다. 표 1의 데이터와 같이, 이 수치는 양식-필요성 필드와 관련되며 추후 예시 사례가 될 것이다.

표 2. MUST의 기술

의미	사례	%
의무	174	44.62
소극적 의무	119	30.51
확실한 추측	97	24.87
총계	390	100

표 3. DEBER + 동사원형 기술

의미	직설	%	가정	%	총 사례	총%
소극적 의무	175	44.3	4	1.01	179	45.32
의무	106	26.84			106	26.83
의무/권고	63	15.95	4	1.01	67	16.96
희망						
명령	12	3.04	7	1.77	19	4.81
총계	24	6.08			24	6.08
소극적 의무	380	96.2	15	3.8	395	100

3.4 병치(Juxtaposition)

유사 데이터에 대한 기술 결과를 병치하면, 각 언어에서 가능한 대응어, 변형, 그리고 가장 중요한 공백(blank)을 보여줄 것이다. 이 단계는 정성적, 정량적 정보를 모두 포함한다. 앞서 제시된 기술 데이터를 추적 연구하면 표 4의 데이터가 나온다. 실험 데이터에 의하면, 두 형식 자원은 모두 '의무'와 '소극적 의무'라는 의미 표시로 파악되는 기능 중 두 가지를 전달할 수 있는데, 다른 모든 값은 언어 간 공백으로 이어졌다. 즉, 영어만 '확실한 추측'[4]을 전달할 수 있었고, 스페인어 우언법만 '의무/권고', '희망', '명령'을 표현할 수 있었다.

표 4. 병치 MUST/DEBER + 동사원형

MUST %	의미	DEBER + 동사원형 %
30.51	소극적 의무	45.32
44.62	의무	26.83
24.87	확실한 추측	
	의무/권고	16.96
	희망	4.81
	명령	6.08
100.00	총계	100.00

이 결과로부터 또 다른 가설 하나를 수립할 수 있다. 즉, 특정 분야에서 공백을 파악하는 것이 해당 특정 의미가 해당 언어에서 존재하지 않는다는 뜻은 아니다. 이는 단지 그 의미가 유사하다고 인식되는 표현이 아닌 다른 표현방법에 의해 전달된다는 것을 시사한다. 이러한 차이를 채워주는 유사하지 않은 표현은 병렬 코퍼스 ACTRES가 제공할 것이다. 우리의 최종 목표 때문에 방향성이 적용되었으며, 당분간 우리는 도착어, 즉 스페인어에서 발생하는 공백에 집중할 것이다.

4. DTS: 병행 코포라에서 증거 찾기: ACTRES 병렬 코퍼스

연구 문제가 일련의(역사적, 사회적으로 결정되는) 번역 관행을 기술하는 것이나 고도의 규칙성, 소위 번역 보편규칙을 발견하는 것이라면 병렬 코퍼스 사용이 표준 관행이다(투리, 2004). 하지만 대조분석에서 이 도구를 사용하는 것에 대해서는 언어 데이터의 부자연성(좋게 말해서)을 근거로 이의를 제기하는 것이 보편적이다(요한슨, 2003: 31). 하지만 병렬 코포라는 연구 프로그램의 이슈가 정확성과 언어 성능 평가인 경우 유용하게 사용될 수 있다. ACTRES에서 병렬 코퍼스는 유사 코퍼스 병치에서 파악된 공백을 메우는 잠재적 해결책을 제공하는 데에 핵심 역할을 한다.

4.1 도구

ACTRES 이중언어 병렬 코퍼스는 CREA와 the Bank of English의 선정 파라미터 및 분포를 따라 설계되었다. 2005년 1월 현재, 이 코퍼스는 두 언어 사이에 대략 균등 분포하는 650,000개 이상의 단어를 포함하였다(의도된 최대 규모는 2백만 단어)[5]. 이 자료는 유사 코포라와 같은 문어 다양성과 범위를 나타낸다고 말할 수 있다. 아래 표 5에서 보는 바와 같이, 신문, 잡지, 도서, 잡보가 모두 이에 포함되었다. 텍스트 자료 발행일은 영어와 스페인어 모두 1999년 이후이다.

표 5. 코포라 유사성 및 분포

Bank of English 하부 코포라	CREA 하부코퍼라	병렬 ACTRES
영국 도서	Libro-Espana	도서
영국 투데이		
영국 타임즈	Periodicos-Espana	신문
영국 썬		
영국 매그스	Revistas-Espana	잡지
영국 이페메라	Miscelanea-Espana	잡보

4.2 선정

ACTRES 병렬 코퍼스의 역할은 교차언어의 공백을 메우고 연구 대상 분야의 도착어에서 번역되거나 번역되지 않은 사용에 일관성이 있는지에 관한 실마리를 제공하는 것이다. 진단 증거 제공자로서의 역할을 수행하기 위해, 새로운 문제 각각에 대해 분석할 조합 백 가지를 무작위 선정하였다. 조사할 어휘 선정은 원본 영어 코퍼스 검색을 위해 선택된 것들이므로 어떠한 문제점도 가지지 않는다.

4.3 기술

이 단계에서는 정성적 증거를 통해 ST 문제의 번역 대안, 즉 공백 채움어(gap filler)로 확립된, 형식적으로 다른 가능성이 제시된다. 정량적으로 볼 때, 분석 결과는 우리 코퍼스 내 자료의 번역행동 관련하여 형식적 규칙성/선호도를 보여준다(표 1).

번역사의 선택은 스페인어의 해당 의미 분야의 형식 분산 정도를 반영한다. 우언법의 deber + inf(must), tener que + inf(have to), deber de + inf(must)주문이 좀 더 중심적 형식으로 간주될 수 있는데, 이 중 첫 번째 구문을핵심 자원으로 볼 수 있다. 하지만 형식 분산의 중간 부분은 조건법, 억양/전환 과정에서 나오는 여러 형용사적/부사적 표현, 명령법, need/be necessary 조합, 적절한 시제로 활용된 어휘동사가 차지한다. 또한, 이 목록에는 우언 어휘(haber de, haber que)의 주변 그룹, 미래 시제, querer, poder와 같은 어휘가 포함된다.

그림 1. ACTRES 100개 조합. 영어의 must에 대한 스페인어 형식 번역 대안

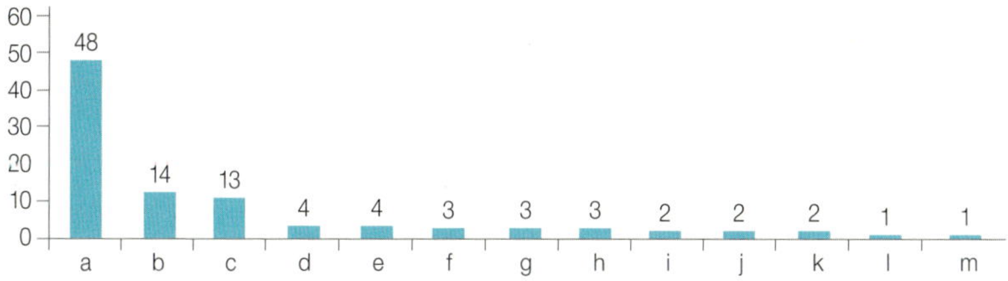

a deber + inf (must)
b Tener que + inf (have to)
c deber de + inf (must)
d 억양/전환
e 조건법
f 명령법
g 대응시제의 동사
h necesitar (need/be necessary)
i haber de + inf (must)
j querer + inf(want/wish + inf)
k poder + inf (can/possibly)
l 미래
m haber que + inf (have to)

4.4 병치

병렬 코퍼스 데이터의 병치를 통해 형식 자원에 따른 의미 기능의 분포를 얻을 수 있을 것이다. 또한, 스페인어로의 번역에서 일관된 규칙성이 존재하는지 아닌지도 알 수 있을 것이다. 표 6은 must에 대한 번역 대안들의 정량적, 정성적 가치를 보여준다. must-의무와 must-소극적 의무에 대한 가장 빈번한 번역 대안은 deber + inf(must)과 tener

표 6. ACTRES 100개 조합. 스페인어 번역 대안의 의미-형식 분포

의미	%	번역 대안	%
		deber + inf (must)	15
		Tener que + inf (have to)	2
소극적		의무	2
명령법	23	haber de + inf(have to)	2
		대응시제의 동사	1
		haber que + inf (have to)	1
		deber + inf (must)	29
		Tener que + inf (have to)	10
		Necesitar/ser necesario + inf (need/be necessary)	3
의무	48	억양/전환	3
		querer + inf(want/wish + inf; 직설법/가정법)	2
		명령법	1
		deber de + inf (must)	13
		조건법	4
		deber + inf (must)	4
		Tener que + inf (have to)	2
확실한 추측	29	대응시제의 동사	2
		poder + inf (can/be possible that+inf)	2
		억양/전환	1
		단순 미래	1
총계	100	총계	100

que + inf(have to)이지만, 번역 행동 차원에서 뚜렷한 형식-기능 특화는 성립되지 않는다. 덜 중심적인 대안으로는 '의무'에 대해 necesitar/ser necesario + inf(need/be necessary)과 억양/전환 과정 및 법 표시(가정법, 명령법)가 있는데, 후자는 번역된 텍스트에서 때때로 의미를 바꾸는 경우가 있다(예 47 <We need to get this over with. I must see you today.// Tenemos que resolver este asunto cuanto antes. Quisiera verlo hoy mismo.>). '확실한 추측'을 표현하는 스페인어 중심 자원으로서 deber de + inf (must)가 발견된다. 우리 표본에 기록된 다른(좀 더 주변적인) 대안으로

는 deber + inf(must)와 poder + inf/posiblemente + 활용된 동사(can/possibly)가 있다. 후자는 '잠정적 추측'으로의 실질적 전환으로 이어지는 것이 일반적이다(예 6).

하지만 분석에서 이 부분이 어플리케이션 지향 절차에 가져오는 가장 큰 기여는 두 언어 간의 문법적, 실용적 차이와 이를 해결하기 위해 가능한 대안들을 명확히 보여주는 것일 것이다. 중복성 정도와 마찬가지로, 교차언어 번역이나 부적절한 연계가 우리 자료에 특히 많은 것으로 보이며, 이 시점에서의 과제는 번역된 텍스트의 의미를 진단하여 다음 단계로 넘어가기 전에 대안들을 명확히 하도록 하는 것이다.

5. 유사한 영어-스페인어 데이터와 번역된 영어-스페인어 데이터의 대조

대조 단계는 '도착어 적합성 검증'과의 경계가 모호해지는 경향이 있으며, 번역과 비번역 사이의 중복 정도를 확인하기 전의 일종의 대병치(superjuxtaposition)로 간주할 수 있다. 이를 통해, 도착어에서 선정된 자원의 실제 의미 능력의 전체 그림을 볼 수 있으며, 이에는 공백도 포함된다. 실질적 정보를 가지고 이 단계에 도달하기 위해서는, 의미 분야에서 가능한 한 많은 문제 어휘를 기술 및 병치 단계에서 다루는 것이 좋다(우리의 경우, 무엇보다도 should, have to, haber de + inf, tener que + inf).

이 실험의 대조는 정석 대조 언어학에서 예상되는 것과 달리 실용적인 방식으로 사용되었다. 즉, 데이터의 의미가 정성적 공백이나 통계적 차이와 직접적 관계가 있는 한 그 결과가 적용 가능하다는 것이다. 언어학적 관점에서만 중요할 다른 결과는 고려에 포함하지 않았다. 표 7은 deber+inf에 대해 유사 코퍼스 단계에서 입수한 데이터와 병행 코퍼스 분석에서 얻은 데이터 사이의 일치와 불일치를 보여준다.

표 7. 유사 데이터와 번역된 데이터의 의미적 분포: deber+inf

MUST %	DEBER+inf %	기능	번역된 DEBER+inf %
30.51	45.32	소극적 의무	15
44.62	26.83	의무	29
24.87		확실한 추측	4
	16.96	의무/권고	
	4.81	희망	
	6.08	명령	
100	100	총계	48

이 부분의 데이터는 풍부한 정보를 제공한다. 번역된 사례의 단 48%만이 유사하다고 인식된 자원을 사용했는데, 이는 특정 의미 기능에 대해서는 형식적으로 유사하지 않은 대안을 선호하는 경향이 있음을 의미한다. '의무'의 경우에는 높은 정도의 균일성(homogeneity)을 보여주며, 이용 가능한 다른 대안이 있음에도 불구하고(특히 tener que+inf, necesitar), 스페인어 원본과 번역 사이에 deber+inf의 중심성과 관련하여 주목할 만한 차이는 없었다. 하지만 '소극적 의무' 분야에서는 주목할 만한 차이가 있었는데, 여기에서는 번역에서 deber+inf의 사용이 크게 줄고 대신 대안 자원이 사용되었다(표 6 참조). '확실한 추측'은 공백으로 파악되던 것인데, 때때로 deber+inf로 번역되는 것이 보였다. 이는 원본 스페인어 데이터에는 기록되지 않은 대안이다(주 3 참조). 진단 데이터에 의하면(표 6), 이 기능에 대한 압도적 번역 대안은 deber+inf이었는데, 이는 이 분야에서 스페인어 표준 사용의 준수를 시사하는 것으로 보인다. 표 7에 보이는 다른 공백은 우리의 분석 방향과 무관하므로, 대조에서 생략하였다.

6. 도착어 적합성 검증과 기술적으로 올바른 가능성 목록 구축

이 단계는 어느 정도 이전의 대조 단계와 중첩되는데, 병행 ACTRES로부터 추출한 기술적 데이터에 의해 파악된 번역 대안과 CREA 유사 부분으로부터 입수한 비번역 대응어 간의 일치/중첩을 확인하여 '기술적으로 올바른 가능성'의 목록을 구축하는 것을 목표로 한다. 보우커(1998)가 보고한 바대로, 별개로, 독립적으로 사용되는 단일언어 코퍼라는 번역의 전반적 질에 긍정적 영향을 미치는 것으로 보이지만, 도착어문법 사용에 미치는 긍정적 효과에 대한 가정은 아직 검증되지 않았다. 본 연구에서와 같이 좀 더 광범위한 절차 일부로 사용될 경우, 단일언어 TL 코퍼스는 도착어 적합성 검증의 적절한 도구를 제공한다(체스터만 2004:6).

영어-스페인어 조합에서, 몇몇 분야를 제외하면 정성적 데이터가 상당한 수준의 대응도를 보이는 경향이 있다고 말할 수 있다. 하지만 지금까지 분석한 기능에서는 상당한 정량적 불일치가 있는 것으로 보이며(표 7), 대규모 검증이 여전히 필요하다.

대조 및 기술 단계의 결과를 CREA가 제공하는 '현실', 즉 단일언어 도착어 코퍼스에 대응시켜 얻은 번역 가능어 목록을 형성할 수 있게 되면 우리의 최종 목표가 달성될 것이다. 또한, 실험 데이터 사용은 검증되지 않은 대안(즉 실질적으로 원본 텍스트에서 제시한 의미를 표현하지 않는 형식)이 최종 목록(표 8의 그림자 처리 어휘)에 포함되지 않도록 하는 데에 필요한 규범적 관점을 제공한다. 이 "기술적으로 올바른 대안" 목록은 정성적 데이터에서 빈도율, 문맥 파라미터(예: 레지스터, 텍스트 기능 등)에 따라 우선적 선택 어휘 등 여러 정보 수준을 제시할 것이다. 그 적용성 범위는 번역 전환 해석의 비교제삼영역(tertium comparationis)을 제공하는 것에서부터 연구자, 번역사, 번역 훈련 관계자가 사용할 수 있

표 8. 영어의 must를 스페인어로 번역하는 것에 대한 "기술적으로 올발랐을 가능성"의 목록 구축을 위한 대안들

문제	의미	대안
MUST		deber + inf (must)
		Tener que + inf (have to)
	소극적 의무	명령법
		대응 시제의 동사
		haber de + inf(have to)
		haber que + inf(must)
		deber + inf (must)
		Tener que + inf (have to)
	의무	억양/전환
		Necesitar/ser necesario + inf(need/be necessary)
		querer + inf(want/wish + inf)
		명령법
		deber de + inf (must)
		deber + inf (must)
		조건법
		Tener que + inf (have to)
	확실한 추측	대응 시제의 동사
		Poder/es posible que + inf (can/be possible that + inf)
		억양/전환
		미래

는 지침과 같은(기술에 기반한) 다중 선택 번역 대안을 형성하는 것에 이르기까지 매우 넓다.

7. 결론

여러 이유로 인해 충분히 연구되지 않았으나 번역학계에서 일반적으로 채택하는 방향성이 있다는 것이 나의 초기 가설이었다. 이러한 방향성 중 하나는 어플리케이션 구축이다. 어플리케이션은 기술적-설명적 작업에서 바로 구축할 수 있는 것이 아니며, 최종 사용자의 데이터로부터 직접 파생되는 것도 아니다. 그럼에도 불구하고, 어플리케이션 구축은 본 연구 과정의 일부이기도 하다. 이 논문에서 연구자는 응용 목적으로 기술적 데이터를 추출하는 절차를 간략히 설명하였다. 이렇게 함으로써, 연구자는 번역, 대조언어 분석, 코퍼스 언어학에서의 일반적인 기술 작업이 어떻게 성공적으로 결합되어 앞으로 어플리케이션 구축의 토대가 되는 결과를 도출하는지 설명하였다. 이 새로운 목표를 달성하기 위해, 여러 연구 방향으로부터의 '올바른' 조합을 달성하여 각 방향이 가지는 개별적, 전형적 목표와는 다른 연구 목표에 초점을 맞추는 것이 필수적이다. 또한, 새로운 연구 환경에서 잘 수립된 개념을 유연하게 사용하는 것이 중요하며, 개념과 절차를 이렇게 새롭게 사용하는 것이 연구 목적의 요구에 부합하도록 하는 것이 중요하다.

미주

1. 이 약어는 대조 분석 및 번역 영어-스페인어를 뜻한다.

2. 여기에서 의미적 표현은 일종의 문화적, 언어적 상대 범주로 볼 수 있다. 이 표현들은 상대적이며 교차언어 표현은 방향성에 따라서도 달라질 수 있음을 이해한다. 로쉬(Rosch, 1975) 참조.

3. 원래의 공식은 …..이며, 95% 신뢰구간을 적용하면…. p 값과 그에 따른 q값은 0.5. 신뢰구간이 달라지면 p(그리고 q)도 달라질 것이다.

4. deber + inf는 때때로 표준인 deber de + inf 대신 사용되어 같은 기능을 하지만 이러한 사용의 예는 스페인어 (문어) 표본에 기록되지 않았다. 두 형식의 상호교환성에 관해서는 고메즈 토레고(Gómez Torrego, 1999: 3348-3352) 참조.

5. 인쇄 당시(2005년 10월), 코퍼스는 1,850,000개 이상의 단어를 포함했다. 본 기사의 데이터는 그 이전 상황을 언급한 것이다. ACTRES 코퍼스 접근은 텍스트 관련 저작권법 때문에 팀연구원들로 제한된다. 자료 샘플은 http://helmer.hit.uib.no/~knut/noelia에서 볼 수 있다.

참고문헌

1. Baker, Mona. 1995. "Corpora in Translation Studies: An overview and some suggestions for future research". *Target 7* (2): 223-243.

2. Bondarko, Aleksander. 1991. *Functional Grammar. A Field Approach*. Amsterdam & Philadelphia: John Benjamins. [Russian original, 1984]

3. Bowker, Lynne. 1998. "Using specialized monolingual native-language corpora as a tralstion resource: A pilot study". *Meta* 43 (4): 631-651.

4. Chesterman, Andrew. 1998. *Contrastive Functional Analysis*. Amsterdam & Philadelphia: John Benjamins.

5. Chesterman, Andrew. 2004. "Hypotheses about translation universal" In *Claims, Changes, and Challenges in Tralstion Studies*, G. Hansen, K. Malmkjaer and D. Gile (eds), 1-14. Amsterdam & Philadelphia: John Benjamins.

6. Gómez Torrego , Leonardo 1999. "Los verbos auxiliaries.Las periphrasis verbales de inifinitivo." In *Gramática descriptive de la lengua española, Vol. 2,* I. Bosque and V. Demonte (cords), 3323-3390. Madrid: Espasa.

7. Granger, Sylvianne. 2003. "The corpus approach: a common way forward for Constrastive Linguistics and Translation Studies?". In *Corus-Based Approaches to Constrative Linguistics and Translation Stuides*, S. Granger, J. Lerot and S. Petch-Tyson (eds), 17-30. Amsteram & New York: Rodopi.

8. Halverson, Sandra. 1998. "Translation Studies and representative corpora: establishing links between translation corpora, theoretical/ descriptive categories and a conception of the object of study". *Meta* 43 (4): 494-514.

9. Ivir, Vladimir. 1981. "Formal correspondence vs. translation equivalence". *Poetics Today* 2 (4): 51-59.

10. Johansson, Stig. 2003. "Contrastive linguistics and corpora". In *Corpus-Based Approaches to Contrastive Linguistics and Translation Studies*, S. Granger, J. Lerot and S. Petch-Tyson (eds), 31-44, Amsterdam & New York: Rodopi.

11. Krzeszowski, Tomasz. 1990. *Contrasting Languages. The Scope of Contrastive Linguistics.*Berlin & New York: Mouton de Gruyter.

12. Labrador de la Cruz, Belén. 2004. "A methodological proposal for the study of semantic functions across languages". *Meta* 49(2): 360-380.

13. Rabadán, Rosa. In press."Translating the "predictive" and "hypothetical" meanings English-Spanish".*Meta.*

14. Rabadán, Rosa, Labrador, Belén and Ramón García, Noelia. 2004. "English-Spanish corpus-based contrastive analysis: translational applications from the ACTRES project". In *Practical Applications in*

Language Corpora (PALC 2003), B. Lewandowska-Tomaszczyk (ed.), 141-152. Hamburg: Lang.

15. Ramón García, Noelia. 2002. "Contrastive Linguistics and Translation Studies interconnected". *Linguistica Antverpiensia* 1:393-406.

16. Rosch, Eleanor H. 1975. "Universals and cultural specifies in human categorization". In *Crosscultural Perspectives on Learning*.R. W. Brislin, S. Bochner and W. J. Lonner (eds), 177-206. New York: John Wiley & Sons.

17. Santos Peñas, Julián, Muñoz Alamillos, A., Juez Martel, P. and Vázquez Cortiñas, P. 2003. *Diseño de encuestas para estudios de Mercado. Técnicas de muestreo y análisis multivariante*.Madrid: Centro de Estudios Ramón Areces.

18. Taylor, John. 2003. *Linguistic Contegorization: Prototypes in LIntuistic Theory*. Oxford: Oxford Univeristy Press.

19. Toury, Gideon. 2004. "Probabilistic explanations in Translation Studies: Universals – or a challenge to the very concept?" In *Claims, Changes, and Challeneges in Translation Studies*, G. Hansen, K. Malmkjaer and D. Gile (eds), 15-26. Amsterdam & Philadelphia: John Benjamins.

20. Tymoczko, Maria. 1998. "Conputerized corpora and the future of Translation Studies". *Meta* 43 (4): 653-659.

21. Willems, Dominique, Defrancq, Bart, Colleman, Timothy and Noël , Dirk. 2004. *Contrastive Analysis in Language. Indentifying Linguistic Units of Comparison*.Basingstoke, UK/NY: Palgrave Macmillan.

문학 작품 번역에서의 해석 (Construals in Literary Translation)

공간 전치사/부사(spatial particles)와 공간 심상(spatial imagery)

한느 얀센 Hanne Jansen
코펜하겐 대학교University of Copenhagen, 덴마크

본 논문은 이탈리어와 덴마크어 사용자들이 공간 관계들과 관련된 같은 지각된 상황을 부호화할 때, 이러한 관계를 해석하는 방식에 있어 세계적으로 어떻게 다른지를 같은 내용의 이탈리아어와 덴마크어 텍스트를 예로 들어 비교하였다. 구조적 제한과 규범적 제한(공간 전치사/부사(spatial particles) 즉 전치사와 장소 부사(locative adverbs)의 사용과 관련된 경우가 많음)은 덴마크어에서는 장면의 공간적 특징과 즉시 인지 가능한 특징을 지속해서 앞에 내세우는(foregrounding) 반면, 이탈리아어에서의 초점은 개체(entities) 간의 상호작용 관계에 맞춰져 있는 것으로 보인다. 번역사는 이 경우 도착어가 가지는 관습적 심상(이 경우 공간 개념에 대한 +/-)을 수용해야 하는가? 이에 저항하여야 하는가?

KEYWORDS

공간 전치사/부사(spatial particles), 심상(imagery), 문학 번역(literary translation), 문법 구조(grammatica structure), 해석(construals)

1. 서론

문학의 가장 귀중한 특징 중 하나는 이미지를 탄생시키는 방식, 혹은 이탈리아 작가이자 문학 학자인 이탈로 칼비노(Italo Calvino)가 말한 것처럼 "우리의 눈을 감은 채 장면에 집중하게 하는 힘, 백지에 있는 검은 글자들로부터 형태와 색깔들을 가져오는 힘"(1988: 92)이다. 본 연구자는 문학 번역의 가장 중요한 과제 중 하나는 칼비노가 자신의 '다음 천 년을 위한 6가지 메모(Six Memos for the Next Millennium)'에서 강조한, 문학 텍스트의 시각적 측면들을 재창조하기 위해서, 새로운 텍스트에서도 이 이미지들에 관해 관심을 집중하게 하는 것이라고 자신있게 말할 수 있다. 그런데 번역사의 경우 번역문에서 새로운 텍스트에서 어떤 이미지와 어떤 비전에 (독자가) 접근할 수 있게 하는가?

본 논문에서 연구자는 우리를 둘러싼 개체들(entitnes)의 공간적 관계를 표현한(우리의 마음과 우리의 텍스트들에서 표현된) 공간적 심상(spatial imagery), 즉 다시 말해서 우리가 거리, 근접성(proximity), 수평성(horizontality), 수직성(verticality), 포함(inclusion), 제외(exclusion), 궤적(trajectories) 등과 관련하여 이러한 개체들(entities)의 관계를 포착하고 부호화하는 방식에 대해 집중적으로 살펴볼 것이다.

공간적 심상을 떠올리게 하는, 즉 한 텍스트를 읽는 독자로 하여금 그 공간 차원을 지각할 수 있게 만드는 가장 중요한 언어적 수단은 전치사와 장소 방향 부사로, 영어로 표현하면 위에(on), 안에(in), 아래에(under), 위에(over), 위로(up), 아래로(down), 건너편(across), 사이에(between), -를 향해(towards) 같은 어휘 그룹들이다. 공간 전치사/부사(spatial particles), 전치사, 장소와 방향 부사는 본 맥락에선 공간 전치사/부사(spatial particle) 그룹에 합쳐서 다루어질 것인데, 이는 이들이 의미론적으로나(공간 관계들을 부호화하는 데 주로 사용됨), 구문론적으로(특히 동사들과 함께 쓰인다는 점에서) 많은 공통된 특징들을 가지고 있기 때문이다. 또한, 이들은 크기 면에서도 작은 편-적어도 가장 흔히 사용되는 것들은-이기 때문이다(영어 particle은 전치사란 의미와 작은 입자란 의미를 가짐).

모든 언어는 부호화된 공간 관계는 언어마다 다를지라도 단어 그룹 중 공간 관계를 부호화하는데 주로 사용되는 한 어휘소 그룹(접두사/접미사(affix)을 가지는 듯하다. 본 논문에서 비교한 언어들은 이탈리아어와 덴마크어로서 두 언어 모두 인도-유럽어 계열이며 또한 서구 문화에 뿌리를 내리고 있으며, 이 두 언어 모두 공간 전치사/부사(spatial particles)에 있어 많은 유사점을 가지고 있다. 그럼에도 불구하고 두 언어는 언어 시스템들이 정한 이들 공간 전치사/부사를 사용하는 방식과 언어 규범이 이러한 방식들을 활용하는 방식에서 차이를 보인다.

덴마크어에서 이탈리아어로, 또는 반대 방향으로 번역할 때 이러한 구조적, 규범적 차이를 인식하는 것이 절대 중요한데, 이를 위해 본 연구가는 덴마크어와 이탈리어로 쓰인 문학 작품 텍스트 4개와 이들의 번역 텍스트를 예시로 들어 비교 설명할 것이다. 양국 언어의 차이는 텍스트의 표면에도 나타날 뿐만 아니라(이탈리아어로 쓴 텍스트들과 비교했을 때 덴마크어로 된 텍스트에 나타난 공간 전치사/부사들(spatial particles)의 빈도는 놀라울 정도로 많음), 새로운 텍스트에서 해석된 매우 정신적인 이미지에도 지대한 영향을 미친다. 본 연구자는 '인지 언어학의 매우 중요한 가설 중 하나'라 불리는 다음 가설을 빌어 이를 설명하고자 한다.

[...] 모든 문법 범주들이 다 그런 것은 아니나 대부분은 사실 의미를 가지고 있지 않다. 그러나 이러한 문법적 범주가 이바지한 의미(meaning)는 개념적인(conceptual) 의미가 되는데, 즉 그것은 한 경험을 부호화하고 언어로 표현하는 과정에서 경험을 개념화하는 방식을 나타낸다(크로프트, 2001, 109).

랭액커(R.W.Langacker)의 『인지 문법: 인지된 상황과 관련하여』에 표현된 내용으로 설명하자면, 언어 사용자들은 자신의 기질에 따라 다른 해석을 하는데, 여기에서 해석(construal)은 '한 특정 문법 구조'를 사용한다는 의미 뿐 아니라 '무언가의 의미를 이해한다'는 의미의 용어다(타바코우스카, 1993, 15). 이는 언어간 차이에 대한 관점에서 다음과 같이 이야기한 랭가커(Langakcer)의 말을 통해서도 나타난다.

> 우리가 한 특정 문장 구조 또는 문법 형태소(morpheme)를 이용할 때, 우리는 소통을 위해 한 인지된 상황을 구조화하는 특정 이미지를 선택하게 된다. 언어마다 문법 구조가 달라서 한 언어에서 대대로 내려오는 습관들, 즉 언어 관습(linguistic convention)을 따르면 화자가 이용하는 심상(imagery)은 달라진다(랭가커, 1991, 12).

덴마크어, 이탈리아어 번역사들은 도착어의 구조적 제한으로 인해 어쩔 수 없이 변화하는 경우를 제외하곤, 도착어가 대대로 쓰던 관습적인(conventional) 심상(imagery)을 그대로 따르는 것을 해결책으로 일관되게 사용했던 것 같다. 그러나 다른 '해석'을 이용할 때, 번역사는 원문의 심상을 '배신'하는 위험을 안고 있는 건 아닐까? 베누티(Venuti, 2000)의 말처럼 그들은 '외국어의 다름을 익숙한 것으로 전달하기 위해 타협'하는 위험을 안고 있는 건 아닐까? 아니면 관습적(종래의) 심상을 따르는 것이 새로운 텍스트의 시각적 심상을 재탄생시키기 위한 유일한 방법인가?

2. 공간 심상 부호화의 차이들

본 연구자는 다음 사례를 말케어(K. Malmkjaer)의 번역대조학(Translational Contrative Linguistics)에 근거하여 살펴 본 후 위에 제기 했던 문제에 대해 다시 논의 하도록 하겠다. 번역대조학이란 "서로 밀접한 관련이 있는 것처럼 보이는 두 언어 체계에 존재하는 차이를 부각하기 위해서 번역 데이터를 이용하는(Malmkjaer, 1999, 12)" 이다.

연구자가 부각시키고 싶은 두 언어(이탈리아어와 덴마크어)의 차이점들은 다음과 같이 여러 그룹으로 분류될 수 있다.

- 공간 전치사/부사들(spatial particles)의 구문론적 특이성(semantic specificity)의 정도 차이.
- 공간 관계에 있어 경험자(experiencer)의 위치를 활용하는 정도 차이.
- 공간 전치사/부사들(spatial particles)의 위상 관계(topology) 즉 문장에서 이들이 전형적으로 위치하는 장소의 차이.
- 동작 동사들(movement verbs)의 어휘화(lexicalization) 패턴들에서 차이.
- 물리적 상호 작용(physical interaction)과 관련된 광범위한 해석 범위들에서 타동사화(transitivity) 정도 차이.
- 밀접하게 관련된 한 현상으로서, 소위 위치 동사들(position verbs)과 관련된 차이들.

번역 자료로 필자는 이탈리아어와 덴마크어로 쓰인 현대 문학 텍스트를 각각 두 개씩 총 4개의 텍스트와 이들의 번역본들을 선택하였다. 이 텍스트들에서 발견된 많은 흥미로운 예들이 있지만 몇 개만을 사용하여, 저자는 이탈리아어와 덴마크어 텍스트에 나온 공간 관계와 관련된 장면에 대한 이탈리아어의 해석과 덴마크어의 해석 간에 나타난 차이가 얼마나 두드러지는지 뿐 아니라 얼마나 잘 정의된 패턴을 따르는

지를 보여줄 수 있기를 바란다. 이는 양쪽으로의 번역에서 일관되게 나타나는 번역적 선택을 통해서도 드러난다.

이 분석에서 언급할 예문들에 나오는 공간 부호화와 관련된 구체적인 어휘소들과 이들 구조는 덴마크어 경우엔 고딕체(bold)로 (원문과 영어 용어 둘 다 고딕체)로 표현하고, 이탈리아어 경우엔 밑줄을 칠 것(원문과 영어 용어 둘 다 모두 밑줄)이다. 영어 해설을 더욱 읽기 편하게 하기 위해 텍스트에서 논의할 요점들과 직접 관련 없는 부분들에 대해선 단어 대 단어 해석을 피하고자 한다.

2.1 구문론적 특수성의 정도

연구자는 우선 전치사의 구문론적 특성과 관련해 이탈리아어와 덴마크어의 차이점과 덴마크어 사용자들이 전치사를 선택하는 데 있어 공간적 측면을 강조한다는 점에 대해 논의할 것이다. 덴마크어에선 공간 전치사/부사들(spatial particles) 규모는 이탈리아어보다 훨씬 폭넓으며, 특히 자주 사용하는 전치사 어휘 규모가 크다. 이 말은 대체로 덴마크어의 각 전치사의 의미는 더욱 구체적이며 더욱 제한적이란 뜻이다.

[1]과 [2]의 예를 보면, 이탈리아어에서 아주 흔히 사용하는 di를 사용한 2개의 이탈리아어 구절이 나와 있는데(한 구절은 덴마크어로 번역: la neve di Capo Nord, 한 구절은 원문 그대로 제시: lorizzonte dell'altipiano), 이탈리아어 전치사 di는 이것의 조상인 라틴어 de의 공간적 의미를 거의 갖고 있지 않다. 덴마크어는 di에 해당하는 전치사는 없으며, 사실 우리는 di 자리에 장소를 더 구체적으로 나타내는 전치사를 찾을 수 있는데, 이 전치사는 공간과의 관계에서 공간과 시각적 측면들을 강조하는 성격을 갖고 있다(sneen oppe fra[-로부터(from)] Nordkap and I horisonten bag[뒤에(behind) hojsletten):

[1] (스탠저업 p. 16/p. 29)

vide at [...] sneen **oppe fra** Nordkap snart vil fyge..

'노드캅(Nordkap)**으로부터** 눈이 곧 **부어올** 것을 [...] 알고 있다...'

('know that [...] the snow up from Nordkap soon will drift...')

sapere che[...] la nevi di Capo Nord prendera presto a turbinare...

'카포 노르의 '눈이 곧 휘몰아칠 것을[...] 알고 있다.'

('know that [....] the snow of Capo Nord takes soon to whirl...')

[2] (칼비노(Calvino) p.25/p.20)

In due modi si raggiunge Despina: per nave o per cammello. [...] Il cammelliere cammelliere che vede spuntare all'orizzonte dell'atipiano....

'당신은 두 가지 방법으로 데스피냐에 도달할 수 있다. 배를 타고 가든가 아니면 낙타를 타고 가든가. [...] 고원의 수평선에서 해가 떠오르는 것을 바라보는 낙타 몰이꾼

('In two ways you reach Dspina: by ship or by camel. [...] The camel driver who sees rise at the horizon of the tableland...')

Man kan komme til Despina pa to mader, med skib eller **å** kamel. [...] Kameldriveren, der ihorisonten **bag** hojsletten ser...

'당신은 두 가지 방법으로 데스피냐에 도달할 수 있다. 배를 이용하든 아니면 낙타 등을 타든. [...] 낙타 몰이꾼은 고원 **뒤** 수평선을 보고 있다...'

('You can come to Despina in two ways, with ship or on camel. [...] The camel driver, who in the horizon **behind** the tableland sees...')

[2]번 문장에 나온 per[by] cammello라는 전치사와 [3]번 문장에선 con [with] l'ago를 번역할 때 (더욱 즉각적인) 시각적 관점을 강조하지만 덴마크어는 전치사들(pa[on] kamel과 pa[on] nale)로 공간의 특성을 더욱 구체적으로 보여주고 있다. 여기 나타난 현상은 의미론적 특이성(semantic specificity)이 증가했다기보다는 도구적 관계에서 공간적 관계

로 전환이 이루어진 것이다. 이에 대해서는 아래에서 다시 논의하겠다.

[3] (칼비노 p. 154/p. 129)

Tra I banconi dove ci si [...] punge con l'ago...

'사람들이[...] 바늘로 자신들을 찌르는 외양간에서...'

('Among the stalls where people [...] prick themselves with the needle...')

I boderne hvor der altid er nogen der [...] stikker sig å nale...

'외양간에는 언제나 바늘로 자신을 찌르는 사람이 있다.'

('In the stalls where there always is someone who [...] pricks himself on needles...')

2.2 경험자의 위치에 대한 설명

우리는 덴마크어에서 대상들 간(objects)의 관계를 정리하는 전치사/부사(particle)에 '추가 전치사/부사(particle)'을 더해 한 제시된 공간 관계를 경험하는 사람의 위치를 명백하게 표현하는 경향이 아주 강하다는 것을 알게 되었다. 위의 예문 중 [1] 전치사/부사(particle) oppe라는 단어(in opp[위로(up)] for Nordkap)은 우리에게 이 주어진 상황을 경험하는 사람의 위치는 노드캅(Nordkap)과 비교해 보면 '아래쪽(down)'에 있다는 것, 즉 이탈리아어 버전 경우엔 빠지거나 암시로 남아 있는 한 조각의 정보를 우리에게 말해준다. [4]번 예문을 보면, 우리는 경험자의 터널 '바깥(outside)' 위치와 자는 사람들(sleepers)과 관련해 '위로(up)' 장소부사들이 이탈리아어에는 빠져 있지만, 반면 [5]번 예문을 보면 덴마크어 번역자는 이탈리아어 텍스트에선 명백하게 나오지 않았던 공간 관계에 대한 이러한 유형의 정보를 구체적으로 기술했다는 것을 알 수 있다.

[4] (호에그(Hoeg) p. 105/p. 107)

Jeg ved, at **inde** I tunnelen, **inde** under hjulene, **nede** mellem svellerne er der et lille punkt af lys...

'나는 터널 **안에**, 바퀴 밑 **안에**, 자는 사람들 사이 **아래에** 작은 빛 한 점이 있다는 것을 알고 있다...'

('I know, that **in** in the tunnel, **in** uder the wheels, **down** between the sleepers is there a small spot of light...')

So che nel tunnel, sotto le ruote, fra le rotaie, ce un puntino di luce...

'난 터널 안에, 바퀴 밑에, 트랙들 사이에, 작은 한 점의 불빛이 있다는 것을 알고 있다...'

('I know that in the tunnel, under the wheel, between the trakcs, there is a small spot of light...')

[5] (칼비노 p. 117/ p. 100)

questa credenza: che sospesa in cielo esista un'altra Bersabea...

'이 믿음: 하늘에는 떠다니는 베르사비아(Bersabea)가 존재한다는 것....'

('this belief: that suspended in the sky exists another Bersabea...')

har folk [...] troet, at der findes et andet Bersabea svaevende **oppe** i himlen...

'사람들은 [...] 하늘에서 떠다니는 베르사비아가 존재한다고 믿었다...'

('People have [...] believed, that there exists another Bersabea floating **up** in the sky...')

덴마크어 사용자는 공간 관계를 구성하는 '구경꾼(beholder)'을 규칙적으로(항상) 고려하는 한다는 사실뿐 아니라 이 전치사/부사(particle)을 추가함으로써 이 텍스트에 나타난 방향성(directionality)을 강조하는데, 이것은 그 자체만으로도 의미가 있다.

2.3 위상 관계(Topology)

덴마크어의 전형적인 모습을 보여주는 한 텍스트를 보면, 많은 문장들이 공간 전치사/부사(spatial particle)로 끝나는데, 전치사/장소 부사만 나오거나 아니면 이와 관련된 실질 명사(공간 관계를 알려주는 참조 목적어(reference object)나 지표)가 그 뒤에 나온다. 이는 덴마크어에선 공간 관계를 부호화하는 구조가 문장 내 항상 같은 위치에 옴을 나타내나, 이탈리아어의 경우엔 훨씬 다양한 위치에 온다. 이러한 차이를 일으키는 원인은 많이 있다. 이러한 원인 중 일부는 언어 규범과 관련 있다. 예컨대 [6]과 [7]번 예문을 보면, 이탈리아어 사용자는 이 전치사/부사(particle)와 참조 목적어(reference object)를 문장의 끝자리에 둘 수 있지만 관습적 부호화에 따라 그렇게 하지 않는다.

[6] (사타(Satta) p. 81/p. 61)

levo **in aria** pecore e cani

'양들과 개들을 공중으로 들어 올렸다...'

('lifted in air sheep and dogs...')

og slyngede de arme far og hunde [...] **op i luften**...

'그리고 그 불쌍한 양들과 개들을[...] 공중으로 던졌다...'

'and threw the poor sheep and dogs [...] up in the air...'

[7] (호에그 p. 87/p. 89)

jeg abner el-safen og hoenger noglen **pa plads**...

'난 전자 금고를 열고 **제 자리에**(on place) 열쇠를 걸었다...'

('I open the electronic-safe and hang the key **on place**...')

apro la electronic-safe e rimetto <u>a posto</u> la chiave...

'난 전자 금고를 열고 열쇠를 <u>제자리에</u> 다시 두었다...'

('I open the electronic-safe and re-put <u>at place</u> the key...')

다른 해결책도 문장 구조에 따라 결정되는데, 예컨대 [8]번 예문을 보면 samle op[모으다(gather up)]라는 숙어와 목적어의 구조는 전치사/부사((particle)가 동사와 목적어 뒤에 나오는 것만 허용한다.

[8] (사타 p. 97/ p. 74)

correvano appresso al lampionaio, a raccogliere I fiammiferi spenti...

'그들은 점등 도구(lamplighter) 뒤를 쫓아다니며 다 탄 성냥들을 거둬갔다...'

('they ran after the lamplighter, to collect the matches burnt...')

lob I haelene pa lygtemanden for at samle de afbraendte taendstikker **op**...

'다 탄 성냥들을 모으기 위해 점등 도구(lamplighter) 뒤꽁무니를 따라 다녔다...'

('ran on the heels of the lamplighter to gather the burnt matches **up**...')

구조적 결정성(structural determinacy)은 또한 [9]번과 [10]번 예문에서 전치사/부사의 위치도 설명해 주는데, 양쪽 예문을 보면, 덴마크어로 된 예에는 문장이 전치사/부사로 끝나 흔히 볼 수 있는 '매달린 전치사' 구조를 이룬다. 반면 이탈리아어에서 이런 구조는 허용되지 않는다.

[9] (칼비노 p. 83/ p. 69)

Nulla della citta tocca il suolo tranne quelle lunghe gambe da fenicottero a cui si appoggia...

'다리가 긴 홍학들을 제외하고 마을의 어떤 것도 땅을 밟지 않는데, 홍학은 다리를 여기에 대고 있다...'

('Nothing of the town touches the ground except those long legs of flamingo at which it leans..')

Der er intet af byen der rorer jorden, bortset fra de lange flamingoben den star **på**...

'그 위에 서 있는 긴 다리의 홍학들을 제외하고, 마을의 그 어떤 것도 땅을 밟지 않는다...'

('There is nothing of the town that touches the ground, except the long flamingo legs it stands **on**...')

[10] (호에그 p. 109/ p. 111)

Det er den sidste indgang, omverdenen endnu ikke har forsogt at klemme sig ind **ad**...

'그것은 마지막 입구로서, 세상은 아직 자신의 몸을 쥐어짜며 그 입구를 **통과해** 안으로 들어올 엄두를 내지 않았다...'

'(It is the last entrance, the world still not has tried to squeeze itself in **through**...')

E l'ultima entrata dalla quale il mondo esterno non ha ancora cercato di penetrare...

'그것이 마지막 입구로서 바깥세상은 아직 거기를 지나 안으로 침투해 올 엄두를 내지 않았다...'

('It is the last entrance from which the world outside not has yet tried to penetrate...')

그러나 이러한 문장 구조가 구조적 압력 탓이든 규범적 압력 탓이든 관계없이, 흥미로운 사실은 문장의 끝에 공간 전치사/부사(particle)를 지속해서 둠으로써 덴마크어 사용자들은 지각된 상황에서 공간 차원을 강조하게 된다.

2.4 동작 동사들(movement verbs)의 다양한 어휘화(lexicalization) 패턴들

다음에 설명할 두 언어(덴마크어와 이탈리아어)간 차이점은 탈미(Talmy, 1988)가 제안한 위성형 언어(satellite-frame language)와 동사형 언어(verb-framed language)의 유형론적 구분(typological distinction)과 관련 있다. 덴마크어와 다른 게르만계 언어들처럼 위성형(satellite-framed) 언어들 경우, 동작의 방향은 대체로 공간 전치사/부사(particle)에 의해 따로 부호화되지만(예. ga ind, ga ud, ga op, ga ned=안으로 들어가다(go in), 밖으로 나가다(go out), 위로 올라가다(go up), 아래로 내려가다(go down)) 이탈리아어 및 기타 로맨스 언어들 같은 동사형(verb-framed) 종합어(synthetic languages)는 동작과 방향이 동사 자체 안에서 하나의 규칙으로 부호화된다(예. entrare, uscire, salire, scendere=들어가다(enter), 나가다(exit), 올라가다(ascend), 내려가다(descend)). 이렇게 덴마크어와 이탈리아어의 어휘화 패턴에서 나타난 차이는 다음 예문에서 명확히 보인다:

[11] (스탠저럽 p. 32/ p. 53)

Han kommer til en kirke og **går indenfor** [...] at han lidt efter **går op** i kir ketarnet. [...] Claus Berg **kravler ned** og **går udenfor**...

'그는 한 교회에 와서 **안으로** 들어간다(go inside) [...] 잠시 후 그는 교회 탑**에 올라**간다 [...] 클라우스 베르그는 **내려**와서 **밖으로** 나간다...'

('He comes to a church and **goes inside** [...] that he little after **goes up** in the 척초 tower [...] Claus Berg **climbs down** and **goes outside**...')

Arriva a una chiesa e <u>entra</u> [...] che <u>sale in cima</u> al campanile [...] Claus Berg <u>ridiscende</u> faticosamente ed <u>esce</u>...

'그는 한 교회에 도착해 <u>들어가</u> [...] 그는 교회의 탑으로 <u>올라</u>간다 [...] 클라우스 베르그는 힘들게 다시 <u>내려와</u>(redescends) 나간다...'

('He arrives at a church and enters[...]that he ascends in top of the tower [...] Claus Berg redescends laboriously and exits...')

예문 [11]은 또한 덴마크어의 동작 동사에는 이탈리아어처럼 동작 방향이 포함되어 있지 않지만, 이탈리아어의 경우엔 별도의 부사를 통해 표현되는 동작의 양식(modality)이 덴마크어 동작 동사에는 포함됨을 보여준다. 이탈리아 어: redescends laboriusly

[12]와 [13]예문들을 보면, 우리는 이탈리아어에서 동작 동사의 양식(modality)은 암시적인 상태로 남는 경향이 있지만(다가가다(approach), 나가다(withdraw), 내려가다(descend)), 덴마크어 사용자들은 실질적으로 자신의 동사 선택을 통해 동사 양식을 구체적으로 보이도록 해야 하는 것을 볼 수 있으며, 대신 방향은 전치사/부사(particle)를 추가하여 표현한다.

[12] (사타 p. 261/ p. 205)

Sgomenta si avvicino alla porta e busso. [...] Credendo che dormisse, i due si allontanarono in punta di piedi...

'낙담한 채, 그녀는 문으로 다가가 노크를 했다 [...] 그녀는 자고 있다고 믿던 두 사람은 발끝을 들고 나갔다...'

('Dejected, she approaches herself to the door and knocked [...] Believing that she slept, the two withdrew themselves on tiptoe...')

Nedsalet **vaklede** hun **hen** til doren og bankede pa [...] Da de mente hun sov, **listede de ud** pa taspidserne.

'낙담한 채 그녀는 문까지 비틀거리며 가서 노크했다. [...] 그들은 그녀가 자고 있다고 생각하자, 발끝을 들고 밖으로 나갔다...'

('Dejected she **staggered over** to the door and knocked on. [...] When they thought the slept, they **tiptoed out** on tiotoe...')

[13] (사타 p. 265/ p. 209)

Don Sebastiano inforco il cavallo e scese a Isporosile...

'돈 세바스티아노는 말을 타고 이스포로실르(Isporosile)로 내려갔다...'

('Don Sebastiano mounted the horse and descended to Isporosile...')

Don Sebastiano saddled sin hest or **red ned** til Isporosile...

'돈 세바스티아노는 자신의 안장에 올라타고 이스포로실르를 향해 내려갔다...'

('Don Sebastiano saddeled his horse and rode down to Isporosile...')

흥미롭게도 [14]번 예문에 나온 동사 lase(=잠그다)는 ud(=out)를 추가하면 동작 동사로 바뀌지만, 이탈리아어에선 동작의 양식(mordality)(문을 잠그지 않은 채 나가다)은 전체 내용이 다 빠져, 추론조차 할 수 없다.

[14] (호에그 p. 87/p. 89)

Sa **låser** vi os **ud**...

'그리고 우리가 방을 나간 후 열쇠가 잠겼다...'

('Then we **lock** ourselves **out**...')

Poi usciamo...

'그리고 나서 우리는 나간다....'

('Then we exit...')

2.5 타동사화(transitivity) 정도

동작 동사와 관련해 유형론적 이분법(typological dichotomy) (부분적으론 덴마크어에서 공간 전치사/부사(particle) 사용 빈도가 매우 잦은 이유를 설명하는 이분법)뿐만 아니라, 우리는 두 개의 개체들(entities)의 광범위한 물리적 상호작용, 즉 공간 전치사/부사(particle)와 다시 관련되는 한 구조 패턴을 부호화할 때 타동사화 정도에 있어서 덴마크어와 이탈리어 사이에서 흥미롭고 매우 체계적인 차이를(divergence)을 볼 수 있었다. 다시 말해서 덴마크어 사용자는 자동사 구조를 이용하는 경향이 있는 반면, 이탈리아어에선-같은 지각된 상황을 부호화할 때- 종종 타동사를 사용한다.

[15] (칼비노 p. 111/p. 95)

Guadato il fiume, valicato il passo, l'uomo si trova difronte tutt'a un tratto...

'여울을 건너고, 입구를 통과한, 그 남자는 갑자가 앞에 있는 자신을 발견한다...'

('Forded the river, crossed the pass, the man finds himself in front suddenly...')

Da han er **kommet over** floden og **gennem** passet, befinder han sig pludselig foran...

'그가 강을 **건너와** 입구를 **통과**했을 때, 그는 갑자기 앞에 있는 자신을 발견한다...'

'When he has **come over** the river and **through** the pass, he fins himself suddenly in front...'

In [16]번과 [17]번 예문을 보면, 우리는 덴마크어와 이탈리아어에서 의미론적으로(의미 면에 있어) 아주 가까운 2행 동사(verb couplet)들을 보게 된다(fregarsi/gnide sig=자신을 문지르다(run himself/herself/itself/themselves), afferrare/gribe= 잡다(seize)). 그러나 이탈리아어의 경우 타동사적(transitive) 관계에 있는 피동작주(patient, 수동태 주어)로 부호화된것이(손(hand); 종 당김줄(bell wire)), 덴마크어로 가면 공간 정보를 알리는 일종의 공간 중재자(spatial mediator) 기능을 하는 공간 전치사/부사와 공간 참조 목적어(reference object)(주어의 행동의 지표)로 바뀌게 된다.

[16] (사타 p. 97/p. 74)

I nuoresi si fregarono le mani di nascosto...

'그 누오로 사람들(Nuoro-people)은 몰래 손으로 자신을 문질렀다

(The Nuoro-people 'rubbed themselves the hands...')

Nuoreserne **gned sig** i haenderne...

'그 누오로 사람들(Nuoro-people)은 손으로 자신을 문질렀다...'

('The Nuoro-people **rubbed** themselves **in** the hands...')

[17] (스탠저업 p. 32/ p. 53)

griber i klokkesnoren med sine odelagte haender...

'그의 망가진 손으로 종 당김줄을 잡았다....'

('**seized in** the bell wire with his ruined hands...')

afferra la corda con le sue mani rovinate...

'망가진 자신의 손으로 그 줄을 잡았다...'

'seized the wire with his hands ruined...'

[18]번과 [19]번 예문을 보면 이탈리아어 사용자들은 행위자-피동작주(agent-patient, 수동태의 by 이하 목적어-수동태 주어)의 관계에 초점을 맞추는 반면(두건이 얼굴을 가리다(hoods hide the faces); 바다가 나무를 옮긴다(the sea brings the wood)), 덴마크어에서는 목적어(objects)의 공간적 관계가 전면으로(foregrounded) 나오며, [18]번 예문의 정적인 관계가(얼굴들은 두건 아래 있다(the faces are placed under the goods)), [19]번 예문에서는 역동적인 관계로 나온다(나무가 바다로부터 밀려오고 있다(the wood is moving from the sea)).

[18] (칼비노 p. 102/ p. 85)

le facce erano nascoste da cappucci di sacco...

'그 얼굴들은 마대로 만든 두건들에 의해 가려져 있었다

(the faces were hidden by hoods of sackcloth...')

deres ansigter var **skjult under** hatter af saekkelaerred....

'그들의 얼굴은 마대로 만든 두건 아래 숨겨져 있었다...'

('their faces were hidden under hoods of sackcloth...')

[19] (스탠저업 p. 16/ p. 28)

At snitte I trae der **skyller op** fra havet...

'바다에서 씻은 나무들을 깎기 위해서...'

('To whittle in wood that **washes up from** the sea...')

Intagliare legno portato dal mare...

바다에서 가져온 나무를 깎기 위해서

('To whittle wood brought by the sea...')

[20]번 번역문을 보면 공간 원근법(spatial perspective) (통과하다-go through)에서 상호작용적 원근법(그것을 깨뜨리다-break it)으로 옮겨가는데, -여기서 문액은 맑은 언 바다에 대한 것임- 이탈리아 어휘에선 덴마크어와 동일한 수준의 공간 원근법(equally spatial perspective)으로 장면을 해석할 수 있는 방법을 실제로 찾기 어렵다.

[20] (호에그 p. 131/ p. 133)

Et skridt til, og jeg ville **gå igennem**...

'한 발자국만 나가면, 난 **통과**할 것이다...'

('One step more, and I would **go through**...')

Ancora un passo e lo spezzerei...

'그러나 한 발자국만 가면 난 그것을 깰 것이다...'

('Yet one step and I would break it....')

덴마크어와 이탈리아어의 어휘화(lexicalization) 패턴들에서 나타나는 이러한 차이는 탈미의 제안만큼 명확하게 드러나는 것은 아니나 그럼에도 불구하고 이것은 매우 설득력 있는 논리이며다른 문작에서도 같은 구성이 많이 발견되었다. 다시 말하지만 이것은 덴마크어는 공간과 그 장면에서 즉시 지각할 수 있는 특징들에 집중하는 경향이 있지만(공간 전치사/부사(particle)는 이러한 종류의 해석에서 중요한 역할을 부여받음), 반면 이탈리아어는 대상들간(objects)의 상호작용 관계를 강조한다.

2.6 위치 동사들(position verbs)

마지막 예는 소위 위치 동사(position verbs)라 불리는 동사의 성격이 덴마크어와 이탈리아어에서 어떻게 차이가 나는지를 보여준다. 사실 덴마크어에선 동사와 함께 나오는 목적어의 위치를 지정할 때-즉 Y 위에/안에/아래에(on/in/under) 있는 X[동사], 또는 Y 위에/안에/아래(on/in/under)에 있는 Z[동사]-동사 선택은 대체로 그 동사 위치의 수평성(horizontality)이나 수직성(verticality)에 의해 결정되며, 종종 위치가 지정되는 대상(object)의 근본 성격 및/또는 참조 목적어(reference object)와의 관계를 고려해 결정된다. 이탈리아어에서는 이 정도로 동사의 위치를 구체적으로 지시하진 않으며, 그것을 언급할 수 있는 간단한 방법도 없으며, 또한 이러한 특성이 장면을 해석하는데 있어 반드시 필요하다 생각하지도 않는다.

다시 말해서, 이탈리아어에서 위치를 표현할 때 특정 표식을 사용하지 않는 방법으로는 stare(=머무르다(stay))나 esser(ci) (=-있다(be-there)) 같은 포괄 동사(generic verbs)와 mettere(=놓다(put))를 통해 표현하는 방법이 있다. 덴마크어의 경우, 대상(object)의 근본 성격과/또는 목적어의 위치에 따라, ligge, sidde, sta, haenge(=놓여 있다, 앉다, 서다, 걸다(lie, sit, stand, hang))와 이들의 상대동사(counterparts)인 laegge, saette, stille, haenge 중 선택하여야 한다.

위에 나온 [7]번 예문을 보면, 덴마크어로 열쇠를 다시 걸어두는 것(hanging back the key)은 이탈리아어로는 더욱 포괄적인 동사로 열쇠를 다시 두는 것(putting back the key)으로 바뀌는데, 이렇게 함으로써 동위치에 대한 정보는 빠지게 되며, [21]번 예문을 보면, 덴마크어 번역문에선 집들의 위치의 수평성의 구체적인 표현(구체화, specification)은 그 장면의 해석에 중요한 지각적 특징을 더한다. [22]번 예문을 보면, 이 집의 위치의 근본 성격을 구체적으로 표현하는 것(구체화, specification)은 중복표현으로 간주하지만 그럼에도 불구하고, 장면 해석에 공간에 대한 내용을 덧붙이고 있다(집의 최종 위치와 함께 제시).

[21] (칼비노 p. 55/ p. 44)

le tubature dell'acqua, che salgono verticali dove dovrebbero esserci le case...

'그 집들에 있어야 하는 수직으로 올라가는 수도관들...'

('the water pipes, that ascend vertical where should be-there the houses...')

vandrorene, der lober lodret op der hvor husene burde **ligge**...

그 집들에 놓여 있어야 하는, 수직적으로 올라가는 수도관들

('the water pipes, that run vertically up there where the houses should **lie**...')

[22] (호에그 p. 127/ p. 129)

Han har en stor rulle bred, rod isoleringstape og en lille saks **liggende på** bordet...

'그는 테이블 위에 놓여 있는 넓은, 판독용 절연 테이프 한 릴과 작은 한 개의 가위를 갖고 있다...'

('He has a large reel of wide, read, insulating tape and a small pair of scissors **lying on** the table...')

Ha sul tavolo un rotolo di nastro isolante largo e rosso e un paio 야 forbici piccole...

'그는 테이블 위에 판독용 절연 테이프 한 릴과 가위 한 개를 갖고 있다...'

('He has on the table a reel of insulating tape wide and read and a pair of small sissors...')

[23]번과 [25]번 예문에 나온 덴마크어 버전 텍스트들은 모두 위치 동사(앉다, 걸다, 서다(sit, hang, stand))를 포함하고 있고, 한 개 이상의 공간 전치사/부사(particle)의 맥락에서 사용되었다. 위치 동사(position verb)과 공간 전치사/부사(particle)의 이러한 조합은 그 장면을 해석할 때 공간과 시각적 모습을 강하게 강조한다. 반면 이탈리아어 버전에선-그것이 원문이든 번역본이든 관계없이- 공간과 시각적 모습을 강조하지 않는 대신 상호작용과 도구적 관계들에 집중하고 이를 전면에 내세운다(foreground).

[23] (칼비노 p. 115/ p. 98)

I cadaveri, seccati in modo che ne resti lo scheletro rivestito di pelle gialla...

'노란 피부에 의해 싸인 해골 상태로 남아 있는 방식으로 건조된 시체들...')

('The corpses, dried in a way that of them remain the skeleton sheathed by yellow skin...')

De torrer ligene, saledes at huden bliver **siddende** som et gulligt hylster over skelettet...

그들은 그 시체들을 건조해, 따라서 피부는 노란 덮개로서 해골 위에 "앉은 상태로" 남아 있다.

('They dry the corpses, so that skin remains '**sitting**' as a yellowish holster over the skeleton...')

[24] (스탠저업 p. 24/ p. 41)

Do overste dele ma han lade **hæenge ned fra** loftet I snore...

'위의 부품들 경우, 그는 줄을 끌어 천정으로부터 끌어내려야 한다....'

('the upper parts he must let **hang down from** the ceiling **in** strings...')

mentre le parti superiori e costretto a fissarle al soffito con delle corde...

'상부 부품들 경우, 그는 줄을 가지고 천정에 고정해야 한다....'

('while the upper parts he is forced to fix to the ceiling with some strings...')

[25]번 예문을 보면 덴마크어 텍스트를 읽고 떠오르는 심상 이미지는 기본적인 공간 관계들이 주된 것으로 따라서 거의 소박하고 간단한 정적인 기하학적 모습이 떠오르는 반면 (무덤 위에 쌓인 눈 안에 수직으로 서 있는 초(candles positioned vertically in the snow on the graves)), 이탈리아어 번역에서는 서로 관련된 3개의 대상들(objects) 간의 상호 작용과 타동사화(transitivity)로 인해 동적인 이미지가 부여된다. 즉 양초(행위자, agent)가 무덤(피동작주, patient)에 불을 밝히고 무덤(피동작주, patient) 위에 눈(행위자, agent)이 쌓이고 있다.

[25] (스탠저럽 p. 24/ p. 41)

ingen vokslys **står** taendte **i** sneen **på** gravene...

'그 무덤들 위에 쌓인 눈 속에서 불빛을 내며 서 있는 밀랍 양초는 하나도 없다...'

('no wax-candles **stand** lit **in** the snow on the graves....')

nessun cero rischiara le tombe coperte di neve...

'눈 덮인 무덤들 위에 켜져 있는 밀랍-양초는 하나도 없다...'

('no wax-candle lightens the graves covered by snow...')

이 세 가지 예문의 경우, 동일하게 지각된 상황이 원문 텍스트와 번역된 텍스트에서 묘사되어 있지만, 연구자 생각에는 그 해석이 너무 달라 이들은 랑가커가 말한 것처럼 '질적으로 다른 정신적 경험들'을 겪을 수밖에 없다.

3. 논의 및 결론

이탈리아어 사용자와 덴마크어 사용자는 언어시스템의 규칙을 따라야 하고 또한 텍스트로 표현되는 상황들이나 사건들의 다양한 측면을 전면으로 내세우기(foreground) 위해 각자의 언어 규범을 따라야 한다.

위의 예문을 보며 설명한 바와 같이, 덴마크어의 경우에는 일련의 구조적-유형론적(typological) 특징, 위상 관계적(topological) 특징 및 공간 전치사/부사(particle)와 관련된 많은 특징-이 덴마크어에 스며들어 공간을 부호화하려는 강한 성향, 즉 규범적 제약 차원에서 공간에 특별히 집중하며 장면을 해석하는 성향을 보인다. 그러나 이탈리아어는 덴마크어와 같은 정도로 공간 묘사에 집중하지는 않는다. 위의 분석 결과, 덴마크어-이탈리아어 간 번역 시 텍스트의 이미지에 대해 체계적인 재해석이 이루어지며, 이때 번역 방향에 따라 공간이 강조되기도 또는 그렇지 않기도 하는 것으로 드러났다.

동사형(verb-framed) 언어와 위성형(satellite-framed) 언어를 조사한 논문에서, 슬로빈(D. Slobin)은 '언어 형태와 수사법과 언어 사용 간의 관계'에 대해 다음과 같이 쓰고 있다.

[동사형(veb-framed) 언어]의 특징들 역시 해당 언어의 특정 유형의 어휘와 문장 구조 유형에 대해 적용되는 일반적 제약과 상호작용을 한다. 마지막으로 이러한 특징은 특정한 수사법 스타일을 발전시키면서 모든 화자(speakers)를 '훈련(train)'시키는데-적어도 이러한 훈련은 유치원 후반기부터 시작된다-.

[...] 문법의 유형론(typology)은 '수사법의 유형론(typologies of rhetoric)'에 영향을 미친다. 이러한 유형론이 언어 사용에 미치는 영향은 화자가 특정 개념 영역에 주의를 집중하도록 할 만큼 강력하다.

[...] 한 언어에서 이러한 수사법이 정립되어 굳어지면, 화자(speakers)는 특정 표현을 막는 구문론적 또는 의미론적 제약들이 없을 때조차도 이 규범을 벗어나기를 꺼린다(슬로빈, 1996, 217-218; 저자 강조).

덴마크어에서 공간을 강조하는 관점이 이탈리아어로 가면 전혀 공간을 강조하지 않거나 거의 강조하지 않는(대신 상호관계나 도구적 관계를 더 강조하는 경우가 종종 있음) 이러한 전반적인 변화는 두 언어에 존재하는 서로 다른 수사법, 즉 번역사가 항상 의식하는 것은 아닐 수 있는 수사법 때문에 생긴 것이라고 설명할 수 있다.

사실 이탈리아어 텍스트 중 하나를 덴마크어로 번역한 번역사로서 연구자는 각 구절을 재구성한다는 것을 의식하고 있었음에도 불구하고, 재구성해 번역된 이탈리아어 텍스트의 많은 부분이 이러한 공간해석 패턴을 따르고 있음을 나중에야 발견하였다. 연구자는 덴마크어의 관습적 심상을 일관되게 따르고 있었다는 것, 즉 '특정 표현들을 막는 구문론적 또는 의미론적 제약들이 없을 때조차도 이 규범을 벗어나는' 문장 구조로 번역하는 것을 계속 꺼리고 있었다는 것을 의식하지 못했다. 연구자는 다른 번역사들과 마찬가지로 즉시 시각적으로 연상되는 공간 차원의 이미지를 번역 텍스트에서 전달하고 싶은 마음에 이끌려 자신도 모르는 사이 덴마크어 방식으로 공간을 강조하는 패턴으로 번역하고 있었다. 그러나 이탈리아 원저를 번역하면서 덴마크어의 즉각적으로 시각적 이미지가 떠오르게 하는 방식으로 '등가'를 이루고자 했던 노력은 결과적으로는 원저의 이미지를 도착어화(domestication) 하거나 자연화(naturalization)하는 결과를 초래하여, 경험을 개념화하는 과정에서 그 기저에 존재하는 관점을 왜곡하게 된다. 배스넷(1980: 117)는 번역의 본질은 '원저에 있는 이국적 요소를 깨워 불러일으키는 것'이란 벨록(Belloc)의 주장을 인용한다. 그러나 이국성을 그대로 유지한 상태에서 번역사는 얼마나 번역문에 '원어민성'을 가져올 수 있는가? 결국, 번역의 기본목적은 원저의 원어민성을 표현하는 것이 아니던가? 반면 베누티의 '충실성(fidelity)'에 따라 '도착어에서의 자연스러운 표현 사용을 의도적으로 저항하여 유창성을추구하지 않는' 쪽을 선택할 경우 텍스트가 지니는 '눈을 감은 채 장면에 집중하는 힘'을 잃게 될 위험에 처하게 되는 것인가?

연구자는 여기에서 한 가지 전략이 다른 전략보다 더 낫다고 주장하지 않으며, 문학 번역을 할 때 현명하게 이 두 가지 전략 중 하나를 선택할 수 있도록 하기 위해 여기에서 강조했던 공간 전치사/부사(particle)와 공간 심상(spatial imagery)과 같은 언어적 특징을 의식하는 것이 필요하다는 말로 본 논문을 마무리 짓고자 한다.

미주

1. 연구자는 본 논문의 이전 버전들에 대해 유익한 논평을 해 주신 익명의 추천인들과 샌드라 핼버슨(Sandra Halverson)께 감사를 전한다. 이 논문에 남아있는 부족한 점들은 모두 연구자의 책임이다.

2. 이타로 칼비노(Italo Calvino)는 텍스트의 이 특징을 표현하기 위해 "가시성(visibility)"이란 단어를 사용했지만, 이것은 베누티(Venuti)가 의도한 의미와는 매우 다르다. 용어상의 혼란을 피하고자(텍스트의 가시성(visibility) vs 번역사의 가시성(visibility)), 필자는 이 용어를 사용하지 않았다.

3. 이 논문에서 사용한 텍스트들은 다음과 같다:

   Italo Calvino: Le citta invisibili(1990 [1972]); 덴마크어 번역: De usynlige byer(1998) 렌 와지 피터슨(Lene Wagge Petersen) 번역;
   살바토르 사타(Salvatore Satta): Ilgiorno del giudizio (1979); 덴마크어 번역: Dommens dag(1989) 한느 얀센(Hanne Jansen) 번역;
   헨릭 스탠저업(Henrik Stangerup): 브러더 제이콥(Broder Jacob)(1991); 이탈리아어 번역: Fratello Jacob(1993) 에바 캄프만(Eva Kampmann) 번역;
   피터 호에그(Peter Hoeg): Froken Smillas fornemmelse for sne (1998[1992]); 이탈리아어 번역: Il senso di Smilla per la neve(1994) 부르노 베르니(Bruno Berni) 번역.
   여기서 알 수 있듯이, 필자는 텍스트 중 하나를 번역한 번역사이며, 이에 대해서는 3장에서 다시 다루고자 한다.

참고문헌

1. Bassnett, Susan. 1980. *Translation Studies*. London & New York: Methuen.

2. Calvino, Italo. 1988. *Six Memos for the Next Millennium*. Cambridge: Harvard University Press.

3. Chesterman, Andrew. 1997. *Memes of Translation. The Spread of Ideas in Translation Theory.*Amsterdam & Philadelphia: John Benjamins.

4. Croft, William. 2001. *Radical Construction Grammar. Syntactic Theory in Typological Perspective.*Oxford University Press.

5. Langacker, R. W. 1991 [1987].*Foundations of Cognitive Grammar.Vol.I+II.* Stanford: Stanford Univeristy Press.

6. Malmkjaer, Kirsten. 1999. *Contrastive Linguistics and Translation*. Utrocht: Platform Vortalon & Vortaalwotonschap.

7. Slobin, Dan. 1996. "Two Ways of Travel: Verbs of Motion in English and Spanish". In *Grammatical Contructions. Their Form and Meaning*, M. Shibatani and S. A. Thompson (eds), 195-219. Oxford: Clarendon Press.

8. Tabakowska, Elzbieta. 1993. *Cognitive Linguistics and Poetics of Translation*. Tübingen: Gunter Narr.

9. Talmy, Leonard. 1988. "The relation of grammar to cognition". In *Topics in Cognitive Linguistics*, B. Rudzka-Ostyn (ed.), 165-207. Amsterdam &Philadelphia: John Benjamins.

10, Venuti, Lawrence. 2000. *The Translation Studies Reader.* London & New York: Routledge.

John Benjamins Series

03

Doubts and Directions in Translation Studies

제 5 부

문학적 접근

각본인가 진실인가?

현대 여류작가들의 여행기 속에 등장하는 번역된 대화의 문제점

모린 물리간 Maureen Mulligan
라팔마 그랑 카나리 대학교University of Las Palmas Gran Canaries, 스페인

타문화에 대한 다시 쓰기 과정을 번역의 한 형태로 보는 번역학의 지류가 있으며 그 중심에는 여행기가 있다. 이 논문에서는 식민지 후기 시대의 여류 여행작가들이 자신의 글 안에 진실로 포장된 대화의 형식을 빌어 타 문화를 목소리를 어떻게 반영하는지에 대해 논의한다. 논의의 내상에는 이러한 대화를 텍스트 안에 포함시키기 위해 작가가 도용하는 기법이 무엇인지와 더불어 글 속의 이러한 대화를 읽는 것이 독자에게 미치는 수사적(rhetorical), 이념적 영향이 포함된다. 연구자는 여행기가 가지는 특수성 -즉 '출발 문화'에 대한 내부자의 시선을 '도착 문화'에 보여줄 수 있는 특권을 가진 텍스트라는 점- 을 이유로 출발 문화에 속한 자들의 목소리를 글에 담아내고자 하는 여행작가는 일종의 번역사로서 해야 할 역할을 하고 있음을 주장한다.

KEYWORDS
여행기(travel writing), 문학 번역(literary translation), 대화(conuersations), 여성(women), 다시 쓰기(rewriting)

여행기는 번역의 일종인가? 여행자가 타 문화로 가서 그곳에서의 자신의 경험을 글로 쓰는 것은 여행기가 없었다면 도착 문화의 독자가 쉽게 이해할 수 없는 출발 문화에 대해 이해할 길을 터 준다는 점에서 일종의 번역 행위에 해당하는가? 물론 이 경우 여행작가는 쓰여진 텍스트를 번역하는 것은 아니다. 그러나 이러한 여행기를 쓴다는 것은 타 문화에 속한 현지인들의 생각과 말을 자신이 속한 문화의 사람들이 쉽게 이해할 수 있는 언어로 바꿀 권한이 작가에게 있음을 전제로 한다. 현지인들의 말을 직접 인용이나 요약의 형태로 여행기에 집어 넣음으로써 여행작가는 타인의 말을 있는 그대로, 또는 각색이나 다른 버전의 형태로 전달하게 되며, 이는 전문 번역사를 통해 번역된 글을 독자가 신뢰하는 것과 같은 맥락에서 이를 읽는 도착 문화 독자들이 그 내용을 사실로 신뢰하고 받아들일 것을 요구한다.

여행기에서 작가와 현지인과의 만남은 주로 불완전한 영어나(화자 중 한 명이 영어 원어민이 아님을 나타내기 위해 변형된 형태의 영어를 사용) 번역을 통해 독자에게 전달된다. (이 경우 이국적인 느낌을 주기 위해 또는 책에는 번역되어 쓰이나 실제 대화는 현지어로 이루어졌음을 독자에게 상기시키기 위해 종종 현지어가 불쑥불쑥 등장한다.) 이러한 작가와 현지인과의 만남이 이루어지기 위해서는 작가(여행자)가 현지어를 자유자재로 구사하거나 현지인이 영어를 유창하게 구사하는 것이 전제되어야 하므로, 여행기에서 작가와 현지인과의 만남이 만들어지는 과정을 바스넷(S. Bassnett, 1998)

은 작가와 독자 간의 '공모(共謀)'라 지칭하며 여기에는 '불신의 보류'가 개입된다고 한다. 이러한 공모 과정에 사용되는 다양한 기법은 모두 공통으로 텍스트의 '진실성'을 구축하는 데 그 목적이 있다.

> 독자는 여행자가 들려주는 이야기의 진실성을 믿도록 요구받는다. 이에 여행자/현지인의 언어 능력에 대한 의문은 의도적으로 모호하게 처리된다. 우리는 여행자는 세상의 어느 곳에서든 그 누구와도 대화할 수 있다는 생각에 공모하며 여행자와 현지인 간의 대화를 직접화법으로 기록한다. (바스넷 1998: 36).

이 논문에서는 이와 같은 공모의 사례로 여류작가 윌러(S. Wheeler), 셀비(B.Selby), 머피(D. Murphy)의 최근 여행기를 살펴봄으로써, 타인(현지인)을 대변해 이야기하고 있음을, 즉 문화를 번역하고 있음을, 주장하는 형태의 글이 가지는 이념적 목적이 무엇인지 논의하고자 한다. 이들 작가를 선정한 이유는 20세기의 여류 여행작가들의 글이 동시대 남성 여행작가들의 글에 비해 논의된 바가 적기 때문이다. 여류 여행작가를 대상으로 글을 쓴 작가들은 대체로 19세기나 그 이전 여류 여행작가들에 주목하였고(제국의 눈: 여행기 및 새문화의 도입 (1992)을 쓴 M.L 프렛 (Prett), 차이의 담화: 여성작가의 여행기 및 식민지 시대(1993)를 쓴 S. 밀즈(Mills) 등), 『밖으로: 전쟁과 전쟁 사이의 영국 여행기』(1980)를 쓴 퍼셀(P. Fussel)과 같이 이 주제에 관심을 가진 20세기 작가들은 여성 작가에 특정하여 구체적인 논의를 하지는 않았다. 이 논문에서 논의의 대상으로 삼을 여성 작가 및 작품들은 20세기 후반의 여행기라는 장르에 상당히 전형적인 모델이 될 수 있는 작가와 작품들이다. 윌러는 『미지의 땅: 남극의 여행자』(런던 빈티지 출판사, 1996)의 작가로 이 책은 남극 기지에서 몇 명의 과학자와 지낸 몇 달간의 체험에 대한 문학적, 자기 고백적 글이다. 이 논문에서는 윌러와 동료작가 버킷(Birkett)이 편집해 1998년 출간한 문집에 포함된 방글라데시로의 짧은 여행에 대해 쓴

『아마조니아: 여성의 새로운 여행기에 대한 펭귄 북』이란 제목의 작품에 대해 살펴보겠다. 동료작가인 버킷은 월러의 책과 비슷하게 대중 지향적인 저서『외국의 독신녀들: 빅토리아 시대의 탐험가들』(옥스포드 바질 블랙웰 출판사, 1989)의 저자이다. 아마조니아의 서론에 작가들은 다음과 같이 쓰고 있다. 모든 여행서적의 가장 중요한 부분이자 가장 재미있는 부분은 작가의 내면 여행이다. 어디를 가는지는 중요하지 않다. 중요한 것은 여행에 대한 해석인 것이다(버킷과 월러, 1998). 이 문구는 최근 출판되고 있는 여행기에서 타 문화에 대한 설명보다는 내면의 여행이 차지하는 역할이 더 중요함을 잘 보여주는 예라 할 수 있다. 월러의 경우 이런 특성이 책의 도입부부터 분명히 드러난다. 여행기의 도입부에 "나는 방글라데시로 떠날 계획은 전혀 없었다"라고 적음으로써 남극 프로젝트를 뒤로하고 떠나는 일이 얼마나 힘든 일이었으며 이러한 내적 원인으로 인해 남극과는 정반대인 곳, 즉 덥고, 인구밀도가 높고, 혼잡한 곳을 선택함으로써 목적지가 방글라데시가 된 점에 대해 설명하고 있다.

> 나는 이 모든 것을 뒤에 묻어두기로 했다. 그리고 이 결심을 성공적으로 실행에 옮겨 다카행 항공권을 샀다. 얼음은 이제 꼴도 보기 싫다. 내 마음과 계획이 따로 놀고 있다는 점에서 매우 괴로웠다. 지금까지 나는 내 삶의 환상을 여행을 통해 항상 실현해왔었고 여행의 그러한 능력에 의존해왔다. 그러나 이번 여행은 그렇지 않다. 방글라데시로의 여행은 (남극을 뒤로하려는) 의도를 가지고 계획한 것으로 내 내면의 삶을 표출하는 여행이 되지는 않을 것이다 (1998: 232).

다음으로 살펴볼 월러의 두 번째 텍스트인 칠레로의 여행을 담은『가느다란 나라로의 여행: 칠레 종단기』(1994)에서도 여행 목적지 선정은 목적지의 문화나 사람에 대한 관심에 의해서가 아닌 지극히 개인적이고 충동적인 동기에 의해 이루어졌다. 작가는 수영장에서 우연히 칠레에서 온 남자를 만나게 되는데, 이 남자는 작가에게 칠레에 대해 글을 써볼 것을 권한다. 작가는 지도에 나와 있는 칠레의 모양이 마음에 들었다. "나는 칠레 모양에 완전히 현혹되었다(융이 이런 내 모습을 봤으면 나 스스로가 칠레의 모양처럼 가늘고 길어지고 싶어서 그런 것이라고 할 것이다). 난 길이가 넓이의 25배나 되는 국가가 어떻게 잘 운영될 수 있을까? 하는 생각을 하였다"(윌러 1994: 2). 작가의 칠레 여행은 6개월이나 지속되었다. 작가의 방글라데시 체류기간은 확실히 않지만 2주 정도였던 것 같다.

아일랜드 출신 작가인 머피는 지난 40여 년 간 『전속력으로: 던커크에서 델리까지의 자전거 여행』(런던 플라밍고 출판사 1995 [1977]), 『노새와의 이디오피아 여행』(런던 플라밍고 출판사 1994 [1968]), 『쿠르그 알뜰 여행』(런던 플라밍고 출판사 1995 [1976]), 『젊은 인더스』(런던 플라밍고 출판사 1995 [1977]) 등을 포함 수많은 책을 저술하였다. 이 논문에서 다룰 서적인 '안데스 산맥 8피트: 카자마르카에서 쿠스코까지의 노새 여행'은 1983년 첫 출간되었다. 제목을 통해 알 수 있듯이 작가의 여행기는 주로 오지와 특정 교통편/이동편에 대한 내용을 담고 있다. 때로는 작가는 참을성이 많은 자신의 딸 레이첼과 여행에 동행하기도 하고 최근 들어서는 좀 더 정치적인 안건을 놓고 여행을 하기도 한다. 예를 들어 차우세스쿠 몰락 후 루마니아의 트란실베니아로 떠난 여행이나 아프리카에서의 에이즈의 영향에 대해 알아보기 위해 케냐로 간 여행 등이 여기에 해당한다. 작가에게 있어 여행 중 만나게 되는 적은 '히피'나 '관광객'과 같이 작가에 비해 덜 진지하게 여행에 임하는 사람들이다.

또 다른 여류 작가인 셀비는 머피와 동시대인물로 이 작가 또한 자전거 여행을 무척 좋아한다. 4,500 마일에 이르는 이집트, 수단, 우간다의 횡단기를 담은 『사막 트레일 여행: 자전거로 나일강의 근원을 찾아서』를 1988년 출간하였으며, 최근에는 『순례자의 길: 산티아고데콤소프텔라로 떠나는 여행』(런던 아베쿠스 출판사 1995 [1994])을 출간하였다. 나일강의 근원을 찾아서에서는 머리말에 여류 여행작가 아멜리아 에드워드의 『나일강으로 가는 천 마일』(런던 존 머레이 출판사, 1877)에서 문구를 인용하고 있는데 이것 또한 근래의 여류 여행작가 작품에서 자주 볼 수 있는 공통점이다. 과거, 특히 빅토리아 시대, 의 여류 여행작가의 글을 최근 여행에 대한 영감의 원천과 참고서로 활용하는 것이다.

오늘날 문학계에서 여행기가 점하는 위치는 모호하다. 여행기가 가지는 '진실성', '사실성', '충실성'에 대한 의문은 포스트모던 시대의 학술 논쟁에 만연하는 상대주의적 사고하에서는 더는 논의되지 않는다. 1945년 이후에 쓰인 무게감 있는 소설을 읽을 때는 독자는 텍스트의 '허구성'을 강조하기 위해 작가가 도입하는 기법에 익숙하다. 역사물을 읽을 때는 그 책이 다른 텍스트에 대한 다시 쓰기의 결과로 이루어진 것이며 그 책의 바탕이 된 다른 책들도 절대 권위를 가지지 않는 다는 점과 따라서 지금 읽고 있는 책이 타 텍스트와 가지는 개연성 및 메타픽션성에 대해 독자는 종종 일깨워진다. 즉 독자는 과거를 배경으로 쓰인 모든 텍스트에 대해 '역사적 메타픽션성'을 수용하는 것이다. 독자는 언론보도에 대해서는 회의적인 태도를 가지고 읽는다. 특히 "가장 먼저 발표된 사상자 수가 가장 정확하다"라는 말도 있듯이 전시에는 언론에 대한 회의가 더욱 심해진다. 인물전기나 회고록은 문학의 한 형태로 받아들여지며 사실 전달을 위해 쓰인 것으로 생각하지 않는다. 그리고 번역물에 대해서는-하나의 문학 체계와 한 명의 작가만 개입된 것이 아닌 적어도 둘 이상의 문학체계와 둘 이상의 작가가 개입됨으로써 가장 복잡해지는-출발 텍스트에 대한 직역, 의역, 충실성을 갖춘 도착 텍스트란 어떤 것인가에 대한 논의가 학계 내에 다양한 분파와 논쟁을 불러일으켰다.

그러나 여행기라고 불리는 장르의 글에 대해서는 진실성, 사실성, 충실성의 개념이 작가나 비평가 모두에게 매우 불편하게 적용됐다. 이에 대해 크로닌(M. Cronin)은 이번 호『경계를 넘어: 여행, 언어, 번역』

(2000)에서 다음과 같이 적고 있다.

> 지난 20여 년 간 출판된 주요 여행기/여행문에 사용된 언어 관련하여 의문점을 제시하지 않았던 무관심으로 인해 여행 그 자체와 그 여행에 대한 생각/회고가 모두 책에서 심각하게 잘못 전달되는 결과가 초래되었다. 여행에서의 언어의 역할에 대한 고찰을 하는 데 있어 특히 언어 투명성에 대한 신화, 언어와 힘과의 관계, 보편성에 근거한 표현 가능성에 대한 조사가 필요하다.

여행서가 출판되기까지의 전형적인 과정은 다음과 같아 보인다. 출판사나 여행가가 매력적인 목적지를 선정한다(정신적인 것을 추구했던 70년대에는 동양권 문화, 역동적인 80년대는 남미, 정치성향이 강했던 90년대는 러시아가 대표적이다). 또는 이미 익숙한 목적지에 새로운 도구를 통해 접근한다(당나귀, 자전거, 초경량 비행기, 또는 어린 딸 등). 그 후 서둘러 짧은 기간 안에 준비하고, 이때 종종 같은 경로로 여행했던 빅토리아 시대 여류 작가의 여행기를 발견하고 그 여행기를 지도 삼아 출발하게 된다. 여행가는 목적지를 향해 여정을 시작하며 그 과정에서 보고 겪는 이야기를 일기를 통해 보여준다. 현지인을 만나고, 모험을 즐기고, 운전기사나 가이드와 로맨스에 빠지고, 그리고 물리적 여행보다 더 흥미롭다 여겨지는 내면의 여행을 떠난다. 그리고는 더 성숙해져서 또는 더 슬픈 사람이 되어 여행에서 돌아와 출판사와 계약을 마무리하고 표지 사진을 찍는다. 물론 이 일련의 모든 과정을 독자에게는 '진실'로 바라볼 것을 독려한다. 책에는 사진과 지도, 여행에 가져간 물품 목록과 현지인이 한 이야기가 인용되어 나온다. 이 모든 것이 진실이 아닐 수 없다. 당연히 이 모든 것은 다 진실이다.

여기서 마지막에 나오는 기법, 즉 현지인의 이야기를 작가와의 대화를 통해 인용하는 것에 대해 좀 더 자세히 살펴보자. 현지인의 말을 전달하는 이 대화가 어느 만큼 번역 행위에 해당할까? 또한 여행자가 두 문화 간 교류가 이루어지는 통로인 통역사나 번역사의 기능을 수행하며, 여행기는 외국 문화에 대한 거시적 번역의 한 종류라는 인식에 이러한 인용문은 어떠한 영향을 미칠까? 위의 질문에 대해 여행작가가 번역사로서의 기능을 어느 정도 수행한다고 가정해보자. 그렇다면 전문 번역사에게 주어지는 출발 텍스트를 도착 텍스트로 옮기는 것에 대한 충실성 및 진실성에 대한 도덕적 책임은 여행작가에게는 어느 정도 적용되어야 할까? 아니면 여행작가는 단지 허구를 쓰는 작가인가?

여행작가들이 여행을 떠날 때 언어나 커뮤니케이션에 대해서는 그것을 그다지 문제점으로 생각하지 않는 것 같다. 이는 바꿔 말하면 다른 영어권 관광객들과 마찬가지로 세계 어디를 가도 큰소리로만 얘기하면 상대방이 영어를 이해할 것으로 생각하는 것이거나, 아니면 어차피 책에 나오는 대화는 만들어내는 것이기 때문에 걱정할 필요가 없는 것일 것이다. 가끔 여행작가가 여행 준비를 위해 단기 어학 과정을 밟는 경우도 있기는 하다. 레퀴엄: 방글라데시(1998)를 보면 작가인 윌러는 방글라데시어 기초 야간반을 한 학기 수강함으로써 방글라데시 여행을 준비한다. 그러나 다카에 도착해서는 다음과 같이 적고 있다. "인력거 기사는 모두 영어를 한마디도 못했고… 대화를 시도했던 나의 노력은 대부분 실패로 끝났다. 나는 무의식적으로 방글라데시가 인도와 같이 도처에 영어 사용자들이 있을 것으로 기대했다. 그러나 전혀 그렇지 않았다"(윌러, 1998, 233). 그 후 보트에서 한 의사를 만나서는 "이 사람은 여행 전 기간에 걸쳐 영어와 놀랍게도 유사한 언어로 나에게 말을 걸었다 [...] 그 외의 누구도 단 한마디의 영어도 하지 못했다"(ibid, 244). 칠레가 목적지인 또 다른 여행에서 위의 작가는 이번에는 스페인어를 배운다. 작가는 책에서 다음과 같이 쓰고 있다. "나는 어학교재 업체인 링귀폰을 설득하여 남미 스페인어 강좌를 협찬받고 첫 한 달간 매일 세 시간씩 수업에 몰두함으로써 나 자신을 단절시켰다"(윌러, 1994, 3). 그러나 여행지에 도착하자 복잡한 현지 문제에 대해 자신 있게 의견을 개진하는 데 있어 현지어를 숙달되게 구사하는 건 필요치 않아 보인다. 방글라데시에 도착한 지 일주일도 안되 윌러(1998)는 방글라데시에서 차(茶) 가격이 고정된 것은 "방글라데시 경제가 어떻게 움직이는지를 보여주는 전형적인 예가 된다. 마피아의 일종인 마하존(Mahajons)이 나라의 반을 운영한다. 정부는 세금을 거의 걷지 못하고 일부 존재하는 정부 단속은 고무줄같이 일관성이 없다"(p. 238). 책에는 이러한 정보의 출처가 어디이며 작가인 윌러가 어떤 자격과 권한을 가지고 이러한 주장을 하는지에 대한 언급이 전혀 없다. 또 다른 예로는 칠레에서 윌러가 두 명의 현지인 라포와 페페와 해변에서 정치에 대한 논쟁을 하는 장면이 나온다. 윌러는 칠레 지식인층과 피노체트 집권 당시 망명 문제에 대해 묻고 이에 대해 라포는 다음과 같이 답변한다.

> 두 집단 모두 서로에 대해 불만이 있었어요. 그쪽은 우리가 떠난 것이 겁먹고 도망간 것으로 생각하고, 우리는 떠남으로써 더 고통받았다고 생각하죠. 이것이야 말로 집권당이 쓸 수 있는 가장 강력한 독이었죠. 우리를 서로 대치관계로 만드는 것 말이에요. 그것도 명확하게 좌파냐 우파냐하는 방식이 아니라 좀 더 교활한 방법으로 한 거죠. 그러자 우리 공동의 정신이 약해져 버렸어요. (윌러 1994: 79)

이러한 부분을 볼 때 과연 누가 실제 어떤 부분을 말한 것인가 하는 언어에 대한 의문이 생긴다. '겁먹고 도망간(whimped out)'과 같은 표현은 상당히 구어적인 영어 표현으로 이중언어자가 아닌 이상 칠레인이 사용했다고 보기는 어렵다. 이러한 어투는 작가인 윌러의 것으로 보여지나 그럼에도 본문에서는 라포의 영어 실력에 대한 언급 없이 위의 대화를 '투명하게' 보여주는 데 이는 대체로 대화가 현지어인 스페인어로 이루어졌음을 의미한다. 책의 또 다른 부분에서는 이와 유사한 대화가 작가와 페페 사이에 직접 화법의 형태로 오가는데 작가는 페페가 영어를 구사하지 못한다고 적고 있다. 따라서 위의 대화는 매우 복잡한 스페인어로 이루어진 원대화가 영어로 '번역'된 것임을 알 수 있다. 또 다른 예에서는 "당신에게 가짜 역할을 줄 수 있어요(We could give you a bogus role)" (1994, 94)라는 구문이 직접 화법의 형태로 텍스트 안에 너무나도 자연스럽게 어우러져 있다. 이들 대화가 모두 스페인어로 작가와 현지인 사이에 이루어졌다면, 윌러가 스페인어를 단 한 달 밖에 안 배운 사실을 생각할 때 그는 어학 학습자 중 최고의 성과를 올린 자가 될 것이다. 언어에 대한 모든 것이 혼란스럽다. 때로는 특별한 이유 없이 스페인어가 이탤릭체로 직접 쓰여 있는가 하면 어떤 경우에는 영어로 번역되어 직접화법 형태로 쓰인 경우도 있고, 영어 번역이 없는 경우도 있었다.

"Are you North American? – No, English"
[북미에서 오셨나요? – 아니요 영국이요].
"Es major, por lo menos (That's better, at least)"
[그래도 조금 낫기는 하네] (1994: 72)

"Capitán Lathrop, Señora, a sus órdenes" – 이란 문구는 캡틴이 영어로 한 말 뒤에 바로 이어져 나왔다. 종종 스페인어 어휘가 본문에 섞여 쓰인 경우가 있었는데, 번역이 안 되는 단어인 경우는 드물어, 특별한 이유가 있어 원어를 썼다기보다는 사실감을 전달하기 위한 목적으로 사용된 것으로 보인다. 이렇게 사용된 어휘로는 gringo, hacienda, cazuela, soroche, machista, miedo, Señor등이 있다. 크로닌은 이를 '어휘의 이국성(lexical exoticism)' 효과라 표현하며 이에 대해 다음과 같이 적고 있다.

어떠한 사건에 개연성을 부여하는 방법으로 또 이국적 텍스트 성을 뚜렷이 표

> 출하는 장치로 '언어'는 중요한 역할을 한다. 여행 이야기를 기다리고 있는 독자에게 현지어란 여행지에서 집으로 가져온 기념품과 같다 [⋯] 그러한 어휘는 번역할 수 없는 것, 번역되지 않는 것들에 대한 상징이 되나 그 자체는 번역의 공간 안에 놓여 있다. 현지어의 형태로 일어나고 있는 현실이 독자들에게는 화자(話者)의 언어를 통해 전달된다. 다시 말해 화자의 언어로 지속해서 번역이 이루어지고 있으나 그 가운데 현지어가 남아 있어 의식적 또는 무의식적으로 번역이라는 것이 애초에 얼마나 고민스러운 과정인가를 보여주고 있다. (크로닌 2000: 40)

이 논문에서 다루고 있는 작가들이 자신의 여행기에 현지어를 남겨두는 것이 보이는 것만큼 무의식적인 행위인지는 작가들의 작품을 추가로 분석하기 전에는 확언하기 어렵다. 그러나 분명한 것은 1960년대 이후 인기를 끌었던 한 페미니즘의 이데올로기적 영향으로 여행기라는 장르가 텍스트 내에 문학적 복잡성은 피하면서 자전적, 자기 고백적 문체를 가지는 형태로 발전되었다는 것이다. 종종 여행기에는 작가가 여행 중 기록한 일기나 메모, 편지의 내용이 발췌되어 포함되는데 이는 텍스트를 통해 작가의 시각이나 관점이 어떻게 발전하는지 그 과정을 보여주기 위해서라기보다는 텍스트가 작가의 경험에서 직접 나오는 것임을 독자에게 설득하기 위한 것이다. 이는 의도했던 하지 않았던 간에 자기 성찰의 부족을 가져오며 이를 통해 '진실성'을 확보하고자 했던 의도는 순진하게 마저 느껴진다.

또 다른 유명 여행작가인 머피는 이국성을 자신의 글에서 보여주기 위해 다양한 기법을 동원하며 이에 더하여 대화에 참여하는 화자들이 서로 다른 언어를 사용하는 사람들이란 사실을 부각하는 방법을 사용한다. 이러한 방법 중 가장 거슬리는 방법이 현지인들의 영어 구사방식을 반영한다는 의도로 사용되는 비표준 영어의 사용이다. 예를 들어 『안데스 산맥 8피트: 카자마르카에서 쿠스코까지의 노새 여행』

(1983)에서 머피는 아홉 살 짜리 딸 레이첼과 함께 안데스 산맥 여행 도중 페루 여인인 케이티를 만난다. 케이티의 말은 다음과 같이 표현된다. "I work in Lima airport as interpreter. You come from New York? Soon it is raining. You stay in my house and tell me about New York. (난 리마 공항에서 통역사로 일하고 있어요. 당신은 뉴욕에서 왔나? 곧 비 온다. 오늘은 우리 집에 묵으면서 뉴욕에 대해 말해달라)" (머피 1983: 148). 외국인의 영어임을 부각하기 위해 현재시제를 사용해 이루어진 케이티의 독백의 문체는, 케이티를 유치하거나 다소 화가 난 사람으로 비치게 한다. 또 다른 예로는 머피와 딸 레이첼이 현지인에게 친절한 응대를 받는 장면으로 여기서 화자인 테레사의 대사는 다음과 같이 기록되어 있다. "I need much chance to practice English which I study in Lima but now forget (내가 리마에서 배우고 지금 잊어먹은 영어 연습할 기회 많이 필요하다)" 작가 자신의 스페인어 실력에 대해 '올레(olé,환호의 표현)'와 '올라(hola, 인사)'를 혼동하는 수준인 것을 생각하면 현지인들의 영어 사용에 대해 조금은 덜 무시하는 태도를 보여야 할 것 같다.

언어문제를 다루는 머피의 또 다른 방법의 하나는 실제 대화 내용은 알아 듣지못한 상태에서 상대방의 언어 사용을 부적절한 것으로 표현하는 것이다. "The nuns twittered with excitement(수녀들이 흥분해서 재잘거렸다)" (p.92), "a group of youths held a muttered consultation… and mumbled something about its being 'very poor' (한 무리의 젊은 이들이 쑥덕거리며 의논하더니 …그것이 '매우 가난한'점에 대해 중얼거렸다)" (p. 80). 또 다른 경우에는 현지 농민들의 대화방식을 비난하기도 한다. "a taciturn young mestizo joined us. He was determined not to communicate … (과묵한 메스티조 젊은이가 합류했다. 그는 우리와 대화하지 않기로 작정한 것 같았다)" (p.114), "five night-shift miners were … inarticulately garrulous (다섯 명의 야간 근무조 광부들은 불분명한 발음으로 쉴새 없이 떠들었다)" (p. 164), "at first Rodrigo pretended to be welcoming and helpful, in a blatantly insincere way. Then abruptly he demanded our passports and documents(처음에 로드리고는 표시 나게 위선적인 태도로 우리를 환영하고 도와주려는 척을 했다. 그러더니 갑자기 우리의 여권과 서류를 요구했다.)" (p. 207). 또 머피는 쓰러져가는 농가에 거주하는 농민을 가리켜 "moronic and/or sullen Indians who either can't or won't speak Spanish (스페인어를 하지 못하거나 안 하는 모자라고 (또는) 무뚝뚝한 인디오 원주민)" (p. 262) 이라고 묘사하고 있다. 머피는 사람들의 영어 실력을 캠브리지대학의 구술 면접관의 태도로 평가하는 것을 즐겨 한다. 라몽은 "smattering of English(영어를 어설프게 하고)" (p. 97), 몇몇 경찰은 "rudimentary of English(영어를 몇 마디 띄엄띄엄하며)" (p. 149), "그의 영어가 너무 유창해 놀랍다" (p. 176) 든가 "그녀가 현지 중고등학교에서 주 2일 영어교사로 근무한다는 사실에 우린 충격을 받았다. 그녀가 영어를 가르치는 것보다 레이첼이 스페인어를 가르치는데 더 나았다." (p. 191) 등의 표현도 등장한다.

현지인들과 아주 기초적인 것 이외에는 전혀 대화하지 못하는 문제에도 불구하고 머피는 독자에게 페루 사회에 대한 해석을 제시하고 자신의 경험을 일반화하여 설명하는 데 대해 조금의 거리낌도 없다.

> 교회의 영향권 내에 거주하는 인디오 원주민들은 대체로 신앙심이 매우 깊으며 미신을 믿는다. 성자에 대한 경배, 특히 성모 마리아에 대한 경배가 이들에겐 가장 중요하다…원주민 농민(campesino)에게 기독교란 안식의 가치밖에 가지지 않는다. 이들에게 있어 기독교는 자신의 도덕성을 높이는 행동 규범으로서, 자신의 지성을 다듬는 철학 체계로써, 또는 교육과 의료부문의 필요를 채워주는 서비스의 기능은 없다. (p. 252)

위에서 제시한 월러의 예에서와 마찬가지로 머피는 무엇을 근거로 자신이 다른 문화가 지닌 복잡성을 해석하고 그에 대해 위와 같은 주장을 할 수 있는 권한이 있다고 생각하는지 묻고 싶다. 또한, 농민이나 시골 사람과 같은 어휘가 적합함에도 이 대신 캄페시노(campesino)라는 현지어를 사용한 점에 주목할 필요가 있다. 이렇듯 현지어를 영문 텍스트 안에 끼워 사용하는 것은 자신이 내부인의 지식을 가지고 있음을, 현지 생활에 적응했음을, 또는 작가가 해외에 있음을 독자에게 상기시키기 위해 사용하는 수사적 장치이다. 크로닌(2000)은 여행서를 비롯한 일반적인 번역 과정에 존재하는 '역설'에 대해 다음과 같이 논한다.

> 대화자 간의 언어 차이가 특정 장치/기법을 통해 표출되는 여행서는 잠재적으로 번역과정에서 발생하는 역설에 더욱 민감할 수 있도록 하는데 이바지한다. 외국어와 외국 문화가 가진 없앨 수 없는 '다름성/구분됨'이 번역 방식에 따라 텍스트에 표출되는 경우는 작가가 유창하지 않은 언어나 이국화(exoticised) 전략을 사용한 경우이다. 간접화법의 경우 문장을 있는 그대로 가져오기보다는 다른 형태로 바꾸어(paraphrase) 번역하는 경우가 많아 '다름'의 흔적이 이야기에서 사라지게 된다. (크로닌 2000: 42)

여기서 기억해야 할 점은 크로닌이 지적하는 바와 같이 여행서 텍스트에서 다른 문화의 목소리를 번역하는 과정은 이를 이국화 전략을 통해 '다름'을 두드러지게 함으로써 드러내거나 아니면 다름이 두드러지지 않게 도착어로 투명하게 표현하거나 하는 두 가지 방법을 통해 이루어지며 이 두 가지 방법 모두 작가가 특정한 이유에서 선택하는 전략이라는 것이다. 작가는 이러한 선택을 내릴 때 해당 문구뿐 아니라 그 문구가 속하는 보다 넓은 범위의 텍스트의 이국성을 고려하기도 하고, 여행기 쓰기란 형태의 번역작업을 통해 도착어 독자에게 이국 문화에 대한 일반적인 개요를 제공하는 것을 목표로 하기도 한다.

마지막으로 셀비의 작품을 통해 여행기 내의 언어 표현의 문제를 다른 관점에서 접근하고자 한다. 작가의 작품 '트레일 여행: 자전거로 나일강의 근원을 찾아서'(1988)를 보면 비록 자신의 아랍어 실력에 대해 조금 더 겸손한 태도를 보이고 현지인과의 대화가 어떻게 이루어졌는지에 대한 설명이 있기는 하나, 초반부에는 현지인과의 대화에 있어 이 논문에서 앞서 논의한 작품에서 나타났던 같은 문제점들을 찾을 수 있다. 아래 예를 참고해 보자. "한번은 내가 할 수 있는 몇 마디 안 되는 아랍어를 이해할 수 있는 사람을 만나기도 했지만 대부분의 경우엔 영어를 조금 하는 사람을 만나게 되었다…" (p. 33), "영어를 조금 하는 마을 원로가 내게 칼에 대해 물었고 나는 말이 안 통할 때는 몸짓을 써가며 무슨 일이 일어났는지를 설명했다. 모두가 다 이해할 수 있는 정도로 그 사건에 대해 설명하고 나자 우리는 모두 친구가 되었다…" (p. 41), "두 사람이 나를 돕기 위해 밭에서 뛰어왔다. 그들은 영어를 전혀 하지 못했으며 나도 아랍어로는 '신의 이름으로 인사합니다'라는 의미의 '살람 알리쿰'이란 멋진 인사말 외에는 아주 기본적인 단어나 '여기가 어디죠(Hinna Waybe)?' 정도의 짧은 문장 정도만 말할 수 있는 정도였다." (p.87), (수단에서는) "내가 간 모든 마을에는 영어를 할 줄 아는 사람이 있었다. 원칙적으로는 아이들은 모두 학교에 다녔고 학교에서는 영어를 가르쳤다 […] 현지의 이러한 영어 정책으로 인해 나의 부족한 아랍어 실력은 생각보다 큰 문제가 안 되었다. 방문 중인 이 마을의 경우 명절에는 젊은이들이 집으로 돌아왔고 번역을 해줄 수 있었다…"(p.94). 저자는 또 이곳에 사는 이집트인의 영어에 대해서도 다음과 같이 예를 보여준다. "Not Egyptians these women. No Egyptians would do this thing. All Egyptians good. All Africans very good, only from Nigeria and Zaire come big trouble, like these mad women (이 여자들 이집트인 아니다. 이집트인 이런 짓 안한다. 이집트인 모두 선하다. 아프리카인 모두 선하다, 여기 있는 이상한 여자들처럼 나이지리아 자이레 사람들 큰 문제다.)." (p. 22), "Money is not enough, much money for marry. I am thirty-two, have many sisters and small brothers, not time yet to marry(돈이 부족하다. 결혼에 돈 많다. 난 32살인데 자매도 많고 남동생도 많다. 아직 결혼할 때가 안됐다)" (p. 73). 여기서도 역시 이러한 대화체가 현지인들이 얘기한 그대로를 옮긴 것인지 아니면 단순히 외국인 어투를 적용한 것인지가 분명치 않다. 설사 작가가 메모하고, 녹음하고, 자신의 기억에 근거하여 썼다고 믿게 된다 할지라도 이러한 의문점이 드는 것은 마찬가지이다. 바로 이런 부분에서 텍스트의 의도가 무엇인가 하는 점과 더불어 작가/번역사의 주관성(subjectivity)에 대해 의문점을 가지게 되는 것이다.

크게 본다면 셀비는 자신이 다른 문화와 가졌던 접촉의 경험을 책 속의 대화를 통해 '번역'하는 데 있어 익숙한 기법을 사용한다(현지인과의 대화는 구두로 이루어지므로 통역이라 하는 것이 더 정확하나 이 논문에서는 통역과 번역을 어우르는 광의의 개념으로 "번역"이 사용되었음. 또한, 대화는 최종적으로 글의 형태로 만들어지므로 협의의 번역 개념도 적용된다 할 수 있음). 그러나 위의 여행기의 한 부분에서는 두 문화 간의 접촉이 직접적인 구술 대화를 통해 이루어졌는지 아닌지가 보다 긴급하고 새로운 역할을 하게 되는 부분이 나온다. 긴급하고 새로운 역할이란 이 책을 통해서만 비로소 특정 독자에게 전달되는, 이 책을 통하지 않고서는 목소리를 낼 수 없는 이들, 바로 사라하 사막 이남의 아프리카 인들의 음성을 전하는 일이다. 작가는 나일강의 근원을 찾아가는 자전거 여행 중 서구인이 몇 명 가보지 않는 곳을 가게 되고 그곳에서 자신들의 목소리를 전할, 특히 다른 이를 통하지 않고 직접 전할 기회가 거의 없는 사람들과 접촉하게 된다. 작가는 이 기회를 통해 현지인들의 말을 전하는 대변인 역할을 하고자 한다. 작자는 수단의 렌크 지역 주변의 난민 캠프와 아민과 오보테의 독재하에 끔찍한 고통을 겪은 우간다에서 현지인들과 만난다. 난민캠프에서는 '우려(Concern)'라는 이름의 NGO 그룹을 통해 쉴럭(Shilluk)마을 주민을 만나게 되며 그들을 통해 내전을 통해 겪은 민족상잔의 비극에 대해 듣는다. 이때 들은 긴 이야기는(외국인) 문제를 통하지 않고 직접화법으로 쓰였다.

"We tell you these things", they said, "because we know you are a journalist and you want to know the truth; if the government knew we tell you these things they would maybe kill us. We put ourselves in danger to tell you these things. When people ask us why we are here we say it is because John Garang [the rebel leader] ate up all our cattle. He took only some. Then the army came and they say we help John Garang and they drive off all our cattle and chase people out and while the people run, the army shoot at us. Many we leave dead, many small ones, women and men also, many. Then the army slaughtered our cattle. We come here with nothing in our hands; everything we have left behind in our villages. We had everything there; even those who were poor had fish in the streams and mangoes growing wild in the forest. Our people have not known hunger till now. The government cares nothing for us. We are Christians; better for them if we and our children die. The only hope for us is to have our own country. We hope for this.
(우리가 이런 이야기를 하는 이유는, 당신이 언론인이고 당신이 진실을 알고 싶어하기 때문입니다. 우리가 이런 이야기 하는 거 정부가 알면 우리 죽일지도 모릅니다. 이 이야기 하기 위해 우리 위험 감수합니다. 사람들이 우리한테 왜 여기 있느냐고 물으면 존 가랑 [반란군 지도자]이 우리 가축을 다 먹어서 그렇다고 합니다. 하지만 가랑은 일부만 가져갔습니다. 그 후 군대가 와서 우리가 존 가랑 도왔다고 가축 다 몰아내고 사람들 다 쫓아내고 사람들 도망갈 때 군대가 우리 쐈습니다. 우리 많이 죽었습니다, 어린이, 여자, 남자 많이요. 그리고는 군대가 가축 다 도살했습니다. 여기엔 빈손으로 왔습니다. 가지고 있던 것은 전부 마을에 두고 왔어요. 마을엔 부족한 것이 없었습니다. 가난한 사람도 강에는 물고기, 숲에는 망고가 있었어요. 우리 부족은 지금까지는 배고픔이란

거 몰랐습니다. 정부는 우리한테 관심 없습니다. 우린 기독교인이에요. 정부는 우리와 우리 아이들이 죽으면 더 좋을 겁니다. 우리에게 유일한 희망은 우리 나라를 가지는 것입니다. 우리가 희망하는 건 그거에요)"
(셀비, 1988: 152)

이 대화가 흥미로운 점은 '우리'라는 복수의 화자를 통해 의도적으로 누가 화자인지를 드러내지 않음으로써 그 누구도 이러한 대화를 한 것으로 인해 곤란해지지 않도록 했다는 점이다. 또한, 이를 통해 여행기라는 장르를 픽션이 아닌 저널리즘의 영역으로 끌어들인다. 이야기 전달에 사용된 영어는 단순하긴 하나 기본적으로 정확하며 문체는 힘이 넘친다. 여기에선 현지인의 영어 구사에 대한 비웃음은 찾아볼 수 없다. 이 글로 전달하고자 하는 것은 글에 담긴 메시지일 뿐이다.

이와 유사하게 우간다에서도 로즈란 이름의 여성이, 작가가 이미 여러 차례 들었다는 현지 사정에 대해 설명을 하는 부분이 나온다.

"Three times we were looted. They came with bombs and guns. If you had a child sleeping in a room inside, you would leave him and just flee. You would run with seven children and arrive with just one; the others would be left lying dead by the roadside. The prisons were full. They would come and gouge out people's eyes, cut out their tongues, crush their testicles between stones like they were castrating a bull. Between Hoima and Kampala they left the skulls lying all along the road so people should know what happened here; some have a rope still around the neck.
(우리는 세 번이나 약탈당했습니다. 그들은 폭탄과 총을 가지고 왔어요. 아이가 방에서 잠자고 있었으면 그냥 두고 도망와야 했어요. 처음에 아이들 일곱을 데리고 도망가기 시작했다면 도착했을 땐 하나만 남아 있는 격이었죠. 나머지

는 길가에 죽어 있고요. 감옥은 사람들로 가득 찼었어요. 그들은 와서 사람들의 눈을 뽑고, 혀를 자르고, 소 거세할 때 하듯이 돌 사이에 고환을 넣고 으깨었어요. 호이마에서 캄팔라까지 긴 도로를 따라 사람 해골을 그대로 길바닥에 두어 그곳에서 무슨 일이 일어났는지 알도록 했죠. 그 중엔 목에 아직도 밧줄이 감겨 있는 경우도 있어요)" (ibid., 218)

이번엔 프레드릭이라는 남자가 설명을 계속한다.

"Sit down", they'd say to some and to others, "You go", and you knew those who were left sitting were finished. There was nothing you could do. I had everything in this house, now I have nothing. When I came back last time there were just three stones on the floor for a fireplace. They have been terrible times; people should know what we went through.
(그들이 와서 어떤 사람들한테는 "앉아"라고 하고 다른 사람들한테는 "너는 가"라고 합니다. 앉아 있는 사람들은 이제 끝이라는 걸 알죠. 하지만 그에 대해 할 수 있는 건 아무것도 없습니다. 전 이 집에 없는 게 없었습니다. 그러나 지금은 아무 것도 없죠. 마지막으로 피난 갔다 왔을 땐 바닥에 화로로 쓴 돌덩어리 세 개 있는 게 다였습니다. 아주 끔찍한 시간이었습니다. 우리가 무엇을 겪었는지 다른 사람들도 알아야 한다고 생각해요)" (ibid., 218)

작가는 자신의 의견은 제시하지 않은 채 화자의 말을 그저 전달하거나 대화의 분위기 정도를 전할 뿐이었다("프레드릭은 작은 소리로 말을 이어갔으나 더 격분해있었다" 등). 작가가 이를 통해 한 것은 대리인을 통한 증언의 자리를 만들어 자신을 목소리를 글의 형태로 전달할 기회가 거의 없는 아프리카 인들의 소리를 독자로 하여금 가능한 가까이서 대리 경험하게 한 것이다.

20세기 여행기가 대부분 그렇듯, 여행지에서 현지인과 가졌던 대화가 소개될 때 이는 중립적인 시각에서 타 문화를 소개하는 것으로 설명되나 사실은 작가의 개인적 관심사나 성향이 반영되게 된다. 이 논문에서 살펴본 세 명의 작가 중 머피와 윌러는 여행 목적지의 문화를 탐험하는 데는 별 관심이 없어 보인다. 머피의 경우 여행의 실용성이나 딸과의 관계에 관심이 많고 대체로 사람과의 만남보다는 자연과의 만남에 더 큰 의미를 두는 듯하다. 윌러의 경우 포스트 페미니즘 여행기가 추구하는 정신세계/내면세계의 여행을 여행의 최고 우선순위로 삼고 있어(책의 출판을 제외할 때) 책을 쓰는 데 필요한 경우가 아니면 현지인들을 알고자 하는 마음이 전혀 없어 보인다. 다른 두 작가에 비해 작품 속에 문학적 현학이 적게 들어있는 셸비의 경우 내면세계에 대한 여행을 목적지로 잡지 않고, 자신의 언어적 한계에도 불구하고 여행 중 만나게 되는 사람들의 삶과 진실한 만남을 가진다. 셸비는 자신이 여권과 돈이라는 사치품을 가지고 여행할 수 있는 것을 특권으로 생각하고 여행 중 만난 타문화인들의 삶을 왜곡하지 않고 정당하게 자신의 글에 소개함으로써 자신이 누리는 이러한 특권과 타 문화에 대한 존중과 여행지에서 받은 호의를 갚으려 노력하는 것 같다. 여행기에서 찾을 수 있는 이러한 공손함과 존중, 특히 여행 목적지의 언어를 배우고자 노력하는 여행작가의 도덕성에 대해 크로닌(2000)은 다음과 같이 쓰고 있다.

> 여행자는 자신이 받은 환대와 친절을 그 친절과 환대를 베푼 이들의 언어를 선물함으로써 갚는다. 언어의 위대함을 찬양하는 모든 사람 중 작가는 언어야말로 인간 문화를 구성하는 기본 요소임을 깨닫는다. 다른 곳에서의 체험을 모국어 문화로 번역하기 위한 첫 단계로, 누군가의 문화를 이해한다는 것은 그의 언어를 아는 것을 전제로 한다. (p. 52)

셸리의 아랍어 실력은 단어 수준을 넘지 못하고 대부분의 영어권 여행자들이 그렇듯 자신의 언어에 기대어 어느 정도의 의사소통은 가능할 것으로 생각하고 목적지를 여행한다. 작가가 여행 중 걷게 되는 길은 대체로 고독한 길이며 그 길을 걸으며 작가는 항상 앞으로 전진한다. 그러한 과정 중 작가는 여행지의 '관습과 삶의 방식'을 설명할 때 가져야 하는 객관성과 '여행자로서의 감상주의'가 가지는 주관성을 적절히 균형 맞출 줄 안다. 셸리는 머피나 윌러의 글에서 너무 자주 눈에 띄었던 '어휘의 이국화'전략을 사용하지 않는다. 셸리는 현지인의 영어가 수준 이하임을 비난하지 않으며 여행기 작가가 하룻밤 사이에 현지어에 능통하게 된 것 같은 오해를 불러일으키지 않는다.

이 논문에 대한 결론으로 제시하고자 하는 바는 여행기에 포함된 대화체는 글로 쓰이는 번역으로서가 아닌 다른 문화의 목소리를 옮기는 것으로서의 번역으로 볼 수 있다는 점이며 이는 여러 가지 질문을 제기한다는 점이다. 여행기에 포함된 대화체는 번역과 유사한 행위이나 종종 여행의 사실성 및 이국성을 증명해 보이고자 하는 작가의 의도를 실현하기 위한 도구로 사용된다. 그러나 이는 때로는 서구세계에 자신의 이야기를 알리지 못하는 이들의 목소리를 들을 수 있는 공간이 되며, 잠시나마 독자의 탁상 여행을 방해하여 독자로 하여금 누가 무엇을 누구에게 이야기했으며 멀리서 이루어진 이 대화를 우리는 어떻게 듣기 되는가를 생각하게 해준다.

참고문헌

1. Bassnett, Susan. 1998. "When is a Translation Not a Translation?" in *Constructing Cultures: Essays on Literary Translation*, S. Bassnett and A. Lefever (eds). Clevedon: Muultilingual Matters

2. Birkett, Dea and Wheeler, S. (eds). 1998. *Amazonian: The Penguin Book of Women's New Travel Writing*. Penguin, London.

3. Cronin, Michael. 2000. *Across the Lines: Travel, Language, Translation*. Cork: Cork Univeristy Press.

4. Fussell, Paul. 1980. *Abroad: British Literary Travel Writing Between the Wars*. Oxford: OUP.

5. Mills, Sara. 1993. *Discourses of Difference: An Analyisis of women's Travel Writing and Colonialism*. London: Routledge.

6. Murphy, Dervla. 1983. *Eight feet in the Andes: Travels with a Mule from Cajamarca to Cuzco*. London: Flamingo.

7. Pratt, Mary Louise. 1992. *Imperial Eyes: Travel Writing and Transculturation*. London: Routledge.

8. Selby, Bettina. 1988. *Riding the Desert Trail: By Bicycle to the Source of the Nike*. London: Abacus.

9. Wheeler, Sara. 1994. *Travels in a Thin Country: A Journey through Chile*. New York: Modern Library.

10. Wheeler, Sara. 1998. "Requiem: Bangladesh". In *Amazonian: The penguin Book of Women's Travel Writing*, D. Birkett and S. Wheeler (eds), 231-248. London: Penguin.

19세기 핀란드에서의 번역사의 주체성(agency)

팔로포스키O. Paloposki

핀란드 언어 연구소Research Institute for the Language of Finland*, 핀란드

번역사의 주체성과 역할이란 주제에 접근하는 방법은 다양하겠으나 이 논문에서는 K.G.S 서오말레이넌(1850-1907)이라는 한 명의 번역사의 선택, 결정 및 주장을 살펴봄으로써 이를 살펴보고자 한다. 그와 관련된 문서와 자료 보관소에는 번역할 서적의 선택(또는 거절), 번역 전략, 사용한 출발어 텍스트 및 버전, 활자체 및 페이지 디자인, 번역료 등의 주제와 관련된 자료가 풍부하다. 이러한 자료를 통해 우리는 한 번역사가 번역을 하는 데 있어 무엇을 어느 정도까지 협상할 수 있었는지를 연구해 볼 수 있다. 이를 통해 번역사의 개인적 주체성과 집합적 규범 간의 균형을 연구할 수 있다.

KEYWORDS

주체성(agency), 선택(choice), 협상(negotiation), 규범(norms)

* 본 논문은 필자가 핀란드 아카데미의 지원을 받아 연구 프로젝트를 수행하고 있을 때 작성되었다. 프로젝트 기간 중 필자는 핀란드 언어 연구소 소속이었다. 본 논문이 완성되었을 시점에 필자는 헬싱키 대학 소속이었다. 본 연구에 도움을 준 모든 기관과 동료들께 감사의 말을 전하며 특히 유용한 피드백을 제공해 준 체스터만 박사와 익명의 심사위원에게 감사의 마음을 전한다.

1 개요

번역학의 최근 동향 중 가장 눈에 띄는 것을 꼽는다면 이는 텍스트에서 번역사로의 전환, 시스템에서 주체로의 전환을 들 수 있다. 특히 역사물을 다루는 연구에서 개인 번역사를 연구의 주요 대상으로 삼는 이와 같은 경향이 두드러진 것을 볼 수 있는데, 이는 최근 출간된 번역서의 역사를 다룬 두 작품(프랑스, 2000, 클라세, 2000)에 대한 델라바스티타(D. Delabastita)의 논평에서도 확인된다. 또한 국제 번역사 연맹(F.I.T, The International Translators' Federation)과 같은 기구에서도 창립 이후 꾸준히 번역사의 역할에 대해 학문적 관심을 보이고 있다. 개인 번역사의 역할에 대한 연구가 관심을 받게 되면서 주요 번역사의 번역작품과 번역사들의 전기(傳記) 모음집(델리즐과 우드워드, 1995; 델리즐, 1999; 델리즐 2002)을 통해 번역의 역사를 기록한 서적이 탄생하기도 하였다. 또 국가 차원의 또는 지엽적 규모의 프로젝트가 생겨났는데, 번역된 아일랜드 문학작품에 대한 방대한 정보를 자랑하는 TRASNA 프로젝트와 연계하여 번역사들의 전기 모음집을 출간한 것이 그 좋은 사례이다. 이와 같은 경향은 포르투갈의 CLCPB 프로젝트(본서의 세루야 편을 참고할 것)에서와 같이 현재 진행 중인 프로젝트에서도 뚜렷이 보이는 특징이다. 핀란드에서도 2007년 출간을 목표로 핀란드의 번역사에 대한 두 권짜리 책이(리코넌외, 2007) 준비 중에 있는데 이 책이 명시한 목표 중 하나가 문화사, 언어 발달사 및 문학에서의 번역사의 역할을 분명히 드러내자는 데 있다. 또한, 현재 진행 중인 논문집(밀턴, 출판 예정)이 명시한 주제 중 하나도 번역사의 주체성에 대한 것이다.

근래 들어 이렇듯 주체성에 대해 이목이 쏠리는 이유는 그동안 전통적으로 번역학에서 번역의 규범과 시스템을 그 주요 연구 대상으로 삼은 것에 대한 반작용으로 설명할 수 있다. 핌(A. Pym, 1998: 161)의 저서에도 나와 있듯이 시스템과 규범이 저절로 '생겨나지'는 않는다. 그걸 만들어 내는 것은 사람이다. 그러나 비록(핌이 적어도 일부 비난의 대상으로 삼고 있는) 기술 번역학(Descriptive Translation Studies)이 공공연하게 시스템과 규범을 그 연구 대상으로 선언하고 있다 하더라도 이러한 시스템과 규범에 대한 연구는 이를 있게 한 사람들의 작업을 연구하는 징검다리가 된다. 결국은 번역사의 작업 결과가 드러나는 것이 시스템과 규범을 통해서이며 번역이란 언어적, 텍스트적 규칙, 불규칙, 예외 사항들이 존재하는 곳이며 이들을 통해 번역사의 사고와 선택과 행동의 결과물이 그 모습을 드러내는 것이다.

이렇게 볼 때, 이러한 방법을 통해 연구될 수 있는 것이 규범만은 아니다. 여기에는 한 집단이 가지는 집합적 규범이 개인의 선택 및 관행과 교차하여 만난다. 규범을 연구함으로써 번역사의 번역행위에 대한 통찰을 얻을 수 있다. 여기서 이야기하는 교차의 개념이 새로운 것은 아니다. 이는 이미 십 년 전 레페베르(A. Lefevere)에 의해 제시되었다. "번역사는 위에 열거한 여러 가지 제약조건에 따라 번역을 수행한다. 그러나 번역사가 선택권 없이 단순히 기계적으로 제약조건을 따르기만 하는 것은 아니다. 번역사는 이들 제약조건이 규정하고 있는 범위 내에서 자유롭게 선택권을 가지며 때로는 제약규정이 정해 놓은 선을 넘어가는 도전을 하기도 한다." 따라서 번역에 대한 연구는 각 개인 번역사의 선택과 의사결정 과정이란 측면에서 또 이러한 선택과 결정이 도착 문화권에 미치는 영향의 측면에서 이루어질 수 있으며 동시에 번역사의 선택과 결정을 둘러싼 규범과 제약 – 이 규범과 제약은 번역사 자신 또는 이전 시대의 번역사에 의해 정해졌을 수도 있음- 의 측면에서도 접근할 수 있다.

번역의 긴 역사 중에는 번역에 대한 규범과 제약이 존재하지 않았던 시대도 있을 수 있으며 번역사가 자신의 선택으로 규범을 정하고 만든 시대도 있을 수 있다. 핀란드의 19세기가 바로 그런 시대였다. 비록 번역이 자국의 문학작품을 풍요롭게 하고 문어(文語)의 발달을 가져오는 방편으로 높이 평가되긴 했지만, 번역에 대한 모델이 존재하지 않아 다른 언어에서 모델을 빌려왔고 번역 전략이나 번역이 되어야 할 텍스트에 대한 합의도 이루어지지 않았으며 번역과정에 적용할 수 있는 언어적 문학적 모델도 존재하지 않았다. 따라서 이 시기를 살펴봄으로써 우리는 번역의 역사 중 번역사 개인의 선택과 관행이 출판사, 독자, 비평가의 반응과 요구와 만나 새롭게 번역을 규정하는 관행을 빚어내는 한 시대를 볼 수 있게 된다. 이 논문에서는 이러한 과정에 작용하는 두 가지 힘, 즉 번역사 개인의 주체성과 번역사의 선택을 둘러싼 여러 제약사항 및 요구사항이 어떻게 화해하는지에 초점을 두고자 한다. 이를 위해 핀란드의 19세기 말이 지녔던 시대적 특수성과 그 시대를 살았던 수마레이넌이라는 한 번역사의 번역 작업을 분석하고자 한다.

2. 주관성(subjectivity), 개인성(individuality), 주체성(agency)?

번역사의 개인성과 주체성은 여러 가지 방법을 통해 관찰되고 연구될 수 있다. 번역물 안에 녹아난(의도했던 하지 않았던) 그의 텍스트적 문체적 특성, 그가 번역하기로 선택한 서적, 그가 선택하여 사용한 번역 전략, 그 번역가가 문학 또는 언어학 분야에서 가지는 영향력 등은 그에 대한 몇 가지 예이다.

번역사의 특정 문체나 글을 관통하여 드러나는 작가적 음성은 그의 번역물을 데이터로 삼아 텍스트 분석을 통해 조사할 수 있다. 이러한 분석은 전자문서 형태의 코퍼스(e.g. 베이커, 2000)를 활용하거나 질적 언어적 분석(페카난, 2004) 기법을 통해 이루어질 수 있다. 번역사의 작가적 음성이나 문체에 대한 분석을 통해 해당 번역사의 언어사용이 자연적, 무의식적이란 것을 발견하는 한편, 그의 텍스트적 주체성에는 자기 성찰과 의도적인 중재성이 내포되어 있을 수도 있다(메릴, 2002 참고). 반면 번역사에 대한 전기나 역사를 담고 있는 자료는 왜 그가 번역사가 되었는지, 그의 언어적 배경은 어떤지, 출발 문화 또는 출발 작품의 작가에 대한 또는 도착어와 도착어 문화에 대한 그의 충성심은 어떠했는지 등과 같은 질문에 해답을 선사한다. 또한, 이러한 배경 정보는 번역사가 번역 작품을 선정한 이유는 무엇이며 어떤 전략을 선택했는지 등을 연구할 때 활용된다. 그 뿐만 아니라 번역사에 대한 이러한 개인 정보는 해당 번역사가 가지는 영향력(또는 영향력 없음)의 이유를 설명해주기도 한다. 이와 관련하여 핌(A. Pym)은 직업이 여럿인 번역사–즉, 번역 외에 다른 일도 하는 번역사–가 번역만 하는 번역사에 비해 영향력이 클 수 있다고 밝힌 바 있다(핌 1998: 163-164).

주체성이란 용어의 사용이나 번역사를 (변화의) 주체(agent)로 연구하는 것은 번역사를 힘 있고 영향력 있는 주체로 인식하는 것을 시사한다. 주체성 연구의 출발점으로 삼을 수 있는 것 중 하나는 텍스트에 대한 번역사의 주관적 개입과(관련 연구로는 오설리반, 2003 이나 페미니스트 번역 전략에 대한 서적을 참고하시오), 출발 문화나 독자(페미니스트 번역의 경우에 해당)를 위해 텍스트에 개입한 결과로 텍스트에 초래되는 '조작(manipulation)'을 분석하는 것이다. 이러한 다시 쓰기는 주로 번역사 자신을 의도적으로 텍스트에 드러내는 형태로 표출되나 때로는 특정 장르나 작시(作詩)법을 도입하거나 실험할 때는 번역사가 문학에 영향을 미치는 형태로 표출되기도 한다. 텍스트에 대한 주체성과 그로 인해 독자에 미치는 영향 외에도 번역사의 역할은 서적 시장 전체(책 선정 및 가용성(availability))에까지 이를 수 있으며 이러한 과정을 통해 독자의 취향을 형성하는 데도 영향을 미친다. 존 밀턴(2003)은 주체성의 영향력은 매우 멀리 미치며 때로는 한 나라의 책 시장 전체에 영향을 미칠 수도 있다고 한다(브라질의 M. 로바토의 경우가 그렇다). 레페브레(1992: 35)는 번역사가 독자를 대신하여 무엇을 번역하고 어떻게 번역할 것인지를 결정할 수 있는 있는지를 다음 글을 통해 잘 표현한다. "외국인 원작자가 독자의 취향을 잘 반영하는 것은 아니라는 점에 착안하여 번역사가 결정권을 행사하는 경우는 드문 일이 아니다".

규범이라는 말이 번역에 영향을 미치는 여러 가지 제약을 통칭하여 이를 강조하긴 하나 번역에 있어 개인의 경험, 재능, 창의성, 및 주관성이 가지는 중요성을 간과해서는 안 된다. 이 논문에서는 수말레이넌이라는 한 번역사가 내리는 일상에서의 선택과 결정을 살펴봄으로써 번역사의 주체성을 좀 더 편안한 일반인의 관점에서 바라보도록 하겠다. 수말레이넌의 제안과 결정을 살펴보고 그에 대한 출판사, 비평가, 독자의 반응을 살펴볼 것이다. 다시 말하면, 100년 전의 번역사는 자기 일에 대한 얼마만큼의 발언권을 가지고 있었으며 그와 번역작업에 관여하는 다른 행위자들 간에 오간 대화는 어떤 것들인지를 살펴보고자 한다. 이러한 조사 결과가 가지는 의미를 보다 큰 번역 맥락에서 해석하여 주관성과 규범 사이의 균형점을 규명하고자 한다. 이 논문에서 분석 대상으로 삼는 데이터에는 수말레이넌의 편지, 번역 초안과 메모 등의 (개인적) 문서, 출판사의 의견서, 비평가의 신문 비평, 독자의 편자 등이 포함된다. 한 개인에 대한 것이긴 하나 이러한 풍부한 자료는 그 당시 번역사가 번역사로서 취할 수 있는 행동들은 어떤 것이었으며 번역사는 어떤 역할을 할 수 있었는지를 보여준다.

3. 분석 번역사: 칼 구스타프 사물리 수말레이넌 (1850-1907)

K.G.S.수말레이넌이란 이름은(또는 더욱 널리 통영된 사물리라는 이름) 19세기에서 20세기로 들어가는 그 시기에서는 출판사가 잘된 번역을 광고하는데 그의 이름을 썼을 만큼 우수한 번역 품질에 대한 보증을 의미했다. 수말레이넌은 왕성한 번역활동을 하였으며 번역 속도도 빨랐고 모든 면에서 믿을 수 있는 번역사였다. 그러나 번역사로서 그가 흥미를 끄는 이유는 그가 수많은 언어에 능통하였고, 다양한 규모와 내용의 서적을 번역하였기 때문만은 아니다. 그는 그 당시 대부분의 번역사와 문인들이 학교에서 스웨덴어 서적을 사용하는 등 스웨덴어의 영향에 놓여 있음으로써 스웨덴어의 간섭에 둔감해 있었던 것에 반해 핀란드어에 매우 능통하고 핀란드 문어체 사용에 있어 표현력이 매우 풍부했다.

또한, 그가 번역사로 활동했던 시기는 현대적 의미의 번역사라는 직업이 아직 탄생하진 않았으나 변화의 움직임이 싹트던 시기였다. 핀란드의 초창기 소설 번역사들은 주로 교사나 목사 등의 정규직업이나 신문 편집이나 글쓰기와 같은 이타적 성격의 비정규직에 종사하며 그에 더하여 번역하였다. 1820년에서 1840년 사이에 활동했던 번역사 1세대는 문학작품과 문어(文語)를 새로이 만들고 발전시키는 과정에서 헌신과 봉사의 유산을 남겼고, 이러한 유산은 한 국가의 성숙도를 나타내는 지표로서의 의미를 가졌다. 이때는 핀란드어로 쓰여진 문학작품 수가 200을 밑돌고 핀란드어로 출간되는 신문이 없었던 때였다. 그 당시 번역이란 고행이라 할 만큼 어렵고 힘든 일이었다. 그 뒤의 몇십 년간은 더욱 다양한 언어와 작가의 작품들이 꾸준히 유입되어 번역이 이루어진 시기였다. 그와 더불어 인쇄술, 출판기술 등 새로운 인프라가 도입되었고 학교와 도서관을 통해 문맹률이 낮아졌다. 이 시기의 번역사들은 보다 많은 시간을 번역 활동에 기울였으며 그 이전 세대의 번역사보다 많은 번역물을 생산했다. 이제 번역은 더이상 문학과 문어를 발전시키는데 사명감을 가졌던 소수의 헌신적인 사람들이 하는 일이 아니었다. 번역은 이제 세계 각국의 문학작품을 문화 자산을 새롭게 일구어가고자 하는 열정에 사로잡힌 신생국의 언어로 전달하고 전파하는 일이 된 것이다. 또 한편으로는 이 시대엔 돈은 필요하나 번역에 필요한 언어적 능력을 충분히 갖추지 못한 사람들이 번역 시장에 진출함에 따라 번역된 서적에 대한 불만이 늘기도 했다. 수말레이넌은 번역업계의 초기 발생기 시대를 전형적으로 보여준다. 그는 작업언어, 전략, 품질, 요금 등에 대한 어떠한 정형화된 절차나 관행, 기준이 없는 상태에서 이러한 안건들을 논의 대상으로 끌어 올리고, 이에 대해 논의하며 협상하는 선례를 구축했다. 그는 번역업무에 상당히 많은 시간을 보낸 최초의 왕성한 번역사 중 한 명으로 오늘날 상근(full time) 번역사란 직업이 있기까지의 초석을 마련하였다.

수말레이넌은 상트페테르그부르그에 정확한 핀란드 보석상의 아들로 세기 중반에 태어났다. 그가 태어난 때는 상대적으로 차분하던 초기의 민족주의 정서가 핀란드 어로 쓰인 문학 서적을 전면 금하는(종교와 교육 서적은 제외) 검열칙령의 발표로 급격히 격변하던 때였다. 비록 그가 태어난 해에 칙령이 발표되긴 하였으나 문화적 정치적 면에서 상황은 곧 낙관적으로 전개되어 점차 검열이 느슨해지다가 종국에는 폐지되어 핀란드어 서적의 출판을 촉진하고 학교, 도서관, 출판사 및 서점이 더 많아지는 결과를 가져왔다. 수말레이넌은 동시대의 번역사와 작가 중 유일하게 핀란드어로 교육을 받는 혜택을 누렸다. 핀란드 대공국(Grand Duchy of Finland) 시대와 같이 이때도 공식 교육에 사용된 언어는 대부분 스웨덴어였다.

상트페테르그부르그는 대공국 밖에 위치한 러시아 영토였지만 상당히 많은 수의 핀란드인이 거주하고 있었고 대제국 내에서 핀란드어 학교가 가장 먼저 생긴 곳 중 하나였다. 수말레이넌의 재능은 학교 선생님의 눈에 띄어 건립 초기의 핀란드 최초의 핀란드어 학교(lyceum)인 지바스킬라 중고등학교로 보내어지고 그곳에서 공부를 마친 수 헬싱키 대학으로 진학하여 수학과 여러 언어를 공부하였다. 그 당시에는 수학과 언어를 같이 공부하는 것이 흔한 일이었고 이렇듯 다양한 분야에서 수학한 것이 후일 수말레이넌에게 매우 유용하게 사용된다. 그는 수학교사로, 수학 문제집 편찬자로, 지역신문 편집자, 공립 도서관 이사회 이사이자 번역사로 활동하며 60권 이상의 책을 번역하였다.

수말레이넨은 러시아 문학 작품을 번역하며 유명세를 얻는다. 그가 유년기를 러시아에서 보내며 러시아 언어와 문학에 노출된 점을 생각하면 러시아 문학이야말로 그가 자신의 실력을 발휘하기에 적합한 분야였다. 이때까지만 해도 러시아는 지리적으로는 핀란드와 가까운 거리에 있지만 러시아 문학은 핀란드인들에게는 철저히 외면받든 또는 전혀 알려지지 않던 미지의 분야였다. 그는 푸쉬킨의 작품을 시작으로 러시아 문학을 번역하기 시작하였는데, 그의 푸쉬킨 번역은 핀라드 언론의 좋은 평을 받았으며 그가 번역한 고골(Gogol)의 『죽은 혼』(Dead Soul) 은 고전으로 자리 잡았다. 수말레이넨은 죽은 혼으로 첫 문학 번역상을 수상하였고 그 뒤 다른 번역본들이 출간되었음에도 그의 번역본은 아직도 읽히고 있다(마지막 인쇄 1977). 푸쉬킨과 고골의 작품 외에도 수말레이넨은 투르게네프, 톨스토이, 고르끼의 작품들을 번역하였다. 또한, 그는 1870년 쥘 베른과 아나톨리 프랑스의 작품들은 번역함으로써 다른 언어를 거치지 않고 프랑스어에서 핀란드어도 바로 작품을 번역한 첫 번역사가 되었다. 그 당시 영어는 핀란드에서는 많이 배우는 외국어는 아니었으며 대부분의 영어 작품은 다른 언어로 번역된 것을 다시 핀란드어로 번역하였다.

수말레이넨의 첫 영문 번역도 다른 언어로 번역된 번역물을 바탕으로 하여 이루어졌다. 그는 올리버 골드스미스, 존 번연, 데니얼 디포, 조나단 스위프트와 더불어 당시 유명했던 H.G. 웰즈의 영문 고전들을 번역하였다. 그 뿐만 아니라 덴마크의 작가들도 수말레이덴의 펜을 통해 핀란드에 알려지기 시작하였으며 그는 작가들이 자신을 작품의 번역을 맡기고 싶어하는 인기 번역사였다.

소설뿐 아니라 수말레이덴은 논픽션물도 번역하였는데 특히 번역 경력[3] 중 첫 십 년 동안 논픽션 번역을 많이 하였다. 그 후 십 여년 간 번역 활동을 멈췄다가 19세기의 마지막 몇 년을 남겨두고 다시 번역활동을 재개한 후 교직 생활과 병행하며 많게는 한 해 5권의 책을 출간하며 쉬지 않고 번역에 몰두하였다. 그는 동시에 여러 프로젝트를 진행한 경우도 많았다. 이렇게 번역활동을 하는 기간 내내 그는 각종 질병에 시달렸으며 집이 압수될 위험에 처할 정도로 빚에 시달렸다. 그의 부인인 힐마도 번역을 하였으며 때로는 수말레이덴이 수주한 작업을 일부 번역하기도 하였으나 두 사람이 얼마만큼 번역일을 나누어 했는지에 대해서는 알려진 바가 없다.

수말레이덴은 지금은 러시아 국경 쪽에 위치한 소르타발라에 살았다. 멀리 떨어진 자신의 집에서 그는 친구와 출판사, 작가들과 편지를 주고받았다. 그가 가지고 있던 이 편지들의 사본이 지금은 헬싱키 대학 도서관에 보관되어 있다. 여기에는 수말레이덴이 쓴 1,500페이지에 달하는 많은 양의 편지 사본과 그가 받은 편지가 포함되어 있다(아쉽게도 출판사에서 보낸 편지는 여기에 포함되어 있지 않다. 그 당시는 출판업이 새롭게 생겨나 관련 규제가 거의 존재하지 않았던 시기여서 수말레이덴의 주 거래 출판사인 오타바(Otava) 출판사의 문서보관소에도 수말레이덴 관련 편지가 보관되어 있지 않다). 편지 사본이 모두 깨끗이 보존된 것은 아니나 대부분 읽기에는 큰 지장은 없다. 여기에 보존된 편지 사본을 통해 우리는 수말레이덴의 주관성- 즉 그의 의사결정 과정과 그가 가졌던 권한의 한계- 을 보여주는 정보를 얻을 수 있다.

4. 사물리 수말레이덴의 편지에서 읽을 수 있는 번역사의 주체성

수말레이덴은 그의 주거래 출판사의 번역용 책 선정 과정에서 조언 제공 등을 통해 상당한 임무를 수행하였다. 그의 주거래 출판사였던 오타바는 지금도 핀란드의 주요 출판사 중 하나이며 핀란드어로 쓰여진 책, 특히 번역서의 품질을 향상하는 것을 목표로 하여 1890년에 창립되었다. 오타바사의 또 다른 운영 원칙 중 하나는 번역사들에게 그들의 작업에 상응하는 공정한 대가를 지급한다는 것이었다. 수말레이덴의 초기 번역시기(1870~1880년대)에 해당하는 편지는 분실되어 그와 그의 첫 출판사와의 관계에 대해서는 알 수 있는 바가 없으나 1890년대 말 경 그가 오타바와 작업을 시작할 때 즈음 새로운 책 작업에 착수한 것으로 보인다. 그러나 수말레이덴이 오타바출판사의 책을 번역하고 있는 도중 다른 출판사가 이미 같은 책을 시판한 사실을 알게 되어 수말레이덴과 오타바 출판사는 계약을 취소함으로써 둘의 첫 작업 시도는 실패로 끝이 난다. 이와 같은 일이 1898년 다시 발생하자, 수말레이덴은 불편한 마음을 드러내나(그의 이러한 반응은 상당히 수긍이 간다) 다른 번역사가 자신보다 경제적으로 어려운 상태인 점을 이유로 다른 번역사가 출판사를 찾아 계약할 경우 자신이 번역을 포기하기로 하는 등 상당히 관대한 모습을 보인다. 그러나 종국에 가서는 그 다른 번역사가 번역을 포기하여 코롤렌코의『눈먼 음악가』(The Blind Musician)는 수말레이덴의 번역본이 1900년 시판된다. 운명의 장난이기라도 한 듯 수말레이덴의 번역본이 인쇄 중일 때 같은 책의 세 번째 번역본이 시판되었다. 이러한 사건은 원작을 번역하는데 어떠한 인가도 필요가 없던[4] 상황을 보여주며 그 당시 저작권에 대한 관행이 전혀 수립되어 있지 않았음을 보여준다.

처음 번역한 책들이 수말레이덴이 출판사에 제안하여 번역된 것이지 반대로 출판사의 제안에 의해 번역이 시작되었는지는 알려져 있지 않다. 수말레이덴이 번역을 먼저 제안함으로써 번역이 성사되었을 수 있으며 -이는 번역사가 번역에 착수하는 방법 중 흔히 사용되는 방법이기도하다- 그 후 수말레이덴은 지속해서 그의 전 생애를 통해 오타바에 (및 타 출판사에) 번역을 제안하였다. 1899~1907년 사이에 그가 번역한 26권의 소설의 경우, 편지로 어느 쪽에서 먼저 번역을 제안했는지를 추적할 수 있는 것은 12건인데 그중 6건은 수말레이덴이 먼저 나머지 6건은 출판사에서 먼저 제안을 하였다. 수말레이덴이 제안받은 책 중 거절한 것도 여럿 있으며, 출판사에서도 수말레이덴의 제안을 거절한 경우가 있다. 또한, 출판사는 수말레이덴에게 책을 보내 책의 번역 접합성에 대해서도 그에게 의견을 물었다.

수말레이덴이 거절한 책 중 하나는 프렌센(Fressen)의 『외른 울』 (Jörn Uhl)이었다. 수말레이덴은 작가가 목사라는 점에서 그를 신뢰하여 책을 다 읽지 않은 상태에서 번역을 시작하였다. 그러나 99페이지를(이는 전체 책의 1/4 정도였지만) 번역한 후 수말레이덴은 더이상 번역할 수 없었다. 그는 책에 묘사된 '성적 사랑'이 잘못되었고 도덕적으로 옹호될 수 없는 것으로 생각했다. 그의 문학적 취향은 상당히 보수적이었던 것으로 보인다. 그는 현대물을 번역하기도 하였으나 '고전 명작'을 선호하였다. 수말레이덴은 오타바에 다른 번역사를 찾아달라고 요청하였고 심지어 편지에 책에 반복적으로 나오는 어휘와 표현 목록을 첨부하여 새로운 번역사의 작업에 도움을 주고자 했다. 오타바는 이런 그의 요구를 받아들였고 곧 작가인 킬피(Kilpi)를 번역사로 영입하여 외른 울의 번역을 완성하였다. 완성된 번역본에는 상반된 두 번역사의 번역을 같이 들어있어 두 번역사의 언어를 대조 분석하여 연구할 수 있어 번역사의 문체와 언어 사용을 분석하는데 매우 흥미로운 자료가 된다. 두 번역사의 번역을 개략적으로 분석한 결과 수마레이넨의 언어는 더 유창하고 창의적인 것으로 나타났다. 킬피의 언어는 거추장스러우며, 때로는 그

(he)와 그녀(she)가 (핀란드어에서는 둘 다 같은 대명사인 hän으로 표현됨) 구분되지 않는 등 이해하기 어려운 경우도 있는 것으로 나타났다. 여기서는 유창한 언어사용과 이국화 번역의 장단점에 대해서는 논할 필요도 없이 킬피의 언어사용은 심사숙고의 산물과는 거리가 먼 성급한 결정으로 이루어졌다는 점과 번역이 매우 쉬운 일이라고 생각한 것으로 보인다는 점만 거론해도 충분할 것으로 생각된다. 그러나 이 논문에서 이를 통해 부각하고 싶은 점은 번역사가 자신이 하기로 했던 번역을—르페브르의 표현을 빌자면—후견인인 출판사의 질책도 받지 않고 무를 수 있었던 자유가 있었다는 점이다.

수마레이넨은 출판사에 책을 추천할 때는 다양한 근거를 내세웠다. 그가 번역을 추천한 책들의 장점으로 거론한 점들은 호평, 인기, 책의 품질 등이었다. 헤르만 바(Herman Bahr)의 책은 베를린에서 큰 관심을 모았으며, 아나톨 프랑스와 쥘 베른의 작품은 프랑스 아카데미의 수상작이었다. 책에 대한 호평과 더불어 (혹은 호평 대신) 책에 대한 인기와 수요는 성공 요인이었다(프랑스의 책은 80판 이상을 인쇄했고, 체임버스(Chambers)의 책은 69판이 인쇄되었다). 수마레이넨은 "세계 문학사에 길이 남을 수작 중 한 편"(F. 로이터), "시간이 흘러도 바래지 않을 문학"(디킨스)과 같이 책에 대한 자신의 개인적인 평가를 하기도 하였다. 또 때로는 책의 문체나 내용에 대해서도 "매우 기분 좋은 심리 소설"(하라덴), "유쾌한 장면이 가득한"(쵸케) 과 같은 설명을 했다.

투르게네프는 특히 수마레이넨에게는 특별히 상징적 중요성을 가졌다. 수마레이넨은 투르게네프의 메시지가 가지는 시의 적절성에 대해 다음과 같이 쓴 바 있다. "제 생각엔 투르게네프의 소설은 엄청난 압박하에 살아가는 현시대의 우리 핀라드인들에겐 더 특별한 의미가 있는 것 같습니다. "서구에 대한 칭송자"이자 서구화된 정신을 가진 그는 우리가 상대하는 상대가 어떤 종류의 사람들인지를 보여줍니다." 19세기 말 핀란드의 독자들은 러시아 문학을 받아들일 준비가 모두 되어있지는 않았다. 이에 수마레이넨은 투르게네프의 서양인 성향을 거론하여 출판사를 설득한 것이다.

수마레이넨의 설득은 일부는 성공했고 일부는 성공하지 못했다. 그는 끝내 디킨즈의 작품은 번역하지 못했으며 바의 작품(작가가 직접 수마레이넨에게 번역을 제안했던) 번역 또한 잘 진행되지 않았다. 반면 그가 제안한 러시아 문학작품들은 받아들여졌다. 그의 설득작업 중 최고 정점을 이룬 작품은 영국 목사인 체임버(Chambers)의 『사후의 세계』(Our Life After Death) 라는 책으로, 노년기를 맞아 영적인 내용에 관심이 많아진 수마레이넨은 이 책에 매우 끌려 두 개의 출판사에 수차례에 걸쳐 이 책의 번역을 제안한 끝에 출판사를 설득하였다. 그는 출판사에게 이 책은 독자에게 영적 편안함을 높일 뿐 아니라 출판사에 경제적 성공을 가져다줄 것이라고 확신에 차 말했으나 이 책은 초판 이후 다시 인쇄되지 않았고 핀란드 내 교회에서의 반응도 비판적이었다. 이 책이 사후에 지옥이 없다는 이단적 사고에 기초한 점을 생각해볼 때 이는 다소 당연한 결과이기도 했다. 그럼에도 불구하고 이 책의 출간 후 수마레이넨이 독자로부터의 편지를 보면 교회 내 일반 성도 중에는 이 책에 열광적인 반응을 보인 사람들도 있었던 것 같다. 흥미롭게도 이 책은 출간된 지 백 년 후 핀란드 목사 킬리아이넌(Kylliäinen)이 같은 주제로 책을 써 핀란드 교회에 큰 혼란을 가져왔으나, 킬리아이넌의 책에 앞서 체임버의 책이 있었다는 사실은 거의 알려져있지 않다. 두 책의 경우에서 모두 지옥이 없다는 위안의 메시지는 그 주장이 가지는 이단성에 대한 비난에 묻혀 사라졌다.

수마레이넨이 번역사로 활동하던 중 그가 행했던 또 다른 종류의 협상은 각기 다른 다양한 출발어 텍스트를 비교와 모음을 통해 사용한 점이며 이는 고전을 각색, 편집, 재 작업하는 과정에서 특히 많이 이루어졌다. 그는 출판사에 원전의 서로 다른 출발어 버전을 제안했고, 다른 언어로 된 번역본을 주문하기도 하고, 작품을 각색하거나 짧게 만드는 데 있어 겪게 되는 어려운 점에 대해 논의했다. 그에게 각색은 실력이 다소 부족한 사람이 할 수 있는 일이라든지 짧은 시간 안에 끝낼 수 있는 일이 아니었다. 각색에는 지켜야 하는 원칙이 있고 져야 하는 책임이 있었다. 이런 점에서 그는 한때 '무분별한' 현지화에 대해 독일어 각색을 심하게 비난한 바 있다. 수마레이넨이 재번역한 책으로는 걸리버 여행기, 로빈슨 크루소, 뮌하우젠 남작의 모험과 쥘 베른의 작품 여럿이 있다.

표기법이 규정으로 명시되어 있지 않고 문어체가 아직 완성단계에 이르지 않았던 이 시기에 수마레이넨은 차용어, 외국 지명, 외국 인명 등에 대한 표기법을 스스로 정해 사용하였고 체계성의 필요를 이유 삼아 자신의 표기법 사용을 옹호하였다. 그의 번역물을 독자는 점점 더 열성적으로 받아들였고 그를 언어사용에서의 모범이란 칭호를 가져다 주고 이를 통해 독자의 언어에까지 영향을 미칠 수 있게 되었다.

수마레이넨은 또 어느 정도는 출판사에 활자체, 레이아웃, 책의 표지 및 삽화에 대해서도 제안과 권고를 하였다. 삽화의 경우 그는 원본의 다양한 버전이나 번역본에서 원하는 삽화를 선정하여 작업의 특성과 삽화의 품질을 근거로 자신의 선택을 옹호했다.

수마레이넨은 번역료에 대해서도 해당 번역의 난이도를 근거로 어느 정도 협상을 하였다. 그는 자신의 권리를 지키는 데 중요성을 두었으며 자신이 정당한 대우를 받고 있지 못하다고 생각했을 땐 편지에 상당히 거친 표현을 사용하기도 하였다. 그가 원작가로부터 단독 번역권을 부여받고 번역하던 작품을 다른 번역사가 번역하고 있다는 사실을 알게 되었을 때라던지 번역 기간이나 번역료가 지나치게 짧거나 낮다고 생각될 때 등이 그런 예이다. 그러나 돈이 심하게 필요하게 되면 편지는 훨씬 겸손하고 사과하는 투로 바뀌게 되어 그가 결국 얼마나 출판사에 의존하고 있었는지를 보여준다.

5. 번역사의 신뢰도

번역사가 협상할 수 있으려면 자신에 대한 신뢰와 믿음을 쌓아야 한다. 수마레이넨과 그의 가장 주요한 출판사인 오타바의 경우, 그가 오타바와 일을 시작했을 때 이미 번역사로서 쌓아놓은 긴 경력이 그의 신뢰도 구축에 기여했을 것이다. 수마레이넨은 이미 명성을 쌓은 뒤였고, 그는 빠르고 효율성이 높은 번역으로 유명했으며 그의 작품은 뛰어난 품질을 가지는 것으로 알려졌었다. 이러한 점은 우호적인 신문 평뿐 아니라 1882년 핀란드 문학 사회(Finnish Literature Society)가 주최한 번역 대회에서 그가 첫 상을 받은 사실로도 알 수 있다(고골의 죽은 영). 언론에서 그가 쌓은 경험은 레이아웃이나 인쇄와 같은 기술적인 분야에서도 출판사가 그를 신뢰하게 하였다. 그는 다른 사람의 글을 편집하는 일도 했던 점을 미루어보아 글의 레이아웃이나 상세 내용을 보는 그의 눈이 상당히 날카로웠을 것이라 예상할 수 있다. 한번은 익명의 신문 기사에서 그를 공격하는 글을 썼는데(공격 대상이 된 작품은 핀란드어 원작의 7 형제 (Seven Brothers)란 작품을 그가 줄여 짧게 만든 것으로 그 당시 원작은 이미 고전으로 인기를 끌고 있었음), 이에 대해 오타바는 수마레이넨과 그의 작품을 옹호하는 장문의 편지를 공개적으로 써 신문사에 보냈다.

수마레이넨은 그의 작업을 계획하고 선택하는 데 있어 적극적으로 주체성을 발휘할 수 있는 특별한 조건들을 갖추고 있었다. 수많은 노력에도 불구하고 그가 자신의 생애 중 바꾸지 못한 한가지는 낮은 번역료였다. 간혹 번역료가 아주 조금 오르긴 했으나 그는 단순히 자신의 생계를 유지하고 여덟 명의 자녀를 교육하기 위해 두 가지 직업을 병행하며 두 배의 일을 견뎌내야만 했다. 이러한 면에선, 다양한 분야에서 뛰어난 기량이 모든 면에서 영향력을 행사할 수 있도록 해주진 않는다는 점을 볼 수 있다.

6. 더욱 넓은 맥락에서의 주체성

수마레이넨의 사례를 통해서도 볼 수 있듯이 주체성은 각 사람이 가지는 신뢰도에 따라 어느 정도 영향을 받으므로 개별적인 사안이다. 그러나 주체성은 규범과도 연결되어 있다. 사전 규범(preliminary norms)은 번역할 대상을 선택하는 것과 관련하여 번역사의 주체성을 제약하고 운영 규범(operational norms)은 반면 번역사의 텍스트에 대한 주체성과 충돌한다. 따라서 투리(1995)가 말한 바대로 규범의 정도 차이는 번역사의 주체성의 정도 차이와 대응될 수 있다. 개인 번역사의 창의성, 주관성, 주체성과 그를 둘러싼 사회의 제약과 규범 간의 균형은 협상과 변화의 대상이 되며 각 번역사는 개인의 상황에 따라 이러한 협상과 변화에서 점하는 위치가 달라진다. 19세기 후반 50년을 살펴볼 때 번역사의 역할은 하나가 아닌 여럿임을 알 수 있다. 작가면서 번역사인 사람도 있었고, 다른 여러 개의 직업과 번역사로서의 직업을 병행한 사람도 있었으며, 핀란드 번역 계에 처음 진입한 여성 번역사도 있었고, 핀란드어로 번역하는 작품에 대한 사랑에서 번역하는 사람과 단지 돈만을 위해 번역하는 번역사도 있었다.(대부분의 번역사가 돈이 매우 필요하긴 했던 것 같다. 그러나 많은 경우 돈만이 유일한 이유는 아니었던 것으로 보인다). 또한 번역사의 역할은 세계의 문학을 중재했는지, 사고(思考)를 중재했는지, 대중 문학을 생산했는지 등 어떤 일을 했느냐에 따라서도 구분되었다. 이 각기 다양한 영역에 적용되는 주체성도 다 다르다.

미주

1. TRASNABIO, http://www.dcu.ie/~ctts/ 를 참조하시오.

2. 여러 면에서 수마레이넨의 번역은 재번역 가설에 도전장을 내민다. 재번역 가설은 더 나중에 번역된 번역물이 먼저 번역된 번역물에 비해 원전에 더 가까움을 주장한다. 수마레이넨의 더 먼저한 번역물은 나중에 이루어진 번역물에 밀려 대체되지 않았으며, 그가 나중에 한 번역물은(타 번역사가 한) 이전 번역물에 비해 더 자국화된 특성을 보였다. 재번역 가설과 그에 대한 실증 연구는 팔로포스키와 코스키넨, 2004을 참조하시오.

3. 수마레이넨은 픽션에 더하여 매우 방대한 분량의 논픽션 서적을 번역하였으며 이는 대체로 교육 서적이었다. 여기에는 역사, 화학, 지리 교과서와 더불어 수영교본과 기계조작자를 위한 매뉴얼도 포함되어 있다.

4. 여러 번역사는 원작자에게 우편을 통해 책 번역에 대한 권한을 요청했고, 이러한 권한 내용을 책의 번역본에 넣어 책 번역에 대한 자신의 권한을 주장했다("저자의 허가 하에 번역됨")

참고문헌

1. Baker, Mona. 2000. "Towards a Methodology for Investigating the Style of a Literary Translator". *Target* 12 (2): 241-266.

2. Classe, Olive (ed.). 2000. E*ncyclopedia of Literary Translation into English.* 2 vols. London and Chicago: Fitzroy Dearborn.

3. Delabastita, Dirk. 2002. "From Aesop to Zqeig and from Marial to Marial Arts Fiction: Charting the History of Literary Translation into English". Review Article. *Target* 14 (1): 149-171.

4. Delisle, Jean. 1999. *Portraits de traducteurs* [Sours la direction de Jean Delisle]. Ottawa: Les Presses de l'Université d'Ottawa.

5. Delisle, Jean. 2002. *Portraits de traducteurs* [Sours la direction de Jean Delisle]. Ottawa: Les Presses de l'Université d'Ottawa.

6. Delisle, Jean and Woodsworth, Judith (eds), 1995. *Translators through*

History.Amsterdam & Philadelphia: John Benjamins.

7. France, Peter (ed.). 2000. *The Oxford Guide toe Literature in English Translation*. Oxford & New York: Oxford University Press.

8. Lefevere, André. 1992. *Translation/History/Culture*. A Sourcebook. London & New York: Routledge.

9. Merrill, Christi Ann. 2002. "Playing the Double Agent: An indian Story in Englihs".*The translator* 8 (2): 367-384.

10. Milton, John. 2003. "The Political Adaptations of Monteiro Lobato". *Candernos de Tradução* XI (1): 211-227.

11. Milton, John (ed.). Forthcoming.*Cultural Agents in Translation*. Amsterdam& Philadelphia: John Benjamins.

12. O'ullivan, Emer. 2003. "Narratology meets Translation Studies, or, The Voice of the Translator in Children's Literature". *Meta* 48 (1-2):197-207.

13. Paloposki, OUti and Kaisa Koskinen. 2004. "A Thousand and One Translations: Revisitng Retranslation". In *Claims, Changes and Challenges in Translation Studies*, G. Hanse, K. Malmkjaer and D. Gile (eds), 27-38. Amsterdam & Philadelphia: John Benjamins.

14. Pekkanen, Hilkka. 2004. "The Duet of the Author and the Translator: Looking at Style through Shifts in Literary Translation". Paper presented at the 4th International EST Congress, Lisbon, 26-29.9.2004.

15. Pym, Anthony. 1998. *Method in Translation History*. Manchester: St. Jerome.

16. Riikonen, J. K. et al. (eds). 2007. *Suomennoskirjallisuuden historia I-II*. Helsinki: Suomalaisen Kirjallisuuden Seura.

16. Toury, Gideon. 1995. *Descriptive Translation Studies and beyond*. Amsterdam & Philadelphia: John Benjamins.

John Benjamins Series

03 Doubts and Directions in Translation Studies

INDEX

찾아 보기

찾아보기

인명

ㅍ

ㅎ

주제

존 벤자민스 통번역 총서 03

통번역학

연구 문제점과 향후 방향

Doubts and Directions in Translation Studies

초판 인쇄 2014년 3월 25일
초판 발행 2014년 4월 4일

편저자 Y. 갬비어 · M. 슐레징거 · R. 스톨체
기 획 정호정(한국통역번역학회 회장)
옮긴이 김훈밀
발행인 김인철
발행처 한국외국어대학교 출판부
130-791 서울특별시 동대문구 이문로 107
전화 02)2173-2495~7
팩스 02)2173-3363
홈페이지 http://press.hufs.ac.kr
전자우편 press@hufs.ac.kr
출판등록 제6-6호(1969. 4. 30)
디자인 · 편집 (주)이환디앤비 02)2254-4301
인쇄 · 제본 네오프린텍(주) 02)718-3111

ISBN 978-89-7464-916-6 93700
978-89-7464-914-2 (세트)

정가 27,000원

HUiNE은 한국외국어대학교출판부의 어학 및 사회과학도서 Sub Brand이다. 한국외대의 영문명인 HUFS, 현명한 국제전문가 양성의(International+Intelligent)의 의미를 담고 있으며, 휴인(携引)의 뜻인 '이끌다, 끌고 나가다'라는 의미처럼 출판계를 이끄는 리더로서, 혁신의 이미지를 담고 있다.